"十二五"普通高等教育本科国家级规划教材

"高等学校本科计算机类专业应用型人才培养研究"项目规划教材

数据库系统及应用

（第5版）

崔巍　车蕾　编著

中国教育出版传媒集团

高等教育出版社·北京

内容提要

本书第 2 版和第 3 版被评为北京市高等教育精品教材，第 3 版同时入选"十二五"普通高等教育本科国家级规划教材。本书对应的"数据库系统基础"课程（北京信息科技大学）被评为国家级一流本科课程，并已在中国大学 MOOC 上线。

第 5 版仍以夯实基础为前提，以加强实践为指导，适应国家高水平科技自立自强的发展需求，对传统教学内容的安排进行了调整和优化。全书可分为 4 部分，共 12 章。第 1 部分为数据库基础和数据库设计（第 1—5章）。第 2 部分为 SQL 及其编程，围绕 SQL 深入学习数据定义、数据操纵、数据查询和数据库编程等内容（第 6—8 章）。第 3 部分为数据库系统和管理（第 9—11 章）。第 4 部分为数据库新技术（第 12 章）。每章都增加了知识目标、能力及素养目标、重点难点、思维导图和多种类型的课后习题。为便于读者自学，本书针对重难点知识录制了视频讲解，读者可扫描二维码观看。此外，本书还为教师提供了电子讲稿、习题解答和有关的程序模板，可访问本书配套的新形态教材网或与作者联系获取（E-mail：chelei@ bistu. edu. cn）。

本书可作为高等院校计算机、信息管理与信息系统等相关专业的数据库课程教材，也可供从事计算机软件及数据库应用、管理和开发的科技人员、工程技术人员以及其他有关人员阅读参考。

图书在版编目（CIP）数据

数据库系统及应用／崔巍，车蕾编著. -- 5 版.

北京：高等教育出版社，2025.8. -- ISBN 978-7-04-064314-5

Ⅰ. TP311. 13

中国国家版本馆 CIP 数据核字第 20255WJ669 号

Shujuku Xitong ji Yingyong

策划编辑	倪文慧	责任编辑	倪文慧	封面设计	张 志	版式设计	李彩丽
责任绘图	黄云燕	责任校对	陈 杨	责任印制	高 峰		

出版发行	高等教育出版社	网　　址	http://www.hep.edu.cn
社　　址	北京市西城区德外大街 4 号		http://www.hep.com.cn
邮政编码	100120	网上订购	http://www.hepmall.com.cn
印　　刷	北京新华印刷有限公司		http://www.hepmall.com
开　　本	787mm × 1092mm　1/16		http://www.hepmall.cn
印　　张	23.25	版　　次	1999 年 6 月第 1 版
字　　数	470 千字		2025 年 8 月第 5 版
购书热线	010-58581118	印　　次	2025 年 8 月第 1 次印刷
咨询电话	400-810-0598	定　　价	52.00 元

本书如有缺页、倒页、脱页等质量问题，请到所购图书销售部门联系调换

版权所有　侵权必究

物料号　64314-00

数据库系统及应用

（第5版）

崔巍　车蕾　编著

1 计算机访问 https://abooks.hep.com.cn/1865095 或手机微信扫描下方二维码进入新形态教材网。

2 注册并登录后，计算机端进入"个人中心"，点击"绑定防伪码"，输入图书封底防伪码（20位密码，刮开涂层可见），完成课程绑定；或手机端点击"扫码"按钮，使用"扫码绑图书"功能，完成课程绑定。

3 在"个人中心"→"我的学习"或"我的图书"中选择本书，开始学习。

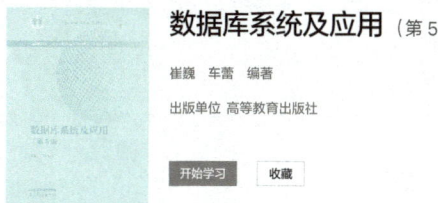

受硬件限制，部分内容可能无法在手机端显示，请按照提示通过计算机访问学习。如有使用问题，请直接在页面点击答疑图标进行咨询。

　　本书自 1999 年首版问世以来，20 余年中历经 3 次修订（2003 年、2012 年和 2017 年）。其中第 2 版和第 3 版均获评北京市高等教育精品教材，第 3 版同时入选"十二五"普通高等教育本科国家级规划教材。以教材为核心的"数据库系统基础"课程（北京信息科技大学）先后被评为北京市精品课程和国家级一流本科课程，并在中国大学 MOOC 上线。

　　第 5 版教材仍以夯实基础为前提，以加强实践为指导，适应国家高水平科技自立自强的发展需求，对传统教学内容的安排进行了调整和优化。为帮助读者更好地掌握学习内容、理清知识脉络，教材在每章又增加了知识目标、能力及素养目标、重点难点、思维导图和多种类型的课后习题。我们希望调整和优化后的教材能在结构上更科学，在内容上更丰富，在教学上更好用。没有最好，努力做到更好。

　　第 5 版教材依然特别强调数据库课程的实践性，以 SQL Server 为教学和实践环境，书中涉及的实践环节和示例均可在 SQL Server 下运行。为应对实践环境的多元化需求，全书关键代码部分还配套了 MySQL 和 openGauss 的差异比对分析，以方便读者进行语言迁移。

　　本书按顺序可以分为以下 4 部分：

　　第 1 部分为数据库基础和数据库设计（第 1—5 章）。第 1 章介绍数据库的基本概念以及数据管理技术的发展过程，概述数据库系统的特点、数据模型、数据独立性与三层结构、三层模式结构和数据库管理系统、数据库系统等内容。第 2 章介绍概念模型，从理解现实世界的数据管理入手，深入理解数据模型设计和数据库系统，讨论概念模型设计中的普遍问题，并利用一个实例来完成从局部 E-R 模型到全局 E-R 模型的设计。第 3 章介绍关系数据库基础，包括关系模型、关系模型的完整性约束、关系代数等，简单介绍主流数据库管理系统和关系数据库标准语言 SQL。第 4 章介绍关系数据理论，包括函数依赖的推理规则、规范化和模式分解等内容。第 5 章介绍逻辑模型设计和物理模型设计，包括数据库设计的一般过程、从 E-R 模型到关系模型的转换、关系规范化理论的应用，以及反规范化的概念等。在第 2 章和第 5 章的数据模型设计中使用了数据库建模工具 PowerDesigner。

　　第 2 部分为 SQL 及其编程（第 6—8 章），围绕 SQL 深入学习数据定义、数据操纵、数据查询和数据库编程等内容。第 6 章详细介绍 SQL 的表定义和完整性定义功能，通过数据操纵功能体验数据完整性约束的作用。第 7 章通过大量的实例，分别从简单查询、连接查询、分组及汇总查询和嵌套查询等方面详细介绍 SQL 的查询功能，还介绍了需要查询支持的数据操纵功能以及视图的定义、作用和应用等。第 8 章介绍游标、存储过程、触发器等基本数据库编程技术，还介绍了动态 SQL 的基本内容。

第 3 部分为数据库系统和管理（第 9—11 章）。第 9 章介绍数据库的安全问题，包括用户管理、角色管理和权限管理等内容，还介绍了数据加密等其他与数据库安全相关的问题。第 10 章介绍数据库的事务管理与并发控制。第 11 章介绍数据库的存储管理与存储优化，以及数据库备份与恢复等内容。希望读者通过这一部分内容的学习与实践能够掌握数据库的基本概念和技术，同时还能具备管理数据库的基本实践技能。

第 4 部分为数据库新技术（第 12 章）。本章紧跟时代步伐，按顺序介绍了面向对象数据库、数据仓库与数据分析、分布式数据库与云计算、大数据与 NoSQL、NewSQL 以及区块链等基本内容，为读者打开一扇通往数据库技术未来发展的大门，助力其拓宽视野，紧跟行业趋势。

本书可按 48~64 学时安排教学内容。学时分配建议如下：第 1 部分数据库基础和数据库设计 12~16 学时，第 2 部分 SQL 及其编程 18~24 学时，第 3 部分数据库系统和管理 12~14 学时，第 4 部分数据库新技术 6~10 学时。

为方便读者自学，本书针对重难点知识录制了视频讲解，读者可扫描二维码观看。此外，本书还为教师提供了电子讲稿、习题解答和有关的程序模板，可与作者联系（E-mail: **chelei@bistu.edu.cn**）获取，或访问本书配套的新形态教材网使用。读者亦可在中国大学 MOOC 官网搜索"数据库系统基础"（北京信息科技大学），在线学习相应课程。该课程获评 2023 年度高校计算机教育 MOOC 联盟优秀课程。

在第 5 版教材修订的过程中，作者广泛听取了兄弟院校教师的意见以及学生的建议，力求改进前 4 版教材中的不足，在科学性、完备性、实用性和教材的可用性方面都有一定程度的提高。但由于水平有限，书中难免还会存在一些问题，还望同行和专家批评指正。

中国人民大学陈红教授审阅了本书第 3 版书稿，宁夏大学杜方教授审阅了本书第 5 版书稿，她们都提出了不少建设性的意见和建议。北京信息科技大学信息管理学院数据库课程教学团队的王晓波、卢益清、类骁、王晓敏、王磊等老师在教材使用和修订过程中都提出过很好的建议，李天玉、侯彦、张洪瑞等同学也为教材的修订提供了支持。在此向他们一并致以衷心的谢意。

崔巍　车蕾

2025 年 7 月

目　录

第 1 章　数据库概论

数据库是现代社会数据管理的工具。数据管理由来已久且无处不在，因此数据库已经成为当今社会的重要基础设施。

本章概括介绍与数据库相关的基础知识，读者可以从中了解数据管理及其发展过程、数据库系统的特点、数据模型基础、数据库的三层体系结构、数据库管理系统的功能，以及数据库系统的组成等。

知识目标：了解数据管理及其发展过程，深刻理解数据库系统的特点，理解数据模型的初步知识、数据独立性与三层结构、数据库管理系统的架构和功能，了解数据库技术的研究领域和发展方向。

能力及素养目标：为学好数据库课程奠定基础。理解数据和数据技术在当今社会的重要性，了解行业主流，激发创新能力。

本章重点：围绕数据库的基本特征，深刻理解数据库的基本概念，建立对数据库及其技术的整体认知，为后续章节的学习奠定基础。

本章难点：理解数据独立性的概念和数据库的三层模式结构。

1.1　数据管理及其发展过程

早在计算机诞生之前就有数据管理，太遥远的事情这里不再追溯，本书只关心使用计算机进行数据管理的发展历程、管理方法及技术。

1.1.1　数据管理

为了使用计算机进行数据管理和数据处理，必须首先对现实世界中的数据进行认识、分类、组织、归纳、编码，接着采取有效技术和手段将数据存储到计算机中，然后才能对数据进行查询和操作。

在计算机诞生的初期，计算机主要用于科学计算，虽然此时同样有数据管理的问题，但当时的数据管理是以人工方式进行的，后来发展到文件系统，再后来才是数据库。也就是说，数据管理经历了人工管理阶段、文件系统阶段和数据库系统阶段。使用计算机进行数据管理也经历了一个由简单到复杂的变化过程。

今天，"数据库"这一名词已经广为人知，现代生活已离不开数据库的支

微 视 频：
数据管理
及其发展
过程

持。在校园中，学生使用校园一卡通将其个人信息存储于数据库中；就餐时，餐厅的点餐系统依赖数据库提供服务；借阅图书时，图书馆的管理系统同样基于数据库运行。走出校园，银行的存取款业务、商场的购物结算、火车票和飞机票的预订，都离不开数据库的高效支持。此外，如今流行的在线购物平台不仅需要强大的数据库支持订单处理、用户信息管理和库存查询，还通过数据库实现精准的商品推荐和数据分析。在社交媒体领域，像微信、小红书等平台每天处理海量的用户数据，从账户信息到帖子发布，再到好友关系管理，都依赖于数据库的高效存储和快速检索。在新兴领域，数据库的应用也在不断拓展。例如，智能交通系统通过数据库实时更新路况信息，为自动驾驶提供决策支持；医疗领域利用数据库管理患者的电子病历、药品库存和预约信息，提升医疗服务效率；工业制造中，数据库用于监控生产设备的运行状态和优化生产流程。这些应用不仅体现了数据库在传统领域的稳固地位，也展示了其在新技术环境下的强大适应性和发展潜力。

1.1.2　人工管理阶段

在计算机诞生的初期（20 世纪 50 年代中期以前），计算机主要用于科学计算，数据处理也仅限于计算处理。

当时，计算机硬件尚未配备磁盘等直接存取存储设备，软件领域也不存在操作系统和数据管理软件。所有程序的科学计算和数据处理所需数据只能通过人工完成，因此这个阶段就称为人工管理阶段。这个时期的数据管理有以下特点：

① 数据不保存。因为还没有磁盘这样可直接存取的存储设备，当时用于科学计算的数据也没有考虑要长期保存，只是在完成某一个计算或课题时才将数据输入，不仅原始数据不保存，计算结果也不保存。

② 没有文件概念。数据组织和安排完全依赖于每个程序的程序员，尚未形成文件的概念。

③ 一组数据对应一个程序。每组数据仅服务于一个程序，即便多个程序需要相同数据，也需各自定义和组织，数据无法共享、利用或参照，导致程序存在大量重复数据。

④ 缺乏完整的数据管理。

由于以上几个特点，加之没有对数据管理的软件系统，所以这个时期的每个程序都要包括数据存取方法、输入/输出方法和数据组织方法等。程序直接存储结构，存储结构的任何修改都会导致程序的变更，程序与数据之间缺乏独立性，程序编写严重依赖于数据存储结构。

图 1-1 示意了数据的人工管理阶段程序与数据之间的关系。

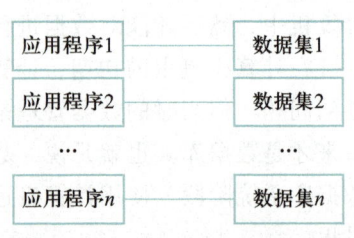

图 1-1　数据的人工管理阶段
程序与数据之间的关系

1.1.3 文件系统阶段

文件系统阶段是指 20 世纪 50 年代后期到 20 世纪 60 年代中期这一阶段。从那时起,计算机不仅在科学计算领域得到广泛应用,还开始广泛应用于信息管理。硬件方面,磁盘等直接存取存储设备已经出现,软件方面也有了操作系统和高级语言,同时诞生了专门用于数据管理的软件——文件系统(或操作系统的文件管理部分)。这个阶段的数据管理有以下特点:

① 数据的长期保存与反复使用。数据可以长期存储在磁盘上,并且能够反复使用。用户可以对文件进行查询、修改、插入和删除等操作。

② 文件管理功能与程序的独立性。操作系统提供了文件管理功能和访问文件的存取方法,程序与数据之间有了数据存取的接口,程序开始通过文件名与数据打交道,可以不再关心数据的物理存放位置。因此,这时也有了数据的物理结构和逻辑结构的区别,程序与数据之间有了一定的独立性。

③ 文件形式的多样化。由于磁盘等直接存取存储设备的出现,文件形式不再局限于顺序文件,还出现了索引文件、链表文件等多种形式。因此,文件的访问方式既可以是顺序访问,也可以是直接访问。然而,文件之间相互独立,文件之间的联系需要通过程序来构造,文件的共享性仍然较差。

④ 数据的反复使用与依赖性。有了存储文件以后,数据就不再仅仅属于某个特定的程序,而是可以由多个程序反复使用。然而,文件结构的设计仍然是基于特定用途,程序的编写仍然依赖于特定的物理结构和存取方法。因此,数据存储结构与程序之间的依赖关系并未根本改变。

⑤ 数据存储的记录单位。数据的存取基本以记录为单位。

图 1-2 示意了数据的文件管理阶段程序与数据之间的关系。

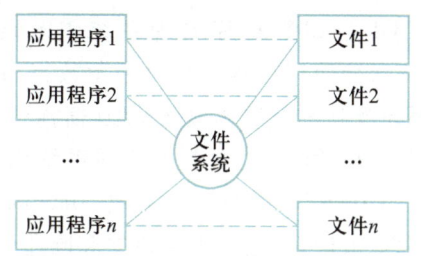

图 1-2　数据的文件管理阶段程序与数据之间的关系

尽管文件系统相较于人工管理取得了显著进步,但其提供的存取方法和数据管理功能仍处于初级阶段。然而,文件系统阶段是数据管理技术发展的重要里程碑。在这个阶段,各种数据结构和算法得到了充分发展,极大地丰富了计算机科学的内涵。今天的数据库技术也正是在文件系统的基础上发展起来的。

然而,文件系统仍然存在如下明显的缺陷:

① 数据冗余大。这是因为每个文件都是为特定的用途设计的,因此就会造成同样的数据在多个文件中重复存储。

② 数据不一致性。这往往是由于数据冗余造成的,在更新数据时,稍不谨

慎就会造成同一数据在不同文件中的不一致。

③ 程序与数据之间的独立性差。程序依赖于文件的存储结构，这使得一旦修改文件的存储结构就必须修改程序。

④ 数据联系弱。文件与文件之间是独立的，文件之间的联系必须通过程序来实现。因此，文件系统本质上是一个缺乏弹性和全局结构的数据集合，无法有效反映现实世界中事物之间的复杂联系。

1.1.4　数据库系统阶段及其发展过程

数据库系统阶段从 20 世纪 60 年代后期开始，数据库技术的诞生既依托于计算机技术的发展，又受到数据管理需求的驱动。数据库的数据不再是面向某个部门应用或某段程序，而是面向整个企业（组织）或项目应用（见图 1-3），它克服了人工管理阶段和文件系统阶段的缺陷。本章 1.2 节将详细阐述数据库系统的特点。

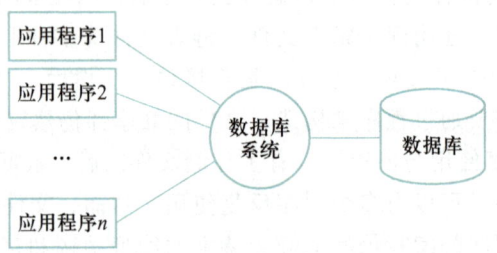

图 1-3　数据库系统阶段程序与数据之间的关系

数据管理在由文件系统阶段发展到数据库系统阶段产生了质的变化。下面3 个事件可作为 20 世纪 60 年代末至 20 世纪 70 年代初数据库技术诞生的标志：

① 1968 年美国 IBM 公司数据库管理系统 IMS（information management system）的成功研制。该系统使用层次结构来表示数据与数据之间的关联或联系，因此也可以说该系统支持的是层次数据模型（简称层次模型）。

② 20 世纪 60 年代末和 70 年代初美国数据系统语言协会（Conference on Data System Language，CODASYL）数据库任务组（DataBase Task Group，DBTG）发表的若干份报告（DBTG 报告）。这些报告建立和阐述了数据库技术的很多概念、方法和技术。DBTG 报告提出的方法能够表示任意数据之间的联系，突破了层次结构的限制，因此称为网状数据模型（简称网状模型）。

③ 1970 年起，IBM 公司研究员 E. F. Codd 提出的数据库关系数据模型（简称关系模型，即数据之间的联系用数学上的"关系"来表示）。关系模型开创了数据库关系方法和关系数据理论的研究，为关系数据库的发展和理论研究奠定了基础。

可以说，20 世纪 70 年代是以 IMS 为代表的层次数据库和以 DBTG 为代表的网状数据库的鼎盛时期。这些数据库都有很高的效率，特别是 DBTG 报告包含了很多完备的概念和技术，极大地推动了计算机在信息管理领域的应用，也使许多商品化的数据库开始出现。数据库技术日益广泛地应用到企业管理、交通运输、情报检索、军事指挥、政府管理和辅助决策等各领域。然而，层次数据库和网状数据库仅面向专业人员，要求使用人员具有较高的技术水平和专业水平，普通用户使用起来比较困难。

层次数据库和网状数据库也可以看作是第一代数据库系统。

20 世纪 70 年代也是关系数据库的萌动时期。与层次数据库和网状数据库相比，研究关系数据库的出发点之一就是简单、易用，要尽可能地减少人为操作，让计算机自动完成更多的工作。受当时计算机硬件和软件技术的制约，关系数据库经历了较长时间的研究过程。尽管其概念在 20 世纪 60 年代末到 20 世纪 70 年代初就提出了，但它在 20 世纪 80 年代以后才真正得到广泛应用。

关系数据库可以看作是第二代数据库系统。

具体的数据模型和特点将在本章 1.3 节做简单介绍。第 3 章将对关系模型做详细介绍。

在我国 20 世纪 70 年代开始使用数据库的主要是国家各部委以及国防军事、气象预报、石油勘探等一些特殊的部门和行业，而数据库技术真正得到广泛的推广和使用，可以说是从 20 世纪 80 年代初的 dBASE Ⅱ 开始的。尽管 dBASE Ⅱ 甚至其后的 xBASE 系列都不能称作是完备的数据库管理系统，但是它们支持基本的关系模型，使用起来非常方便，能满足一般中小规模信息管理的应用。这些现在看起来不起眼的小软件，当时为数据库和计算机应用的普及做出了极其重要的贡献。

1.1.5 数据管理和数据库技术的持续发展

自 20 世纪 80 年代以来，关系数据库系统一直占据主流地位，而层次数据库和网状数据库则因自身的缺点很快被关系数据库所取代。从 20 世纪 80 年代算起，在后续 40 多年中，关系数据库系统技术得到了不断完善和提高，有关数据管理和数据库技术的新研究领域不断取得进展。例如，分布式数据库已成为实用技术，基于关系模型、支持面向对象方法的关系对象模型数据库也已问世，另外还包括开放数据库技术和互联网上的 Web 数据库、支持移动应用的移动数据库等。与此同时，随着大数据时代的到来，数据管理的范畴已经不局限于结构化数据管理，关系数据库不再一枝独秀，NoSQL 技术应运而生（这里暂且把 NoSQL 泛称为非关系数据库，具体内容将在第 12 章 12.5 节介绍）。

现在的数据库不仅可以管理一般数据，还可以管理对象数据，可以进行知识管理等。由于相应的数据库技术一直在持续、交叉发展，很难再去划分是第几代数据库了，所以人们也把这些应用了新技术的数据库统称为新一代数据库系统，把基于这些新技术的数据库应用称为高级数据库系统阶段。

数据库是数据管理的基础，但是随着互联网的普及，人们"制造"数据的速度越来越快、能力越来越强，数据的形式也多种多样，"大数据"这个名词也已经耳熟能详。随着计算机技术的发展和各种应用的普及，数据库及数据管理技术还会朝着支持更大规模、更快速度、更广泛应用、更高价值等方向发展。

1.2　数据库系统的特点

微视频：
数据库系
统的特点

数据库技术始于 20 世纪 60~70 年代，如今已经是一门非常成熟的技术。无论是技术水平还是应用水平，今天的数据库都和过去不可同日而语，但是数据库最基本的特征没有变（不包括 NoSQL，NoSQL 牺牲了一些内部特征，而在应用层面进行了弥补）。概括起来，数据库应包括以下特征：

- 数据库是相互关联的数据的集合。
- 数据库用综合的方法组织数据，保证尽可能高的访问效率。
- 数据库具有较小的数据冗余，可供多个用户共享。
- 数据库具有较高的数据独立性。
- 数据库可以最大限度地保证数据完整性。
- 数据库具有安全控制机制，能够保证数据的安全、可靠。
- 数据库允许并发使用，能有效、及时地处理数据，并能保证数据的一致性。

（1）相互关联的数据的集合

数据库中的数据不是孤立的，数据与数据之间是相互关联的。也就是说，数据库中的数据不仅要能清晰地表示数据本身，还要能表示数据与数据之间的联系。

例如，在学籍管理系统中有学生和课程两类数据，数据库除了要存放这两类数据之外，还要存放哪些学生学习或选修了哪些课程，以及哪些课程由哪些学生选修这样的信息，以此来反映学生数据与课程数据之间的联系。

数据之间的联系由数据模型来解决，本章 1.3 节、第 2 章和第 3 章将从不同的角度介绍数据模型。

（2）用综合的方法组织数据

数据库能够根据不同的需要按不同的方法组织数据，比如可以用顺序组织方法、索引组织方法、倒排索引组织方法等。这样做的目的是要最大限度地提高用户或应用程序访问数据库的效率。

数据的组织和物理存储是由数据库管理系统负责的，本章 1.5 节将简单介绍数据库管理系统。

（3）低冗余与数据共享

在数据库技术出现之前，数据文件通常是独立的，每个文件都必须包含满足某一应用的全部数据。例如，某单位人事部门和教育培训部门都有各自的职工文件，人事部门职工文件的记录格式如下：

职工基本情况	有关人事管理的数据

教育培训部门职工文件的记录格式如下：

职工基本情况	有关教育培训的数据

这样在两个部门的职工文件中都有"职工基本情况"数据，也就是说这一部

分数据是重复存储的。如果还有其他部门也有类似的职工文件，那么重复存储所造成的空间浪费是很大的。在数据库中可以共享类似"职工基本情况"这样的共用数据，从而降低数据的冗余度。降低数据冗余不仅可以节省存储空间，更重要的是可以保证数据的一致性。

保证低冗余和数据共享与数据模型和数据库设计相关，这部分内容将在第2章～第5章详细介绍。

（4）较高的数据独立性

数据独立性是指数据的组织和存储方法与应用程序互不依赖、彼此独立的特性。在数据库技术出现之前，数据文件的组织方式和应用程序是密切相关的，当改变数据结构时相应的应用程序也必须随之修改，这样就大大增加了应用程序的开发代价和维护代价。而数据库技术可以使数据的组织和存储方式与应用程序互不依赖，从而大大降低应用程序的开发代价和维护代价。

数据独立性以及如何获得数据独立性将在本章1.4节介绍。

（5）保证数据完整性

数据完整性是指保证数据正确的特性。数据库通过设立一些约束条件来保证其中的数据是正确的。例如，某学生的年龄是20岁，当误输入"2岁"或"200岁"时，数据库能够主动拒绝这类错误。

数据完整性约束也是数据模型的重要内容，有关如何定义完整性约束以及完整性约束的作用，我们将结合关系模型（第3章和第6章）做详细介绍。

（6）保证数据的安全、可靠

数据库技术必须确保数据的安全性和可靠性。数据库要有一套安全机制，以防止数据库中的数据被非法使用或非法修改；数据库还要有一套完整的备份和恢复机制，以便当数据遭到（软件或硬件故障引起的）破坏时能立刻将数据完全恢复，从而保证系统能够连续、可靠地运行。

保证数据库的安全、可靠是数据库管理的重要内容，这些内容将在第9章和第11章详细介绍。

（7）数据可以并发使用并能保证其一致性

数据库中的数据是共享的，并且允许多个用户同时使用相同的数据，这就要求数据库能够协调一致，保证各用户之间对数据的操作不发生矛盾和冲突，即在多个用户同时使用数据库时，能够保证数据的一致性和正确性。

数据库的并发控制将在第10章介绍。

以上内容概要介绍了数据库的主要特征，后续章节会对它们做出更详细的探讨，将回答一些为什么、是什么、如何做等类型的问题。

另外，从中文字面上来看，数据库和数据仓库似乎是一个概念，然而这种想当然的理解是不准确的。数据库对应的英文单词是database，如果直译则是数据基地，而数据仓库则另有其词——data warehouse。所以数据库和数据仓库不是同义词，数据仓库是在数据库技术基础上发展起来的一个新的应用领域（将在第12章12.3节中介绍）。

1.3　数据模型初步

数据库是相互关联的数据的集合，而数据及其之间的联系的描述则是通过数据模型来实现的。

1.3.1　概念模型

数据需要经过人们的认识、理解、整理、规范和加工，然后才能按照特定的方式存放到数据库。也就是说，数据从现实生活进入数据库要经历若干阶段，每个阶段都需要对数据进行规范的描述，经过这样处理的数据不至于杂乱无章，才能被实施有效的管理。

现实世界中的管理对象可以称为实体，表示不同实体的数据之间是有联系的，也将其称为实体与实体之间的联系。

例如，仓库是一个现实世界中客观管理的对象，器件是另一个客观管理的对象。仓库用于存放器件，或者说器件存放在仓库中，这就说明了仓库与器件之间的联系。

对现实世界的数据描述称为**概念数据模型**（简称概念模型）。建立概念模型常用的方法是**实体－联系**（entity-relationship）方法，简称 E-R 方法。E-R 方法使用的工具称为 E-R 图，包括实体、联系和属性 3 个要素。

图 1-4 示意了一个传统的 E-R 图（早期用手工绘制），它描述了一个"仓库"实体和一个"职工"实体，以及这两个实体之间的联系（说明职工在仓库工作）。这里用矩形框表示实体，用菱形框表示实体之间的联系，用椭圆框表示属性。

第 2 章将全面介绍如何认识和分析现实世界的数据管理需求，以及如何建立概念模型等。

现在 E-R 图已不再采用手工方式绘制，而有很多专门建立数据模型的工具和方法代替手工方式。本书将介绍 SAP 公司的 PowerDesigner（原 Sybase 产品，2010 年被 SAP 收购）。这些工具不仅能建立概念数据模型，还能将其进一步转换成逻辑数据模型和物理数据模型，进而执行所需的数据库设计。

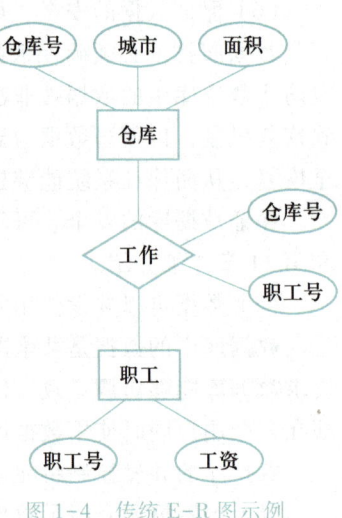

图 1-4　传统 E-R 图示例

1.3.2　传统的三大逻辑模型

1.3.1 小节介绍的概念模型是"概念上"的，属于抽象的数据模型，它与实现方法无关，与具体的数据库管理系统无关，只是对现实世界中数据的描述。为了将现实世界的数据存储在数据库中，就必须考虑如何实现概念模型对现实世界的表述，还需要进一步将概念模型转换为具体的**逻辑数据模型**（简称逻辑模型),也就是具体的数据库管理系统支持的数据模型。传统的逻辑模型有层次模型、网状模型和关系模型,即传统的三大数据模型。

读者应该听说过"关系数据库"或"关系数据库管理系统"这样的术语,这里的"关系"是指该数据库或数据库管理系统所支持的数据模型是基于关系方法的,即用关系来表示概念模型中的实体以及实体与实体之间的联系。而层次模型是用"层次"关系来表示概念模型中实体之间的联系,网状模型则用"网状图"来表示概念模型中实体之间的联系。不同的数据模型可以用不同的方法来表示和实现数据与数据之间的联系,通常通过这些方法来区分不同的数据模型。下面简单介绍传统的三大逻辑模型。

1. 层次模型

用树形结构表示实体之间联系的模型称为**层次模型**。

构成层次模型的树是由结点和连线组成的,结点表示实体集(文件或记录型),连线表示相连两个实体之间的联系,这种联系只能是一对多的。通常把表示"一"的实体放在上方,称为父结点,而把表示"多"的实体放在下方,称为子结点。

层次模型表示一对多联系时直观且方便,但该模型有以下两点限制:

① 有且仅有一个结点无父结点,这个结点即为树的根。

② 其他结点有且仅有一个父结点。

这使得多对多的联系不能直接用层次模型表示。

支持层次模型的典型系统是 IBM 公司的 IMS 系统。

图 1-5 示意了一个具有层次结构的数据库,其中"仓库"文件是根文件,"库存"文件和"职工"文件是"仓库"文件的子文件。

IMS 把构成层次结构的一组实体称为层次型,层次型中的每个实体称为片段(segment),而组成片段的最小数据单位是字段。

IMS 不是按文件组织数据,而是按层次组织数据。为了让读者更好地理解层次的概念,我们针对图 1-5 所示的层次数据库,在图 1-6 中给出了几个具体实例。"仓库"文件是层次型的根文件,也就是说该文件没有父文件。每条仓库记录值可以有多条库存记录值和多个职工记录值,每条职工记录值可以有多条订购单记录值,这些都可以从图 1-6 中看到。

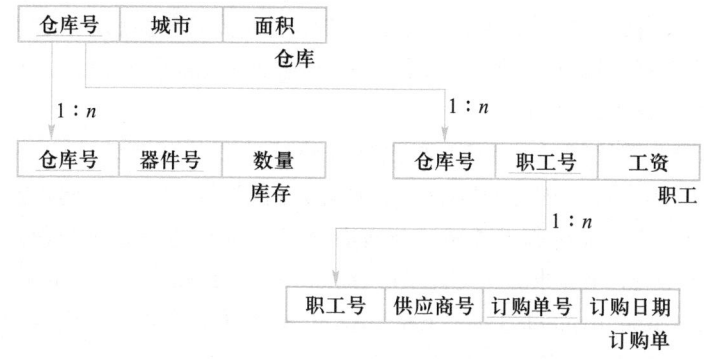

图 1-5 一个层次结构的数据库

仓库号	器件号	数量	仓库号	城市	面积	仓库号	职工号	工资	职工号	供应商号	订购单号	订购日期
WH1	P2	675	WH1	北京	370	WH1	E3	1200	E3	S7	OR67	02/05/23
WH1	P3	250							E3	S4	OR79	02/06/22
WH2	P4	340										
						WH1	E7	1250	E7	S3	OR76	02/05/25
WH2	P1	280	WH2	上海	500	WH2	E1	1220	E1	S4	OR73	02/07/28
WH2	P2	200							E1	S6	OR80	02/10/27
WH2	P4	270										
						WH2	E4	1250				
WH3	P1	550	WH3	广州	200	WH3	E6	1230	E6	S6	OR77	02/05/13
WH3	P2	330										
WH3	P3	170										
库存			仓库			职工			订购单			

图 1-6　层次数据实例

由一条仓库根记录值和它的库存子记录值、职工子记录值及这些职工记录值的订购单子记录值组成的一组记录值是层次型的一个实例，称为层次值（occurrence）。因此，每个层次型是由层次值的集合组成的，一个层次型中有多少层次值，相应的根文件中就有多少根记录。

2. 网状模型

如果取消层次模型中的两点限制，即允许每个结点可以有多个父结点，便形成了网状结构。用网状结构来表示实体之间联系的数据模型称为**网状模型**。

由于网状模型没有层次模型的两点限制，所以可以直接表示多对多的联系。然而，多对多的联系在实现上过于复杂，因此一些实际支持网状模型的数据库管理系统仍然对多对多的联系进行了限制。例如，网状模型的典型代表CODASYL就只支持一对多的联系。

网状模型和层次模型在本质上是一样的。从逻辑上看，它们都是用连线表示实体之间的联系，用结点表示实体集；从物理上看，层次模型和网状模型都是用指针来实现数据之间的联系，其差别仅在于网状模型中的连线或指针更加复杂，更加纵横交错，从而使数据结构更复杂。

图 1-7 示意了一个层次和网状数据库的存储实现，这里"仓库"文件是父文件，"职工"文件是子文件，通过一个指针链表把仓库及其所属职工连接在一起。

在网状模型中同样使用"父结点"和"子结点"这样的术语，并且同样把父结点安排在子结点的上方。

CODASYL 系统是 CODASYL 组织标准建议的具体体现。CODASYL 最初是负责 COBOL 程序设计语言开发的一个非官方组织，CODASYL 建议经过十几年多个版本的修改，最终版本遵循了美国国家标准协会的计算机与信息处理委员会中的标准计划与需求委员会（American National Standard Institute/Standards Planning And Requirements Committee，ANSI/SPARC）制定的三层结构数据库系统方案（关于三层结构将在本章 1.4 节及后续章节有详细介绍），即含有概念模

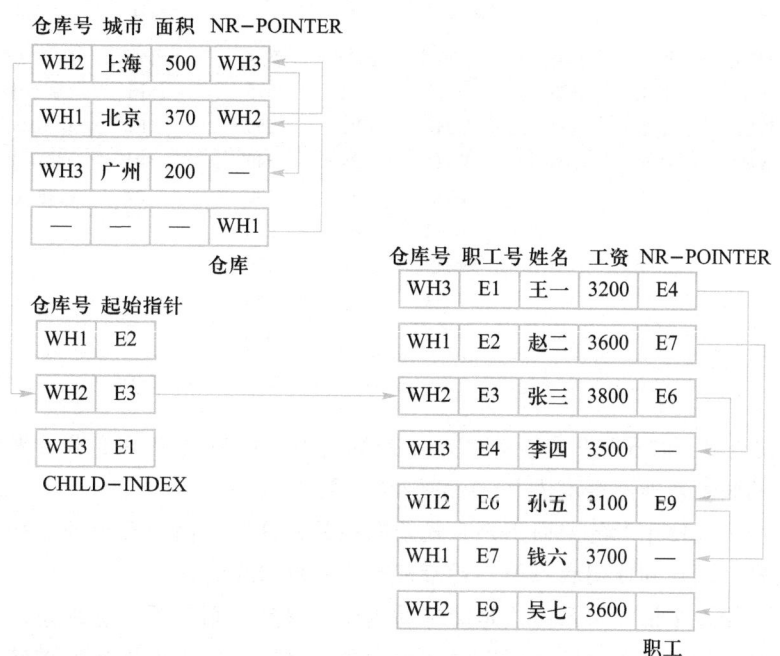

图 1-7 层次和网状数据库存储示意

式、存储模式和外部模式的数据库系统结构。

层次模型和网状模型均面向专业人员，流行于 20 世纪 70~80 年代，属于第一代数据库系统，从 20 世纪 80 年代开始逐步被关系数据库取代。

3. 关系模型

关系模型源于数学，它把数据看成是二维表中的元素，而这个二维表就是**关系**（关系的严格定义将在第 3 章给出）。用关系（表格数据）表示实体与实体之间联系的模型称为**关系模型**。

通俗地讲，关系就是二维表格，表格中的每一行称为一个**元组**，它相当于一个记录值；每一列是一个**属性值集**，列可以被命名，称为**属性名**。这里的属性与前面讲到的实体的属性或记录的字段意义相当。由此可见，关系是元组的集合，如果表格有 n 列，则称该关系是 **n 元关系**。

在关系模型中，实体本身以及实体与实体之间的联系都用关系来表示，实体之间的联系不再通过指针来实现。

图 1-8 示意了"仓库""库存"和"器件"三张表格，三者之间存在着两个一对多的联系。"仓库"表与"库存"表之间的联系是靠连接字段"仓库号"实现的，而"库存"表与"器件"表之间的联系是靠连接字段"器件号"实现的。

在关系数据库中记录值仅仅构成关系，关系之间的联系是靠连接字段值处理的。理解关系和连接字段的思想，对理解关系方法很重要。比如，要查询"上海"仓库的库存子记录的值，则首先要取得城市名为"上海"的记录的仓库号字段值"WH2"，然后根据连接字段值"WH2"，从库存文件中查询所有仓库号值是"WH2"的库存记录值。

仓库

仓库号	城市	面积
WH1	北京	370
WH2	上海	500
WH3	广州	200

库存

仓库号	器件号	数量
WH1	P2	675
WH1	P3	250
WH1	P4	340
WH2	P1	280
WH2	P2	200
WH2	P4	270
WH3	P2	550
WH3	P1	330

器件

器件号	器件名称
P1	显示卡
P2	声卡
P3	解压卡
P4	散热风扇

图 1-8　三个关系实例

术语"父"和"子"不属于关系数据操纵语言，但也常使用该术语来说明关系之间的联系，即使用术语"父关系"和"子关系"。

在用户或使用者的层面不再有复杂的指针，这些存储和实现细节将由系统自动处理，用户和使用者只关心对管理有用的数据或信息。

对于用户来说，关系方法是简单易用的，但是关系数据库管理系统本身却是非常复杂的。关系方法之所以对用户简单，是因为它把大量的困难转嫁给了数据库管理系统。尽管在层次数据库和网状数据库诞生的同时就已经有了关系数据库的设想，但是研制和开发关系数据库管理系统却花费了比人们预计的要长得多的时间。关系数据库管理系统真正成为商品并投入使用，比层次数据库和网状数据库晚了十几年。然而，关系数据库管理系统一经投入使用便显示出了旺盛的活力和生命力，并迅速取代了层次数据库和网状数据库。当前使用的数据库仍然以关系数据库为主流。但数据模型也在不断发展，关系模型之后又出现了面向对象数据模型、对象关系数据模型（参见第 12 章 12.2 节）、半结构化的 XML 数据模型，它们都有着各自的应用领域。另外，还有大数据常用的键值数据模型、图数据模型、文档数据模型（参见第 12 章 12.5 节）等。

1.4　数据独立性与三层结构

数据库是在文件系统的基础上发展起来的。读者也许在"数据结构"或"程序设计语言"课程中编写过文件操作的程序，如果把这些程序用于实际数据文件管理会很复杂，因为尽管这样的程序是为特定的文件而编写的，也许还是高效的，但它最大的缺点是程序与文件本身的关系太密切、太息息相关了。如果发现文件的组织结构不合适，例如，由于采用顺序文件而导致响应速度太慢，要把它改成索引文件或倒排文件结构，那么这将不仅仅是文件本身的事情，与之相关的应用程序都必须要进行彻底的修改。这对规模稍大的系统来说是难而又难的，所需的程序开发和维护工作量也令人难以承受。更重要的是，随着时间的推移，整个系统可能会混乱不堪。所以，用户希望能将应用程序与存储数据分离开来，这就是本节要讨论的数据独立性问题。

微视频：
数据独立性与三层结构

　　数据独立性是指应用程序与数据的组织和存储结构相互独立的特性。具体来说，就是当修改数据的组织方法和存储结构时，应用程序不用随之进行修改。数据独立性又进一步可分为**存储数据独立性**和**概念数据独立性**，下面将分别进行介绍。

1.4.1　存储数据独立性

　　人们以前所熟悉的计算机文件都是真正存在于磁盘上的物理文件（或称存储文件），应用程序通常也是针对这些文件编写的。

　　存储文件中不仅存储了管理现实世界所需要的各种数据，还存储了大量用于管理文件本身所需要的辅助数据，如索引和指针等。为了使应用程序与这些索引和指针等分离开来，仅专注于管理现实世界所需的数据，人们发明了如图1-9所示的两层结构。

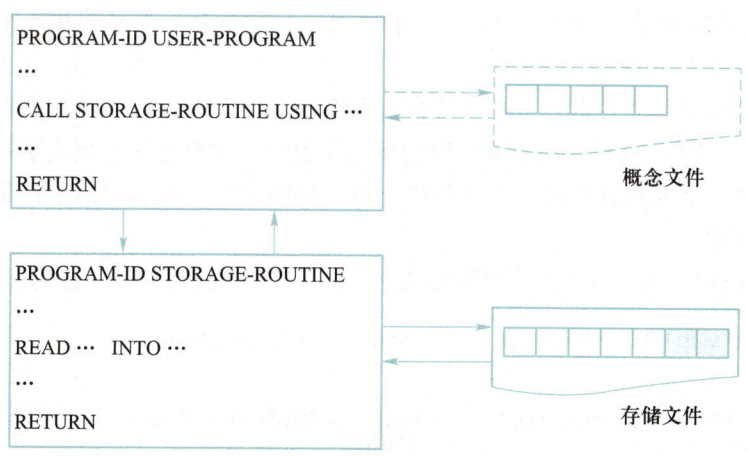

图 1-9　两层结构示意

　　这种结构把程序分成两部分，一部分是**应用程序或用户程序**（USER-PRO-GRAM），另一部分是**存储子程序**（STORAGE-ROUTINE）。用户程序操作一个物理上并不存在的概念文件或逻辑文件，而操作实际存在的存储文件则交由存储子程序来完成。如果修改存储文件的组织方法或存储结构，用户程序将不受影响，而存储子程序则可以设计成通用的、商品化的程序。实际上，这里的存储子程序就是后来的数据库管理系统的数据存储子系统。

　　这里简单介绍一下概念文件。概念文件就是"概念上"的，实际上并不存在的文件，可以看作是存储文件的抽象。概念文件只包含对用户有用的数据，而将辅助字段（如指针，图1-9中的阴影部分）屏蔽掉。概念文件是用户存取存储文件的结构或框架。

　　总之，有了概念文件，人们只需要关心文件中有哪些数据，而无须关心数据的具体存储方式，以及索引和指针等细节。

　　显然，这种两层结构使用户程序具有存储数据独立性，即无论存储文件的存储方法和存储结构如何改变，用户程序都能继续正确执行。

　　当然，存储文件中存储方法的改变很可能会影响存储子程序的存取速度，进而影响用户程序的性能和效率。所以，通过修改和调整数据的存储结构就可以提高用户程序的性能。因此，存储数据独立性还和性能调整密切相关，具有数据独立性的用户程序无须修改即可实现性能提升。

　　存储数据独立性的最大好处是可以大大节省程序的维护代价。在一个大型系统中，通常有多个用户程序操作存储文件，如果所有这些程序都通过存储子程序和概念文件完成操作，那么当要改变存储文件的存储方法时，这些程序的功能都不受影响，而性能可能显著提升。

1.4.2　概念数据独立性

　　每个用户程序并不一定使用概念文件中的全部数据字段，不同的用户程序可能使用不同的字段集合，且仅从概念文件中抽取部分字段。人们将从概念文件抽取的部分字段构成的文件称为**外部文件**，这也为进一步获得概念数据独立性奠定了基础。

　　概念数据独立性也称为**逻辑数据独立性**，是指当用户程序操作的概念文件（通过存储文件）有插入或删除字段的情况发生时，用户程序仍能正确执行的性质。当然，插入或删除的字段要与这个用户程序无关，即它们不是该用户程序使用的字段。

　　图 1-10 示意了既支持存储数据独立性，又支持概念数据独立性的三层结构。

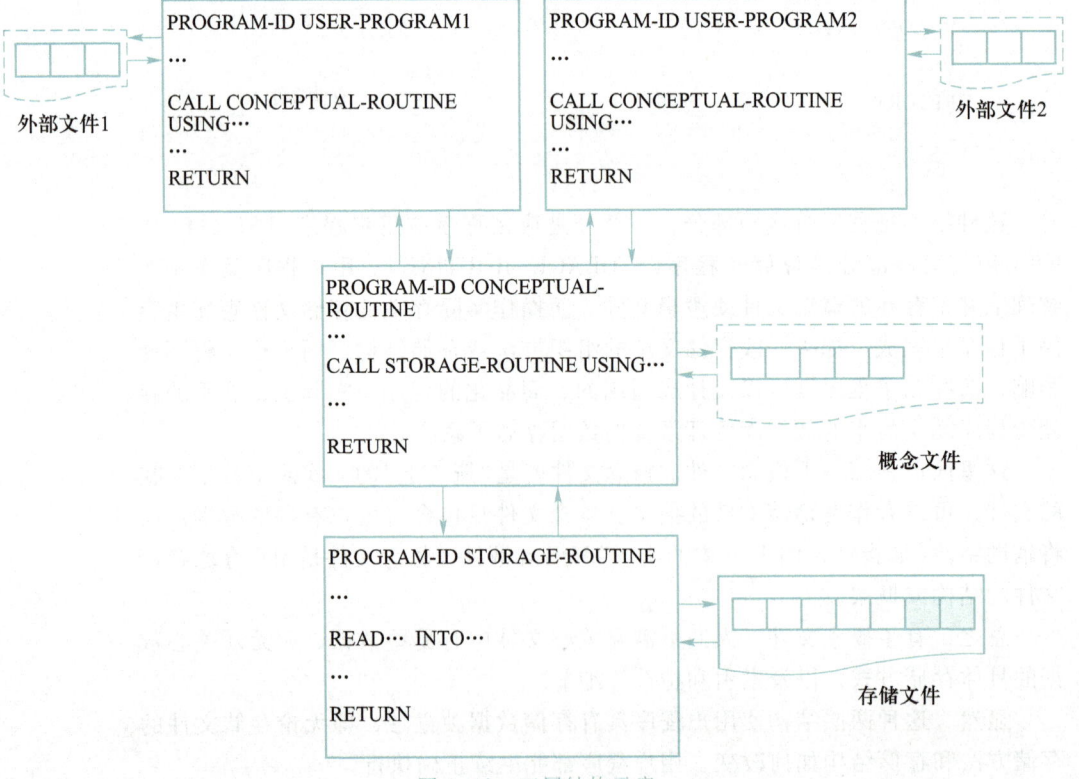

图 1-10　三层结构示意

从图 1-10 中可以看到，用户程序（USER-PROGRAM）对从概念文件中抽取的外部文件的操作，实际交由概念子程序（CONCEPTUAL-ROUTINE）来完成；而概念级的存取子程序对从存储文件抽象而来的概念文件的操作，则实际交由存储子程序（STORAGE-ROUTINE）对存储文件的存取来完成。这里的 CONCEPTUAL-ROUTINE 和 STORAGE-ROUTINE 分别相当于现在的数据库管理系统的控制子系统和存储子系统。STORAGE-ROUTINE 提供了存储文件和概念文件之间的映像，CONCEPTUAL-ROUTINE 则提供了概念文件和外部文件之间的映像。

从这种结构也可以看出，在增加或删除存储文件或概念文件的数据字段时，如果这些字段与用户程序使用的外部文件中的数据字段无关，那么用户程序是不受任何影响的，仍可正确运行。

在这种三层结构的方案中，CONCEPTUAL-ROUTINE 用来保证概念数据独立性，而 STORAGE-ROUTINE 则用来保证存储数据独立性。

读者应牢记：不管是概念文件还是外部文件，它们都不真正包含数据，而只是存取存储文件的结构或框架；概念文件是存储文件的抽象，而外部文件是概念文件的部分抽取。

这种三层结构不仅可以使数据具有独立性，极大地降低数据和程序的维护代价，而且还可以实现数据共享，让同一数据可以满足更多用户的不同需求。读者将会在后续的章节中更多地看到这一点。

1.5 三层模式结构和数据库管理系统

1.2 节介绍了数据库的主要特征，这些特征并不是数据库中的数据固有的，而是由管理或支持数据库的系统软件——**数据库管理系统**（database management system，DBMS）提供的。一个完备的数据库管理系统应具备支持这些特征的各种功能，其任务就是对数据资源进行管理，使之能被多个用户共享，同时还能保证数据的安全性、可靠性、完整性、一致性，另外还要保证数据的高度独立性。

1.5.1 数据库管理系统的基本功能

具体来说，一个数据库管理系统应该具备如下功能：

① 数据库定义：可以定义数据库的逻辑结构和数据库的存储结构，定义数据库中数据之间的联系，定义数据的完整性约束条件和保证完整性的触发机制，可以重新组织数据库的存储结构等。

② 数据库操纵：可以完成对数据库中数据的操纵，可以装入、删除和修改数据等。

③ 数据库查询：可以按照各种方式提供灵活的查询功能，让用户可以方便地使用数据库中的数据。

④ 数据库控制：可以完成对数据库的安全性控制、完整性控制、多用户环

境下的并发控制，完成数据库的备份和恢复等操作。

⑤ 数据库通信：在分布式数据库或提供网络操作功能的数据库中，还必须提供数据库的通信功能。

1.5.2　数据库的三层模式结构

1.4 节通过单个（存储）文件介绍了数据独立性与三层结构，即**外部层**（用户层）、**概念层**（整体逻辑层）和**存储层**。本节将介绍具有这种三层结构的数据库和数据库管理系统的结构。

数据库的各抽象层次如图 1-11 所示，存储数据库是指存储数据文件和辅助存储文件（如索引文件等）的集合，概念数据库是指概念文件的集合，每个外部数据库是指外部文件的集合。

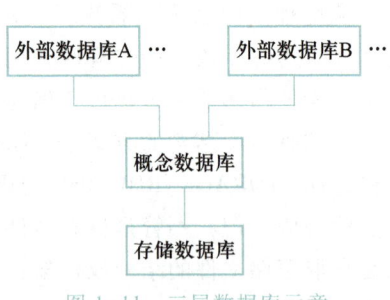

在三层数据库中，只有存储数据库中的数据是真正物理存在的，而概念数据库是存储数据库的抽象表示，每个外部数据库又是概念数据库的部分抽取。

图 1-11　三层数据库示意

三层数据库中的每一层数据库都有一个框架，称为**结构**。每一层的数据库结构都必须能够用数据描述语言给出精确定义，通常把这种定义称为**模式**（schema）。具体地说，定义存储数据库结构的模式称为**存储模式**，又称为**内模式**；定义概念数据库结构的模式称为**概念模式**，或简称**模式**；定义外部数据库结构的模式称为**外部模式**，又称为子模式或用户模式。子模式是概念模式的子集，它可以从概念模式推导出来。图 1-12 说明了各级模式之间的关系。

外部模式和概念模式之间的映像提供了**概念数据独立性**，而概念模式和存储模式之间的映像提供了**存储数据独立性**。

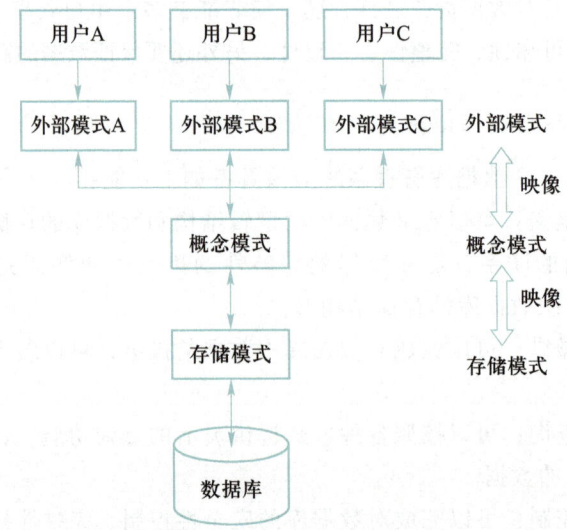

图 1-12　数据库的三级模式

1.5.3 模式说明实例

现代关系数据库对模式的说明已经非常简单(非专业用户甚至会忽略模式说明的存在),这里还是通过一个传统的示例来看一下各级模式是如何说明的,以加深对各层数据库和各级模式的理解。

为了理解存储模式、概念模式和外部模式,我们把图 1-7 所示的数据库称为"仓库职工"数据库,包括"仓库"和"职工"两个文件,同时假设"职工"文件是索引顺序文件,"仓库"文件是散列文件,图 1-7 示意了它们的存储(存储数据库)组织方式。这里"仓库"文件的下一个记录指针(NR-POINTER)字段形成一个链表结构,"职工"文件中靠多重链表实现"仓库号"字段的辅助关键字功能。每个链表的起始入口在链表索引文件 CHILD-INDEX 中,由 NC-POINTER 字段指向"职工"文件属于该链的下一条记录。显然,若给出一条仓库父记录,沿多重链表可以得到多条职工子记录(在"仓库"文件和"职工"文件之间存在一对多的联系)。

存储模式是非常详尽的,包括对存储数据库中每个文件和字段的描述,以及用于实现辅助关键字或存储文件间联系的指针字段的细节。存储数据库利用存储模式组织和存取存储数据库中的文件。如果要修改存储数据库的结构(例如,用倒排文件代替多链表),那么仅仅需要把这些修改反映在存储模式中,以使数据库存储系统能够操作新的存储数据库。当然,为了做到这一点,数据库控制系统必须是专门设计的,它能够凭借任意方法解释存储模式和组织存储数据库。按照这种方法,数据库管理系统可以提供存储(物理)数据独立性。

下面一段程序是关于"仓库职工"数据库的存储模式(STORAGE-仓库职工)的说明,采用传统的说明方式——COBOL 语言格式。

```
STORAGE SCHEMA FOR STORAGE-仓库职工 DATABASE.
STORAGE FILE SECTION.
STORAGE FILE 仓库,HASH FILE USING HASHING ROUTINE HASHX
DATA FIELDS.
    仓库号 PIC X(4),PRIMARY KEY FIELD
    城市 PIC X(10)
    面积 PIC 4(9)
POINTER FIELDS.
    NR-POINTER PIC X(4),FOR SINGLE LINKED LIST
    USING NEXT 仓库号 VALUE IN ASCENDING ORDER
STORAGE FILE 职工,INDEXED-SEQUENTIAL FILE
DATA FIELDS.
    仓库号 PIC X(4),SECONDARY KEY,
    POINTER TO PARENT 仓库 RECORD.
    职工号 PIC X(4),PRIMARY KEY FIELD.
    姓名 PIC X(10).
```

```
工资 PIC 8(9)V99
POINTER FIELDS.
    NC-POINTER PIC X(4),POINTER TO NEXT CHILD,FOR SECONDARY KEY
        仓库号
    USING 职工号 VALUE AND MULTIPLE LINKED LIST INDEX CHILD-INDEX.
INDEX SECTION.
    INDEX CHILD-INDEX,MULTIPLE LINKED LIST INDEX
    FOR SECONDARY KEY 仓库号 IN 职工 FILE.
FIELDS.
    仓库号 FROM 职工 FILE,PRIMARY KEY.
    职工号 FROM 职工 FILE,POINTER TO FIRST CHILD.
```

从这个程序可以看出，文件的组织方式和文件名在一起说明，关键字、辅助关键字与字段一起说明，指针字段及其功能以及相关的索引也必须说明。

这个存储模式是理想化的，也算是一个典型的存储模式。在本书中，或在关系数据库中，都不太关心存储模式的具体技术实现，而是从一般组织的观点（即概念模式）或用户的观点（即外部模式）来讨论数据库的描述，但是必须意识到基本的存储模式和存储数据库的存在。

把图 1-7 所示存储数据库中的用户数据抽取出来，可以构成如图 1-13 所示的两个文件，可以把它们看作是从存储数据库中抽象出来的概念数据库。

职工

仓库号	职工号	姓名	工资
WH3	E1	王一	3200
WH1	E2	赵二	3600
WH2	E3	张三	3800
WH3	E4	李四	3500
WH2	E6	孙五	3100
WH1	E7	钱六	3700
WH2	E9	吴七	3600

仓库

仓库号	城市	面积
WH1	北京	370
WH2	上海	500
WH3	广州	200

图 1-13　概念数据库示意

概念模式是对概念数据库的描述，它包括对概念文件及概念文件之间联系的描述。概念数据库完全是空想的，它不包含真正的数据和任何其他内容，一切都是由存储数据库决定的。例如，概念模式中的一个字段可以说明为辅助关键字，至于它是用多链表实现的，还是用倒排文件实现的，则不用做任何说明。

下面是相应的概念模式说明程序。

```
CONCEPTUAL SCHEMA FOR CONCEPTUAL-仓库职工 DATABASE
CONCEPTUAL FILE SECTION
    CONCEPTUAL FILE 仓库
```

```
            仓库号 PIC X(4),PRIMARY KEY
            城市 PIC X(10)
            面积 NUMERIC(4)
      CONCEPTUAL FILE 职工
            仓库号 PIC X(4),SECONDARY KEY
            职工号 PIC X(4),PRIMARY KEY
            姓名 PIC X(10)
            工资 NUMERIC(8.2)
      RELATIONSHIP SECTION.
            仓库 IS PARENT OF 职工,
            仓库号 IN 职工 DETERMINES 仓库 PARENT RECORD.
```

从这个程序可以看出，概念模式要比存储模式少很多内容，在概念模式中只需要说明有效数据字段、主关键字、辅助关键字及概念文件之间的联系。

基于一个概念数据库可以派生出多个外部数据库。外部模式则是对外部数据库的描述，它需要说明外部文件、构成外部文件的字段，以及这些外部文件之间的联系。如下程序段是一个外部模式说明的示例：

```
EXTERNAL SCHEMA FOR EXT1-仓库职工 DATABASE.
EXTERNAL FILE SECTION.
      EXTERNAL FILE EXT1-仓库 ABSTRACTED FROM 仓库
            仓库号 PIC X(4),PRIMARY KEY
            面积 NUMERIC(4)
      EXTERNAL FILE EXT1-职工 ABSTRACTED FROM 职工
            仓库号 PIC X(4),SECONDARY KEY
            职工号 PIC X(4),PRIMARY KEY
            姓名 PIC X(10)
RELATIONSHIP SECTION.
      EXT1-仓库 IS PARENT OF EXT1-职工
      仓库号 IN EXT1-职工 DETERMINES EXT1-仓库 PARENT RECORD.
```

从以上程序可以看出，外部模式只不过是概念模式的一个子集，是概念文件的部分抽取。不过需要说明的是，构成外部文件的字段可以取自不同的概念文件。

如果给存储数据库增加一个新的字段，那么必须在存储模式和概念模式中加以说明，而已经存在的外部模式则不需要做任何改变。这样，与已存在的外部模式有关的用户程序就不会受数据库增加新字段的影响。所以，外部模式的使用带来了概念（逻辑）数据独立性。

外部模式是由操作数据库的用户程序和数据库控制系统使用的。

用于模式说明的特殊语言称为模式描述语言。每种模式都有自己的描述语言，这样就有相应的存储模式描述语言、概念模式描述语言和外部模式描述语言。用相应的模式描述语言书写的模式称为源模式，一般数据库管理系统都有一个和编译程序等价的翻译程序，可以把源模式转换成目标模式。前面给出的三段程序显然都是源模式。

本节旨在帮助读者理解数据库的三层模式、各层模式的内容和功能等。在现代关系数据库中由于简化了数据库的使用，用户所做的工作会尽可能地减少。所以现在使用数据库时，如果不是特别注意，可能不会意识到三层模式的存在（因为没有明确的各层模式的说明）。但是，读者应该知道这三层模式的存在。后续章节在介绍关系数据库管理系统及其使用时，也会特别强调这种三层模式。

1.5.4　数据库管理系统的基本框架

数据库管理系统的基本框架如图 1-14 所示。

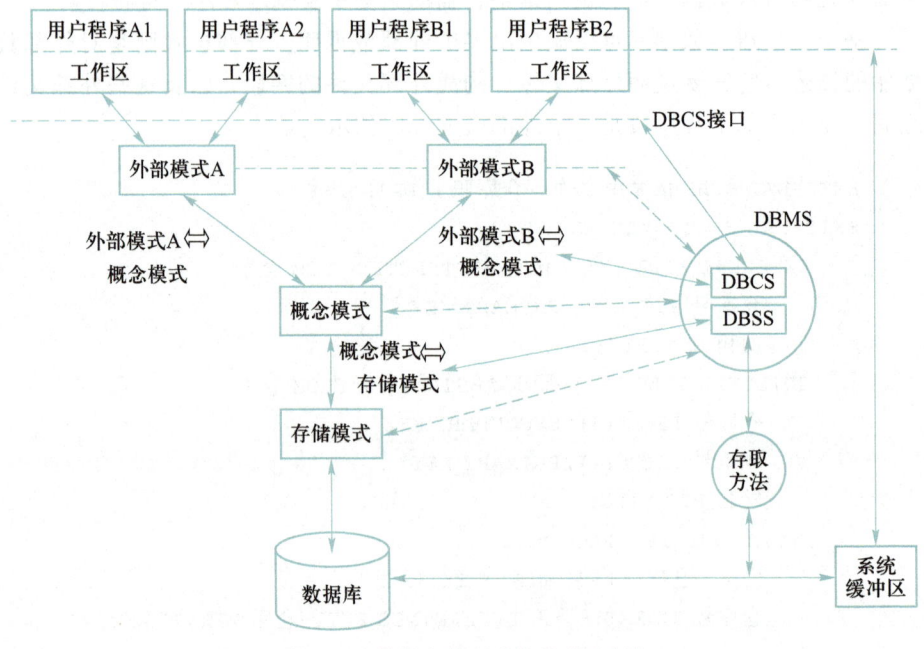

图 1-14　数据库管理系统的基本框架

这里把数据库管理系统（DBMS）分为数据库控制系统（DBCS）和数据库存储系统（DBSS）两部分。为了操作数据库，用户程序需要 DBCS 的服务。从图 1-14 可以看出，在用户程序和 DBCS 之间有一个用户友好的 DBCS 接口。这里的 DBCS 大致相当于前面提到的 CONCEPTUAL-ROUTINE 程序，不同的是 DBCS 能够处理任意多个不同的相关文件，并完成外部模式与概念模式之间的转换。DBCS 必须通过 DBSS 来操作存储数据库。DBSS 大致相当于前面提到的 STORAGE-ROUTINE 程序，它完成概念模式与存储模式之间的转换，并通过存取方法进行记录存取。

用户程序在外部模式上工作，它通过 DBMS 完成实际的数据存取操作。当一个用户程序通过 DBMS 读取一条记录时，发生的一系列事件概述如下：

　　① 用户程序向 DBMS 发出读一条记录的指令，这时用户程序要给出外部文件名和记录的关键字值。

　　② DBCS 分析所接到的指令，访问对应的外部模式。

　　③ DBCS 完成外部模式到概念模式的转换，决定访问哪个(些)概念文件。

　　④ DBSS 完成概念模式到存储模式的转换，并决定访问哪个(些)存储文件。

　　⑤ DBSS 调用存取方法，通过操作系统将读取的记录送到系统缓冲区。

　　⑥ 用户程序从系统缓冲区得到所需记录和 DBMS 返回的状态信息。

　　⑦ 用户程序在工作区中使用所得到的记录。

　　如果是修改或写入操作，其过程和读一条记录是类似的。

1.6　数据库系统

　　数据库、数据库管理系统和数据库系统是三个不同的概念。数据库强调的是存储在计算机中的数据集合，数据库管理系统是支持数据库管理的系统软件，而数据库系统则是基于数据库的计算机应用系统。

微视频：
数据库
系统

1.6.1　数据库系统的组成

　　简单地说，**数据库系统**就是基于数据库的计算机应用系统。其组成包括以下内容：

　　① 以数据为主体的数据库。

　　② 管理数据库的系统软件——数据库管理系统。

　　③ 支持数据库系统的计算机硬件环境和操作系统环境。

　　④ 管理和使用数据库系统的人员，特别是负责设计、维护数据库的技术人员——数据库管理员。

　　⑤ 方便使用和管理系统的各种技术说明书和使用说明书。

　　至此可以看出，数据库、数据库管理系统和数据库系统是三个不同的概念：数据库强调的是数据，数据库管理系统是系统软件，而数据库系统强调的是系统。

1.6.2　数据库管理和数据库管理员

　　数据库的使用会改变企事业单位的管理方式，最简单的原因就是很多部门或用户将其数据集中存储在数据库中，这自然会带来诸多好处。例如：通过消除数据重复和数据不一致性，数据将变得更加可靠和实用；数据独立性减少了程序的维护代价；为数据的特定查询请求提供了快速响应等。

　　然而，如果认为仅仅靠投资那些称作数据库或数据库管理系统的特定技术"黑箱"就可以享用上述好处，那将是错误的。因为要把众多部门或用户的数据放在同一个数据库中，那就必须要考虑这些数据是否会产生冲突、是否会有越权使用数据的情况发生、重要的数据是否会丢失等问题。诸如此类的问题都是用户非常关心的。为了解决这些问题，就要有一个数据库管理部门来负责所有和数据库管理有关的工作。也就是说，负责数据库的管理。

从事数据库管理工作的人员称为**数据库管理员**（database administrator，DBA）。DBA 要做大量的工作，既有技术方面的工作，又有管理方面的工作；要和各种人员打交道，包括普通应用人员、计算机专业人员、企事业管理人员等；还要参与数据库开发及使用的全部工作。总的来说，DBA 的工作可以概括如下：

① 在数据库规划阶段，参与选择和评价与数据库有关的计算机软件和硬件，与数据库用户共同确定数据库系统的目标和数据库应用需求，确定数据库的开发计划。

② 在数据库设计阶段，负责数据库标准的制定和共用数据字典的研制、各级数据库模式的设计，以及数据库安全、可靠性方面的设计。

③ 在数据库实施阶段，负责数据库的具体物理实现、系统转换和数据载入，协调数据库应用系统的开发等。

④ 在数据库运行阶段，负责对用户进行数据库方面的培训，负责数据库的转储和恢复、数据库中数据的维护、数据库性能的监视，并调整、改善数据库的性能，提高系统的效率，负责数据库安全系统的管理，在运行过程中发现和解决问题等。

由此可见，DBA 负责数据库的全面管理工作。DBA 的工作不仅繁重，而且至关重要。DBA 需要掌握数据处理技术和数据库技术，同时具备良好的人际交往能力和管理素质。在一个企事业单位中，特别是面对一个规模较大的数据库，不能期望由一两个人来完成数据库管理工作，所以 DBA 通常是指数据库管理部门。

DBA 这一职位是非常重要、非常关键的。任何一个数据库系统如果没有 DBA 或相应的部门履行其职责，数据库应用就难以成功，数据库就会失去统一的管理和控制，从而造成混乱。所以在开发数据库系统时，一开始就应设置 DBA 职位或相应机构，明确 DBA 的责任，并保证 DBA 的权限。DBA 一定是那些懂得和掌握数据库全局工作并且是设计和管理数据库的核心人员，在数据库系统的开发过程中，DBA 应发挥极其重要的作用。

1.6.3　数据库应用系统的体系结构

数据库应用系统的体系结构经历了集中式、文件/服务器、客户端/服务器和浏览器/服务器等阶段。近几年，可以将数据库应用的体系结构分为三种，即**客户端/服务器**（client/server，C/S）**结构**、**浏览器/服务器**（browser/server，B/S）**结构**和**基于组件的分布式计算结构**，如图 1-15 所示。这三种结构并不是完全独立的，有时会相互交融。

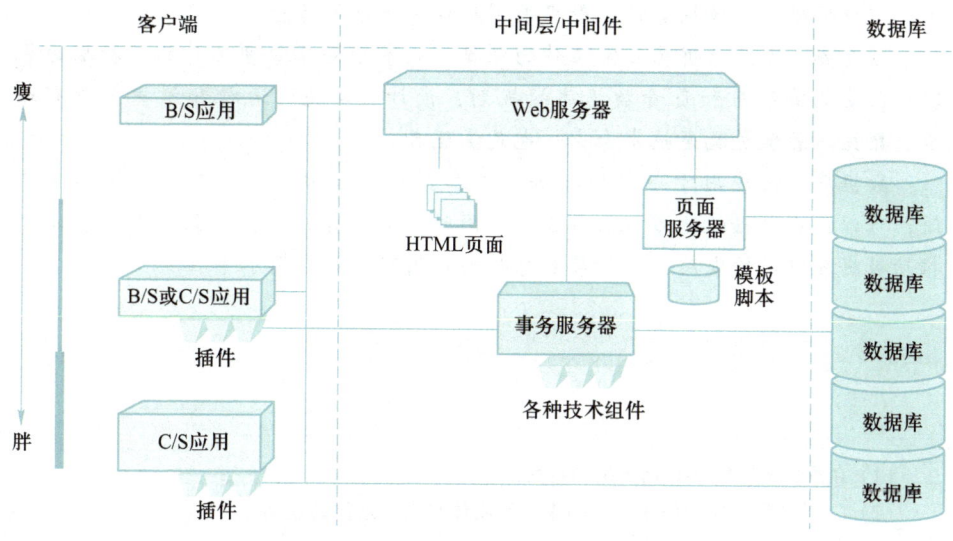

图 1-15　三种数据库应用系统的体系结构

　　传统的 C/S 结构应用是一种"胖"（rich）客户端应用。这种结构应用的用户界面和业务处理逻辑都在客户端完成，客户端的应用程序直接访问数据库（数据库和 DBMS 存储在数据库服务器上）。

　　近年来一直倡导"瘦"（thin）客户端应用，传统的 B/S 结构就是真正的"瘦"客户端应用。这种结构的应用在客户端只有用户界面，所有的业务处理逻辑都在服务器端完成。

　　人们在实际应用中一直希望寻找一种平衡，希望利用最少的资源和投入获得最大的效益。所以从平衡负载、减少网络传输、充分利用客户端资源等多个角度进行衡量，可以适当地给客户端"增肥"，即在客户端插接部分组件、安排部分业务处理逻辑。这种介于"胖"和"瘦"之间的结构，既可以用于 C/S 结构，又可以用于 B/S 结构（参见图 1-15），这种结构的基础是组件技术。

　　读者可以思考一下，目前视广泛使用的微信小程序、公众号和手机 APP 大多都要访问数据库，这些数据库显然不在我们的手机上，它们属于以上三种结构的哪一种呢？

本章小结

　　本章是全书的基础，比较全面地介绍了数据库的基本概念和相关知识。

　　数据管理无处不在，它是各种社会系统运行的基础，而管理数据最好的工具就是数据库。数据库是存储在计算机中相互关联的数据集合，具有冗余度低，共享度高的特点，能够保证数据的完整性、一致性、独立性和安全性等。

　　数据库、数据库管理系统、数据库系统分别指以数据为主体的数据库、管理数据库的系统软件和以数据库为基础的计算机应用系统，它们是三个相关而又有区别的概念。数据库管理系统作为管理数据库的系统软件，需要具有数据定义、数据操纵、数据查询、数据控制和数据通信等功能。

　　数据库管理是数据库正常工作的保障。从事数据库管理工作的是数据库管理员，他们要参与和负责数据库的规划、设计、实施、运行和维护等所有环节。数据库管理员既是技术专家，也是管理者。

　　数据库不仅应用于一般的数据管理和信息管理领域，其应用范围非常广泛，可以说有数据的地方就有数据库。同时，与计算机新技术的结合也在不断推动数据库技术的发展，并扩展数据库的应用范围和应用水平。

习题与思考题

1. 填空题

(1) 在数据库中保证数据正确的特性是(　　)。

(2) (　　)数据模型使用树结构来表示实体与实体之间的联系。

(3) 概念数据库和存储数据库之间的映像提供了(　　)数据独立性。

(4) 使用网页访问数据库通常是(　　)结构。

2. 选择题

(1) 数据不长期保存在计算机中是数据管理哪个阶段的特征？(　　)

A. 人工管理阶段　　　　　　　　　　B. 文件系统阶段

C. 数据库阶段　　　　　　　　　　　D. 高级数据库阶段

(2) 数据库系统是指(　　)。

A. 数据库中的数据集合　　　　　　　B. 管理数据库的系统软件

C. 管理数据库的人及相关支持环境　　D. 包括以上所有内容

(3) CODASYL 确定的数据模型是(　　)。

A. 网状模型　　　　　　　　　　　　B. 层次模型

C. 关系模型　　　　　　　　　　　　D. 概念模型

(4) 数据独立性是指(　　)。

A. 数据的存储结构修改时，应用程序不用修改

B. 数据库中的数据之间没有联系

C. 数据库中的数据是独立的

D. 数据正确的特性

(5) 多个用户操作共享数据不产生冲突和矛盾，是由(　　)。

A. 并发控制机制保障的　　　　　　　B. 安全控制机制保障的

C. 恢复机制保障的　　　　　　　　　D. 共享机制保障的

3. 讨论题

(1) 什么是数据管理？数据管理经历了怎样的发展过程？

(2) 标志数据库技术诞生的是哪些事件？

(3) 什么是数据库？数据库有哪些主要特征？

(4) 在了解了数据库的特征之后，反观文件系统用于数据管理存在哪些明显的缺陷？

(5) 试述数据独立性、数据完整性、数据安全性、数据的并发一致性等概念的基本含义。

(6) 试述数据模型的基本概念。

（7）试述传统的三大数据模型是如何划分的。

（8）全面解释数据独立性的含义。

（9）数据库系统是如何实现较高的数据独立性的？

（10）什么是数据库管理系统？它有哪些基本功能？

（11）简要概述数据库、数据库管理系统和数据库系统各自的含义。

（12）什么是数据库管理员？简要叙述数据库管理的重要性及数据库管理员的职责。

（13）简要叙述数据库应用系统的各种体系结构。

（14）目前手机上广泛使用的 APP 属于 C/S 结构还是 B/S 结构？很多微信公众号提供的后台服务是 C/S 结构还是 B/S 结构？

第 2 章　概念模型

现实世界的数据在存储到数据库时一定不是杂乱无章的，而是经过人们对现实世界的数据管理需求进行认识、理解、整理、规范和加工后，按照某种规范的方式存储到数据库中的。本章将首先学习描述现实世界的概念模型。

知识目标：理解概念模型，掌握概念模型的设计方法。

能力及素养目标：能够熟练使用数据库建模工具设计概念模型；能够结合业务需求初步解决复杂工程问题中的数据库设计问题。重视调查研究，辩证看待联系，培养团队精神，增强科技自信。

本章重点：概念模型的设计。

本章难点：识别弱实体和依赖联系，结合业务需求正确设计概念模型。

2.1　概念模型综述

在进行现实世界管理时，客观事物必然在人们的头脑中产生反映，这种反映称为**信息**。例如，在库存管理中可以用账本管理库存业务，这里的账本就是人们经过头脑加工、记录、整理和归类的信息，这种信息处理行为就是信息管理。因此，信息是对现实世界状态的反映，信息管理是对现实世界管理的反映。

信息世界不是现实世界的录像，这是因为信息世界的对象是经过了人为选择与加工的。人们对这些有意义的对象进行命名、分类，从而构建出信息世界。

为了将现实世界的数据存储到数据库中，人们需要对其进行认识、理解、整理、规范和加工。也就是说，数据从现实生活进入数据库实际经历了现实世界阶段、信息世界阶段和机器世界阶段。

① 现实世界阶段。认识和理解现实世界的数据管理需求，并对获得的信息进行整理、规范和加工。我们把描述现实世界数据及其之间联系的方法称作概念模型。这个时期的关注重点是要弄清楚管理现实世界的哪些数据，这些数据之间有什么联系；暂时不关注数据如何存储，数据之间的联系如何实现等。

② 信息世界阶段。对现实世界中认识和理解的信息进行规范和条理化，这个阶段决定数据之间的联系如何表示（回忆第 1 章介绍的三大逻辑模型），但是

还不涉及存储细节。

③ 机器世界阶段。按照特定的模式将规范的信息存放到数据库中并供用户使用。

当信息管理进入计算机后，它就进入了机器世界范畴或存储世界范畴。由于计算机只能处理数据化的信息，所以对信息世界中的信息必须进行数据化。数据化后的信息称为**数据**，数据是信息的符号表示。

在数据库的整个设计阶段，概念模型设计是最重要的。只有准确理解和描述现实世界的数据管理需求，才能设计出好的数据库。在 1.3.1 小节曾对概念模型做了简单介绍，本章将从如何理解现实世界数据需求、概念模型工具等方面讨论概念模型的设计方法。

2.2 实体-联系方法

在现实世界中，被管理的对象可以看作是实体，这些对象之间是有关联的。由于直接将现实世界按具体数据模型进行组织必须同时考虑很多因素，设计工作非常复杂，并且效果也不理想，因此需要一种方法能够对现实世界的信息结构进行描述。事实上已经有了一些这方面的方法，其中最具影响力和代表性的是实体-联系方法，即通常所说的 E-R 方法。这种方法由于简单实用得以广泛应用，也是目前描述概念模型最常用的方法。

微视频：概念数据模型及实体-联系方法

E-R 方法使用的工具称为 E-R 图，它所描述的现实世界的信息结构称为企业模式（enterprise schema），我们也把这种描述结果称为 E-R 模型或概念模型。

E-R 方法最重要的元素就是实体和联系，为此首先需要全面了解实体和联系的基本概念。

2.2.1 实体

在日常库存管理中，首先涉及的是仓库、货物的存放以及货物的进出库等，这种管理称为现实世界管理。在现实世界管理中这些被管理的对象称为**实体**（entity），其定义为：实体是客观存在并可以相互区分的客观事物或抽象事件。

根据定义，可以触及的客观对象如仓库、器件、职工等是实体；客观存在的抽象事件如订货、演出、足球赛等也都是实体。

每个实体肯定具有一定的特征（性质），这样用户才能根据实体的特征来区分每个实体。比如职工的编号、姓名、工资等都是职工实体具有的特征；足球赛的比赛时间、地点、参赛队等都是足球赛实体的特征。

具有相同特征（或属性）的一类实体的集合称为实体集。例如，所有器件、所有职工、所有订货都构成各自的实体集。

实体靠特征来区分，但并不是每个特征都能达到区分实体的目的。因此，又把用于区分不同实体的那个实体特征称为**标识特征**（也称标识属性、关键字）。

例如，职工的姓名和工资就不能区分一个个职工实体，因为会存在重名和相同工资值的情况，而职工号是唯一的，可以用来区分每个职工，因此职工号就是职工的标识特征，而姓名和工资就不是职工的标识特征。

事实上并不是所有的实体都有标识特征，有的实体仅靠自身的特征不能区分一个个实体，需要借助其他实体的特征才能够进行区分，这样的实体称为**弱实体**。

弱实体不能独立存在，它是为所依赖的实体而存在的。

例如，在学籍管理系统中学生是一个实体，而从管理的需求出发，为了方便和家长联系，通常也可以建立一个家长实体。在这样一个系统中，家长实体因为学生实体的存在而存在，所以家长实体是弱实体。

再如，订货业务的订货单实体通常包含订货单号、供应商、经手人、订货日期等特征，而具体的订货内容则会派生出一个订货明细实体，这个订货明细实体也是弱实体。

2.2.2　实体之间的联系

1. 基本联系

实体之间联系的基本类型有一对一（$1:1$）、一对多（$1:n$）和多对多（$m:n$）三种，其中最常见的是一对多联系和多对多联系。

一对一联系：如果实体集 A 与实体集 B 之间存在联系，并且对于实体集 A 中的任意一个实体，实体集 B 中至多只有一个实体与之对应；而对于实体集 B 中的任意一个实体，在实体集 A 中也至多只有一个实体与之对应，则称实体集 A 到实体集 B 的联系是一对一的，记为 $1:1$。

一对多联系：如果实体集 A 与实体集 B 之间存在联系，并且对于实体集 A 中的任意一个实体，实体集 B 中可以有多个实体与之对应，而对于实体集 B 中的任意一个实体，在实体集 A 中都至多只有一个实体与之对应，则称实体集 A 到实体集 B 的联系是一对多的，记为 $1:n$。

多对多联系：如果实体集 A 与实体集 B 之间存在联系，并且对于实体集 A 中的任意一个实体，实体集 B 中可以有多个实体与之对应，而对于实体集 B 中的任意一个实体，在实体集 A 中也可以有多个实体与之对应，则称实体集 A 到实体集 B 的联系是多对多的，记为 $m:n$。

例如，有"仓库"和"职工"两个实体，并且有语义：一个仓库可以有多名职工，但是一名职工只能在一个仓库工作。那么"仓库"与"职工"实体之间的联系是一对多的，可以把这种联系命名为"工作"，相应的 E-R 图如图 2-1（a）所示。

再如，有"仓库"和"器件"两个实体，并且有语义：一个仓库可以存放多种器件，一种器件可以存放在多个仓库。那么"仓库"与"器件"实体之间的联

系就是多对多的，可以把这种联系命名为"库存"，相应的 E-R 图如图 2-1(b)
所示。

　　E-R 图不仅能描述两个实体之间的联系，还能描述两个以上实体之间的联
系。例如，有"仓库""器件""供应商"三个实体，并且有语义：每个仓库可以
向多个供应商订购多种器件，每个供应商可向多个仓库供应多种器件，每种器
件可由多个供应商提供多个仓库。描述"仓库""器件"和"供应商"实体之间的
E-R 图如图 2-2 所示，联系命名为"订购"。

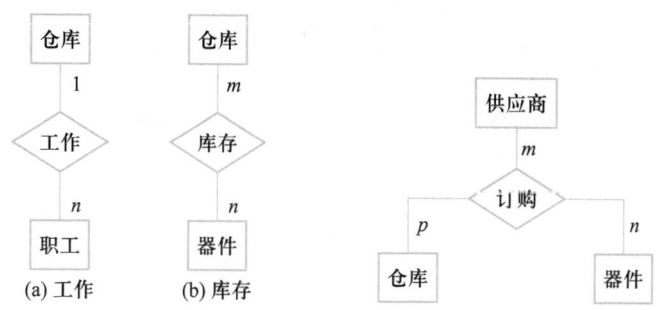

图 2-1　两个实体之间的联系　　　图 2-2　多个实体之间的联系：订购

2. 强制联系

实体之间的联系可以分为**强制联系**和**非强制联系**。

　　例如，"仓库"实体和"职工"实体之间存在一个一对多的联系。给定的一
条仓库记录可以有 0 条或多条职工记录与之对应，则"仓库"到"职工"实体的联
系是非强制的(没有强制必须有职工记录与仓库记录相对应)。

　　给定一条职工记录，如果必须有一条仓库记录与之对应(一名职工在任何
时候都必须属于一个仓库)，则职工到仓库的联系是强制的(强制必须有仓库记
录与职工记录相对应)。

　　相反，如果给定一条职工记录，不是必须有一条仓库记录与之对应(一名
职工可以暂时不属于任何一个仓库)，则"职工"到"仓库"实体的联系是非强制
的(没有强制必须有仓库记录与职工记录相对应)。

　　从以上关于强制联系和非强制联系的描述可以看出，一种联系是否为强制
联系取决于现实世界中的管理方法是如何规定的。

3. 依赖联系

　　前面介绍弱实体时提到弱实体不能独立存在，而是需要依赖另一个实体集
中的标识特征才能进行区分。被弱实体所依赖的实体集也称为**强实体集**，在弱
实体集与强实体集之间必然存在着一种联系，因为它们之间存在着一种依赖关
系，因此把这种联系称为**依赖联系**。图 2-3 中的联系"订购了"就是一个依赖联系
系。依赖联系都是一对多的联系，弱实体集也只有作为一对多联系的一部分才
有意义。

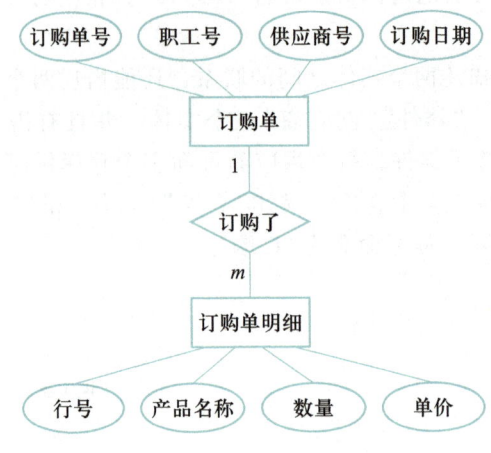

图 2-3　弱实体及其联系

2.3　数据库建模工具

早期的 E-R 图是手工绘制的，使用和管理都非常麻烦。后来人们研究、开发了各种数据库建模工具，例如 SAP 公司的 PowerDesigner、IBM 公司的 Rational Rose 以及 Computer Associates 公司的 ER Win 等。本书介绍和使用 SAP 公司的 PowerDesigner。

2.3.1　SAP PowerDesigner 简介

微视频：
数据库建
模工具

PowerDesigner 曾是 Gartner 评出的全球排名第一的数据库建模工具，具有灵活的分析和设计特性，可使用一种结构化的方法有效地创建数据库或数据仓库，并支持最新的关系数据库管理系统以及数据库中的 Web Services 和 XML 等功能。PowerDesigner 提供了直观的符号表示，以便更加简单地向非技术人员展示数据库以及应用系统的设计。它是一个功能强大且使用方便的工具集，为新一代数据库应用的建模提供了全面的支持。目前 PowerDesigner 已经提供了对多种模型的支持，如

- 需求模型（requirements model，RQM）
- 企业架构模型（enterprise architecture model，EAM）
- 企业业务流程模型（business process model，BPM）
- 概念数据模型（conceptual data model，CDM，简称概念模型）
- 逻辑数据模型（logical data model，LDM，简称逻辑模型）
- 物理数据模型（physical data model，PDM，简称物理模型）
- 面向对象模型（object oriented model，OOM）
- 信息流动模型（information liquidity model，ILM）
- XML 模型（XML model）

等，并提供模型之间的转换。部分模型间的转换关系如图 2-4 所示。

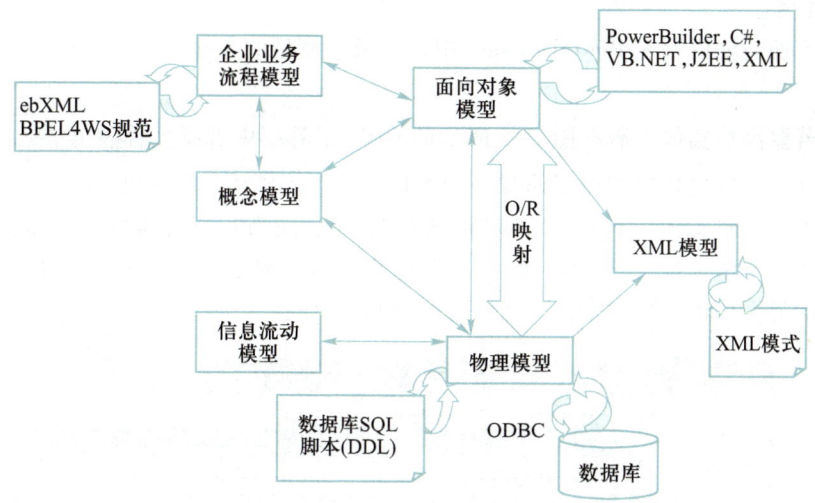

图 2-4 PowerDesigner 模型之间的转换关系

设计人员可以根据需求模型,从面向对象模型开始,依次建立用例图、时序图和类图,由类图转化为概念模型以及物理模型;或者从结构化分析方法开始,依次产生企业业务流程模型、概念模型、物理模型,并转化为类图等。概念模型、物理模型和面向对象模型之间可以相互转换。面向对象模型可以生成应用程序代码,也可以完成逆向工程,即从应用程序代码(如 C#、Java 等)生成类图等。PowerDesigner 还支持企业团队的开发管理,可建立所有模型的统一共享环境——一套元数据库(metadata repository),为企业级应用的分析、设计与开发提供一个企业建模、UML 建模和数据建模的集成化的工作环境。

本书将只关注使用 PowerDesigner 设计概念模型、逻辑模型和物理模型的功能。本节重点介绍 PowerDesigner 的概念模型建模技术。

2.3.2 使用 PowerDesigner 建立概念模型的基本方法

图 2-5 是 PowerDesigner 概念模型设计界面的工具板(CDM 工具板),其中命令按钮的功能大致可以分为以下三类:

图 2-5 CDM 工具板

① 设计 E-R 图的实体、联系、继承和属性等概念模型中的要素。
② 点取、套取、抓取、放大、缩小、剪裁等编辑手段和工具。
③ 文本、直线、矩形、椭圆形、圆角矩形、任意形状、多边形等辅助信息和符号。

建立概念模型的常规操作包括添加实体、定义实体的属性以及建立实体之间的联系。

下面简要说明在 PowerDesigner 中建立概念模型的方法。

1. 添加和编辑实体

若要添加实体，需在图 2-5 所示的 CDM 工具板中选择实体符号 ⊞，然后单击画板的空白位置则可以添加一个实体。可以连续添加多个实体。

若要编辑实体(编辑实体的名称和属性等)，应当右击要编辑的实体，然后从快捷菜单中选择 Properties 命令，将打开实体编辑窗口——一个含有多个选项卡的界面(如图 2-6 所示)，然后执行如下操作：

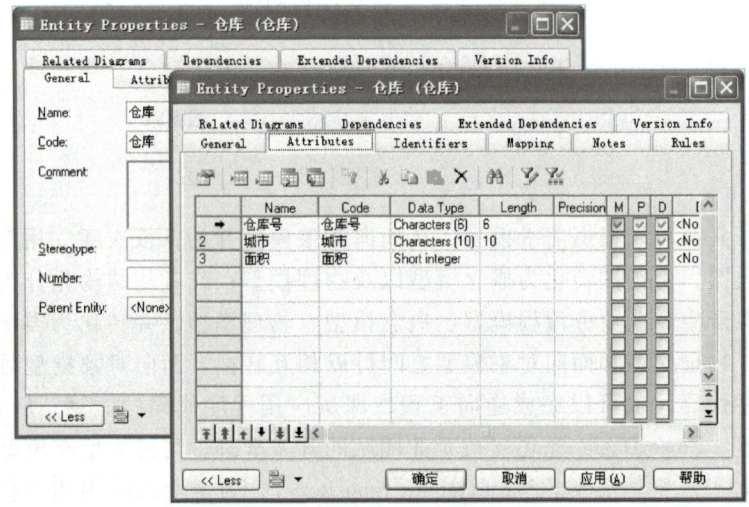

图 2-6　实体编辑窗口

① 在"General"选项卡中输入实体名。

② 在"Attributes"选项卡中输入、编辑属性，其中通过选择属性 P 指定实体的标识属性。

③ 还可以在"Identifiers"选项卡中为标识属性命名。

这里实体也是用矩形框表示，分为三部分：

① 顶部是实体名。

② 中间是属性，还说明了相应的数据类型。

③ 底部说明标识属性(即关键字)的名称。

2. 添加和编辑联系

建立两个实体之间联系的方法如下：

① 在图 2-5 所示的 CDM 工具板中选择联系符号 🖧。

② 在第一个实体上按住鼠标并拖曳到第二个实体后释放鼠标，此时会默认在这两个实体之间建立一个一对多的联系。

③ 右击要编辑的联系，然后从快捷菜单中选择 Properties 命令，将打开联系编辑窗口，如图 2-7 所示。联系编辑窗口的上半部分是联系示意图，下半部分有多个选项卡用于编辑联系。

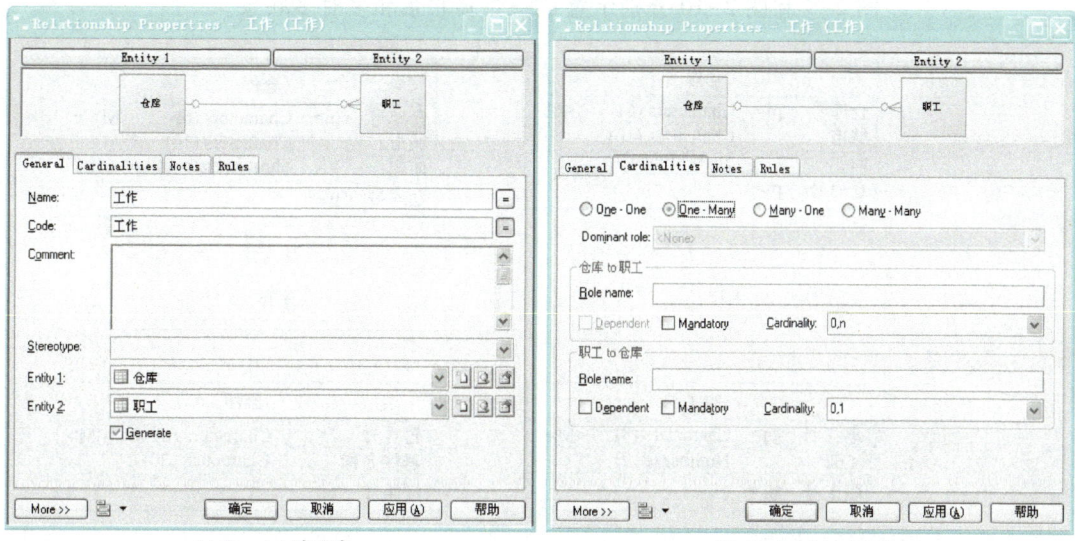

(a) General 选项卡　　　　　　　　　(b) Cardinalities 选项卡

图 2-7　联系编辑窗口

在图 2-7(a)所示的"General"选项卡中输入联系的名称,此时屏幕上会显示相关联的两个实体的名称。

在图 2-7(b)所示的"Cardinalities"选项卡中编辑具体的联系,主要包括以下内容:

① "One-One(一对一)""One-Many(一对多)""Many-One(多对一)"和 "Many-Many(多对多)"为基本联系类型。其中,One-Many 和 Many-One 说明了一对多联系的方向性。

② "Mandatory"选项说明联系是强制联系,"Dependent"选项说明联系是依赖联系。

③ 联系连接相关实体,根据联系类型的不同其相应的符号有些差异。如图 2-8 所示,其中:图 2-8(a)说明双向都是非强制联系,即给定仓库可以暂时没有职工,指定职工也可以暂时不属于任何仓库;图 2-8(b)说明职工对仓库的联系是强制的,即任意职工记录都必须有一个仓库记录与之对应,或者说一个职工必须属于某一个仓库;图 2-8(c)说明职工对仓库的联系是依赖联系,这时职工是一个弱实体。

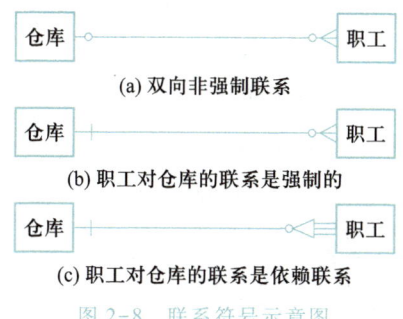

(a) 双向非强制联系

(b) 职工对仓库的联系是强制的

(c) 职工对仓库的联系是依赖联系

图 2-8　联系符号示意图

图 2-9 和图 2-10 分别示意了一对多联系和多对多联系。

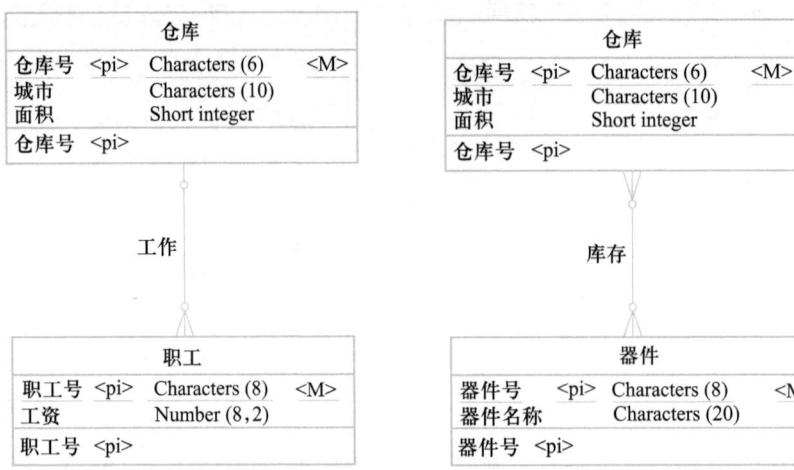

图 2-9　一对多联系　　　　　　　　图 2-10　多对多联系

3. 建立多个实体之间的联系

为了建立多个实体之间的联系，需要引入一个称为联合（association）的对象或符号，然后相关实体通过联合发生联系。

假设"仓库""器件""供应商"实体之间的关联有如下描述：

① 一个仓库可以向多个供应商订购多种器件。

② 每个供应商可以向多个仓库供应多种器件。

③ 每种器件可以由多个供应商向多个仓库提供。

因此，在"仓库""器件"和"供应商"实体之间存在一种多对多联系，用 PowerDesigner 绘制的 E-R 图如图 2-11 所示。在完成图 2-11 所示 E-R 图的设计时，首先添加和编辑"仓库""器件"和"供应商"实体，然后添加和编辑联合（在 CDM 工具板中选择⊖符号添加到画板中），最后建立实体与联合之间的联系（在 CDM 工具板中选择联系符号🖿，逐一建立上述三个实体与联合之间的联系）。

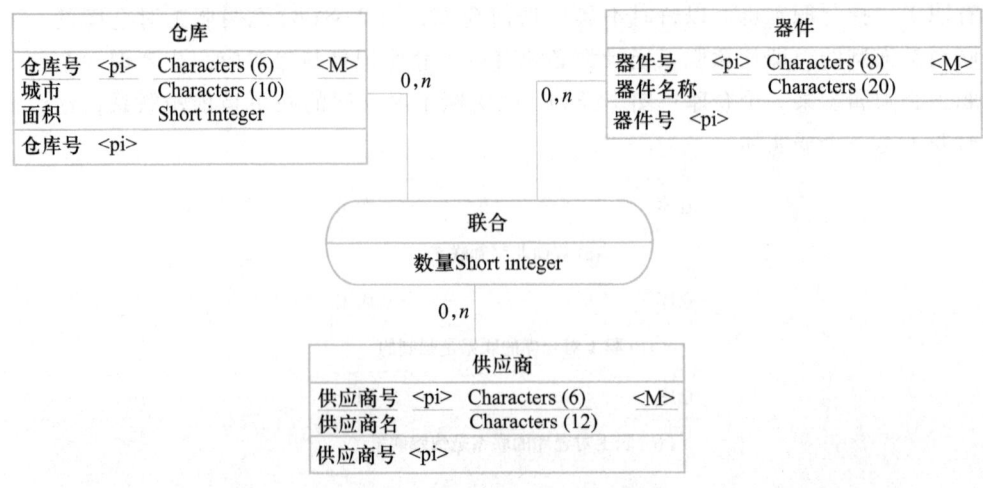

图 2-11　多个实体之间的联系

2.4　深入讨论联系的几个问题

在概念模型设计中，联系是核心与灵魂，为此，本节将从不同角度对联系进行深入探讨。

2.4.1　为什么需要讨论联系

实体间一对一、一对多和多对多三类基本联系是概念模型的基础。在概念模型中，主要需解决的问题仍然是实体之间的联系。

实体之间的联系类型并不取决于实体本身，而是取决于现实世界的管理方法，或者说取决于语义。即同样两个实体，如果有不同的语义则可以得到不同的联系类型。例如，有"仓库"和"器件"两个实体，下面来讨论它们之间的联系：

① 一对一联系：如果规定一个仓库只能存放一种器件，并且一种器件只能存放在一个仓库，这时"仓库"与"器件"实体之间的联系是一对一的。

② 一对多联系：如果规定一个仓库可以存放多种器件，但是一种器件只能存放在一个仓库，这时"仓库"与"器件"实体之间的联系是一对多的。

③ 多对多联系：如果规定一个仓库可以存放多种器件，同时一种器件可以存放在多个仓库，这时"仓库"与"器件"实体之间的联系是多对多的。

讨论这样的联系有什么实际意义呢？仍以"仓库"和"器件"实体为例，图 2-12 是它们的简化 E-R 图（联系类型不确定），图 2-13 是"仓库"实体的文件实例，图 2-14 是"器件"实体的文件实例。下面对不同的联系类型分别进行讨论，看看它们对最终的数据库或数据存储有什么影响。

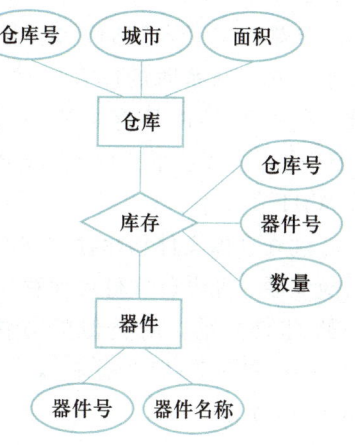

图 2-12　简化 E-R 图实例

仓库号	城市	面积
WH1	北京	500
WH2	上海	450
WH3	广州	200
WH4	重庆	300

图 2-13　仓库实例

器件号	器件名称
P1	显示卡
P2	声卡
P3	解压卡
P4	散热风扇

图 2-14　器件实例

1. 一对一联系

如果"仓库"与"器件"之间的联系是一对一的，图 2-15 是表示它们之间联系的库存文件实例。现在设想一下如果要查询解压卡存放在哪个城市的仓库里，查询步骤如下：

① 从器件文件中得到解压卡的器件号为"P3"。

② 根据器件号从库存文件中得到存放这个器件的仓库号为"WH3"。

③ 根据仓库号从仓库文件得到这个仓库所在的城市为"广州"。

事实上，如果两个实体之间的联系是一对一的，问题就会简单得多。可以分析一下图 2-13、图 2-14 和图 2-15 所示的三个文件实例，它们的记录与记录之间的对应关系完全是一一对应的，这样的三个文件完全可以合并成一个文件，合并后的文件如图 2-16 所示。现在如果要查询解压卡存放在哪个城市的仓库里，只需一步就可以得到结果。

仓库号	器件号	数量
WH1	P1	100
WH2	P2	120
WH3	P3	180
WH4	P4	200

图 2-15　一对一联系时的库存实例

仓库号	城市	面积	器件号	器件名称	数量
WH1	北京	500	P1	显示卡	100
WH2	上海	450	P2	声卡	120
WH3	广州	200	P3	解压卡	180
WH4	重庆	300	P4	散热风扇	200

图 2-16　一对一联系时文件合并的结果

2. 一对多联系

如果"仓库"与"器件"之间的联系是一对多的，情况就不同了。图 2-17 示意了一对多联系时的库存文件。从文件里可以看出，一个仓库存放了多种器件，而一种器件只存放在一个仓库里。例如，在 WH1 仓库中存放了器件 P1 和 P2，而器件 P1 只存放在 WH1 仓库中。

现在仓库文件和库存文件的记录之间是一对多的对应关系，而器件文件和库存文件的记录之间是一对一的对应关系。用类似的方法也可以把图 2-13、图 2-14 和图 2-17 所示的文件合并为一个文件，如图 2-18 所示。

仓库号	器件号	数量
WH1	P1	100
WH1	P2	120
WH2	P3	180
WH2	P4	200

图 2-17　一对多联系时的库存实例

仓库号	城市	面积	器件号	器件名称	数量
WH1	北京	500	P1	显示卡	100
WH1	北京	500	P2	声卡	120
WH2	上海	450	P3	解压卡	180
WH2	上海	450	P4	散热风扇	200
WH3	广州	200			
WH4	重庆	300			

图 2-18　一对多联系时文件合并的结果

从图 2-18 所示的文件中可以看到，有关仓库的信息是重复存储的，这是由于在一个仓库里可以存放多个器件而造成的。如果在一个仓库里存放了更多的器件，就会有更多的仓库信息重复。这种信息的重复存储在数据库设计中是不允许的，因为这不仅浪费了大量的存储空间，更重要的是可能会带来一系列的操作异常现象。例如，WH1 仓库扩大了面积，要将面积值改为 600，由于这个仓库的信息有大量的重复，因此有可能出现只修改了其中的一部分，而另外一部分没有修改的情况，这时就会产生同一个仓库有不同的面积值这样的错误。这样的数据库显然是不能使用的。

因此，正确做法是只合并器件文件和库存文件，合并结果如图 2-19 所示。这时的设计结果是图 2-13 所示的仓库文件与合并后的图 2-19 所示的文件。

仓库号	器件号	器件名称	数量
WH1	P1	显示卡	100
WH1	P2	声卡	120
WH2	P3	解压卡	180
WH2	P4	散热风扇	200

图 2-19　器件文件和库存文件合并

3. 多对多联系

如果"仓库"与"器件"之间的联系是多对多的，情况就又不同了。图 2-20 示意多对多联系时的库存文件。在这个文件里可以看出一个仓库存放了多种器件，而一种器件又可以存放在多个仓库里。例如，在 WH1 仓库中存放了器件 P1 和 P2，而器件 P1 又同时存放在 WH1、WH3 和 WH4 仓库中。

仓库号	器件号	数量
WH1	P1	100
WH1	P2	120
WH2	P3	180
WH2	P4	200
WH3	P1	150
WH4	P1	180
WH4	P2	200
WH4	P3	100
WH4	P4	140

图 2-20　多对多联系时的库存实例

现在仓库文件和库存文件的记录之间是一对多的对应关系，而器件文件和库存文件的记录之间也是一对多的对应关系。如果再用类似的方法把图 2-13、图 2-14 和图 2-20 所示的文件合并为一个文件，这时不仅有关仓库的信息是重复存储的（一个仓库中可以存放多个器件），器件信息也会大量重复存储（一种器件可以存放在多个仓库中），因此不仅三个文件不能合并，任意两个文件也不能合并。其原因同样是不仅浪费了大量的存储空间，更重要的是可能会带来一系列的操作异常现象。因此这时的正确做法是，保持图 2-13、图 2-14 和图 2-20 所示的三个文件。

从以上的分析可以看出，同样两个实体，如果赋予不同的语义，则有不同的设计结果。也就是说，在概念模型中讨论实体之间的联系类型直接影响着目标数据库的设计结果和设计质量。

2.4.2　理解和转换多对多联系

多对多联系是一类比较复杂的联系，为了加深对这类联系的理解，这里把图 2-13、图 2-14 和图 2-20 所示的三个文件的数据写成矩阵形式，如图 2-21 所示。这里用仓库记录标识矩阵的行，用器件记录标识矩阵的列，行和列交叉处的数据给出了在一给定仓库中某一具体器件的信息，即器件在这个仓库中的存放数量。

从图 2-21 中可以非常清楚地看出，仓库记录和器件记录之间的对应关系是多对多的。图中任意给定的行（仓库），有多个描述器件的列，在行和列的交叉处是关于某个仓库中某种器件的信息（此处是器件的数量）。类似地，对任意给定的列（器件），有很多行（仓库）与之对应。在这种矩阵表示中，不仅明确给出了仓库实体和器件实体之间的多对多联系，而且也指出了仓库文件和库存文件及器件文件和库存文件之间的两个一对多联系。行和列的交叉数据描述了库存文件中的信息，即包含一个特定仓库中某一类具体器件的数量。

| | | | 器件名称 | 显示卡 | 声卡 | 解压卡 | 散热风扇 |
			器件号	P1	P2	P3	P4
面积	城市	仓库号					
500	北京	WH1		100	120	—	—
450	上海	WH2		—	—	180	200
200	广州	WH3		150			
300	重庆	WH4		180	200	100	140

图 2-21　将数据排列成矩阵

多对多联系总是要转换成一对多联系的。这是因为，一方面现在的数据库管理系统都不直接支持多对多的联系，另一方面在文件中如果强行按照多对多的方式存储数据，势必会造成数据的大量重复存储，从而导致各种操作异常现象。

一个多对多的联系实际蕴涵了两个一对多的联系。如在图 2-12 中，如果仓库与器件之间的联系是多对多的，那么它们与库存之间的联系都是一对多的。也就是说，如果图 2-12 表述的联系是多对多的，那么该 E-R 图可以转换为如图 2-22 所示的 E-R 图。

图 2-12 中的多对多联系蕴涵了图 2-22 所示的两个一对多联系。同样，图 2-22 所示的两个一对多联系也蕴涵了图 2-12 中的多对多联系。因此以后都可以按照类似的方法，把多对多的联系转换成一对多的联系。

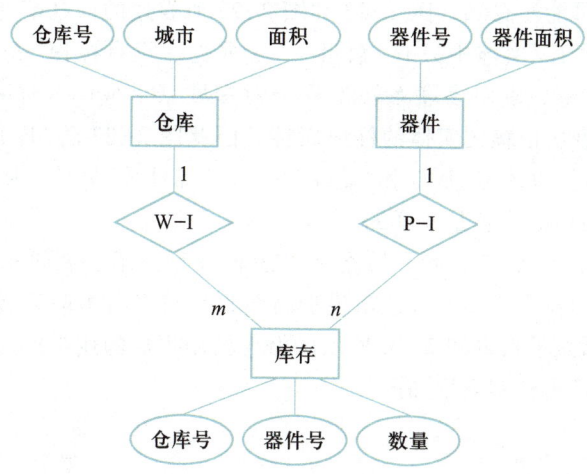

图 2-22　多对多联系转换成两个一对多联系

2.4.3　PowerDesigner 中的多对多联系转换为一对多联系

正如 2.4.2 小节所述，多对多联系总是要转换成一对多联系的，在 Power-Designer 的概念模型中，通常也需要将多对多联系转换为一对多联系。

PowerDesigner 的早期版本只提供了概念模型和物理模型（实际也担当着逻辑模型的作用），因此需要手工将多对多联系转换成一对多联系。方法是将多对多联系转换为实体，结果变成原来的两个实体与表示联系的实体之间的两个一对多联系（例如图 2-12 到图 2-22 的转换）。

图 2-10 和图 2-12 描述的是相同的实体和联系。为了将图 2-10 所示的多对多联系转换成一对多联系，可以按如下步骤完成：

① 在联系上右击，然后从快捷菜单中选择 Change To Entity（转换成实体）命令，此时会生成一个"库存"实体，以及"仓库"实体与"库存"实体之间的一对多联系和"器件"实体与"库存"实体之间的一对多联系，并且这两个联系都是依赖联系。

② 编辑生成的"库存"实体，为之添加属性"数量"，转换和编辑后的结果如图 2-23 所示。

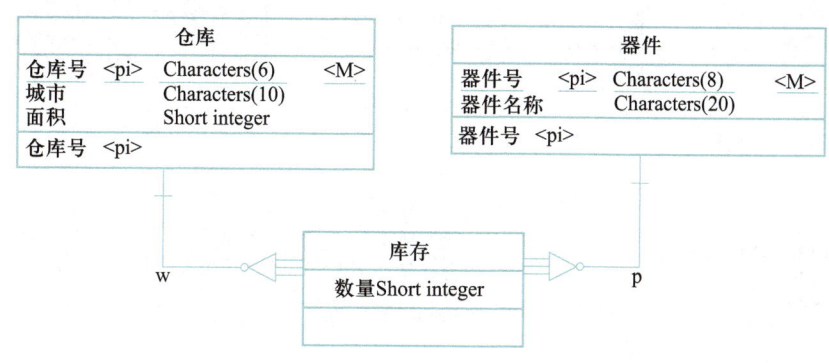

图 2-23　转换成一对多联系

有的读者可能注意到，图 2-23 和图 2-22 所表述的信息不完全一样，在图 2-23 所示的"库存"实体中只有"数量"一个属性，没有标识"仓库号"和"器件号"属性。事实上，多对多联系转换成一对多联系生成的实体是一个弱实体，它本身需要借助所依赖的实体的标识属性，因此图 2-23 的"库存"实体需要借助"仓库"实体的"仓库号"属性和"器件"实体的"器件号"属性。所以说，图 2-23 和图 2-22 所表述的信息是一样的。

PowerDesigner 从 15.0 版开始增加了逻辑模型，不需要再通过手工转换多对多联系，在用概念模型生成逻辑模型时会自动将多对多联系转换成一对多联系。图 2-24 示意了根据图 2-10 所示的概念模型生成的逻辑模型，其中"数量"属性是在生成逻辑模型后增加的。

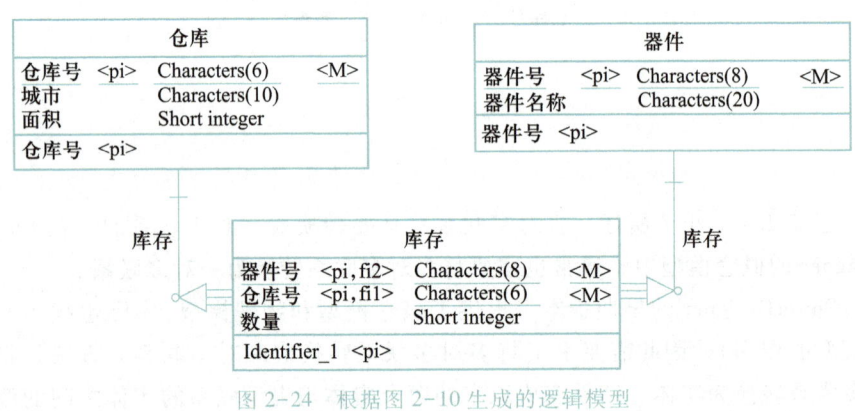

图 2-24 根据图 2-10 生成的逻辑模型

2.4.4 连接陷阱

图 2-24 是库存管理的 E-R 图，和库存有关的还有供应商的供货等业务。假设一种器件可以向多个供应商订购，一个供应商也可以供应多种器件，这样"供应商"与"器件"实体之间的联系是多对多的联系，它们之间的联系是订货。图 2-25 是供应商与器件之间联系的 E-R 图，并且示意了将多对多联系转换为一对多联系的结果。

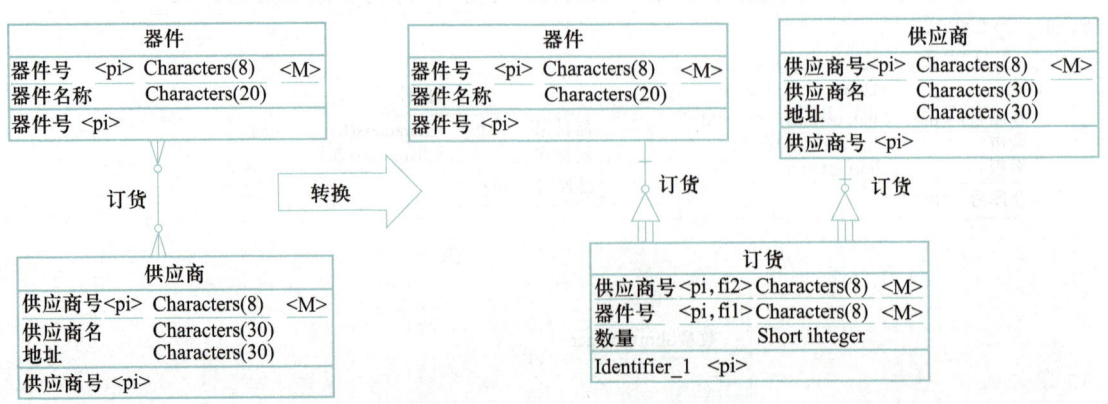

图 2-25 器件与供应商之间的联系

现在图 2-24 和图 2-25 都含有器件文件，还可以把这两个 E-R 图合二为一，合并结果如图 2-26 所示。现在这个 E-R 图所描述的数据模型含有 5 个实体和 4 个联系。

假设某个仓库的某种器件的库存数量已经接近于 0，现在想查询一下该仓库关于这种器件的订货数量，例如 WH1 仓库 P1 器件的订货数量是多少。参看图 2-26，仓库信息和要查询的订货数量信息并没有直接联系，尽管器件和库存、订货都有联系，但是器件能承担起库存和订货之间的联系吗？

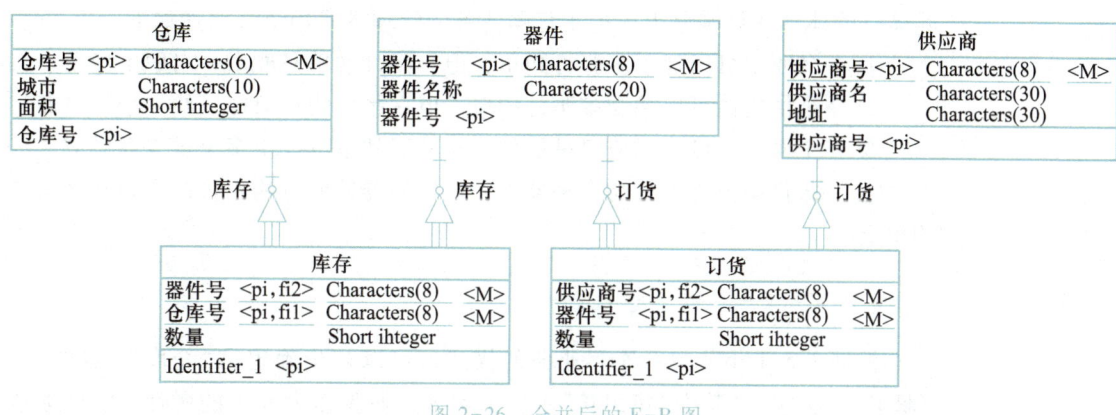

图 2-26　合并后的 E-R 图

答案是否定的。也就是说，根据这样一个数据模型所建立的数据库是不能提供诸如"WH1 仓库 P1 器件的订货数量是多少"这样的信息的。使用者需要了解和理解设计者的意图，而臆想出来的联系通常会得到错误的结果，这种现象称为"连接陷阱"。在连接陷阱中是不可能得到正确信息的。如果确实需要有关仓库对器件的订货信息，就必须重新设计数据模型，重新设计数据库。

也许有的读者还注意到，"器件"是一个实体，"库存"和"订货"表述的是联系；连接陷阱试图通过实体建立联系，这显然是错误的。

2.5　概念模型设计实例

前面几节讨论了概念模型的一些概念和问题，本节将通过一个较为完整的实例来建立概念模型，以便对概念模型有一个全面的认识。

微视频：
概念模型
设计实例

2.5.1　问题描述

案例：某企业要建立一个管理库存业务和订购业务的数据库，具体业务叙述如下：

1. 库存业务

库存是指在仓库中存放器件，具体工作是由仓库的职工来管理的。其管理模式用语义描述如下：

① 在一个仓库中可以存放多种器件，一种器件也可以存放在多个仓库中。

② 一个仓库有多个职工，而一名职工只能在一个仓库工作。

③ 职工中设置班组长，每个班组长可以管理多名职工，每名职工只归一个班组长管理。

④ 一名职工可以保管一个仓库中的多种器件，由于一种器件可以存放在多个仓库中，当然也可以由多名职工保管。

2. 订购业务

为了不断补充库存器件的不足，仓库的职工需要及时向供应商订购器件，具体订购体现在订购单上。关于订购业务的管理模式用语义描述如下：

① 一名职工可以经手多张订购单，但一张订购单只能由一名职工经手。

② 一个供应商可以接受多张订购单，但一张订购单只能发给一个供应商。

③ 一个供应商可以供应多种器件，每种器件也可以由多个供应商供应。

④ 一张订购单可以订购多种器件，对每种器件的订购也可以出现在多张订购单上。

2.5.2　库存业务局部概念模型

根据 2.5.1 小节中对库存业务的描述，可以初步确定有"仓库""器件"和"职工"三个实体（其中"班组长"不作为实体，而是作为职工的属性，它的取值是职工号）。根据语义描述确定有如下联系：

① "仓库"和"器件"实体之间是多对多的库存联系。

② "仓库"和"职工"实体之间是一对多的工作联系。

③ "职工"和"器件"实体之间是多对多的保管联系。

④ "职工"实体内部通过"班组长"和"职工号"有一个一对多的"领导"联系。这表明不仅不同的实体之间可以有联系，一个实体到其自身也可以有联系。

根据以上语义，可以用 PowerDesigner 设计出如图 2-27 描述的库存业务局部 E-R 图。

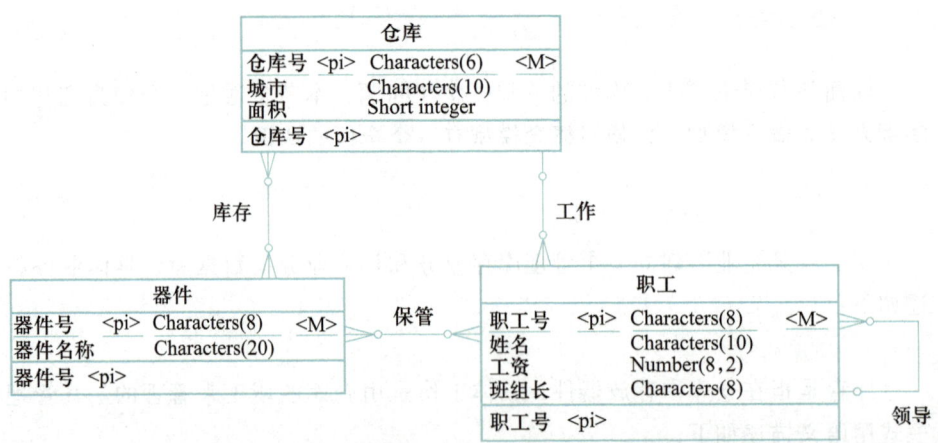

图 2-27　库存业务局部 E-R 图

2.5.3 订购业务局部概念模型

根据 2.5.1 小节中对订购业务的描述,可以初步确定有"职工""器件""供应商"和"订购单"4 个实体,其中"职工"和"器件"实体在库存业务中出现过。根据订购业务的语义描述有如下联系:

① "职工"和"订购单"实体之间是一对多的经手联系。

② "供应商"和"订购单"实体之间是一对多的接收订单联系。

③ "供应商"和"器件"实体之间是多对多的供应联系。

④ "订购单"和"器件"实体之间是多对多的订购联系。

根据以上语义,可以用 PowerDesigner 设计出如图 2-28 描述的订购业务局部 E-R 图。

图 2-28 中的"器件"实体与图 2-27 中的"器件"实体相比多了一个"单价"属性,而"职工"实体则少了"工资"和"班组长"两个属性,这说明相同的实体在不同的应用中关注的内容是不一样的。

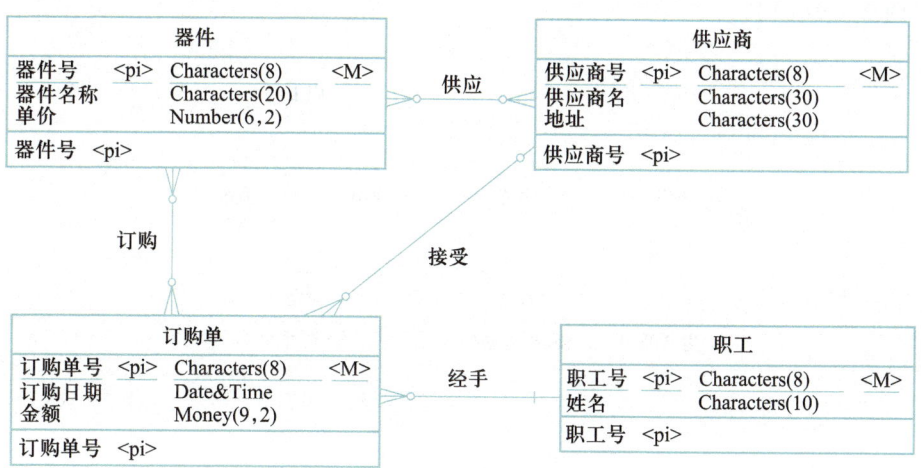

图 2-28 订购业务的局部 E-R 图

2.5.4 将局部 E-R 模型合并为全局 E-R 模型

在设计概念模型时,会经历从上往下和从下往上的一个往复:首先规划总的数据管理目标,将其分解成若干局部应用,然后设计每一个局部应用的概念模型,最后再将这些局部概念模型合并成全局概念模型。

前面完成了两个局部概念模型或局部 E-R 图的设计,现在需要将局部 E-R 图合并为全局 E-R 图。在进行 E-R 图合并时,要注意消除不一致性和冗余。

1. 统一命名

在不同的局部 E-R 图中,表示相同事物的实体名和属性名要统一。在合并 E-R 图前先做好统一工作,要消除同名异义和同义异名,这样可以有效避免不一致性和冗余。

2. 统一实体的属性

在不同的局部 E-R 图中，同一实体包含的属性可能有所区别。例如：器件实体在订购业务中有价格属性，而在库存业务中没有价格属性；职工实体在库存业务中有工资和班组长属性，而在订购业务中则没有这两个属性等。合并后，必须将它们统一起来，即要包含不同局部 E-R 图中的全部属性。

3. 保留所有联系

如果两个有相同意义的实体在一个局部 E-R 图中存在一种联系，而在另一个局部 E-R 图中存在另一种不同的联系，那么在合并时这两种联系都要保留下来，即在两个实体之间可能存在着两种不同的联系。比如，在图 2-29 中有"职工"和"设备"两个实体，在生产部门的局部 E-R 图中它们之间的联系是"使用"（图 2-29(a)），而在维修部门的局部 E-R 图中它们之间的联系是"保养"（图 2-29(b)），合并后这两个联系就发生在相同的两个实体之间（图 2-29(c)）。

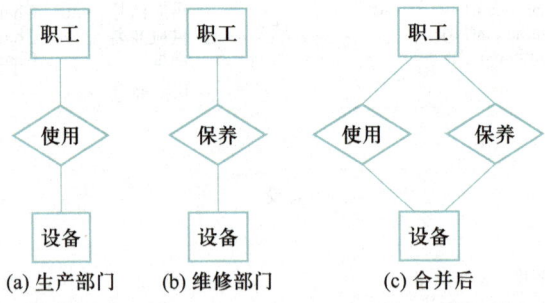

图 2-29　两个实体之间的两种联系

4. 审核

经过合并后得到全局 E-R 图，即形成了整体的概念数据库结构或概念模型，然后必须对整体概念模型进行必要的审核和验证，以保证它的正确性和可用性。审核或验证工作包括以下内容：

① 整体概念模型内部必须具有一致性，不能有相互矛盾的表述。

② 整体概念模型必须能够准确反映原来的每个局部模型的结构，包括实体、属性和联系等。

③ 整体概念模型必须能够满足需求分析阶段所确定的所有需求，这一条实际蕴涵了以上两条。

5. 合并实例

现在将前两小节设计的库存业务局部 E-R 图（图 2-27）和订购业务局部 E-R 图（图 2-28）进行合并。具体步骤如下：

① 在两个窗口中分别打开库存业务局部 E-R 图和订购业务局部 E-R 图。

② 首先人工对两个局部 E-R 图进行初步审核，例如，对实体、属性、联系等的命名进行统一，全面了解各局部 E-R 图包含的实体和联系等。

③ 选择 Tools→Merge Model⋯（合并模型）命令，从弹出的窗口确认将哪个模型（From）合并到哪个模型（To），PowerDesigner 将开始进行合并检查及审核，并报告检查结果。

最终合并后的整体 E-R 图如图 2-30 所示。

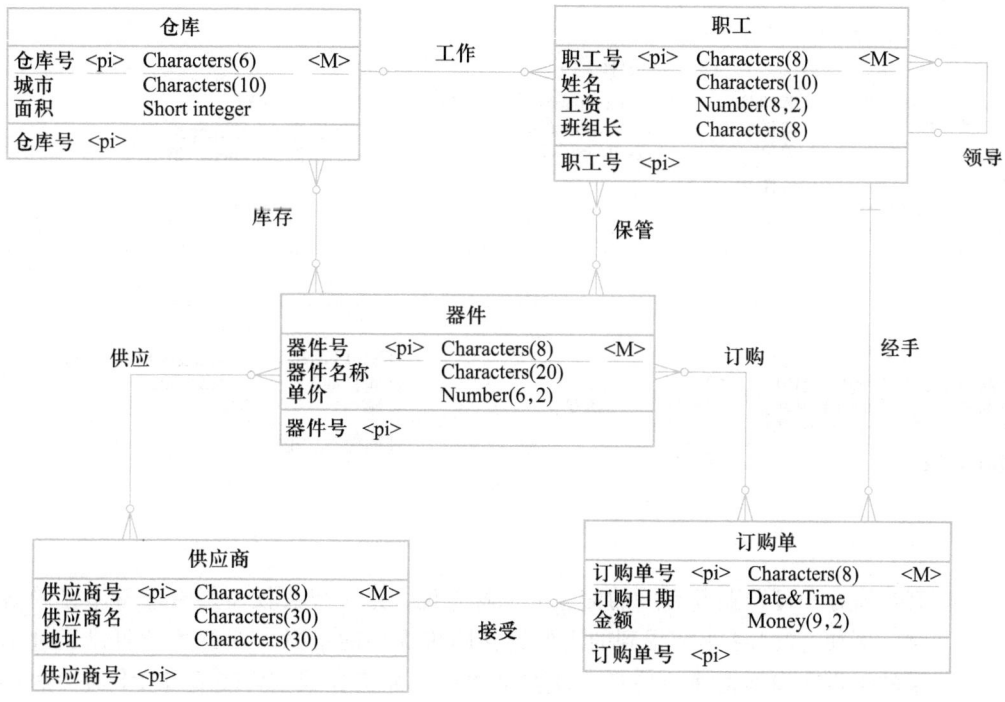

图 2-30　库存和订货模型整体 E-R 图

概念模型的设计结果要向用户进行演示和解释，听取用户的意见，检查由此设计的数据库将来是否可以提供用户所需要的全部信息。在经过反复评审、修改和优化后，最后把它确定下来，从而完成概念模型的设计。

在这一阶段，虽然最终的设计结果是整体的概念模型，但在此之前设计的反映局部概念模型的局部 E-R 图也应该统一存档，以留作在逻辑模型设计阶段参考（如设计视图、设计访问权限等）。

图 2-30 所示的概念模型还存在着一些多对多联系，根据需要可以在此手工把它们转换成一对多联系，也可以留在转换成逻辑模型时再做处理。

图 2-31 是手工将所有多对多联系转换为一对多联系后的结果，并完善了相关属性。分析图 2-31 可以看出，这个整体概念模型包含 5 个强实体和 4 个弱实体，以及若干联系。

在目前设计的概念模型或依据该模型所设计的数据库中，可以提供几乎所

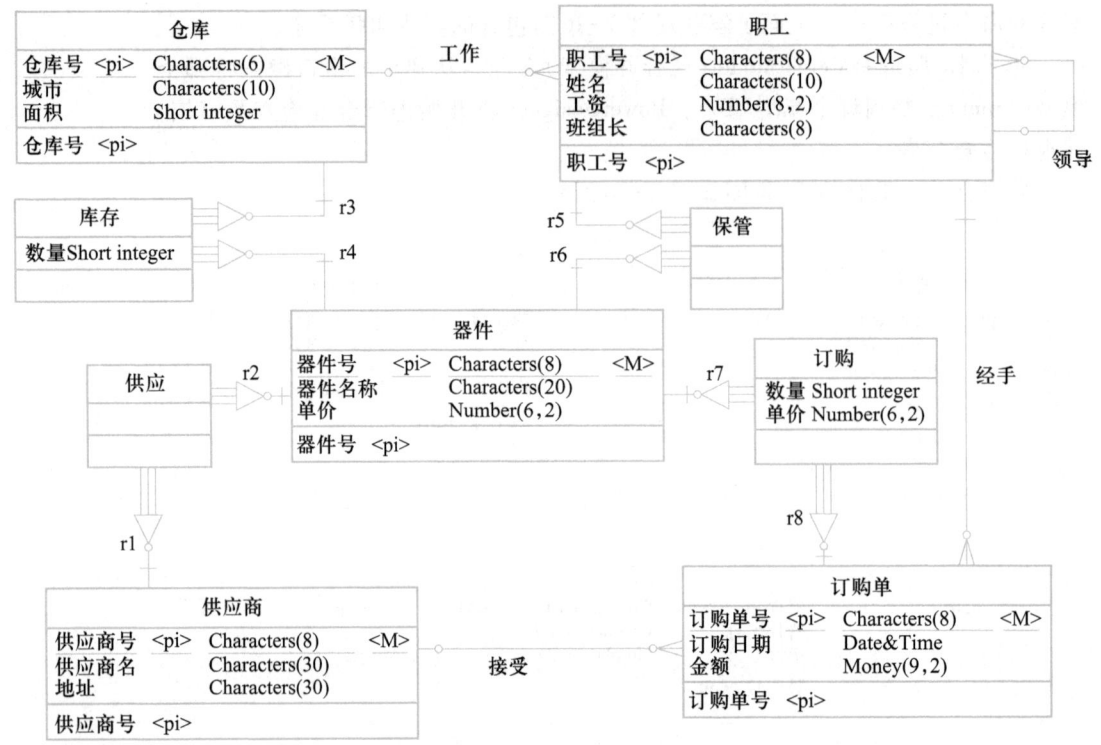

图 2-31　库存和订购模型整体 E-R 图（转换了多对多联系）

有与库存和订购业务有关的信息。也就是说，这个概念模型具有非常丰富的语义。例如，2.4.4 小节提到的需要连接陷阱提供的信息，在这里就可以通过正常的渠道查询到正确的信息。现在来看一下如何完成"WH1 仓库 P1 器件的订货数量是多少"的查询要求，具体步骤如下：

① 确定在 WH1 仓库工作的职工的职工号（职工实体），设为 Eno。

② 根据 Eno 查询该职工所经手的订购单号（订购单实体），设为 Ono。

③ 根据 Ono 查询所订购的器件号及数量（订购单和器件之间的订购关联）。

④ 查询完一张订购单后再接着查询同一职工经手的另一张订购单。

⑤ 一名职工经手的订购单查询完后，再查询同一仓库另一职工所经手的订购单。

也可以按相反的过程，首先确定 P1 器件的订购数量，然后依据订购单号确定经手该订购单的职工号，最后确定该职工是否属于 WH1 仓库。

以上查询过程看起来似乎很复杂，实际上用关系数据库标准语言 SQL（将在第 7 章介绍）表达这样的查询是非常简单的。下面是完成这个查询的 SQL-SELECT 语句，如果暂时看不懂，可以在学习完有关章节后再回过头来看一下这条语句：

```
SELECT SUM(数量) FROM 订购
WHERE 器件号="P1" AND 订购单号 IN
(SELECT 订购单号 FROM 订购单 WHERE 职工号 IN
SELECT 职工号 FROM 职工 WHERE 仓库号="WH1")
```

注意：不要期望通过器件文件（实体）使库存文件（联系）与订购文件（联系）发生联系，如果这样，将仍然在连接陷阱中。

本章小结

认识和掌握描述现实世界数据管理的工具——概念模型，是数据库设计的第一步。只有准确理解和描述了现实世界数据管理的需求，才有可能设计出满足现实世界数据管理需求的数据库。本章介绍了概念模型设计的概念和方法，并通过一个案例完成了从局部概念模型到全局概念模型的设计；为了方便实践，还介绍了相应的建模和设计工具 PowerDesigner。

习题与思考题

1. 填空题

（1）现实世界中事物的个体在信息世界中称为（　　　）。

（2）确定实体以及实体与实体之间的联系属于（　　　）模型设计阶段的内容。

2. 选择题

（1）下列实体类型的联系中，属于一对一联系的是（　　　）。

A. 学校与校长之间的联系　　　　　　B. 校长和学院院长之间的联系

C. 教师与学生之间的联系　　　　　　D. 班主任与学生之间的联系

（2）描述概念模型的常用方法有（　　　）。

A. 实体-联系方法　　　　　　　　　　B. 关系规范化

C. 数学模型　　　　　　　　　　　　D. 模糊数据库

（3）下列属于数据库物理模型设计工作的是（　　　）。

A. 选择存取路径　　　　　　　　　　B. 将 E-R 图转换为关系模式

C. 建立 E-R 模型　　　　　　　　　　D. 收集和分析用户活动

（4）两个实体之间多对多的联系（　　　）。

A. 一定能够转换成一对多的联系　　　B. 不能转换成一对多的联系

C. 不一定能够转换成一对多的联系　　D. 一定能够转换成一对一的联系

3. 讨论题

（1）数据管理由现实世界到机器世界经历了哪些阶段？

（2）什么是概念模型？

（3）什么是 E-R 方法？E-R 方法有哪三个要素？

（4）什么是实体？什么是弱实体？用一些例子进行讨论。

（5）实体之间有哪些基本联系？用一些例子进行讨论。

（6）什么是实体之间的强制联系？请举例说明。

（7）什么是实体之间的依赖联系？请举例说明。

（8）PowerDesigner 属于哪一类的软件工具？试述 PowerDesigner 的主要功能。

（9）叙述使用 PowerDesigner 建立概念模型的基本方法。

（10）设计数据库为什么需要讨论实体之间的联系？联系类型不同对最终的存储设计结果有什么影响？

（11）为什么说两个实体之间的一个多对多联系实际蕴含了两个一对多的联系？举例说明。

（12）为什么一般需要将多对多的联系转换为一对多的联系？

（13）什么是连接陷阱？如何才能避免连接陷阱所带来的问题？

（14）试述设计概念模型的基本步骤。

（15）举例讨论如何根据管理语义来确定实体和联系，并完成局部概念模型的设计。

（16）局部概念模型合并成全局概念模型时需要注意哪些问题？

（17）结合一些实际应用按如下要求分组讨论：

① 结合实际应用提出一个要解决的问题。

② 提炼与归纳现实世界的数据管理需求。

③ 讨论其中的实体、联系和属性。

④ 完成局部概念模型设计。

⑤ 完成全局概念模型设计。

实验 1　概念模型设计

实验名称：概念模型设计

实验内容：以所在学校选课和课程管理为实际应用背景，设计一个教学管理数据库的概念模型。假设至少包含如下需求：

① 学生信息管理。

② 课程信息管理。

③ 教师信息管理。

④ 学生选修课程及成绩信息管理。

⑤ 教师负责课程和讲授课程信息管理。

实验目的：

① 通过实践，掌握本章介绍的概念模型设计方法。

② 学会使用 PowerDesigner 来完成概念模型设计过程。

实验方法：

① 根据实验内容明确要完成的系统功能。

② 用 PowerDesigner 创建两个局部概念模型（一个围绕学生选课的局部模型，一个围绕教师授课的局部模型），建立实体、属性和联系。根据实际情况确定标识属性和联系的类型。

③ 将两个局部概念模型合并成一个全局概念模型，检查和审核一致性（可做必要的修改）。

④ 尝试选择一个实际的 DBMS 软件（如 SQL Server、MySQL、OpenGauss 等），根据概念模型生成逻辑模型和物理模型，并根据生成的物理模型生成相应的代码（也可在第 5 章的实

验 2 再完成此步骤）。

实验要求：

① 使用 PowerDesigner 或其他建模工具完成本实验。

② 建立满足需求的概念模型。

③ 提交实验报告（含完整的设计文档）。

第 3 章　关系数据库基础

关系数据库系统是支持关系模型的数据库系统。本章将介绍关系数据库的发展、关系数据库管理系统及关系数据库标准语言、关系的定义、关系模型、关系完整性约束和关系代数等内容。

知识目标：理解关系模型的知识，理解关系模型的完整性约束，理解关系代数，为以后设计、使用和管理关系数据库奠定一个良好的基础。

能力及素养目标：掌握关系模型的相关知识，为学好数据库、用好数据库奠定扎实基础。通过对国产数据库软件崛起的了解，建立科技兴国的信念，更加热爱专业、热爱祖国。

本章重点：围绕关系模型的基本概念，深刻理解关系模型的三个要素。

本章难点：理解关系完整性约束的概念及其作用。

3.1　关系数据库系统概述

20 世纪 60～70 年代广泛使用的数据库管理系统主要是层次数据库（如 IMS）和网状数据库（如 CODASYL）。自 20 世纪 80 年代起，关系数据库系统很快取代了层次数据库系统和网状数据库系统。经过 40 多年的发展，尽管很多大数据应用采用了非关系数据库，但是目前主流的数据库系统仍然是关系数据库系统。

3.1.1　关系数据库的发展

关系数据库系统使用关系模型组织数据，其思想源于数学。最早提出类似方法的是 CODASYL 于 1962 年发表的《信息代数》一文，之后 David Child 于 1968 年在计算机上实现了集合论数据结构。

而真正系统、严格地提出关系模型的是 IBM 研究员 E. F. Codd。他从 1970 年起发表了一系列论文，提出数据库的关系模型，开创了数据库关系方法和关系数据理论的研究，为关系数据库的发展和理论研究奠定了基础。

由于受到当时计算机硬件环境、软件环境及技术的制约，一直到 20 世纪 70 年代末，关系方法的理论研究和软件系统的研制才取得重大突破，其中最具代表性的是 IBM 公司的 San Jose 实验室成功地在 IBM 370 系列计算机上研制了关系数据库实验系统 System R，并于 1981 年宣布具有 System R 全部特征的数据库管理系统 SQL/DS 问世。

几乎与 System R 同时，美国加州大学伯克利分校也成功研制了关系数据库实验系统 Ingres，后来由 Ingres 公司将其发展为 Ingres 数据库产品。

如今，关系数据库系统已从实验室走向社会，成为主流的数据库管理系统。例如 Oracle、MySQL、SQL Server 和 IBM DB2 等。近年来国产数据库管理系统也取得长足发展，逐渐成为企业和机构数据存储与管理的重要选择。目前有代表性的国产数据库管理系统有 TiDB、openGauss、OceanBase、KingbaseES、华为云 GaussDB、达梦等。

3.1.2 关系数据库管理系统简介

本小节简单介绍几款主流的关系数据库管理系统。

1. SQL Server

SQL Server 是 Microsoft 公司的产品。Microsoft 公司从 20 世纪 80 年代开始和 Sybase 公司共同开发 SQL Server，1994 年与 Sybase 公司终止合作。SQL Server 的版本经历了不同阶段的发展，并在发展中不断增强其功能和特性，以满足不断变化的用户需求。

SQL Server 不仅是关系数据库管理系统，更是基于数据库的全面应用解决方案。作为全面的数据库平台，它可以为数据库提供更安全可靠的存储功能，可以构建并管理用于业务的高可用和高性能的数据库应用系统，另外还提供了分布式数据库解决方案、商业智能和数据仓库解决方案、数据集成服务解决方案，以及超越关系数据库的应用解决方案（如 XML 数据管理、空间数据管理）等。随着云计算、大数据、内存数据库等新技术的发展，从 2012 年开始 SQL Server 加快了其升级步伐，目前支持云存储（SQL Azure）、大数据处理（Hadoop on Windows）、内存数据库（in-memory）等最新技术。

SQL Server 提供了以下几类版本，以适应不同规模和场合的应用：

企业版（enterprise edition）：一个全面的数据管理和商业智能平台，具备企业级的可扩展性、高可用性、高安全性，可以运行企业级的关键业务，适用于数据仓库和大规模分析服务等。

标准版（standard edition）：一个完整的数据管理和商业智能平台，具备很好的易用性和可管理性，适用于部门级应用，提供报表和分析服务（中小规模的分析）。

工作组版（workgroup edition）：一个比较完整的数据库管理平台，适用于分支机构的数据存储，可以提供报表服务和远程同步管理等。这一版本拥有核心的数据库特性，可以很容易地升级到标准版或企业版。

Web 版（Web edition）：针对运行于 Windows 服务器中且要求高可用、面向 Web 服务的环境而设计。这一版本为实现低成本、大规模、高可用性的 Web 应用或客户托管解决方案提供了必要的支持工具。

开发者版(developer edition)：允许开发人员构建和测试基于 SQL Server 的任意类型应用。这一版本拥有所有企业版的特性，但只限于在开发、测试和演示中使用。基于这一版本开发的应用和数据库可以很容易地升级到企业版。

学习版(express edition)：免费版本，它拥有核心的数据库功能，包括 SQL Server 中最新的数据类型，但它只是 SQL Server 的一个微型版本。这一版本是为了学习、创建桌面应用和小型服务器应用而发布的。

移动版(compact edition)：是一个针对开发人员而设计的免费嵌入式数据库，这一版本的意图是构建独立且仅有少量连接需求的移动设备、桌面和 Web 客户端应用。该版本可以运行于所有 Microsoft Windows 平台之上，包括 Windows XP 和 Windows Vista 等操作系统，以及 Pocket PC 和 SmartPhone 设备中。

本书选择 SQL Server 作为实践环节的教学平台。

2. Oracle

Oracle 数据库管理系统是美国 Oracle(甲骨文)公司的产品。可以说 Oracle 诞生于 20 世纪 70 年代，成型于 20 世纪 80 年代，快速发展于 20 世纪 90 年代。Oracle 适应于各种操作系统平台，是使用非常广泛的数据库管理系统，在数据库技术的很多方面都处于领先地位。Oracle 数据库管理系统同样提供了各种数据库应用和数据管理解决方案。Oracle 近期的版本有 1998 年发布的 Oracle 8i、2001 年发布的 Oracle 9i、2003 年发布的 Oracle 10g、2007 年发布的 Oracle 11g 和 2013 年发布的 Oracle 12c，以及后来升级的 18c、19c、21c 等。

第 8 版和第 9 版中的字母 i 是 Internet 的首字母，即增加了很多支持互联网的新特性。第 10 版和第 11 版中的字母 g 是 grid(网格)的首字母，当年被称为下一代互联网、Internet2。网格计算的目标是把分布在世界各地的计算机连接在一起，并且将各地的计算机资源通过高速的互联网组成充分共享的集成资源。第 12 版以后中的字母 c 是 cloud(云计算)的首字母。

3. MySQL

MySQL 也是目前普遍流行的关系数据库管理系统之一，它的一个很重要的标签是"开源"。MySQL 由瑞典 MySQL AB 公司开发，2008 年被 Sun 公司收购，2010 年 Oracle 公司又收购了 Sun 公司，所以目前 MySQL 属于 Oracle 旗下的产品。

MySQL 由于体积小、速度快、总体拥有成本低，尤其是开放源码这一特点，一般中小型网站的开发都选择 MySQL 作为后台数据库。在国内，MySQL 大量应用于互联网行业，比如百度、腾讯、阿里、京东、网易、新浪等都在使用 MySQL。

MySQL 分为社区版和商业版，社区版是完全免费的，Oracle 不为其提供任何官方技术支持；商业版则是要付费的，当然也会呈现更好的可靠性、安全性和更高的性能。

3.1.3 国产数据库软件的腾飞

国产数据库管理系统的研发最早起步于 20 世纪 90 年代前后，老一辈数据库学者推动了从理论研究到产品转化的进程，在跨世纪的 2000 年前后，武汉达梦、北京人大金仓等多家数据库公司相继成立。另外随着信息化和数字化的迅速发展，一些头部公司从自身业务或战略布局出发，也研制开发了自己的数据库产品，如华为的 openGauss 和阿里巴巴的 OceanBase 等。

1. openGauss

openGauss 是一款企业级开源关系数据库管理系统。openGauss 采用木兰宽松许可证 v2 发行，提供面向多核架构的极致性能、全链路的业务、数据安全、基于 AI 的调优和高效运维的能力。openGauss 内核源自 PostgreSQL，深度融合华为公司在数据库领域多年的内核经验，在架构、事务、存储引擎、优化器及 ARM 架构上进行了适配与优化。同时，openGauss 也是一个开源、免费的数据库平台。

openGauss 开源三年来得到了快速的发展。2023 年 3 月发布的 openGauss Release 5.0 开启了资源池化和数据全生命周期自动化管理的新阶段，是一款面向数字基础设施的开源数据库。

目前 openGauss 已形成良好的数据管理生态环境，一批基于 openGauss 的数据库一体机已发布，实现了软硬协同优化、释放全栈算力、支持全密态计算、开箱即用、极简运维，使数据管理更简洁、更高效、更安全。

openGauss 已广泛落地行业应用，在政府、教育、银行、证券、保险、通信、交通、医疗、能源、制造等行业都已有成功应用案例。

2. KingbaseES

KingbaseES 是北京人大金仓信息技术股份有限公司自主研发的具有自主知识产权的通用关系数据库管理系统。KingbaseES 主要面向事务处理类应用，兼顾各类数据分析类应用，可用作管理信息系统、业务及生产系统、决策支持系统、多维数据分析、全文检索、地理信息系统、图片搜索等的承载数据库。KingbaseES 是目前唯一入选国家自主创新产品目录的数据库产品。

目前最新的版本 KingbaseES V8 在系统的可靠性、可用性、性能和兼容性等方面进行了重大改进，支持多种操作系统和硬件平台（支持 UNIX、Linux 和 Windows 等数十个操作系统产品版本，支持 X86、X86_64 及龙芯、飞腾、申威等国产 CPU 硬件体系结构），并具备与这些版本服务器和管理工具之间的无缝交互操作能力。

KingbaseES 在我国政府部门应用非常普及，另外在能源、军工、金融、公安、交通等行业或领域也有广泛应用。

3. OceanBase

OceanBase 是我国完全自主研发的原生分布式数据库，它连续 11 年稳定支撑"双十一"电商活动，凭借高性能和高可用性为企业核心系统提供稳定可靠的数据底座。OceanBase 创新性地推出"三地五中心"城市级容灾新标准，在被誉为"数据库世界杯"的 TPC-C 和 TPC-H 测试上都刷新过世界纪录。OceanBase 具备自研一体化架构，兼顾分布式架构的扩展性与集中式架构的性能优势，它用一套引擎同时支持 OLTP(on line transaction processing，联机事务处理)和 OLAP(on line analytical processing，联机分析处理)的混合负载，具有数据强一致、高扩展、高可用、高性价比、高度兼容 Oracle/MySQL、稳定可靠等特征，已助力金融、政府、运营商、零售、互联网等多个行业的客户实现核心系统升级。

4. 达梦

达梦数据库(简称 DM)是一款大型通用关系数据库管理系统，融合了分布式、弹性计算与云计算的优势，高度兼容国外主流数据库管理系统，具有高性能、高可用性、高安全性、兼容性、通用性等特点。

1988 年达梦成功研发出我国第一个自主版权的数据库管理系统原型 CRDS。目前其最新版本 DM8 全面支持 SQL 标准和主流编程语言接口/开发框架，行列融合存储技术，在兼顾 OLAP 和 OLTP 的同时，满足 HTAP(hybrid transactional/analytical processing，混合事务/分析处理)应用场景，针对可靠性、高性能、海量数据处理和安全性做了大量的研发和改进，极大地提升了产品性能。现在达梦数据库已应用于金融、能源、航空、通信、党政机关等行业或领域。

5. 南大通用 GBase

GBase 是天津南大通用数据技术有限公司自主研发的数据库产品，在国内数据库市场具有较高的品牌知名度。GBase 系列产品包括：分布式逻辑数据仓库 GBase 8a、目录系统 GBase 8d、基于共享存储的数据库集群 GBase 8s、多模多态分布式数据库 GBase 8c、极速内存数据库集群管理系统 GBase XDM 等。其中：

① 分布式逻辑数据仓库 GBase 8a 能够实现大数据的全数据(结构化数据、半结构化数据和非结构化数据)存储管理和高效分析，可在百太字节(TB)~拍字节(PB)级数据规模下实现数据查询的秒级响应。它能对结构化、半结构化和非结构化数据进行统一处理，实现千亿级文本条目全文检索的秒级响应，同时提供全过程可视化的数据查询分析及展现工具。目前，GBase 8a 已在电信、金融和政务等行业或领域取得规模化市场应用，可用作数据仓库系统、BI(business intelligence，商务智能)系统和决策支持系统的承载数据库，在商业分析和商务智能领域表现突出。

② 基于共享存储的数据库集群 GBase 8s 是一款成熟稳定的基于共享存储的数据库集群，它支持国密算法，支持 SQL92/99、ODBC、JDBC、ADO. NET、GCI(OCI/OCCI)、Python 接口等国际数据库规范和开发接口。支持集中式部署、共享存储高可用部署、"两地三中心"高可用部署，具备高容量、高并发、高性能等特性。GBase 8s 安全数据库系统主要适用于涉密信息系统、信息系统

安全等级保护要求中规定的四级以上信息系统,以及其他数据管理具有高安全需求的领域。

6. TiDB

TiDB 是由 PingCAP 公司自主设计、研发的一款定位于 HTAP 的融合型数据库产品,具备一键水平伸缩、强一致性的多副本数据安全、分布式事务、实时 OLAP 等重要特性,同时兼容 MySQL 协议和生态。

TiDB 具有以下核心特点:

① 高度兼容 MySQL:从 MySQL 切换到 TiDB 几乎无须修改代码,迁移成本极低。

② 故障自动修复:无须人工干预,实现真正意义上的 Auto-Failover。

③ 分布式事务:可以把 TiDB 看作是一个单机 RDBMS,跨多个机器启动事务,不影响一致性。

④ 在线 DDL:按需更新 TiDB 模式,添加新的列和索引不影响当前业务。

TiDB 可应用于金融行业系统高可用场景、高并发 OLTP 场景、实时 HTAP 场景、数据二次加工处理场景等。

3.1.4 关系数据库标准语言 SQL 简介

SQL 已经成为关系数据库的标准语言,目前所有的关系数据库管理系统都支持 SQL。

SQL 标准由 ANSI 于 1986 年公布,并由国际标准化组织(International Standards Organization,ISO)于 1987 年正式采纳为国际标准。1989 年 ISO 推出了具有完整性特征的 SQL89,对数据库技术的发展和应用都起到很大的推动作用。尽管如此,SQL89 仍有许多不足或不能满足应用需求之处。为此,ISO 于 1992 年又公布了新的标准 SQL92(也称为 SQL2),将内容分为基本级、标准级和完全级三个级别。1999 年 ISO 发布了 SQL99(也称为 SQL3),又增加了对象数据、递归、触发器等的支持功能。SQL99 文本已达到 1 000 多页,而 2003 年发布的 SQL2003 文本则达到了 3 000 多页。ISO 后来又陆续发布了 SQL2008、SQL2011 和 SQL2016。现在的 SQL 标准不仅包含原来的数据定义、数据查询、数据操纵等核心部分,还包括 SQL 调用接口、SQL 永久数据存储、SQL 对象功能等,很多新的技术和概念也被纳入其中。随着数据库技术的发展,将来还会推出更新的标准。但是需要说明的是,SQL 标准只是一个建议标准,目前一些主流数据库产品也只达到了基本级的要求,并没有哪一款数据库管理系统完全实现了这些标准。另外,不同的厂商在遵循 SQL 标准的前提下,也做了少量的修改和扩充。

SQL 之所以能够成为标准并被业界和用户接受,是因为它具有简单、易学、综合、一体化等鲜明的特点。

① SQL 是一种一体化的语言。它包括数据定义、数据查询、数据操纵和数据控制等方面的功能,可以完成数据库活动中的全部工作。以前的非关系模型

数据语言一般包括存储模式描述语言、概念模式描述语言、外部模式描述语言和数据操纵语言等，一方面内容多，另一方面掌握和使用起来都不像 SQL 那样简单、实用。

② SQL 语言是一种高度非过程化的语言。用户不需要一步步地告诉计算机"如何"去做，而只需描述清楚要"做什么"，SQL 语言就可以将要求交给系统，自动完成全部工作。

③ SQL 语言非常简洁。虽然 SQL 语言功能很强，但它只有为数不多的几条命令，表 3-1 给出了分类的命令动词。另外 SQL 的语法也非常简单，很接近自然语言（英语），因此容易学习和掌握。

④ SQL 语言既可以直接用命令方式交互使用，也可以嵌入程序设计语言中以程序方式使用。现在很多数据库应用开发工具都将 SQL 语言直接融入自身的语言之中，使用起来更方便。这些使用方式为用户提供了灵活的选择余地。此外，尽管 SQL 的使用方式不同，但 SQL 语言的语法基本是一致的。

表 3-1　SQL 的命令动词

SQL 功能	命令动词	SQL 功能	命令动词
数据查询	SELECT	数据操纵	INSERT、UPDATE、DELETE
数据定义	CREATE、DROP、ALTER	数据控制	GRANT、REVOKE

本书第 6 章将介绍 SQL 的数据定义和数据操纵功能，第 7 章将专门介绍 SQL 的数据查询功能，第 9~11 章将涉及 SQL 的控制功能。SQL 标准更广泛的内容已经超出了本书的范畴，感兴趣的读者可参阅 SQL 标准文献。

3.1.5　关系数据库的三层模式结构

关系数据库和 SQL 均支持三层模式结构，图 3-1 示意了关系数据库的三层模式结构。在关系数据库中将基本表格或基本关系称为**基本表**，基本表独立存在。根据基本表可以派生出一些虚拟表，在关系数据库中将这些虚拟表称为**视图**。从图 3-1 可以看出视图对应于三层数据库的外部模式。因此，所有基本表构成全局逻辑结构，是面向全局应用的，而视图是面向局部应用的。

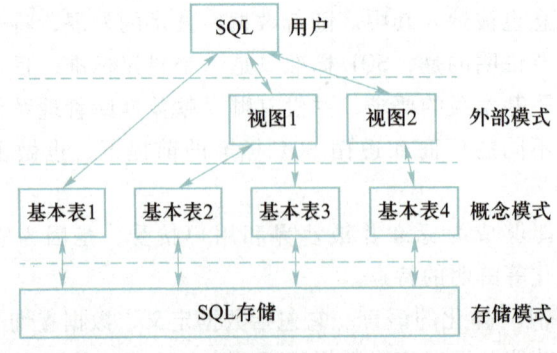

图 3-1　关系数据库的三层模式结构

SQL 或用户可以在基本表和视图上进行操作，所以在关系数据库中外部数据库由视图和部分基本表构成，概念数据库由全体基本表构成，而存储数据库是基本表的物理存储实现。

关系数据库的各级模式描述不像 1.5 节中介绍的模式定义那么复杂。在关系数据库中基本表用 CREATE TABLE 语句定义（参见第 6 章 6.2 节），视图用 CREATE VIEW 语句定义（参见第 7 章 7.7 节），而存储层通常不需要专门定义，关系数据库管理系统会自动完成基本表的物理存储管理。

3.1.6 数据库存储结构

不同的数据库管理系统的存储结构各不相同。以 SQL Server 为例，图 3-2 示意了 SQL Server 的数据库存储结构。每个 SQL Server 有三个基本系统数据库，用于支持 SQL Server 的运行和管理；所有用户对象（包括基本表、视图、存储过程、触发器等）都建立在用户数据库中，在一个 SQL Server 上可以建立多个用户数据库。数据库的物理存储基本是由 SQL Server 自动管理的。用户通过 SQL Server 提供的工具或接口访问系统数据库或用户数据库。

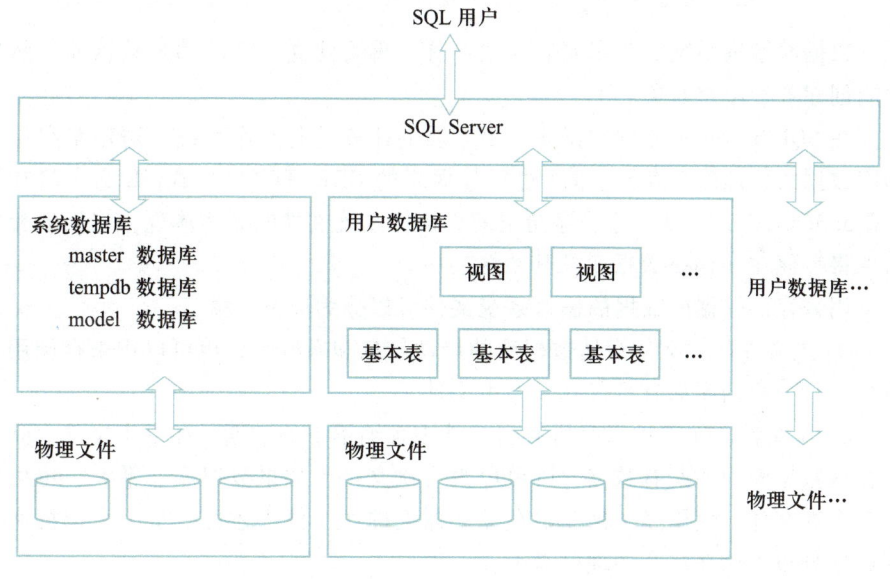

图 3-2 SQL Server 的数据库存储结构

SQL Server 的三个基本系统数据库及其作用如下：

① master 数据库。master 数据库用于存储 SQL Server 系统的所有系统级信息，包括所有其他数据库（如用户数据库）的信息（包括数据库的设置、对应的操作系统文件名称和位置等），所有数据库注册用户的信息以及系统配置信息等。master 数据库也称为主数据库，是管理其他数据库的数据库。

② tempdb 数据库。tempdb 数据库用于保存所有的临时表和临时存储过程，它还可以满足任何其他的临时存储要求，如存储 SQL Server 生成的工作表。

tempdb 数据库是全局资源，所有连接到系统的用户的临时表和存储过程都存储在该数据库中。tempdb 数据库在 SQL Server 每次启动时都重新创建，因此该数据库在系统启动时总是干净的。默认情况下，SQL Server 在运行时 tempdb 数据库会根据需要自动增长。不过与其他数据库不同，每次重新启动 SQL Server 时，它会重置为其初始大小。如果为 tempdb 数据库定义的空间较小，则每次重新启动 SQL Server 时，系统会将 tempdb 数据库的空间自动增加到支持工作负荷所需的大小。这在每次启动时增加了系统的负担。为避免这种开销，可以使用 ALTER DATABASE 命令增加 tempdb 数据库的空间大小（参见第 11 章 11.1 节）。

③ model 数据库。model 数据库是一个模板数据库，当使用 CREATE DATABASE 命令建立新的数据库时，新数据库的第一部分总是通过复制 model 数据库中的内容创建，剩余部分由空页填充。由于 SQL Server 每次启动时都要创建 tempdb 数据库，所以 model 数据库必须一直存在于 SQL Server 系统中。

3.1.7　用户数据库

数据库管理系统安装完成后，用户首先需要建立自己的用户数据库，然后才能创建各种用户对象。

在 SQL Server 中建立数据库，最本质的任务是向操作系统申请用来存储数据库数据的物理磁盘存储空间（建立数据库的 CREATE DATABASE 命令将在第 5 章 5.3.3 小节介绍）。这些存储空间以操作系统文件的方式体现，它们的相关信息将存储在 master 数据库及其系统表中。

用来存储数据库数据的操作系统文件可以分为以下三类：

① 主文件。主文件存储数据库的启动信息和系统表，也可以用来存储用户数据。每个数据库都有且仅有一个主文件。

② 次文件。次文件保存所有主文件中容纳不下的数据。如果主文件大到足以容纳数据库中的所有数据，则可以没有次文件。如果数据库非常大，也可以有多个次文件。使用多个独立磁盘驱动器上的次文件，还可以将一个数据库中的数据分布存储在多个物理磁盘上。

③ 事务日志文件。事务日志文件用来保存恢复数据库的日志信息。每个数据库必须至少有一个事务日志文件。

日志相当于数据库操作的"值班文件"，当数据库需要恢复时，可以将数据库恢复到最新的、一致的状态。有关日志文件的详细概念和作用将在第 11 章介绍。

因此，每个数据库至少有两个物理文件：一个主文件和一个事务日志文件。虽然这些文件可以使用任何有效的操作系统文件名，但建议主文件使用 .mdf 扩展名，次文件使用 .ndf 扩展名，日志文件使用 .ldf 扩展名，这样可以更加清楚地反映文件的用途。

3.2 关系模型

在关系模型中，现实世界中的实体、实体与实体之间的联系都用关系来表示。关系模型源于数学，它有严格的定义和一些自己固有的术语。

3.2.1 关系模型的三个要素

关系模型包括关系数据结构、关系操作集合和关系完整性约束三个要素。

1. 关系数据结构

关系数据结构非常简单，在关系模型中，现实世界中的实体及实体与实体之间的联系均用**关系**来表示。从逻辑或用户的观点来看，关系就是二维表。

2. 关系操作集合

关系模型中，关系操作集合包括下列操作：

① 传统的集合运算：并（union）、交（intersection）、差（difference）、广义笛卡儿积（extended cartesian product）。

② 专门的关系运算：选择（select）、投影（project）、连接（join）、除（divide）。

③ 有关的数据操纵：插入（insert）、删除（delete）、修改（update）。

其中，传统的集合运算和专门的关系运算是关系模型的基本运算，它们是实现关系查询能力的基础。查询能力的强弱意味着数据库能否以便捷的方式为用户提供丰富的信息。

数据的插入、删除和修改操作是为了满足关系数据库的操作需求而增加的内容。

关系是以集合的方式操作的，即操作对象是元组的集合，操作结果也是元组的集合。这和非关系模型的操作结果是一条记录有着重要区别。

关系操作通过关系语言实现，关系语言的特点是高度非过程化。所谓非过程化是指：

① 用户无须关心数据的存取路径和存取过程，只需提出数据请求，数据库管理系统会以经过优化的机制和方法来完成用户提出的操作。

② 用户无须编写循环或递归程序来完成数据的重复操作。

关系的操作可以用代数方式或逻辑方式来表示。代数方式是通过关系代数的关系运算来表达对关系的查询要求；逻辑方式是通过谓词表达的关系演算来表达对关系的查询要求。关系演算又可以按谓词变元的基本对象是元组变量还是域变量，分为元组关系演算和域关系演算。

关系代数、元组关系演算和域关系演算虽然表达方法不一样，但是它们的表达能力是一样的。三者均属于抽象的关系语言，它们与具体的数据库管理系统实现的语言不完全一样，但是它们可以作为评估实际系统中查询语言能力的标准和基础。实际的关系语言除了提供关系代数和关系演算的功能外，还会提供很多附加的功能，如函数和算术运算等。

关系数据库标准语言 SQL 是一种介于关系代数和关系演算之间的语言，后续章节将会进行详细的介绍。

综上所述，关系数据语言又可以分为三类：关系代数语言、关系演算语言以及具有关系代数和关系演算双重特点的 SQL 语言。每类语言都有其代表，例如，关系代数语言的 ISBL，元组关系演算语言的 ALPHA 和 QUEL，域关系演算语言的 QBE 等。这些语言有共同的特点：具有完备的表达能力；是非过程化的集合操作语言；功能强，既可直接交互使用，也可嵌入高级程序设计语言中使用等。目前，纯关系代数语言和纯关系演算语言已经很少使用，而广泛使用的是关系数据库标准语言 SQL。

3. 关系完整性约束

在数据库中**数据完整性**是指保证数据正确的特征。数据完整性是一种语义概念，它包括以下两方面内容：

① 与现实世界中应用需求的数据的相容性和正确性。

② 数据库内数据之间的相容性和正确性。

例如，学生的学号必须唯一，学生的性别只能是男或女，学生所选修的课程必须是已经开设的课程等。所以，数据库是否具有数据完整性的特征，关系到数据库系统能否真实反映现实世界的情况，数据完整性是数据库的一个非常重要的特征。

数据完整性由完整性规则来定义，关系模型的完整性规则是对关系的某种约束条件。在关系模型中一般将数据完整性分为三类：实体完整性、参照完整性和用户定义完整性。其中：实体完整性和参照完整性是关系模型必须满足的完整性约束条件，是系统一级的约束；用户定义完整性的主要内容是域完整性，用于限定属性的取值，属于应用一级的约束。数据库管理系统将提供对这些数据完整性约束的支持。

3.2.2 关系的形式定义

通常把关系称为二维表，这是对关系的直观描述。由于关系的概念源于数学，所以有必要从数学的角度给出关系的形式化定义，并对有关概念进行论述。

笛卡儿积定义：设 D_1，D_2，…，D_n 为任意集合，定义 D_1，D_2，…，D_n 的笛卡儿积为

$$D_1 \times D_2 \times \cdots \times D_n = \{(d_1, d_2, \cdots, d_n) \mid d_i \in D_i, i = 1, 2, \cdots, n\}$$

其中：集合的每一个元素 $(d_1, d_2, \cdots, d_n)$ 称为一个 n 元组，简称元组；元组中每一个 d_i 称为元组的一个分量。

例如，设

$$D_1 = \{P2, P4, P7, P9\}$$

$$D_2 = \{内存，硬盘，鼠标\}$$

则

$$D_1 \times D_2 = \{(P2, 内存), (P2, 硬盘), (P2, 鼠标),$$
$$(P4, 内存), (P4, 硬盘), (P4, 鼠标),$$
$$(P7, 内存), (P7, 硬盘), (P7, 鼠标),$$
$$(P9, 内存), (P9, 硬盘), (P9, 鼠标)\}$$

笛卡儿积实际上就是一个二维表，如图 3-3 所示，表的任意一行就是一个元组，它的第一个分量来自 D_1，第二个分量来自 D_2。笛卡儿积就是所有这样的元组的集合。

关系的形式化定义：笛卡儿积 $D_1 \times D_2 \times \cdots \times D_n$ 的任意一个子集称为 D_1，D_2，$\cdots$，D_n 上的一个 n 元关系。

形式化的关系定义同样可以把关系看成二维表，给表的每一列取一个名字，称为**属性**。n 元关系有 n 个属性，属性的名字必须唯一。每个属性的取值范围 $D_i (i = 1, 2, \cdots, n)$ 称为**值域**（domain）。

例如，对于上面的示例取如下子集就构成了一个关系：

$$R = \{(P2, 内存), (P4, 硬盘), (P7, 硬盘), (P9, 鼠标)\}$$

R 的二维表形式如图 3-4 所示，把第一个属性命名为器件号、第二个属性命名为器件名称。

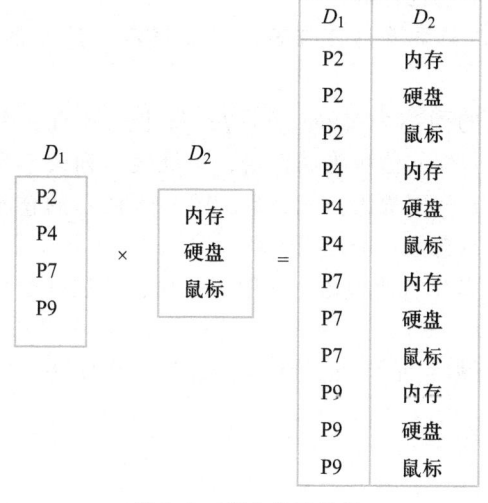

图 3-3　笛卡儿积示例　　　　　　　　图 3-4　一个关系

需要说明以下两点：

① 关系是元组的集合，集合（关系）中的元素（元组）是无序的；而元组不是分量 d_i 的集合，元组中的分量是有序的。例如，在关系中 $(a, b) \neq (b, a)$，但在集合中 $\{a, b\} = \{b, a\}$。

② 若一个关系的元组个数是无限的，则该关系称为无限关系，否则称为有限关系。在数据库中只考虑有限关系。

3.2.3 关系的基本性质

关系可以看作是二维表，但并不是所有的二维表都是关系，关系数据库对关系是有一些限定的，归纳起来有以下 6 点：

① 每一分量必须是不可分的最小数据项，即每个属性都是不可再分解的，这是关系数据库对关系的最基本的限定。

② 列的个数和每列的数据类型是固定的，即每一列中的分量是同类型的数据，来自同一个值域。

③ 不同的列可以出自同一个值域，每一列称为属性，每个属性要给予不同的属性名。

④ 列的顺序是无关紧要的，即列的次序可以任意交换，但一定是整体交换，属性名和属性值必须作为整列同时交换。

⑤ 行的顺序是无关紧要的，即行的次序可以任意交换。

⑥ 元组不可以重复，即在一个关系中任意两个元组不能完全一样。

3.2.4 关系模型的数据结构和基本术语

关系模型采用单一的数据结构——实体以及实体与实体之间的联系都用关系来表示，并且从直观上看，关系就是二维表。图 3-5 示意了一个关系，并在其上标注了一些术语，下面就有关术语进行解释：

① **关系**（relation）：通俗地讲，关系就是二维表，二维表名就是关系名，如图 3-5 中的关系名是仓库。

② **属性**（attribute）：二维表中的列称为属性（字段）；每个属性有一个名称，称为属性名；二维表中对应某一列的值称为属性值；二维表中列的个数称为关系的元数；一个二维表如果有 n 列则称为 n 元关系。图 3-5 所示的仓库关系有仓库号、城市和面积三个属性，它是一个三元关系。

③ **值域**：二维表中属性的取值范围称为值域，如图 3-5 中面积属性的取值规定为大于零的整数。

④ **元组**（tuple）：二维表中的行称为元组（记录值），图 3-5 仓库关系中的元组有

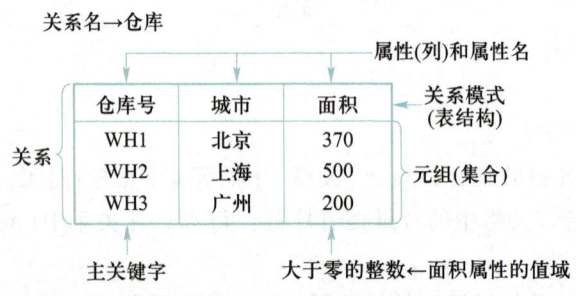

图 3-5 关系及其术语示例

```
(WH1,北京,370)
(WH2,上海,500)
(WH3,广州,200)
```

⑤ **分量**(component)：元组中的每一个属性值称为元组的一个分量，n 元关系的每个元组有 n 个分量。如在元组(WH2，上海，500)中对应于面积属性的分量是 500，对应于仓库号属性的分量是 WH2。

⑥ **关系模式**(relational schema)：二维表的结构称为关系模式，或者说关系模式就是二维表的表框架或结构，它相当于文件结构或记录结构。设某关系的关系名为 REL，其属性为 A_1，A_2，$\cdots$，A_n，则关系模式可以表示为

```
REL(A₁,A₂,…,Aₙ)
```

每个 $A_i(i=1,2,\cdots,n)$ 还包括该属性到值域的映像，即属性的取值范围。如图 3-5 的关系模式可以表示为

```
仓库(仓库号,城市,面积)
```

如果将关系模式理解为数据类型，则关系就是一个具体的值。

⑦ **关系模型**(relational model)：关系模型是所有的关系模式、属性名和关键字的汇集，是模式描述的对象。

⑧ **关系数据库**(relational database)：对应于一个关系模型的所有关系的集合称为关系数据库。

关系模型是"型"，而关系数据库是"值"。数据模型是相对稳定的，而数据库则是随时间不断变化(因为数据库中的记录在不断被更新)。

⑨ **候选关键字**(candidate key)：如果一个属性集的值能唯一标识一个关系的元组而又不含有多余的属性，则称该属性集为候选关键字。候选关键字又称为候选码或候选键。在一个关系上可以有多个候选关键字。简言之，候选关键字是指能唯一标识一个关系的元组的最小属性集。

⑩ **主关键字**(primary key)：有时一个关系中有多个候选关键字，这时可以选择其中一个作为主关键字，简称关键字或键。主关键字也称为主码或主键。每一个关系都有一个并且只有一个主关键字。

⑪ **主属性**(primary attribute)：包含在任一候选关键字中的属性称为主属性。

⑫ **非主属性**(nonprimary attribute)：不包含在任一候选关键字中的属性称为非主属性。

⑬ **外部关键字**(foreign key)：如果一个属性集不是所在关系的关键字，但是其他关系的关键字，则该属性集称为外部关键字。外部关键字也称为外码或外键。

⑭ **参照关系**(referencing relation)和被参照关系(referenced relation)：在关系数据库中可以通过外部关键字使两个关系关联，这种联系通常是一对多(1：n)的，其中主(父)关系(1 方)称为被参照关系，从(子)关系(n 方)称为参照

关系。图 3-6 说明了通过外部关键字关联的两个关系，其中"职工"关系通过外部关键字"仓库号"参照"仓库"关系。

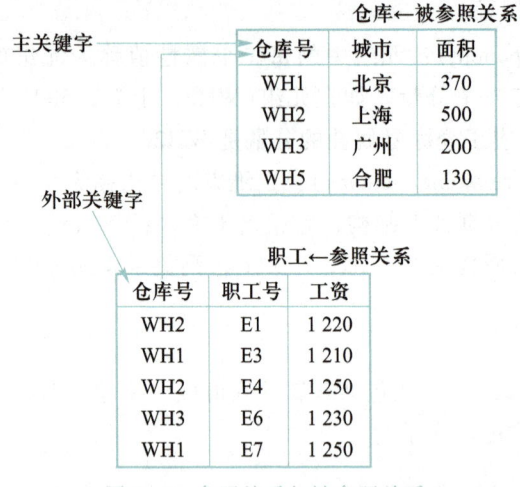

图 3-6　参照关系与被参照关系

3.3　关系模型的完整性约束

微视频：
关系完整
性约束

关系模型的完整性约束包括实体完整性约束、参照完整性约束和用户定义完整性约束。

3.3.1　实体完整性约束

实体完整性是要保证关系中的每个元组都是可识别和唯一的。

实体完整性约束的具体内容是，若属性 A 是关系 R 的主属性，则属性 A 不可以为空值。

空值是一个概念，它是指一个属性或变量还没有确定值，就是"不知道"或"没有确定"，它既不是数值 0，也不是空字符串，是一个未知的量。空值用 NULL 表示。

实体完整性约束规定了关系的所有主属性都不可以为空值，例如有"仓库"关系

仓库(仓库号,城市,面积)

其中，"仓库号"是关键字，不可以为空值。再如有关系

库存(仓库号,器件号,存放数量)

其中，"仓库号"和"器件号"共同构成关键字，则二者均不可以为空值。

关于实体完整性约束，有如下几点解释和说明：

① 实体完整性约束是针对关系而言的，而关系则对应一个现实世界中的实

体集。例如，仓库关系对应现实世界中的仓库实体集。

② 现实世界中的实体是可区分的，它们具有某种标识特征；相应地，关系中的元组也是可区分的，在关系中用主关键字做唯一性标识。

③ 主关键字中的属性（即主属性）不能为空值。如果有主属性为空值，则意味着关系中的某个元组是不可标识的，即存在不可区分的实体，这与实体的定义也是矛盾的。

实体完整性是关系模型必须满足的完整性约束条件，也称为关系的不变性。关系数据库管理系统可以用主关键字实现实体完整性（非主关键字的属性也可以说明为唯一和非空值的），这是由关系系统自动支持的（参见第 6 章 6.2 节）。

3.3.2 参照完整性约束

现实世界中的实体间存在着某种联系，而在关系模型中实体是用关系描述的，实体之间的联系也是用关系描述的，这样就自然存在着关系和关系之间的参照或引用。

参照完整性也是关系模型必须满足的完整性约束条件，是关系的另一个不变性。下面通过一个示例来说明什么是参照完整性，以及为什么需要参照完整性。

设有如图 3-7 所示的数据库，其中含有 4 个实体（关系）和 4 个联系。

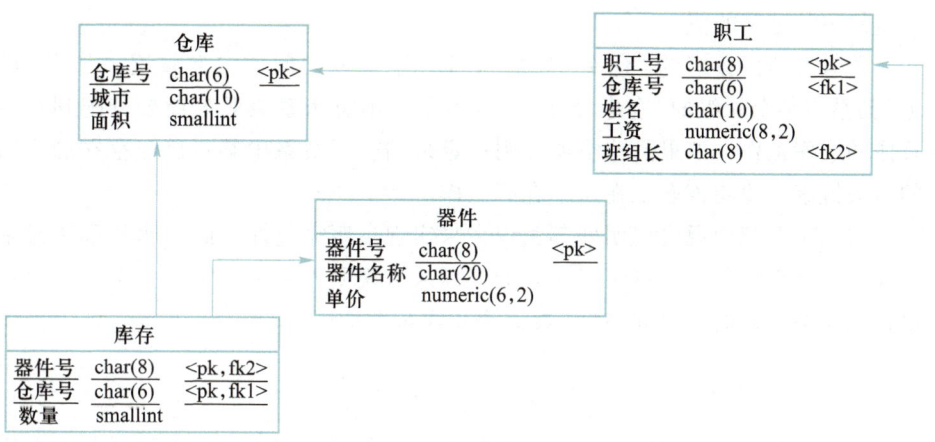

图 3-7 参照关系示意图

在“仓库”关系和“职工”关系之间存在参照或引用关系。“职工”关系的“仓库号”属性的取值需要参照“仓库”关系的主关键字“仓库号”，这时“职工”关系的“仓库号”属性是其外部关键字。从语义上来讲，一名职工肯定隶属于一个已经存在的仓库，而不会属于一个不存在的仓库。在这里“仓库”关系是被参照关系，“职工”关系是参照关系，“职工”关系的“仓库号”属性的取值需要参照“仓库”关系的“仓库号”属性的值。

“库存”关系有两个外部关键字，“仓库号”参照“仓库”关系的“仓库号”，“器件号”参照“器件”关系的“器件号”，由此说明库存记录所描述的存放了某器件的仓库和器件必须存在，即器件不可能存放在不存在的仓库中，仓库中也不可能存放不存在的器件。

参照关系和被参照关系还可以是同一个关系。如图 3-7 中的"职工"关系，"班组长"属性是外部关键字，它参照同一关系的"职工号"属性，这个参照关系说明了某个职工的班组长必须是一个在编的职工。"班组长"和"职工号"字段实际描述了一个上下级关系。

根据以上的讨论，现在给出**参照关系**和**被参照关系**的定义：设 F 是关系 R 的一个属性或属性组，但不是关系 R 的关键字，另外有主关键字为 K 的关系 S。如果关系 R 的属性或属性组 F 与关系 S 的主关键字 K 相对应，则称 F 是关系 R 的外部关键字，并称关系 R 是参照关系，S 是被参照关系（或目标关系）。关系 R 和 S 可以是同一个关系。

从定义和前面的介绍可以看出，参照关系的外部关键字和被参照关系的主关键字出自同一个值域，并且在实际应用中往往也给予相同的名称（注意：不是必须的）。

参照完整性约束定义了外部关键字与主关键字之间的引用规则。

参照完整性约束的要求是，如果属性（或属性组）F 是关系 R 的外部关键字，它与关系 S 的主关键字 K 相对应，则对于关系 R 中每个元组在属性（或属性组）F 上的值必须或者为空值（F 的每个属性均为空值），或者等于 S 中某个元组的主关键字的值。

再来看前面介绍的"仓库"关系和"职工"关系之间的参照情况，如果"职工"关系中某个元组的"仓库号"属性为空值，则意味着该职工尚未分配到某一具体的仓库工作；如果是非空值，则一定是"仓库"关系中某一已经存在的元组的主关键字，说明该职工在这个仓库工作。

在关系系统中通过说明外部关键字来实现参照完整性，而说明外部关键字是通过说明引用的主关键字来实现的，即通过说明外部关键字，关系系统就可以自动支持关系的参照完整性（参见第 6 章 6.2 节）。

3.3.3　用户定义完整性约束

实体完整性和参照完整性是关系模型必须要满足的条件，或者说是关系模型固有的特性。除此之外，还有其他与应用密切相关的数据完整性约束。例如，某个属性的值必须唯一，某个属性的取值必须在某个范围内，某些属性值之间应该满足一定的函数关系等。类似这些方面的约束不是关系模型本身所要求的，而是为了满足应用方面的语义要求而提出的，这些完整性需求要由用户来定义，因此称为用户定义完整性。数据库管理系统需提供定义这些数据完整性的功能和手段，以便统一进行处理和检查，而不是由应用程序去实现这些功能。

在用户定义完整性约束中，最常见的是限定属性的取值范围，即对值域的约束，这包括说明属性的数据类型、精度、取值范围、是否允许空值等。对取值范围又可以分为静态定义和动态定义两种，静态取值范围是指属性的值域范围是固定的，而动态取值范围是指属性的值域范围动态依赖于其他属性值。

对属性值域范围的约束又称为域完整性约束。

3.3.4 完整性约束的作用

数据完整性约束的作用就是要保证数据库中的数据是正确的。这种保证是相对的。例如，在域完整性约束中规定了属性的取值范围为 $15 \sim 30$，如果将 20 误写为 22，这种错误对于数据模型或关系系统来说是无法拒绝的。

尽管如此，数据完整性约束仍然极大地提高了数据库数据的准确度。通过在数据模型中定义实体完整性约束、参照完整性约束和用户定义完整性约束，数据库管理系统能够对数据库中数据的完整性进行检查和维护。

1. 执行插入操作时检查完整性

执行插入操作时需要分别检查实体完整性规则、参照完整性规则和用户定义完整性规则。

首先检查实体完整性规则，如果插入元组的主关键字的属性不为空值，并且相应的属性值在关系中不存在（即保持唯一性），则允许执行插入操作，否则不允许执行插入操作。

接着再检查参照完整性规则，如果是向被参照关系插入元组，则无须检查参照完整性；如果是向参照关系插入元组，则需要检查外部关键字属性上的值是否在被参照关系中存在对应的主关键字的值，如果存在则允许执行插入操作，否则不允许执行插入操作。另外，如果插入元组的外部关键字允许为空值，则当外部关键字是空值时也允许执行插入操作。

最后检查用户定义完整性规则，如果插入的元组在相应的属性值上符合用户定义完整性规则，则允许执行插入操作，否则不允许执行插入操作。

综上所述，只有当插入的元组满足所有的数据完整性规则时，插入操作才能成功，否则插入操作不成功。

2. 执行删除操作时检查完整性

执行删除操作时一般只需要检查参照完整性规则。

如果删除的是参照关系的元组，则无须进行参照完整性检查，可以直接执行删除操作。

如果删除的是被参照关系的元组，则检查被删除元组的主关键字属性的值是否被参照关系中某个元组的外部关键字引用，如果未被引用则允许执行删除操作，否则可能有以下 4 种情况：

① 拒绝删除，即不允许执行删除操作。

② 执行级联删除，即删除被参照关系中的元组的同时，也将参照关系中引用了该元组的对应元组一并删除。

③ 执行空值删除，即删除被参照关系中的元组的同时，将参照关系中引用了该元组的对应元组的外部关键字置为空值。

④ 执行默认值删除，即删除被参照关系中的元组的同时，将参照关系中引用了该元组的对应元组的外部关键字置为预定义的默认值。

具体采用以上哪种方法进行删除，是由用户来定义的。

3. 执行更新操作时检查完整性

执行更新操作可以看作是先删除旧的元组，然后再插入新的元组。所以执行更新操作时的完整性检查综合了上述两种情况。

3.4　关系代数

关系模型源于数学，关系是由元组构成的集合，可以通过针对关系的运算来表达查询要求，而关系代数恰恰是关系操作语言的一种传统表示方式，它是一种抽象的查询语言。

3.4.1　基本概念和几个符号

关系代数的运算对象是关系，关系代数的运算结果也是关系。与一般的运算一样，运算对象、运算符和运算结果也是关系代数的三个要素。关系代数的运算可以分为以下两大类：

① 传统的集合运算，这类运算完全把关系看作是元组的集合。传统的集合运算包括集合的广义笛卡儿积运算、并运算、交运算和差运算。

② 专门的关系运算，这类运算除了把关系看作是元组的集合，还通过运算表达了查询的要求。专门的关系运算包括选择运算、投影运算、连接运算和除运算。

关系代数中的运算符可以分为 4 类：传统的集合运算符、专门的关系运算符、比较运算符和逻辑运算符。表 3-2 列出了这些运算符，其中比较运算符和逻辑运算符是用于配合专门的关系运算来构造表达式的。

表 3-2　关系代数用到的运算符

运算符		含 义
传统的集合运算符	∪	并
	∩	交
	－	差
	×	广义笛卡儿积
专门的关系运算符	σ	选择
	Π	投影
	⊗	连接
	÷	除法

续表

运算符		含义
比较运算符	>	大于
	<	小于
	=	等于
	≠	不等于
	≤	小于或等于
	≥	大于或等于
逻辑运算符	¬	非
	∧	与
	∨	或

在介绍关系代数之前，先介绍几个专门的符号表示：

① 设有关系模式 $R(A_1, A_2, \cdots, A_n)$，则 $r \in R$ 表示 r 是 R 的一个元组，$r.A_i$ 或 $r[A_i]$ 表示 r 这个元组中相应于属性 A_i 的一个分量。

例如，假设 R 是仓库关系，$r=('WH1', '北京', 370)$ 是仓库关系的一个元组，则 $r \in R$，$r.$仓库号或 $r[$仓库号$]$ 为 WH1。

② 设 R 为 m 元关系，S 为 n 元关系，并且，$r=(r_1, r_2, \cdots, r_m) \in R$，$s=(s_1, s_2, \cdots, s_n) \in S$，则 $\overline{rs}=(r_1, r_2, \cdots, r_m, s_1, s_2, \cdots, s_n)$ 称为元组的连串。这是一个 $(m+n)$ 元组，前 m 个分量为 R 中的一个 m 元组，后 n 个分量为 S 中的一个 n 元组。

③ 设有关系模式 $R(X,Y)$，其中 X、Y 可以是单个属性，也可以是属性集，定义当 X 取值为 x 时，x 在 R 中的映像集为 $Y_x = \{r.Y \mid r \in R \wedge r.X=x\}$。

设有如表 3-3 所示的"订购单"关系，把它命名为 R，并且进一步设 X 为属性"经手人"，Y 为属性集{订购单号，供货方，订购日期}，则当 X 取值为 E3 时，$Y_x = \{(OR67, S7, 2017/06/23), (OR79, S4, 2017/06/13), (OR90, NULL, NULL), (OR91, S3, 2017/07/13)\}$。

表 3-3 "订购单"关系

订购单号	经手人	供货方	订购日期
OR67	E3	S7	2017/06/23
OR73	E1	S4	2017/07/28
OR76	E7	S4	2017/05/25
OR77	E6	NULL	NULL
OR79	E3	S4	2017/06/13

续表

订购单号	经手人	供货方	订购日期
OR80	E1	NULL	NULL
OR90	E3	NULL	NULL
OR91	E3	S3	2017/07/13

如果 X 取值为 E1，则有

$$Y_x = \{(\text{OR73, S4, 2017/07/28}), (\text{OR80, NULL, NULL})\}$$

3.4.2　传统的集合运算

传统的集合运算是二目运算，设关系 R 和 S 均是 n 元关系，且相应的属性值取自同一个值域，则可以定义三种运算：并运算(∪)、交运算(∩)和差运算(-)。

现在以仓库 A 和仓库 B 两个关系(见图 3-8(a))为例，来说明并示意一下这三种传统的集合运算。

仓库号	城市	面积
WH1	北京	370
WH2	上海	500
WH3	广州	200

仓库A

仓库号	城市	面积
WH2	上海	500
WH3	广州	200
WH4	武汉	100

仓库B

(a)

仓库号	城市	面积
WH1	北京	370
WH2	上海	500
WH3	广州	200
WH4	武汉	100

仓库A∪仓库B

(b)

仓库号	城市	面积
WH2	上海	500
WH3	广州	200

仓库A∩仓库B

(c)

仓库号	城市	面积
WH1	北京	370

仓库A−仓库B

(d)

图 3-8　集合并、交、差运算示例

1. 集合的并运算

集合的并运算可以记作

$$R \cup S = \{ t \mid t \in R \vee t \in S \}$$

运算

仓库 A∪仓库 B

产生一个新的关系(见图 3-8(b))，它由属于仓库 A 和属于仓库 B 的所有元组组成(因为关系是元组的集合，所以不会有重复元组)。

2. 集合的交运算

集合的交运算可以记作

$$R \cap S = \{t \mid t \in R \land t \in S\}$$

运算

$$仓库 A \cap 仓库 B$$

产生一个新的关系(见图3-8(c)),它由既属于仓库A又属于仓库B的公共元组组成。

3. 集合的差运算

集合的差运算可以记作

$$R - S = \{t \mid t \in R \land t \in S\}$$

运算

$$仓库 A - 仓库 B$$

产生一个新的关系(见图3-8(d)),它由属于仓库A但不属于仓库B的元组构成。

4. 集合的广义笛卡儿积运算

设R和S是两个关系,如果R是m元关系,有k个元组,S是n元关系,有l个元组,则广义笛卡儿积$R \times S$是一个$m+n$元关系,有$k \times l$个元组。广义笛卡儿积可以记作

$$R \times S = \{\overline{rs} \mid r \in R, s \in S\}$$

图3-9示例了集合的广义笛卡儿积运算。

A	B		C	D	E		A	B	C	D	E
a1	b1	×	c1	d1	e1	=	a1	b1	c1	d1	e1
a2	b2		c2	d2	e2		a1	b1	c2	d2	e2
							a2	b2	c1	d1	e1
							a2	b2	c2	d2	e2

图3-9 广义笛卡儿积运算示例

3.4.3 专门的关系运算

在关系代数中,有4种专门的关系运算:选择(select)、投影(project)、连接(join)和除(division)。

1. 选择运算

选择运算是最简单的运算,它从指定的关系中选择某些元组形成一个新的关系,被选择的元组是用满足某个逻辑条件来指定的。

选择运算表示为

$$\sigma_F(R) = \{r \mid r \in R \land F\}$$

其中,R是关系名,r是元组,σ是选择运算符,F是结果为"真"的逻辑表达式。

例如，对表 3-4 所示的器件关系，选择单价大于 100 元的元组构成新的关系，可以有如下的选择运算：

$$\sigma_{单价>100}(器件)$$

表 3-4　器件关系

器件号	器件名称	规格	单价①
P4	内存	2 GB DDR2 800	125
P3	内存	1 GB DDR2 667	75
P2	硬盘	希捷 1 TB	270
P7	硬盘	日立 2 TB	360
P9	鼠标	罗技 G1	149

结果如表 3-5 所示。

表 3-5　选择运算结果示意

器件号	器件名称	规格	单价
P4	内存	2 GB DDR2 800	125
P2	硬盘	希捷 1 TB	270
P7	硬盘	日立 2 TB	360
P9	鼠标	罗技 G1	149

2. 投影运算

投影运算是对指定的关系选择某些列形成一个新的关系，该运算分为如下两步：

① 选择指定的属性，形成一个可能含有重复行的表格。

② 删除重复行，形成新的关系。

投影运算表示为

$$\Pi_A(R) = \{r.A \mid r \in R\}$$

其中，R 是关系名，Π 是投影运算符，A 是被投影的属性或属性集。

例如，对表 3-4 所示的器件关系，选择器件名称和规格两列构成新的关系，可以有如下的投影运算：

$$\Pi_{器件名称,规格}(器件)$$

结果如表 3-6 所示。

---

① 本书关系表中的量和数值仅为示意，只用于数据库操作的示例。为简化叙述，一般不标示相应的单位。

表 3-6 投影运算结果示意

器件名称	规格
内存	2 GB DDR2 800
内存	1 GB DDR2 667
硬盘	希捷 1 TB
硬盘	日立 2 TB
鼠标	罗技 G1

3. 连接运算

连接运算用来连接相互之间有联系的两个关系，被连接的两个关系通常是具有一对多联系表的父子关系。所以连接过程一般是由参照关系的外部关键字和被参照关系的主关键字来控制的，这样的属性通常也称为连接属性。

一般的连接运算也称为 θ 连接运算。θ 连接一般表示为

$$R \underset{A_i \theta B_j}{\otimes} S = \{\overline{rs} \mid A_i \subset R \wedge B_j \subset S \wedge A_i \theta B_j\}$$

这里 A_i 是 R 中的属性，B_j 是 S 中的属性，θ 连接的结果是一个广义笛卡儿乘积的子集，其中的元组满足 A_i 和 B_j 间的 θ 关系。当 θ 为 "＝" 时，称为等值连接；当 θ 为 "<" 时，称为小于连接；当 θ 为 ">" 时，称为大于连接。⊗ 为连接运算符。

在连接运算中最常用的连接是自然连接。

设有关系 $R(A_1, A_2, \cdots, A_n)$ 和 $S(B_1, B_2, \cdots, B_m)$，**自然连接运算**一般表示为

$$R \otimes S = \{\overline{rs}[X] \mid r[A_i] = s[B_j] \wedge X \text{ 是 } \overline{rs} \text{ 中全体不重复的属性}\}$$

其中，A_i 和 B_j 要出自同一个值域，并且在实际应用中这两个属性往往具有相同的属性名(注意：不是必须的)。从以上公式中也可以看出，自然连接做了以下三件事：

① 计算广义笛卡儿积 $R \times S$。

② 选择满足条件 $r[A_i] = s[B_j]$ 的所有元组。

③ 去掉重复的属性。

表 3-7 和表 3-8 分别给出了一个"仓库"关系和一个"职工"关系。"职工"关系通过"仓库号"属性参照"仓库"关系，因此这两个关系可以通过"仓库号"进行连接运算。表 3-9 示意了"仓库"关系和"职工"关系自然连接运算的结果。

表 3-7 "仓库"关系

仓库号	城市	面积
WH1	北京	500
WH2	上海	370
WH3	广州	300
WH4	武汉	400

表 3-8　"职工"关系

仓库号	职工号	姓名	工资	班组长
WH1	E2	王月	4 220	NULL
WH1	E7	张扬	4 250	E2
WH1	E8	陈虹	4 400	E7
WH1	E9	方林	4 480	E7
WH2	E4	李星	4 250	NULL
WH2	E1	吴臣	4 200	E4
WH2	E3	于险	4 550	E4
WH3	E6	姚思	4 420	NULL
WH3	E5	韩喜	4 270	E6
WH4	E11	吴霞	4 270	E6

表 3-9　"仓库"关系和"职工"关系自然连接运算的结果

仓库号	城市	面积	职工号	姓名	工资	班组长
WH1	北京	500	E2	王月	4 220	NULL
WH1	北京	500	E7	张扬	4 250	E2
WH1	北京	500	E8	陈虹	4 400	E7
WH1	北京	500	E9	方林	4 480	E7
WH2	上海	370	E4	李星	4 250	NULL
WH2	上海	370	E1	吴臣	4 200	E4
WH2	上海	370	E3	于险	4 550	E4
WH3	广州	300	E6	姚思	4 420	NULL
WH3	广州	300	E5	韩喜	4 270	E6
WH4	武汉	400	E11	吴霞	4 270	E6

下面看一个需要综合运算的例子。假设要计算在上海工作的职工的工资值都有哪些(参见表 3-7 和表 3-8),则可以写出如下的关系代数语句:

$$R_1 = \sigma_{城市="上海"}(仓库)$$

$$R_2 = R_1 \otimes 职工$$

$$R_3 = \Pi_{工资}(R_2)$$

中间关系 R_1 和 R_2 及最终关系 R_3 的内容如图 3-10 所示。注意,在任何一步产生的重复元组都会被自动消除。

注意:自然连接和等值连接相像,但实际上它们是不同的。自然连接要去掉重复的属性,而等值连接却不需要去掉重复的属性。

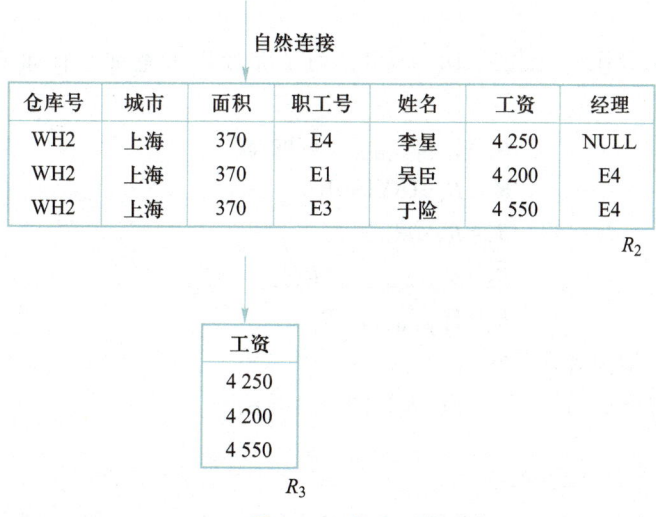

图 3-10 综合运算示意

R_1 和 R_2 及最终关系 R_3 也可以综合表示为

$$\Pi_{工资}((\sigma_{城市="上海"}(仓库))\otimes 职工)$$

4. 除运算

设有关系 $R(X, Y)$ 和 $S(Y)$，其中 X、Y 可以是单个属性或属性集，则除法运算定义为

$$R \div S = \{r.X \mid r \in R \wedge Y_x \supseteq S\}$$

为便于读者理解除法运算，这里用图 3-11 示意了除运算。给定一个供应商号，如果它在被除关系上的映像集包含除关系，则这个供应商号是除运算结果商关系中的一个元组。在这个例子中，除法运算求出了至少向那些列在除关系中的仓库供应（器件）的供应商的编号。

下面再看一个关系综合运算的例子。假设有表 3-8 所示的"职工"关系和表 3-3 所示的"订购单"关系，现在要计算与供货方 S3 和 S4 都有业务联系的职工的职工号和工资。

仓库号	供应商号
WH1	S1
WH1	S2
WH1	S3
WH2	S3
WH3	S1
WH3	S2
WH5	S1
WH5	S2
WH5	S4
WH6	S2

被除关系

÷

仓库号
WH1
WH3
WH5

除关系

=

供应商号
S1
S2

商关系

图 3-11　除运算示意

把 S3 和 S4 看作一元关系 DIVISOR，为了完成以上查询，有如下的关系运算：

$$R_1 = \Pi_{经手人,供货方}(订购单)$$
$$R_2 = R_1 \div DIVISOR$$
$$R_3 = R_2 \times 职工$$
$$R_4 = \sigma_{经手人=职工号}(R_3)$$
$$R_5 = \Pi_{职工号,工资}(R_4)$$

结果如何，请读者自己找出。

读者们可以尝试写下上述关系运算的综合写法。

3.4.4　基本运算及变换

在关系代数运算中，集合的并运算、差运算、笛卡儿积运算以及选择和投影运算是 5 种基本运算，另外 3 种运算（集合的交运算以及连接和除运算）可以用这 5 种基本运算来表达。引进它们并不增强语言的能力，但是可以简化表达。

两个关系的交运算可以表示为

$$R \cap S = R - (R - S)$$

两个关系的自然连接运算可以表示为

$$R \otimes S = \Pi_X(\sigma_{r[A_i]=s[B_j]}(R \times S))$$

它首先计算广义笛卡儿积 $R \times S$，然后选择满足条件 $r[A_i] = s[B_j]$ 的所有元组，最后去掉重复的属性（这里 X 表示不含重复属性的全体属性集）。

设有关系 $R(X,Y)$ 和 $S(Y)$，两个关系的除运算可以表示为

$$R \div S = \Pi_X(R) - \Pi_X((\Pi_X(R) \times S) - R)$$

关系代数的典型实现是 ISBL（information system base language）查询语言，它由 IBM 的 United Kingdom 研究中心研制，用于 PRTV（peterlee relational test vehicle）实验系统。

本章小结

关系数据库是目前的主流数据库，也是读者学习的重点。本章既介绍了关系数据库的基本概念和理论，又简单介绍了具体的数据库管理系统。

关系数据库始于20世纪60~70年代，普及于20世纪80年代，经历了40多年的发展，伴随着计算机技术的发展，各种关系数据库管理系统的功能越来越丰富。

本书选择 Microsoft SQL Server 作为教学和实践平台。本章介绍了 SQL Server 的基本组成和数据库存储结构，还简单介绍了关系数据库标准语言 SQL，这些是学习和使用关系数据库的基础。

支持关系数据库的数据模型是关系模型。关系模型包括关系数据结构、关系操作集合和关系完整性约束。本章还给出了关系的形式化定义、关系的基本性质以及一些基本术语。

关系代数是关系操作语言的基础，它包括传统的集合运算和专门的关系运算。

习题与思考题

1. 填空题

（1）关系代数的5个基本操作是(　　)、(　　)、(　　)、(　　)、(　　)。

（2）关系模型的三要素依次为(　　)、(　　)、(　　)。

（3）实体完整性的目的是要保证(　　)。

2. 选择题

（1）SQL 语言的特点不包括(　　)。

A. 高度过程化　　　　　　　　　　B. 非常简洁

C. 一体化　　　　　　　　　　　　D. 非过程化

（2）关系是(　　)。

A. 元组的集合　　　　　　　　　　B. 属性的集合

C. 字段的集合　　　　　　　　　　D. 值的集合

（3）在基本关系中，下列说法正确的是(　　)。

A. 任意两个元组不允许重复　　　　B. 行列顺序有关

C. 属性名允许重名　　　　　　　　D. 属性是可再分的

（4）关系数据库中，视图对应三层模式中的哪个层次？(　　)

A. 外部模式　　　　　　　　　　　B. 模式

C. 存储模式　　　　　　　　　　　D. 概念模式

（5）在 SQL 语言中，用户可以直接操作的是(　　)。

A. 基本表和视图　　　　　　　　　B. 基本表

C. 视图　　　　　　　　　　　　　D. 依据系统或基本表或视图

（6）执行删除操作时应该检查(　　)。

A. 参照完整性　　　　　　　　　　B. 实体完整性

C. 域完整性　　　　　　　　　　　D. 用户完整性

（7）以下关于选择运算描述正确的是（   ）。

A. 选择某些行形成新关系　　　　　　B. 选择某些列形成新关系

C. 选择某些行和列形成新关系　　　　D. 以上说法都不对

3. 讨论题

（1）SQL Server、Oracle 和 MySQL 等是哪种类型的软件？

（2）什么是关系数据库？

（3）关系数据库标准语言 SQL 有哪些特点？

（4）描述 SQL Server 的数据库存储结构。

（5）描述 SQL Server 的三个系统数据库 master、model 和 tempdb 的作用。

（6）SQL Server 的物理存储文件是怎么分类的？

（7）试述关系数据库系统的三层模式结构。

（8）为什么说 SQL 是非过程化的语言？

（9）关系模型的三个组成要素是什么？分别简述这三个要素的内容。

（10）准确理解关系的形式化定义。

（11）关系有哪些基本性质？

（12）解释属性与值域的区别。

（13）准确理解如下术语：关系、属性、值域、元组、分量、关系模式、关系模型、关系数据库、候选关键字、主关键字、外部关键字、主属性、非主属性、参照关系、被参照关系等。

（14）试述外部关键字的概念和作用。

（15）分别叙述实体完整性约束、参照完整性约束和用户完整性约束的内容，以及它们的作用。

（16）分别叙述在进行插入、删除、更新操作时都需要进行哪些完整性检查，并说明理由。

（17）关系代数包括哪些运算？这些运算分成哪两类运算？

（18）关系是如何完成连接运算的？

（19）试述关系的自然连接和等值连接的异同之处。

（20）试述关系代数除运算的内涵。

（21）参照表 3-3（订购单）、表 3-7（仓库）和表 3-8（职工）的关系，用关系代数完成如下查询：

① 查询在仓库 WH2 工作的职工的工资。

② 查询在上海工作的职工的工资。

③ 查询北京的仓库面积。

④ 查询所有职工的工资都大于 4 220 元的仓库所在的城市。

⑤ 查询至少和职工 E1、E7 都有联系的供应商号。

第 3 章介绍了关系模型、关系数据库和关系数据库系统，本章将介绍如何运用关系数据理论来设计好的关系模式。

知识目标：理解函数依赖及其相应的概念和术语，了解函数依赖的公理系统，掌握模式分解的准则，理解关系范式的定义，掌握关系规范化的方法，为以后设计关系数据库奠定一个良好的基础。

能力及素养目标：在数据库设计的工程项目中，能够熟练判定关系规范化程度并开展模式分解，以解决数据库中可能存在的异常问题。

本章重点：函数依赖的概念，关系规范化的方法，3NF 无损连接和保持函数依赖算法。

本章难点：函数依赖的概念，最小函数依赖集的概念，3NF 无损连接和保持函数依赖算法。

4.1　基本概念

本节将首先介绍几个与关系数据理论密切相关的基本概念，如函数依赖、模式分解等。

4.1.1　函数依赖

函数已经是大家非常熟悉的概念，对于如下公式大家自然也不会陌生：
$$Y = f(X)$$
但是大家熟悉的是 X 和 Y 之间数量上的对应关系，即给定一个 X 值，都会有一个 Y 值和它对应，也可以说 X 函数决定 Y，或 Y 函数依赖于 X。在关系数据库中讨论函数或函数依赖注重的是语义上的关系，例如有
$$省 = f(城市)$$
只要给出一个城市值，就会有唯一一个省值和它对应，如"武汉市"在"湖北省"，这里"城市"是自变量 X，"省"是因变量或函数值 Y，并且把 X 函数决定 Y，或 Y 函数依赖于 X 表示为
$$X \to Y$$
根据以上叙述，可以有直观的函数依赖定义：如果有一个关系模式 $R(A_1,$

微视频：
函数依赖

$A_2,\cdots,A_n$），X 和 Y 为 $\{A_1,A_2,\cdots,A_n\}$ 的子集，那么对于关系 R 中的任意一个 X 值，都只有一个 Y 值与之对应，则称 X 函数决定 Y，或 Y 函数依赖于 X。

例如，有仓库关系

$$\text{仓库(仓库号,城市,面积)}$$

在该关系中则有函数依赖

$$\text{仓库号→城市（城市函数依赖于仓库号）}$$
$$\text{仓库号→面积（面积函数依赖于仓库号）}$$

显然函数依赖讨论的是属性之间的对应关系，它是语义范畴的概念，也就是说，关系模式的属性之间是否存在函数依赖只与语义有关。下面对函数依赖给出严格的形式化定义。

定义 4.1　设有关系模式 $R(A_1,A_2,\cdots,A_n)$，X 和 Y 均为 $\{A_1,A_2,\cdots,A_n\}$ 的子集，r 是 R 的任一具体关系，t_1、t_2 是 r 中的任意两个元组；如果由 $t_1[X]=t_2[X]$ 可以推导出 $t_1[Y]=t_2[Y]$，则称 X 函数决定 Y，或 Y 函数依赖于 X，记为 $X\to Y$。

在以上定义中要特别注意，只要

$$t_1[X]=t_2[X]\Rightarrow t_1[Y]=t_2[Y]$$

成立，就有 $X\to Y$。也就是说，只有当 $t_1[X]=t_2[X]$ 为真，而 $t_1[Y]=t_2[Y]$ 为假时，函数依赖 $X\to Y$ 不成立；而当 $t_1[X]=t_2[X]$ 为假时，不管 $t_1[Y]=t_2[Y]$ 为真或为假，都有 $X\to Y$ 成立。例如，当 X 是关键字属性时，就一定有 $X\to Y$ 成立，而对 r 中的任意两个元组 t_1、$t_2(t_1\ne t_2)$，$t_1[X]=t_2[X]$ 肯定为假。

4.1.2　术语和符号

下面先熟悉一下本章将用到的术语和符号。

① 如果 $X\to Y$，但 Y 不包含于 X，则称 $X\to Y$ 是**非平凡的函数依赖**。如不作特别说明，本书总是讨论非平凡函数依赖。

微视频：
术语和符号

例如，函数依赖：仓库号→城市为非平凡函数依赖。

② 如果 Y 不函数依赖于 X，则记作 $X\nrightarrow Y$。

例如，仓库号不函数依赖于城市，则记作　城市 $\nrightarrow$ 仓库号

③ 如果 $X\to Y$，则 X 称作**决定因素**。

例如，函数依赖：仓库号→城市中，仓库号为决定因素。

④ 用 U 表示关系模式 R 的属性全集，即 $U=\{A_1,A_2,\cdots,A_n\}$，用 F 表示关系模式 R 上的函数依赖集，则关系模式 R 可表示为 $\boldsymbol{R(U,F)}$。

例如，$U=\{$仓库号,城市,面积$\}$，$F=\{$仓库号→城市,仓库号→面积$\}$，则仓库关系模式可以表示为 $R(U,F)$，或者 $R(\{$仓库号,城市,面积$\}$，$\{$仓库号→城市,仓库号→面积$\})$。

⑤ 如果 K 是关系模式 $R(U,F)$ 的任一候选关键字，X 是任一属性或属性集，如果 $X\in K$，则 X 称为主属性；否则称为非主属性。

例如，关系模式：库存(仓库号,器件号,数量)，由于(仓库号,器件号)是库存关系的候选关键字，则仓库号和器件号均为主属性，数量为非主属性。

⑥如果 $X \rightarrow Y$，并且 $Y \rightarrow X$，则可记作 $X \longleftrightarrow Y$。

⑦ 如果 $X \rightarrow Y$，并且对于 X 的一个任意真子集 X' 都有 $X' \nrightarrow Y$，则称 Y **完全函数依赖**于 X，并记作 $X \xrightarrow{f} Y$；如果 $X' \rightarrow Y$ 成立，则称 Y **部分函数依赖**于 X，并记作 $X \xrightarrow{p} Y$。

例如，库存 A 关系（仓库号，地点，设备号，设备名，库存数量）中存在的函数依赖关系有：

$$仓库号 \xrightarrow{f} 地点，设备号 \xrightarrow{f} 设备名$$

由于关键字为（仓库号，设备号），则有

（仓库号，设备号）$\xrightarrow{f}$ 库存数量

（仓库号，设备号）$\xrightarrow{p}$ 地点

（仓库号，设备号）$\xrightarrow{p}$ 设备名

注意：一个函数依赖要么属于完全函数依赖，要么属于部分函数依赖，不可能出现既属于完全函数依赖又属于部分函数依赖的函数依赖。

⑧ 如果 $X \rightarrow Y$（非平凡函数依赖，并且 $Y \nrightarrow X$）、$Y \rightarrow Z$，则称 Z **传递函数依赖**于 X，记作 $X \xrightarrow{t} Z$。

例如，设备 A 关系（设备号，设备名，类别号，类别名）中，由于设备号→类别号，类别号→类别名，所以设备号 $\xrightarrow{t}$ 类别名。

思考：如果在关系模式 $R(A, B, C)$ 中，存在 $A \rightarrow C$，且存在 $A \rightarrow B$，$B \rightarrow C$，请问 $A \rightarrow C$ 是否为传递函数依赖？

4.1.3 为什么要讨论函数依赖

讨论属性之间的关系，讨论函数依赖有什么必要呢？假设有关系模式
库存（仓库号，地点，设备号，设备名，库存数量）
并有如图 4-1 所示的具体库存关系，那么在这个关系模式中都存在一些什么问题？

仓库号	地点	设备号	设备名	库存数量
WH1	北京	D1	投影仪	10
WH1	北京	D2	计算机	15
WH2	上海	D2	计算机	0
WH3	广州	D2	计算机	4
WH3	广州	D1	投影仪	8

图 4-1 库存关系实例

微视频：
为什么要
讨论函数
依赖

数据冗余问题：在这个关系中，有关仓库的信息和设备的信息都有存储冗余。一个仓库存储多少设备，这个仓库的信息就要重复存储多少遍；同样，一种设备在多少仓库中存储，这种设备的信息就要重复存储多少遍。

数据更新问题：比如把第一条记录的"设备名"字段值改为"打印机"，而最后一条记录的相应字段值没有修改，这样就使得同样由"D1"所标识的设备分别为打印机和投影仪，从而造成数据库中的数据不一致、不可信。另外，当同时将所有"设备名"字段值为"投影仪"的记录都改成"打印机"时，则"投影仪"的记录数越多，修改的相应记录就越多，这样就会导致更新操作复杂化，大大降低操作效率。

数据插入问题：在这个关系中的关键字显然是（仓库号，设备号），当新建一个仓库尚未存放设备时，构成关键字字段值的"设备号"字段值为空值，因此由实体完整性约束可知，无法插入新的记录，即无法存入新建仓库的信息。

数据删除问题：当决定不再向某个仓库存放某种设备，或删除库存数量为0的记录时，可能会意外删除一些用户并不想删除的记录。当这个仓库恰好只存放一种设备时，上述操作就会彻底删除这个仓库的信息，而这一点可能并不是用户期望的。

类似的种种问题都称之为操作异常。为什么会出现以上操作异常现象呢？因为这个关系模式没有设计好，在它的某些属性之间存在着"不良"的函数依赖。如何改造这个关系模式，解决或避免以上种种问题，就是本章要讨论的主要内容，也是讨论函数依赖的根本原因所在。

4.1.4　模式分解

以上出现的种种问题，解决方法就是进行模式分解，即把一个关系模式分解成两个或多个关系模式，在分解的过程中消除那些"不良"的函数依赖，从而获得好的关系模式。例如，对 4.1.3 小节提到的库存关系模式，可以将其分解为如下三个关系模式：

微 视 频：
模式分解

仓库（仓库号，地点）

设备（设备号，设备名）

库存（仓库号，设备号，库存数量）

这样上面提到的各种操作异常问题就都不复存在了。

要使关系模式的分解有意义，模式分解还需要满足一些约束条件，以保证分解不能破坏原来的语义，即模式分解要具有无损连接特性和保持函数依赖特性。所谓无损连接是指分解后的关系经过自然连接可以恢复成原来的关系，而保持函数依赖是指分解后的关系不能破坏原来的函数依赖（不能破坏原来的语义）。关于模式分解，读者只需先建立起一些基本概念，我们在 4.4 节再做详细介绍。总之，本章的目的就是把存在操作异常现象的关系模式找出来，并尽可能通过模式分解将不好的关系模式转换成好的关系模式，从而消除操作异常。接下来，4.2 节先给出相关理论基础，4.3 节讨论关系模式好坏的标准，4.4 节讨论模式分解的准则，并给出模式分解的算法。

4.2　函数依赖的推理规则

当已知关系模式 R 满足一组函数依赖 F 时，怎么知道 R 中还有哪些函数依赖？或者，由 F 还能推导出哪些函数依赖？为此需要有一套形式推理规则。

4.2.1　函数依赖的推理规则及正确性

设有关系模式 $R(U, F)$，X、Y、Z 均为 U 的子集，有如下推理规则：

① 自反律（reflexivity）：如果 $Y \subseteq X$，则 $X \rightarrow Y$。

② 增广律（augmentation）：如果 $X \rightarrow Y$，则 $XZ \rightarrow YZ$[①]。

③ 传递律（transitivity）：如果 $X \rightarrow Y$、$Y \rightarrow Z$，则 $X \rightarrow Z$。

该推理规则也称为 Armstrong 公理。下面根据函数依赖的定义来证明该推理规则的正确性。

证明：

（1）自反律

设 $Y \subseteq X \subseteq U$。

对关系模式 R 的任一关系 r 中的任意两个元组 t 和 s，如果 $t[X] = s[X]$，由于 $Y \subseteq X$，所以 $t[Y] = s[Y]$，由定义 4.1 有 $X \rightarrow Y$ 成立，自反律得证。

（2）增广律

设 $X \rightarrow Y$，且 $Z \subseteq U$，r、t、s 的含义同上。

如果 $t[XZ] = s[XZ]$，则一定有 $t[X] = s[X]$ 和 $t[Z] = s[Z]$。

又根据 $X \rightarrow Y$，可有 $t[Y] = s[Y]$。

由 $t[Y] = s[Y]$、$t[Z] = s[Z]$，可得 $t[YZ] = s[YZ]$，即由 $t[XZ] = s[XZ]$ 推导出 $t[YZ] = s[YZ]$，由定义 4.1 有 $XZ \rightarrow YZ$ 成立，增广律得证。

（3）传递律

设 $X \rightarrow Y$、$Y \rightarrow Z$，r、t、s 的含义同上。

如果 $t[X] = s[X]$，由于 $X \rightarrow Y$，根据定义 4.1 可得 $t[Y] = s[Y]$。

同理，由 $Y \rightarrow Z$，可得 $t[Z] = s[Z]$，即由 $t[X] = s[X]$ 推导出 $t[Z] = s[Z]$，根据定义 4.1 有 $X \rightarrow Z$ 成立，传递律得证。

4.2.2　Armstrong 公理的推论及正确性

根据以上推理规则，还可以有如下推论：

① 合并规则：如果 $X \rightarrow Y$、$X \rightarrow Z$，则 $X \rightarrow YZ$。

② 分解规则：如果 $X \rightarrow YZ$，则 $X \rightarrow Y$、$X \rightarrow Z$。

③ 伪传递规则：如果 $X \rightarrow Y$、$YW \rightarrow Z$，则 $XW \rightarrow Z$。

可以使用推理规则直接证明这三个推论是正确的。

---

① 这里为简单起见，用 XZ 代表 $X \cup Z$、YZ 代表 $Y \cup Z$。

证明：

（1）合并规则

设 $X{\rightarrow}Y$、$X{\rightarrow}Z$。

根据增广律分别有 $X{\rightarrow}XY$、$XY{\rightarrow}YZ$。

又根据传递律有 $X{\rightarrow}YZ$，合并规则得证。

（2）分解规则

设 $X{\rightarrow}YZ$。

根据自反律有 $YZ{\rightarrow}Y$ 和 $YZ{\rightarrow}Z$。

又根据传递律分别有 $X{\rightarrow}Y$ 和 $X{\rightarrow}Z$，分解规则得证。

（3）伪传递规则

设 $X{\rightarrow}Y$、$YW{\rightarrow}Z$。

根据增广律有 $XW{\rightarrow}YW$。

又根据传递律有 $XW{\rightarrow}Z$，伪传递规则得证。

根据合并规则和分解规则，可以得出如下重要结论：

引理 4.1　$X{\rightarrow}A_1A_2{\cdots}A_n$ 的充分必要条件是 $X{\rightarrow}A_k(k=1,2,{\cdots},n)$ 成立。

该引理可以根据合并规则和分解规则直接证明。

4.2.3　逻辑蕴涵和闭包

有时需要根据给定的一组函数依赖来判断另外一些函数依赖是否成立，这就是函数依赖逻辑蕴涵所要研究的内容。

例如，有关系模式 $R(U,F)$，$U=\{A,B,C\}$，$F=\{A{\rightarrow}B,B{\rightarrow}C\}$，问 $A{\rightarrow}C$ 是否成立？

根据传递律显然它成立，这时则说 F 逻辑蕴涵 $A{\rightarrow}C$。

定义 4.2　设有关系模式 $R(U,F)$，$X{\subseteq}U$、$Y{\subseteq}U$，如果从 F 中的函数依赖能够推导出 $X{\rightarrow}Y$，则称 F 逻辑蕴涵 $X{\rightarrow}Y$，或称 $X{\rightarrow}Y$ 是 F 的逻辑蕴涵。

定义 4.3　在关系模式 $R(U,F)$ 中，被 F 所逻辑蕴涵的函数依赖的全体称作 F 的闭包，记为 F^+。

微视频：
逻辑蕴涵
和闭包

闭包 F^+ 的计算是一个 NP 完全问题，即理论上可计算而实际上不可计算的问题。例如，从 $F=\{X{\rightarrow}A_1A_2{\cdots}A_n\}$ 出发，就至少能够推导出 2^n 个不同的函数依赖，所以计算 F^+ 是非常麻烦的事情，即使 F 不太大，F^+ 也可能很大。例如，有关系模式 $R(U,F)$，$U=\{X,Y,Z\}$，$F=\{X{\rightarrow}Y,Y{\rightarrow}Z\}$，则

$$F^+=\left\{\begin{array}{lllllll}X{\rightarrow}\varnothing, & XY{\rightarrow}\varnothing, & XZ{\rightarrow}\varnothing, & XYZ{\rightarrow}\varnothing, & Y{\rightarrow}\varnothing, & YZ{\rightarrow}\varnothing, & Z{\rightarrow}\varnothing\\ X{\rightarrow}X, & XY{\rightarrow}X, & XZ{\rightarrow}X, & XYZ{\rightarrow}X, & Y{\rightarrow}Y, & YZ{\rightarrow}Y, & Z{\rightarrow}Z\\ X{\rightarrow}Y, & XY{\rightarrow}Y, & XZ{\rightarrow}Y, & XYZ{\rightarrow}Y, & Y{\rightarrow}Z, & YZ{\rightarrow}Z\\ X{\rightarrow}Z, & XY{\rightarrow}Z, & XZ{\rightarrow}Z, & XYZ{\rightarrow}Z, & Y{\rightarrow}YZ, & YZ{\rightarrow}YZ\\ X{\rightarrow}XY, & XY{\rightarrow}XY, & XZ{\rightarrow}XY, & XYZ{\rightarrow}XY\\ X{\rightarrow}XZ, & XY{\rightarrow}XZ, & XZ{\rightarrow}XZ, & XYZ{\rightarrow}XZ\\ X{\rightarrow}YZ, & XY{\rightarrow}YZ, & XZ{\rightarrow}YZ, & XYZ{\rightarrow}YZ\\ X{\rightarrow}XYZ, & XY{\rightarrow}XYZ, & XZ{\rightarrow}XYZ, & XYZ{\rightarrow}XYZ\end{array}\right.$$

以上所列函数依赖均是由 F 根据前面讲述的推理规则及其三个推论得出的。

根据定义 4.3，一个函数依赖如果属于 F^+ 则该函数依赖是 F 的逻辑蕴涵，即可以根据 F 推导出来。但是由于计算 F^+ 的复杂性，我们不大可能通过计算 F^+ 来判断一个函数依赖是否能根据 F 推导出来，为此接着引入属性集闭包的概念。

定义 4.4 设 F 为属性集 U 上的一组函数依赖，$X \subseteq U$，则称所有用 Armstrong 公理从 F 推导出的函数依赖 $X \rightarrow A_i$ 中 A_i 的属性集合为属性集 X 关于函数依赖集 F 的闭包，记为 X_F^+，即 $X_F^+ = \{A_i \mid X \rightarrow A_i$ 能由 F 根据 Armstrong 公理导出$\}$。

例如，有关系模式 $R(U, F)$，$U = \{A, B, C\}$，$F = \{A \rightarrow B, B \rightarrow C\}$，如果 $X = \{A\}$，则

$$X_F^+ = \{A, B, C\}$$

如果 $X = \{B\}$，则

$$X_F^+ = \{B, C\}$$

如果 $X = \{C\}$，则

$$X_F^+ = \{C\}$$

4.2.4 公理的完备性

建立函数依赖公理体系的目的在于有效而完备地计算函数依赖的逻辑蕴涵，即从已知的函数依赖推导出未知的函数依赖。

这里有两个问题必须明确：

① 能否保证按公理推导出的函数依赖都是正确的，即这些函数依赖是否都属于 F^+。也就是说，对于关系模式 $R(U, F)$，只要 F 中的函数依赖为真，则用公理根据 F 推导出的函数依赖也一定为真，这就是公理的正确性。

② 用公理能否推导出所有的函数依赖，即 F^+ 中所有的函数依赖是否都能用公理推导出来。这是一个很重要的问题，因为如果 F^+ 中有函数依赖不能用公理推导出来，则说明这些公理不够用、不完全，就必须补充新的公理，这就是公理的完备性问题。

公理的正确性前面已经证明了，在证明公理的完备性之前先给出如下引理。

引理 4.2 设 F 是属性集 U 上的一组函数依赖，$X \subseteq U$、$Y \subseteq U$，则 $X \rightarrow Y$ 能用 Armstrong 公理从 F 推导出来的充分必要条件是 $Y \subseteq X_F^+$。

证明：

首先证明充分性。设 $Y \subseteq X_F^+$，并设 $Y = \{B_1, B_2, \cdots, B_k\}$。

根据假设，有 $B_j \in X_F^+ (j = 1, 2, \cdots, k)$，又根据属性集闭包定义（定义 4.4），有 $X \rightarrow B_j (j = 1, 2, \cdots, k)$。

由引理 4.1 可得 $X \rightarrow B_1 B_2 \cdots B_k$，所以有 $X \rightarrow Y$ 成立，充分性得证。

再证必要性：

设 $X \rightarrow Y$ 是根据 Armstrong 公理从 F 推导出来的，并设 $Y = \{B_1, B_2, \cdots, B_k\}$。根据分解规则或引理 4.1，有 $X \rightarrow B_j$ $(j = 1, 2, \cdots, k)$。

又根据属性集闭包定义（定义 4.4），有 $B_j \in X_F^+$ $(j = 1, 2, \cdots, k)$，所以有 $Y \subseteq X_F^+$ 成立，必要性得证。

公理的完备性还可以理解为：所有不能用公理推导出的函数依赖都不为真，即如果 $X \rightarrow Y$ 不能根据 F 用公理导出，则 $X \rightarrow Y \notin F^+$。

我们设法找到一个具体的关系 r，F^+ 中的所有函数依赖都满足 r，而不能用公理推导出的 $X \rightarrow Y$ 不满足 r。也就是说，不能根据 F 用公理推导出的函数依赖不属于 F^+。如果能够找到这样的 r，则公理的完备性证明问题就解决了。

定理 4.1 Armstrong 公理是完备的。

证明：假设有关系模式 $R(U, F)$，$X \subseteq U$、$Y \subseteq U$，并进一步假设存在如图 4-2 所示的一个具体关系 r（只含两个元组）。如果能够证明以下两点，则公理的完备性问题就证明了：

X_F^+ 的属性	$U - X_F^+$ 的属性
111…11	111…11
111…11	000…00

图 4-2 一个具体关系 r

① 在关系 r 中，F^+ 中的所有函数依赖都成立。

② 在关系 r 中，不能根据 F 用 Armstrong 公理推导出的函数依赖 $X \rightarrow Y$ 不成立。

下面分别证明这两点。

证（1）：设 $V \rightarrow W \in F^+$，则有下列两种情况：

① 如果 $V \subseteq X_F^+$，由引理 4.2 可知用 Armstrong 公理可以推导出 $X \rightarrow V$。

由假设 $V \rightarrow W$ 及传递律，可得 $X \rightarrow W$。

由引理 4.2，有 $W \subseteq X_F^+$。

从关系 r 可以看出 X_F^+ 中的属性值全等，所以两个元组在 V 上一致，在 W 上也一定一致，于是 $V \rightarrow W$ 在 r 上成立。

② 如果 $V \not\subseteq X_F^+$，从假设的关系 r 可以看出，如果一个属性集不完全属于 X_F^+，则该属性集在两个元组上的属性值必不相等，根据函数依赖定义（定义 4.1）可知，$V \rightarrow W$ 在关系 r 上成立。因此在关系 r 中，F^+ 中的任一函数依赖都成立，第（1）点证毕。

证（2）：假设 $X \rightarrow Y$ 不能由 Armstrong 公理从 F 中推导出来，根据引理 4.2 有 $Y \not\subseteq X_F^+$，但 $X \subseteq X_F^+$。

由此可看出，在关系 r 的两个元组中 X 的属性值一致，而 Y 的属性值不一致，根据函数依赖定义（定义 4.1），$X \rightarrow Y$ 在 r 中不成立，第（2）点证毕。

在证明了 Armstrong 公理的完备性之后，再回过头来看一下引理 4.2，它使属性集闭包 X_F^+ 和函数依赖集闭包 F^+ 之间建立了一种联系，即 $X \rightarrow Y \in F^+$ 的充分必要条件是 $Y \subseteq X_F^+$；而计算 X_F^+ 是可行的，并且也简单得多。因此可以根据 X_F^+ 来判定 $X \rightarrow Y$ 是否属于 F^+，也即 $X \rightarrow Y$ 是否可以根据 Armstrong 公理从 F 导出，这也是 X_F^+ 的根本作用。

4.2.5 属性集闭包的计算

属性集闭包 X_F^+ 的计算可以间接解决函数依赖集闭包 F^+ 计算的问题，即可以帮助人们判定 $X \rightarrow Y$ 是否属于 F^+，下面给出计算 X_F^+ 的算法。

算法 4.1 求属性集 X 关于 U 上的函数依赖集 F 的闭包 X_F^+。

输入：属性集 X、函数依赖集 F。

① 令 $X^{(0)} = X$，$j = 0$。

② 计算 Z，$Z = \{ A \mid (\exists W)(\exists V)(W \rightarrow V \in F \wedge W \subseteq X^{(j)} \wedge A \in V) \}$。

③ $X^{(j+1)} = X^{(j)} \cup Z$。

④ 如果 $X^{(j+1)} = X^{(j)}$，转到步骤⑥，否则转到步骤⑤。

⑤ $j = j+1$，转到步骤②。

⑥ $X^{(j)}$ 就是 X_F^+，算法终止。

输出：$X^{(j)}$。

微视频：
属性集闭
包的计算

此算法实际分为两部分，首先以 X 作初值，然后反复判定函数依赖，如 $W \rightarrow V$。如果 $W \subseteq X_F^+$，并且 $V \not\subseteq X_F^+$，则将 V 加入 X_F^+，直到 F 中的函数依赖不能再扩大 X_F^+ 为止。

例 4-1 设有 $R(U,F)$，$U = \{A,B,C,D,E\}$，$F = \{AB \rightarrow C, B \rightarrow D, C \rightarrow E, EC \rightarrow B, AC \rightarrow B\}$，求 AB_F^+。

解：首先令 $X^{(0)} = \{A, B\}$，找出左部为 A、B 和 AB 的函数依赖，有 $AB \rightarrow C$ 和 $B \rightarrow D$，所以 $X^{(1)} = \{A, B, C, D\}$；接着找出以 $\{A, B, C, D\}$ 的任意子集为函数依赖左部的函数依赖，有 $C \rightarrow E$，$AC \rightarrow B$，所以 $X^{(2)} = \{A, B, C, D, E\}$；这时 $X^{(2)}$ 已是全集 U，因此算法可以终止，即 $(AB)_F^+ = \{A, B, C, D, E\}$。

当 $X^{(j)}$ 已是全集 U 时，再计算下去肯定不会再增加新的属性，所以算法 4.1 的终止条件 $X^{(j+1)} = X^{(j)}$ 和 $X^{(j)} = U$ 是等价的。

例 4-2 设关系模式 $R(U,F)$，$U = \{A,B,C,D,E\}$，$F = \{AB \rightarrow E, DE \rightarrow B, B \rightarrow C, C \rightarrow E, E \rightarrow A\}$，求 $(AB)_F^+$。

解：令 $X^{(0)} = \{A, B\}$。

F 中左部为 $\{A,B\}$ 的任意子集的函数依赖有 $AB \rightarrow E$，$B \rightarrow C$，所以 $X^{(1)} = \{A, B, C, E\}$；

F 中左部为 $\{A,B,C,E\}$ 的任意子集的函数依赖有 $AB \rightarrow E$，$B \rightarrow C$，$C \rightarrow E$，$E \rightarrow A$，所以 $X^{(2)} = \{A, B, C, E\}$。

因为 $X^{(1)} = X^{(2)}$，则 $(AB)_F^+ = \{A, B, C, E\}$。

4.2.6 函数依赖集的等价和最小化

定义 4.5 设 F 和 G 是两个函数依赖集：

① 如果 $F^+ \subseteq G^+$，则称 G 是 F 的一个覆盖，或称 G 覆盖 F。

② 如果 $F^+ \subseteq G^+$ 和 $G^+ \subseteq F^+$ 同时成立，即 $F^+ = G^+$，则称 F 和 G 等价。

引理 4.3 $F^+ = G^+$ 的充分必要条件是 $F^+ \subseteq G^+$ 并且 $G \subseteq F^+$。

微视频：
函数依赖
集的等价
和最小化
（上）

证明：

先证必要性：如果 $F^+ = G^+$，显然有 $F \subseteq F^+ \subseteq G^+$ 和 $G \subseteq G^+ \subseteq F^+$，

所以 $F \subseteq G^+$ 和 $G \subseteq F^+$，必要性得证。

再证充分性：如果 $F \subseteq G^+$，则一定有 $F^+ \subseteq (G^+)^+$，

而 $(G^+)^+ = G^+$，所以有 $F^+ \subseteq G^+$；

同理可证 $G^+ \subseteq F^+$，所以 $F^+ = G^+$，充分性得证。

由以上证明过程可以看出，判定两个函数依赖集 F 和 G 是否等价并不困难，可以首先检查 F 中的每个函数依赖 $X \rightarrow Y$ 是否属于 G^+（即计算 Y 是否属于 X_G^+），如果对 F 中的每个函数依赖都有 $X \rightarrow Y \in G^+$，则有 $F \subseteq G^+$；然后用同样的方法再检查 $G \subseteq F^+$ 是否成立，如果 $F \subseteq G^+$ 和 $G \subseteq F^+$ 都成立，则 F 和 G 等价。

研究函数依赖集等价的目的是对指定函数依赖集找出其最小函数依赖等价集，下面给出最小函数依赖集的定义。

定义 4.6　如果函数依赖集 F 满足如下条件，则称 F 为一个最小函数依赖集，也称最小覆盖：

① F 中任一函数依赖的右部都仅含有一个属性。

② F 中不存在这样的函数依赖 $X \rightarrow A$，X 有真子集 Z，使得 F 与 $F-\{X \rightarrow A\} \cup \{Z \rightarrow A\}$ 等价。

③ F 中不存在这样的函数依赖 $X \rightarrow A$，使得 F 与 $F-\{X \rightarrow A\}$ 等价。

在这个定义中，① 保证了 F 中每一函数依赖的右部都是单一属性，② 保证了 F 中的每个函数依赖的左部都没有多余的属性，③ 保证了在 F 中不存在多余的函数依赖。

例 4-3　假设有属性集 $U = \{A, B, C, D, E\}$，函数依赖集 $F = \{A \rightarrow B, B \rightarrow C, AD \rightarrow E\}$ 和函数依赖集 $G = \{A \rightarrow B, A \rightarrow C, B \rightarrow C, AD \rightarrow E\}$，问 F 和 G 是否为最小函数依赖集？

解：根据最小函数依赖集的定义逐条进行验证，可以看出 F 是最小函数依赖集，G 不是最小函数依赖集，因为 G 与 $G-\{A \rightarrow C\}$ 等价，有多余的函数依赖。

引理 4.4　设 $X \rightarrow A$ 是 F 中任意函数依赖，并设 $X = \{B_1, B_2, \cdots, B_m\}$，进一步设 $Z = X-B_j$ 及 $G = F-\{X \rightarrow A\} \cup \{Z \rightarrow A\}$，那么 F 与 G 等价的充分必要条件是 $A \in Z_F^+$。

证明：

首先证必要性。如果 F 与 G 等价（即 $F^+ = G^+$），因为 $Z \rightarrow A \in G$，根据引理 4.2 有 $A \in Z_G^+$。

又因为 F 与 G 等价，所以 $A \in Z_F^+$，必要性得证。

再证充分性。如果 $A \in Z_F^+$，根据引理 4.2 有 $Z \rightarrow A \in F^+$。

又因为 $Z \rightarrow A \in G$，所以有 $X \rightarrow Z \in G^+$（自反律），因此 $X \rightarrow A \in G^+$（传递律），所以 $F \subseteq G^+$。

由假设 G 中除 $Z \rightarrow A$ 外的其他函数依赖都属于 F，而 $Z \rightarrow A \in F^+$，所以有

$G \subseteq F^+$。

因此 $F^+ = G^+$，即 F 与 G 等价，充分性得证。

引理 4.5 设 $X \to A$ 是 F 中任意函数依赖，$G = F - \{X \to A\}$，F 与 G 等价的充分必要条件是 $A \in X_G^+$。

证明：

首先证必要性。如果 F 与 G 等价（即 $F^+ = G^+$），因为 $X \to A \in F$，所以 $X \to A \in G^+$。

根据引理 4.2 有 $A \in X_G^+$，必要性得证。

再证充分性。如果 $A \in X_G^+$，根据引理 4.2 有 $X \to A \in G^+$。

因为 $X \to A$ 是 F 中任意函数依赖，所以有 $F \subseteq G^+$；又因为 $G \subseteq F \subseteq F^+$，所以 $F^+ = G^+$，即 F 与 G 等价，充分性得证。

算法 4.2 给定函数依赖集 F，求其最小覆盖的过程如下：

① 逐一检查 F 中各函数依赖 $X \to Y$，若 $Y = A_1, A_2, \cdots, A_k$，$k \geq 2$，则用 $\{X \to A_j | j = 1, 2, \cdots, k\}$ 来取代它（分解规则）。

② 逐一取出 F 中各函数依赖 $X \to A$，若 $X = B_1, B_2, \cdots, B_m$，$m \geq 2$，则逐一考查 $B_j(j = 1, 2, \cdots, m)$，如果 $A \in \{X - B_j\}_F^+$，则 F 与 $F - \{X \to A\} \cup \{(X - B_j) \to A\}$ 等价（引理 4.4），故以 $X - B_j$ 取代 X。

③ 逐一检查 F 中各函数依赖 $X \to A$，令 $G = F - \{X \to A\}$，根据引理 4.5，如果 $A \in X_G^+$，则 F 与 G 等价，故从 F 中去掉 $X \to A$。

该算法完全依据最小覆盖的定义，所以求出的肯定是最小覆盖。算法的第①步是根据分解规则将函数依赖的右部单属性化，第②步是去掉函数依赖左部的多余属性（称之为既约化），第③步是去掉多余的函数依赖（称之为无冗余化）。给出一个函数依赖集，它的最小覆盖不是唯一的，它与取函数依赖的顺序有关。

例 4-4 已知 $F = \{A \to BC, BC \to A, B \to C, C \to A\}$，求 F 的最小覆盖。

解： 根据算法 4.2 第①步，首先将所有函数依赖的右部单属性化，所以有如下结果：

$$F = \{A \to B, A \to C, BC \to A, B \to C, C \to A\}$$

再根据算法 4.2 的第②步判断每个函数依赖的左部有无多余属性，此时对 $BC \to A$ 来判断 $B \to A$ 或 $C \to A$ 是否成立，根据 F 中后两个函数依赖可以看出这两个函数依赖都成立，这里用 $B \to A$ 替代 $BC \to A$ 后有如下结果：

$$F = \{A \to B, A \to C, B \to A, B \to C, C \to A\}$$

最后根据算法 4.2 的第③步检查有无多余的函数依赖。

首先令 $G = F - \{A \to B\}$，检查 G 与 F 是否等价。根据引理 4.5，只需要判 $B \in A_G^+$ 是否成立。而 $A_G^+ = \{A, C\}$，所以 $B \notin A_G^+$，从而 $A \to B$ 不是多余的函数依赖，不能去除。

假设接着令 $G = F - \{B \to A\}$，这时 $A \in B_G^+ = \{A, B, C\}$，所以 F 与 G 等价，即

$B \rightarrow A$ 是多余的函数依赖，从 F 中去除该函数依赖，这时 $F = \{A \rightarrow B, B \rightarrow C, A \rightarrow C, C \rightarrow A\}$。

接着继续检验 $B \rightarrow C$、$A \rightarrow C$、$C \rightarrow A$ 是否为多余的函数依赖，最后得到的最小覆盖是 $\{A \rightarrow B, B \rightarrow C, C \rightarrow A\}$。

4.3　规范化

规范化的理论由 E. F. Codd 于 1971 年首先提出，其目的是要设计"好的"关系模式。根据关系模式满足的不同性质和规范化的程度，把关系模式分为第一范式、第二范式、第三范式、BC 范式和第四范式等，范式越高，规范化的程度越高，关系模式就越好。

4.3.1　第一范式（1NF）

每个关系模式都应满足最低要求，即关系的所有分量都必须是不可分的最小数据项，并将其称为第一范式（1NF）关系。图 4-3 所示的表格就不是规范化的关系，因为在这个表中，"高级职称人数"不是基本数据项，它由另外两个基本数据项组成。非规范化关系转换成规范化关系的过程非常简单，只需将所有数据项都表示为不可分的最小数据项即可。图 4-3 所示的表格转换成图 4-4 所示的表格后就是规范化的 1NF 关系了。

系名称	高级职称人数	
	教授	副教授
计算机系	6	10
信息管理系	3	5
电子与通信系	4	8

图 4-3　非规范化关系示例

系名称	教授人数	副教授人数
计算机系	6	10
信息管理系	3	5
电子与通信系	4	8

图 4-4　规范化关系示例

4.3.2　第二范式（2NF）

定义 4.7　如果 $R(U, F) \in$ 1NF，并且 R 中的每个非主属性都完全函数依赖于关键字，则 $R(U, F) \in$ 2NF。

从定义中可以看出，所有单属性关键字关系都自然是 2NF 关系。如果关键字是由多个属性构成的复合关键字，并且存在非主属性对关键字的部分函数依赖，则这个关系不是 2NF 关系。例如关系模式

库存 A(仓库号,设备号,数量,地点)

及图 4-5 所示的关系实例。

在这个关系中，关键字是(仓库号,设备号)，非主属性"数量"完全依赖于关键字，但非主属性"地点"却部分依赖于关键字，即有"仓库号→地点"，所以该关系不是 2NF 关系。那么在这样的关系中存在哪些问题呢？那些在 4.1 节中列出的各种操作异常问题都有可能出现，比如决定不再向 WH4 仓库存放 D5

仓库号	设备号	数量	地点
WH1	D4	675	北京
WH1	D7	250	北京
WH2	D2	280	上海
WH2	D4	200	上海
WH2	D9	270	上海
WH3	D2	550	广州
WH3	D4	230	广州
WH4	D5	550	北京

图 4-5 库存 A 关系的实例

设备，即删除（WH4，D5）所标识的记录，如果当时在 WH4 仓库中只存放了 D5 设备，那么就会彻底删除这个仓库的信息，而这一点可能并不是用户期望的。其他方面的操作异常问题读者可以自行分析。

这些操作异常现象均是由部分函数依赖"（仓库号，设备号）$\xrightarrow{p}$地点"造成的，为了解决这些操作异常问题，则需要消除这种部分函数依赖，方法是进行模式分解，分解的结果如下：

库存 B(<u>仓库号</u>,<u>设备号</u>,数量)

仓库 B(<u>仓库号</u>,地点)

这样的两个关系模式均满足 2NF 的要求，以上的各种操作异常问题也都可以得到解决。

4.3.3 第三范式（3NF）

定义 4.8 如果 $R(U,F) \in 2NF$，并且所有非主属性都不传递依赖于关键字，则 $R(U,F) \in 3NF$。

从定义中可以看出，如果存在非主属性对关键字的传递依赖，则相应的关系模式就不是 3NF 关系。判断一个满足 2NF 的关系 R 是否满足 3NF，其本质是判断关系 R 中的非主属性之间是否存在函数依赖。如果存在，则 $R \notin 3NF$，否则 $R \in 3NF$。

例如关系模式

仓库 A(<u>仓库号</u>,所在省,仓库面积,所在城市)

及图 4-6 所示的关系实例。

仓库号	所在省	仓库面积	所在城市
WH21	湖北	675	武汉
WH22	河北	250	邯郸
WH23	湖北	280	武汉
WH24	广东	200	广州
WH25	湖北	270	武汉
WH26	广东	550	广州

图 4-6 仓库 A 关系的实例

在这个关系模式中，关键字是"仓库号"，但是"所在省"函数依赖于"所在城市"，即"所在城市→所在省"，所以"所在省"传递依赖于关键字"仓库号"。因此，该关系模式不是 3NF。那么在这样的关系中存在哪些问题呢？前面提出的各种操作异常现象都有可能出现，这里分析其中的插入异常现象（其他的操作异常问题请读者自行分析）。假如插入如下元组：

$$("WH30","湖北",400,"邯郸")$$

就会使有的"邯郸"在河北，有的"邯郸"在湖北，这样的结果显然是错误的，但是依现在的关系模式它不能主动拒绝这样的错误；再如，准备在山东济南设立一个仓库，想先存入有关所在城市的信息，但由于没有关键字仓库号字段的值，这样的信息便无法存入数据库。

以上的操作异常问题是由传递函数依赖"仓库号→所在省"造成的，需要消除这种传递函数依赖，即进行模式分解，分解的结果如下：

$$仓库 B(\underline{仓库号},仓库面积,所在城市)$$
$$城市(\underline{省},城市)$$

这样的两个关系模式均满足 3NF 的要求，以上的各种操作异常问题也都得到了解决。

4.3.4　BC 范式（BCNF）

由于 3NF 仍然存在着一些操作异常现象，后来由 Boyce 和 Codd 共同对 3NF 做了修正，并称之为 BC 范式。

定义 4.9　关系模式 $R(U,F)\in 1NF$，$X\rightarrow Y$ 是 F 上的任意函数依赖，并且 $Y\notin X$、$X\xrightarrow{f}U$，则 $R(U,F)\in BCNF$。

简言之，如果 $R(U,F)$ 中的每个函数依赖的左部都是关键字（或所有的决定因素都是关键字），则 $R(U,F)\in BCNF$。也可以说，如果 $R(U,F)\in 3NF$，并且不存在主属性对非主属性的函数依赖，则 $R(U,F)\in BCNF$。

下面来看一个是 3NF 但不是 BCNF 的关系，假设有关系模式

$$管理(仓库号,设备号,职工号)$$

它所包含的语义如下：

① 一个仓库可以有多个职工。

② 一名职工仅在一个仓库工作。

③ 在每个仓库中一种设备仅由一名职工保管（但每名职工可以保管多种设备）。

根据以上语义，有函数依赖

$$职工号\rightarrow仓库号$$
$$(仓库号,设备号)\rightarrow职工号$$

该关系模式的关键字是（仓库号,设备号）。根据范式的定义，该模式显然是 3NF（不存在非主属性对关键字的传递函数依赖，注意"仓库号"是主属性），但不是 BCNF（因为其中有函数依赖"职工号→仓库号"，而决定因素"职工号"不是关键字）。通过图 4-7 示意的数据来理解一下以上的语义，图中的数据不是

按照关系的形式排列的，但对理解语义很有帮助。比如，职工 E1、E2、E3 只在 WH1 仓库工作，在仓库 WH1 中，设备 P3、P6 只由 E2 保管。

把图 4-7 所示的数据排列成关系的形式，如图 4-8 所示。在这个关系上是否也存在操作异常现象呢？答案是肯定的。比如一个职工新分配到一个仓库工作，但尚未负责具体设备，这样的信息就无法插入该关系；另外也无法防止如下记录的插入：

$$(WH3, P5, E5)$$

WH1			WH2		WH3	
E1	E2	E3	E4	E5	E6	E7
P1	P3	P2	P4	P6	P2	P4
P4	P6	P5	P3	P2	P3	
		P7	P1			

图 4-7 一组示意数据

这样将使职工 E5 既属于 WH2，又属于 WH3，显然违背了第②条语义，这种错误记录的插入将使数据库中的数据产生矛盾。

解决以上操作异常问题的方法仍然是进行模式分解，分解的目的是消除主属性对非主属性的函数依赖。但是采用任何一种分解方案都会破坏第③条语义，即不能保持函数依赖

（仓库号，设备号）→职工号

也就是说，由 3NF 到 BCNF 的分解不能保证保持函数依赖，但可以保证无损连接。

由上面的例子可以看出，非 BCNF 可能会存在操作异常现象，但将其分解成 BCNF 又会破坏函数依赖，解决这一问题的方法是：保持 3NF，警惕主属性对非主属性的函数依赖所带来的操作异常现象。

仓库号	设备号	职工号
WH1	P1	E1
WH1	P4	E1
WH1	P3	E2
WH1	P6	E2
WH1	P2	E3
WH1	P5	E3
WH1	P7	E3
WH2	P4	E4
WH2	P3	E4
WH2	P1	E4
WH2	P6	E5
WH2	P2	E5
WH3	P2	E6
WH3	P3	E6
WH3	P4	E7

图 4-8 将图 4-7 的数据排列成关系

3NF 和 BCNF 只是在函数依赖的前提下对关系模式分解程度的一个测度。一个关系模式如果属于 BCNF，那么在函数依赖范畴内已实现了彻底的分解；3NF 分解不彻底的原因是由于存在主属性对非主属性的函数依赖。

4.3.5 多值依赖与第四范式（4NF）

以上用函数依赖讨论了规范化和模式分解的问题，在函数依赖范畴内实现了彻底分解的 BCNF 是否就已经很完美了呢？事实上，在关系模式中除了存在函数依赖外，还存在着其他一些类型的依赖，这里再介绍一下多值依赖。下面用实例来说明这个问题。

4.3.4 小节的例子"管理"关系模式,实际来自图 4-9 所示三个实体之间的联系,在这里给它赋予新的语义:

① 每个仓库可以存放多种设备,每名职工管理一个仓库中的所有设备。

② 每名职工可以管理多个仓库的设备。

③ 每种设备可以存放在多个仓库。

通过图 4-10 示意的数据来说明以上语义,图中的数据不是按照关系的形式排列的,但对理解语义很有帮助,比如职工 E1、E2 管理 WH1 仓库的设备,在仓库 WH1 中存放了设备 P1、P2 和 P3 等。

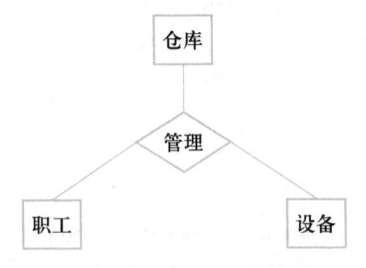

仓库号	职工号	设备号
WH1	E1 E2	P1 P2 P3
WH2	E1 E3	P2 P4

图 4-9 "管理"联系　　　　　　　　图 4-10　示意数据

根据以上语义,关系模式

管理(仓库号,设备号,职工号)

的关键字是(仓库号,设备号,职工号),即由全部属性构成关键字,这样的关键字也称为全关键字(all-key)。根据范式的定义,该模式显然是 BCNF(因为没有非主属性,所以不会存在非主属性对关键字的部分函数依赖、非主属性对关键字的传递函数依赖,以及主属性对非主属性的函数依赖等)。

把图 4-10 所示的数据排列成关系的形式,如图 4-11 所示。在这个关系上是否也存在操作异常现象呢?答案是肯定的。

例如,职工 E4 新分配到 WH1 仓库工作,这时必须插入如下三个元组:

WH1　E4　P1

WH1　E4　P2

WH1　E4　P3

同样,如果 P3 不再存放在 WH1 仓库,这时则要删除多个元组:

WH1　E1　P3

WH1　E2　P3

WH1　E4　P3

仓库号	职工号	设备号
WH1	E1	P1
WH1	E1	P2
WH1	E1	P3
WH1	E2	P1
WH1	E2	P2
WH1	E2	P3
WH2	E1	P2
WH2	E1	P4
WH2	E3	P2
WH2	E3	P4

图 4-11　将图 4-10 的数据排列成关系形式

从这个例子可以看出,在该关系上数据冗余非常明显,数据增、删很不方便,日积月累很有可能出现数据错误。究其原因,是因为在这个关系上存在着一种多值依赖。

定义 4.10　设有关系模式 $R(U)$，X、Y、Z 是 U 的子集，$Z = U - X - Y$，如果对于 X 的一个给定值，存在一组 Y 值与其对应，而 Y 的这组值又不以任何方式与 Z 的值相关，则说 Y 多值依赖于 X，记为 $X \rightarrow\rightarrow Y$。

若 $Z = \varnothing$（即 Z 为空），则将多值依赖 $X \rightarrow\rightarrow Y$ 称为平凡的多值依赖。

与前面的例子相对应，"仓库号"是 X，"设备号"是 Y，"职工号"是 $U - X - Y$。对于"仓库号"的一个给定值，都有"设备号"的一组值与其对应，而"设备号"与"职工号"之间不存在任何依赖关系，因此"设备号"多值依赖于"仓库号"。

多值依赖具有对称的性质，即如果 $X \rightarrow\rightarrow Y$，并且 $Z = U - X - Y$，则 $X \rightarrow\rightarrow Z$ 也成立。

对上面的例子，在一个仓库中一名职工可以管理所有设备，一种设备可以由所有职工管理，所以有仓库号 $\rightarrow\rightarrow$ 设备号和仓库号 $\rightarrow\rightarrow$ 职工号。

函数依赖可以看作是多值依赖的特例。

定义 4.11　设关系模式 $R(U,D) \in 1NF$，若对每个非平凡的多值依赖 $X \rightarrow\rightarrow Y$，$X$ 都含有候选关键字，则 $R(U,D) \in 4NF$。

从定义可以看出，4NF 限定了在关系模式的属性间不允许有非平凡且非函数依赖的多值依赖。这是因为，若 $X \rightarrow\rightarrow Y$ 是非平凡的多值依赖，且 X 含有候选关键字，则有 $X \rightarrow Y$，所以 4NF 所允许的非平凡的多值依赖实际上就是函数依赖。

非 4NF 关系到 4NF 关系的转换仍然是通过分解，在分解的过程中消除非平凡且非函数依赖的多值依赖，图 4-11 所示的关系显然不是 4NF（有非平凡的多值依赖，但多值依赖的左部不包含候选关键字，即该多值依赖不是函数依赖），该关系模式可以分解为

$$职工（仓库号,职工号）$$
$$存放（仓库号,设备号）$$

分解结果都是 4NF 关系，它们都是全关键字关系，在这两个关系上不再存在非平凡的多值依赖。

4.3.6　规范化小结

从以上的讨论中可以看出，规范化的基本目的就是消除关系上的操作异常现象，其方法就是模式分解。这中间涉及两种基本的关系运算——投影和连接，即通过投影进行分解，通过连接将分解后的关系恢复成原样。

规范化是在逐步消除"不良"函数依赖和非平凡的多值依赖的过程中进行的。图 4-12 说明了规范化的过程。

首先将复合数据项分解成最小数据项，这时表格或概念文件将满足关系的定义，即 1NF 关系。

如果是单属性关键字关系，该关系自然是 2NF 关系；否则，检验是否有非主属性对关键字的部分函数依赖，如果有，则通过模式分解消除这些部分函数

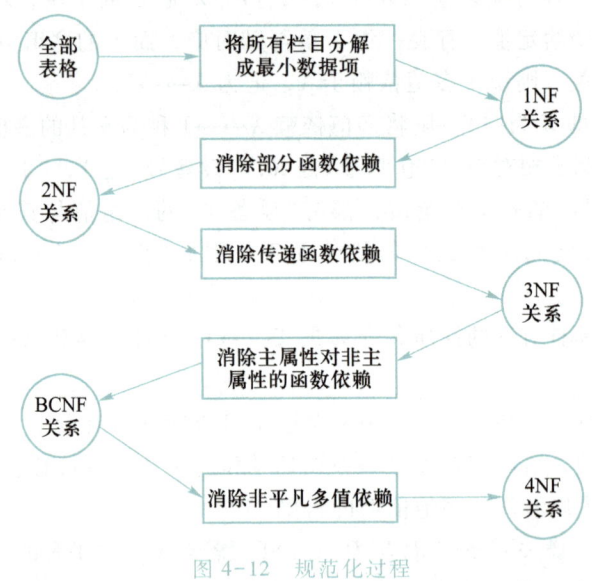

图 4-12 规范化过程

依赖，从而得到 2NF 关系。

接着检验是否有非主属性对关键字的传递函数依赖（或者是否有一个非主属性对另外一个非主属性的函数依赖），如果有，则通过模式分解消除这些传递函数依赖，从而得到 3NF 关系。

单关键字 3NF 关系自然是 BCNF 关系，如果是复合关键字 3NF 关系，则继续对关系模式进行检验，看是否有主属性对非主属性的函数依赖，如果不是 BCNF 关系，决定是否转换为 BCNF 关系，3NF 到 BCNF 的转换不能保持函数依赖。

最后看一下是否有非平凡且非函数依赖的多值依赖，如果有则通过分解得到 4NF 关系。

多数 3NF 关系自然是 BCNF 关系或 4NF 关系，并且 3NF 关系已经消除了绝大部分操作异常现象。因此在实践中对个别不是 BCNF 或 4NF 关系的 3NF 关系是否有必要做进一步的分解和转换，应视具体情况而定。可以利用程序（如触发器）做一些限定，以避免操作异常现象的发生。

在关系数据理论中，除了以上介绍的函数依赖和多值依赖外，另外还存在连接依赖和包含依赖，为此也有更高级别的范式定义。感兴趣的读者请参阅参考文献［4］。

4.4 模式分解

4.3 节讨论的规范化的过程实际上就是模式分解的过程，本节将继续讨论模式分解，并介绍模式分解的算法。

4.4.1 模式分解的准则

为了消除操作异常现象，需要把一个大的关系模式分解成若干个小的关系模式，但是模式分解必须遵守一定的准则，不能表面上消除了操作异常现象却留下了其他问题。为此，模式分解要满足以下准则：

微视频：
模式分解
的准则

① 模式分解具有无损连接性。

② 模式分解能够保持函数依赖。

无损连接是指分解后的关系通过自然连接可以恢复成原来的关系，即分解后的关系通过自然连接得到的关系与原来的关系相比，既不多出信息，又不丢失信息。

无损连接的形式定义如下：

定义 4.12 设有关系模式 $R(U,F)$，$\rho=\{R_1(U_1,F_1)$，$\cdots$，$R_k(U_k,F_k)\}$ 是 R 的一个分解，其中 $U=U_1\cup U_2\cup\cdots\cup U_k$ 并且 $U_i\not\subset U_j$，$i\neq j$。如果对于关系 R 的任一关系 r 都有

$$r=\Pi_{U_1}(r)\otimes\Pi_{U_2}(r)\otimes\cdots\otimes\Pi_{U_k}(r)$$

则称分解 ρ 具有无损连接性，其中 $\Pi_{U_i}(r)$ 是关系 r 在 U_i 上的投影，$\otimes$ 是自然连接运算符。

保持函数依赖分解是指在模式的分解过程中函数依赖不能丢失的特性，即模式分解不能破坏原来的语义。

下面是保持函数依赖的形式定义。

定义 4.13 若 $F^+=\bigcup\limits_{i=1}^{k}F_i$，则 $R(U,F)$ 的分解 $\rho=\{R_1(U_1,F_1)$，$R_2(U_2,F_2)$，$\cdots$，$R_k(U_k,F_k)\}$ 保持函数依赖。

从定义可以看出，如果分解后的所有关系模式的函数依赖集与原关系模式的函数依赖集等价，则说明分解保持了函数依赖，或者说分解没有丢失语义。

例如，设有关系模式 $R(U,F)$，$U=\{$职工号，仓库号，城市$\}$，$F=\{$职工号→仓库号，仓库号→城市$\}$。从 F 中可以看出，一名职工只能在一个仓库工作，一个仓库只能位于一个城市。设有如图 4-13 所示的关系实例 r，如下的三个分解是否满足无损连接和保持函数依赖的特性？

职工号	仓库号	城市
E1	WH1	北京
E2	WH1	北京
E3	WH2	上海
E4	WH3	广州

图 4-13 关系实例 r

$\rho_1=\{R_1($职工号，$\varnothing)$，$R_2($仓库号，$\varnothing)$，$R_3($城市，$\varnothing)\}$

$\rho_2=\{R_1(\{$职工号，仓库号$\}$，$\{$职工号→仓库号$\})$，$R_2(\{$职工号，城市$\}$，$\{$职工号→城市$\})\}$

$\rho_3=\{R_1(\{$职工号，仓库号$\}$，$\{$职工号→仓库号$\})$，$R_2(\{$仓库号，城市$\}$，$\{$仓库号→城市$\})\}$

ρ_1 显然不满足无损连接，也不满足保持函数依赖。ρ_2 满足无损连接，但不满足保持函数依赖（函数依赖"仓库号→城市"丢失了）。ρ_3 既满足无损连接，又

满足保持函数依赖。

为了得到更高范式的关系所进行的模式分解，是否总能既保证无损连接，又保持函数依赖？答案是否定的。

下面给出关于模式分解的几个重要结论：

① 如果要求分解保持函数依赖，那么模式分解总可以达到 3NF，但是不一定能达到 BCNF。

② 如果要求分解具有无损连接的特性，那么一定可以达到 BCNF。

③ 如果要求分解既保持函数依赖又具有无损连接的特性，那么分解可以达到 3NF，但是不一定能达到 BCNF。

例如，设有关系模式 $R(U,F)$，$U=\{A,B,C\}$，$F=\{AB\rightarrow C,C\rightarrow B\}$，该关系模式是 3NF 的，因为存在一个主属性对非主属性的函数依赖 $C\rightarrow B$，所以该模式不是 BCNF。为了达到 BCNF 就必须进行分解，但是任何分解都会破坏函数依赖 $AB\rightarrow C$，所以为了保持函数依赖，就必须放弃 BCNF。

在实践中 BCNF 的意义并不大，因为对模式分解的要求总是既要保证无损连接，又要保持函数依赖。当一个关系是 3NF 时，有以下三种情况：

① 关键字是单属性时，该模式自然是 BCNF。

② 关键字是复合属性，并且不存在主属性对非主属性的函数依赖时，该模式自然是 BCNF。

③ 关键字是复合属性，并且至少存在一个主属性对非主属性的函数依赖，则为了保持函数依赖，模式分解无法达到 BCNF。

根据定义，判断一个分解是否保持函数依赖，可以依据函数依赖的最小覆盖和等价来判断。

判断一个分解是否具有无损连接特性，可以用如下法则：

关系模式 R 分解为 R_1 和 R_2 是无损连接分解的充分必要条件是

$$R_1 \cap R_2 \rightarrow R_1 - R_2$$

或

$$R_1 \cap R_2 \rightarrow R_2 - R_1$$

4.4.2 3NF 无损连接和保持函数依赖算法

算法 4.3 将关系模式 $R(U,F)$ 转换为 3NF 的保持函数依赖和无损连接的分解算法如下：

① 对 $R(U,F)$ 中的 F 进行最小化处理，即计算 F 的最小覆盖，并将最小等价依赖集仍然记为 F。

② 若有 $X\rightarrow A$，并且 $X\cup A=U$，则 $\rho=\{R\}$，算法终止。

③ 找出不在 F 中出现的属性（即与 F 中任意函数依赖的左部和右部都无关的属性），把这样的属性构成一个关系模式 $R_0(U_0,\varnothing)$，并把 U_0 从 U 中去掉，剩余的属性仍然记为 U。

④ 对 F 按具有相同左部的原则进行分组（假定分为 k 组），每一组函数依

赖 F_i 所涉及的全部属性形成属性集 U_i，若 $U_i \subseteq U_j (i \neq j)$，就去掉 U_i。

⑤ 经过以上步骤得到的分解 $\rho = \{R_0, R_1, \cdots, R_k\}$（$R_0$ 可能为空，$1, \cdots, k$ 可能不连续）构成 R 的一个保持函数依赖的分解，并且每个 R_i 均为 3NF。

⑥ 设 X 是 $R(U, F)$ 的关键字，并令 $\tau = \rho \cup R_X(X, F_X)$。

⑦ 若对某个 U_i，如果 $X \subseteq U_i$，则将 R_X 从 τ 中去掉；或 $U_i \subseteq X$，则将 R_i 从 τ 中去掉。

⑧ 最后 τ 就是所求分解。

例 4-5 设有关系模式 $R(U, F)$，$U = \{A, B, C, D, E, F, G\}$，$F = \{A \to B, A \to C, B \to A, B \to C, AE \to D, BD \to G, D \to E\}$，使用算法 4.3 进行模式分解。

解：根据算法 4.3 第①步要求计算 F 的最小覆盖集，结果为

$$F' = \{A \to B, B \to A, B \to C, AE \to D, BD \to G, D \to E\}$$

第②步不满足终止条件。

第③步不存在不在 F' 中出现的属性。

第④步按函数依赖左部相同进行分组，结果如下：

第 1 组 $A \to B$，涉及属性 AB。

第 2 组 $B \to A$，$B \to C$，涉及属性 ABC。

第 3 组 $AE \to D$，涉及属性 ADE。

第 4 组 $BD \to G$，涉及属性 BDG。

第 5 组 $D \to E$，涉及属性 DE。

第 1 组的属性包含在第 2 组中，所以第 1 组被去除；第 5 组的属性包含在第 3 组中，所以第 5 组被去除。因此到第⑤步得到的模式分解结果为

$$\rho = \{R_1(\{A, B, C\}, \{B \to AC, A \to B\}),$$
$$R_2(\{A, E, D\}, \{AE \to D, D \to E\}),$$
$$R_3(\{B, D, G\}, \{BD \to G\})\}$$

第⑥步先找到 AE 是 $R(U, F)$ 的关键字，经过第⑥步和第⑦步的处理，最终的分解结果 τ 与第⑤步的分解结果 ρ 一致。

例 4-6 设有关系模式 $R(U, F)$，其中 $U = \{A, B, C\}$，$F = \{AB \to C, B \to C\}$，请使用算法 4.3 进行模式分解。

解：根据算法 4.3 第①步要求计算 F 的最小覆盖集，结果为

$$F' = \{B \to C\}$$

第②步不满足终止条件。

第③步结果为

$$R_0(\{A\}, \varnothing)), R_1(\{B, C\}, \{B \to C\})$$

第④步不存在分组。

第⑤步得到分解：

$$\rho = \{R_0(\{A\}, \varnothing), R_1(\{B, C\}, \{B \to C\})\}$$

第⑥步得到分解：

$$R_X(\{A, B\}, \varnothing)$$

$$\begin{aligned}
\tau &= \rho \cup R_x(X, F_x) \\
&= \{ R_0(\{A\}, \varnothing), \\
&\quad\; R_1(\{B, C\}, \{B \to C\}), \\
&\quad\; R_x(\{A, B\}, \varnothing) \}
\end{aligned}$$

第⑦步得到分解：由于 $U_0 \subseteq X$，所以将 R_0 从 τ 中去掉。

第⑧步分解结果为

$$\tau = \{ R_1(\{B, C\}, \{B \to C\}), R_x(\{A, B\}, \varnothing) \}$$

4.4.3　使分解后的关系模式数最少

前面讨论的模式分解算法保证了以下三点：

① 3NF 分解。

② 保持函数依赖分解。

③ 无损连接分解。

一般为了操作方便，还希望分解的关系模式数最少。这里接着根据例 4-5 的分解结果做进一步讨论。

看一下例 4-5 中的 F'，$(AE)_F^+ = \{A, B, C, D, E, G\}$，也就是说 $AE \to BD$ 和 $AE \to G$ 都成立。设 $F'' = F' \cup \{AE \to BD, AE \to G\}$，显然有 F' 与 F'' 等价。根据 F'' 再计算最小覆盖，结果是

$$F_m = \{A \to B, B \to A, B \to C, AE \to D, AE \to G, D \to E\}$$

按此最小覆盖得到的分解结果是

$$\begin{aligned}
\tau = \{ &R_1(\{A, B, C\}, \{A \to B, B \to AC\}), \\
&R_2(\{A, D, E, G\}, \{AE \to DG, D \to E\}) \}
\end{aligned}$$

显然只有两个模式的分解结果比有三个模式的分解结果好。

定义 4.14　若 G 是 F 所有等价集中函数依赖个数最少的，则称 G 是 F 的极小等价集。

这个定义比定义 4.6 更苛刻，这里的"极小"要求不仅仅是既约化和无冗余化，还要求依赖个数最少。

例如，F' 和 F_m 分别按照合并规则合并函数依赖后的结果为

$$F' = \{A \to B, B \to AC, AE \to D, BD \to G, D \to E\}$$

$$F_m = \{A \to B, B \to AC, AE \to DG, D \to E\}$$

F' 有 5 个函数依赖，F_m 有 4 个函数依赖，事实上 F_m 是极小等价集。同样，这里的极小等价集也可能不是唯一的。

定义 4.15　设

$$\Gamma(X \to Y, F) = \{V \to W \mid V \to W \in F, V \to W \text{ 参与推导 } X \to Y\}$$

$$\Delta(X, F) = \{V \to W \mid V \to W \in F \land V \to X \in F^+ \land X \to V \in F^+\}$$

则当 $\Gamma(X \to Y, F) \cap \Delta(X, F) = \varnothing'$，$Y \in X_F^+$ 时，称 X 直接决定 Y，记为 $X \mapsto Y$。

定义中 $\Gamma(X \to Y, F)$ 表示包含在 F 中推导 $X \to Y$ 时用到的全部函数依赖；$\Delta(X, F)$ 表示依赖集 F 中函数依赖的左部与 X 能相互决定的函数依赖集，或称

左部与 X 等价的函数依赖集。

$X \mapsto Y$ 也可以叙述为 $\Gamma(X \to Y, F)$ 中所有函数依赖的左部都不能决定 X 。

算法 4.4 设 F 是无冗余化和既约化的函数依赖集，求 F 的极小等价集的算法如下：

① 把 F 中的函数依赖按左部等价进行分组；

② 任一组中，若存在 $X \to V$、$Y \to W$，并且 $X \mapsto Y$，则把它们合并为 $Y \to VW$，直到任一组中都不存在如此依赖对为止。

最后，用算法 4.4 取代算法 4.3 的第④步，就可以得到模式个数最少的 3NF 无损连接和保持函数依赖的分解。

本章小结

本章的内容是关系数据理论，它是关系模型的重要理论基础，可以指导关系数据库或关系模式的设计。关系的范式是对关系规范化程度的一个衡量标准，原则上规范化程度越高，关系的质量越好。关系的规范化过程是模式分解的过程，模式分解需要遵守保持函数依赖和无损连接的原则。

习题与思考题

1. 填空题

（1）已知关系模式：购买（顾客号，顾客姓名，购买产品号，产品名称），描述顾客对产品的购买情况，此关系模式是第（　　）范式。

（2）已知关系模式：部门（部门号，部门名，部门经理，联系电话），设一个部门只有一个部门名和经理，而且一个部门经理只有一个联系电话，则此关系模式是第（　　）范式。

（3）已知关系模式：职工表（职工号，所在部门，职称，职务），设一个职工只在一个部门工作，只有一个职称和一个职务，则此关系模式是第（　　）范式。

（4）已知关系模式：$R(U,F)$，$U = \{X_1, X_2, X_3, X_4\}$，$F = \{(X_1, X_3) \to X_4, (X_1, X_3) \to X_2\}$，则此关系模式是第（　　）范式。

（5）关系规范化理论是为解决（　　）问题而提出的。

2. 选择题

（1）若要求分解保持函数依赖，那么模式分解一定能够达到（　　）。

A. 3NF　　　　　　　　　　　　B. 2NF

C. BCNF　　　　　　　　　　　D. 1NF

（2）关系模式分解的无损连接和保持函数依赖两个特性之间（　　）。

A. 没有必然联系　　　　　　　　B. 前者蕴含后者

C. 后者蕴含前者　　　　　　　　D. 二者同时成立，或同时不成立

（3）一个关系只有一个（　　）。

A. 主关键字　　　　　　　　　　B. 候选关键字

C. 外部关键字　　　　　　　　　D. 属性

（4）下面关于函数依赖的描述错误的是（　　）。

A. 若 $XY{\rightarrow}Z$，则 $X{\rightarrow}Z$、$Y{\rightarrow}Z$　　　　B. 若 $X{\rightarrow}Y$、$X{\rightarrow}Z$，则 $X{\rightarrow}YZ$

C. 若 $X{\rightarrow}Y$、$Y{\rightarrow}Z$，则 $X{\rightarrow}Z$　　　　D. 若 $X{\rightarrow}Y$，则 $XZ{\rightarrow}Y$

（5）下面关于函数依赖的描述错误的是（　　　）。

A. 若 $XY{\rightarrow}Z$，则 $X{\rightarrow}Z$、$Y{\rightarrow}Z$　　　　B. 若 $X{\rightarrow}Y$、$X{\rightarrow}Z$，则 $X{\rightarrow}YZ$

C. 若 $X{\rightarrow}Y$、$Y{\rightarrow}Z$，则 $X{\rightarrow}Z$　　　　D. 若 $X{\rightarrow}Y$，则 $XZ{\rightarrow}Y$

（6）在关系模式 $R(A，B，C，D，E，G)$ 上成立的函数依赖集 $F=\{D{\rightarrow}C,C{\rightarrow}B,B{\rightarrow}E,$ $E{\rightarrow}A,G{\rightarrow}D\}$，则 C 关于 F 的属性集闭包 C_F^+ 是（　　　）。

A. BC　　　　　　　　　　　　B. ABC

C. BCE　　　　　　　　　　　D. $ABCE$

（7）设关系模式 $R(A,B,C,D)$，F 是 R 上成立的函数依赖集，$F=\{AD{\rightarrow}C,D{\rightarrow}B\}$，则分解 $\rho=\{ABC,BD\}$ 为（　　　）。

A. 既不是无损连接分解，也不是保持函数依赖的分解

B. 保持无损连接和保持函数依赖的分解

C. 是无损连接分解，但不是保持函数依赖的分解

D. 不是无损连接分解，但是保持函数依赖的分解

（8）设有关系模式 $R(U,F)$，$U=\{职工号,仓库号,城市\}$，$F=\{职工号{\rightarrow}仓库号,仓库号{\rightarrow}城市\}$，如下哪个分解是保持函数依赖和保证无损连接的分解？

A. $\rho_1=\{R_1(职工号,\varnothing)，R_2(仓库号,\varnothing)，R_3(城市,\varnothing)\}$

B. $\rho_2=\{R_1(\{职工号,仓库号\}，\{职工号{\rightarrow}仓库号\})，R_2(\{职工号,城市\}，\{职工号{\rightarrow}$ 城市$\})\}$

C. $\rho_3=\{R_1(\{职工号,仓库号\}，\{职工号{\rightarrow}仓库号\})，R_2(\{仓库号,城市\}，\{仓库号{\rightarrow}$ 城市$\})\}$

（9）关于关系模式 $R(A,B,C,D)$，描述错误的是（　　　）。

A. 如果主关键字为 (A,B,C,D)，则 R 至少属于 2NF。

B. 如果主属性只有一个，则 R 至少属于 2NF

C. 如果非主属性之间存在函数依赖关系，则 R 至多属于 2NF

D. R 一定属于 1NF

（10）满足第二范式的表消除了（　　　）。

A. 非主属性对主关键字的部分依赖

B. 非主属性对主关键字的传递依赖

C. 数据冗余

D. 操作异常

（11）若关系模式 $R{\in}3\mathrm{NF}$，则下面正确的说法是（　　　）。

A. 所有的非主属性都不传递依赖于主关键字

B. 某个非主属性不传递依赖于主关键字

C. 某个非主属性不部分依赖于主关键字

D. 所有的非主属性都部分依赖于主关键字

（12）关于关系模式 $R(A,B,C,D)$，描述错误的是（　　　）。

A. 如果所有非主属性都不传递依赖于关键字，则 R 至少属于 3NF

B. 如果主属性只有一个，则 R 至少属于 2NF

C. 如果 A，B，C，D 都是不可分的最小数据项，则 R 至少属于 1NF

D. 如果主关键字为 $(ABCD)$，则 R 至少属于 3NF

3. 讨论题

（1）理解、定义如下术语，并分别给出两个例子：

函数依赖，部分函数依赖，完全函数依赖，传递函数依赖，主属性

（2）举例说明为什么在关系上要讨论函数依赖问题。

（3）什么是操作异常现象？如何解决操作异常现象？

（4）Armstrong 公理的三条推理规则是什么？试证明推理规则的正确性。

（5）Armstrong 公理的三条推论是什么？试证明这三条推论的正确性。

（6）试述什么是函数依赖的逻辑蕴涵，并举例说明。

（7）什么是函数依赖集的闭包？给定一个函数依赖集，通常可以计算出它的闭包吗？

（8）什么是属性集闭包？给定一个属性集和一个函数依赖集，可以计算出在这个函数依赖集上的属性集闭包吗？

（9）什么是 Armstrong 公理的完备性？证明完备性是要解决什么问题？

（10）属性集闭包和函数依赖集闭包有什么关系？

（11）设有关系模式

$$R(U, F)$$
$$U = \{A, B, C, D, E\}$$
$$F = \{AB \rightarrow E, DE \rightarrow B, B \rightarrow C, C \rightarrow E, E \rightarrow A\}$$

① 计算所有函数依赖左部关于函数依赖集 F 的属性集闭包。

② 确定关系模式 R 上的所有候选关键字。

（12）函数依赖集的等价集和最小等价集是如何定义的？讨论函数依赖的最小等价集有什么意义？

（13）针对第（11）题求 F 的所有最小覆盖。

（14）什么是第一范式关系？

（15）什么是第二范式关系？举例说明不满足第二范式的关系会存在哪些问题？如何解决这些问题？

（16）什么是第三范式关系？举例说明满足第二范式、但不满足第三范式的关系会存在哪些问题？如何解决这些问题？

（17）什么是 BC 范式关系？举例说明满足第三范式、但不满足 BC 范式的关系会存在哪些问题？如何解决这些问题？

（18）试述多值依赖的概念。

（19）什么是第四范式关系？举例说明不满足第四范式的关系会存在哪些问题？如何解决这些问题？

（20）一个关系有 4 个字段 A、B、C、D，这里 A 和 B 构成复合关键字，问满足下列函数依赖的关系是第几范式：

① A、B、C、D 都函数依赖于 AB。

② A、B、C、D 都函数依赖于 AB，而 D 还函数依赖于 C。

③ A、B、C、D 都函数依赖于 AB，而 D 还函数依赖于 B。

④ A、B、C、D 都函数依赖于 AB，而 B 还函数依赖于 C。

（21）什么是模式分解？

（22）什么是无损连接分解？

（23）什么是保持函数依赖分解？

（24）模式分解的过程是消除不良函数依赖的过程，这与保持函数依赖分解是否矛盾？

为什么?

(25) 假设有一个名为"参加"的关系,该关系有属性职工(职工名)、工程(工程名)、时数(花费在工程上的小时数)和工资(职工的工资);一个"参加"记录描述一个职工花费在一个工程上的总时数和他的工资。另外,一个职工可以参加多个工程,多个职工可以参加同一个工程。请回答如下各问题:

① 确定这个关系的关键字。

② 找出这个关系中的所有函数依赖。

③ 指出这个关系上的哪些函数依赖会带来操作异常现象。

④ 这个关系是第几范式关系?

⑤ 计算该关系上函数依赖集的最小覆盖。

⑥ 利用算法 4.3 完成对该关系模式的分解。

(26) 设有关系模式 $R(A, B, C, D, E)$,并有函数依赖 $\{AB \rightarrow D, AC \rightarrow E, BC \rightarrow D, D \rightarrow A, E \rightarrow B\}$,现将 R 分解成关系模式 $S(A, B, C)$ 和其他一些关系模式,请给出在关系模式 S 上成立的函数依赖。

(27) 设有关系模式 $R = (\{C, T, S, N, G\}, \{C \rightarrow T, CS \rightarrow G, S \rightarrow N\})$,

① 请指出 R 的候选关键字。

② 请问 R 是第几范式?

③ 3NF 保持函数依赖和无损连接算法给出分解结果。

(28) 设有关系模式 $R = (\{A, B, C, D\}, \{A \rightarrow C, C \rightarrow A, B \rightarrow AC, D \rightarrow AC\})$,

① 请指出 R 的候选关键字。

② 请问 R 是第几范式?

③ 3NF 保持函数依赖和无损连接算法给出分解结果。

第 5 章　逻辑模型设计和物理模型设计

我们在第 2 章介绍了概念模型，那是面向现实世界的，概念模型描述了现实世界所管理的数据以及数据与数据之间的联系。接下来要考虑用什么方法以及如何去实现概念模型所表述的数据管理需求，比如我们在第 3 章和第 4 章学习的关系模型，这正是逻辑模型和物理模型的任务。本章首先介绍数据库设计的概念和一般步骤，然后从概念模型出发，讨论逻辑模型和物理模型设计的内容和方法。

知识目标：掌握数据库设计的基本步骤，掌握逻辑模型设计和物理模型设计的方法。

能力及素养目标：能够熟练使用数据库建模工具设计逻辑模型和物理模型，能够结合业务需求解决复杂工程问题中的数据库设计问题。重视调查研究，辩证看待联系，培养团队精神，增强科技自信。

本章重点：逻辑模型的设计和物理模型的设计。

本章难点：设计一个好的数据库。

5.1　数据库设计的概念和方法

数据库设计就是通过设计反映现实世界信息需求的概念模型，将其转换成具体的实现模型（如关系模型），并依据最终选择的数据库管理系统（如 SQL Server）在计算机上实现，从而建立为现实世界服务的数据库。

5.1.1　数据库设计的概念

数据库设计有时不仅仅是指"数据库"的设计，它的全部含义是指基于数据库的应用系统或管理信息系统的设计。虽然数据库设计的一个主要内容是"数据库"的设计，但同时要对使用数据库的应用进行设计。所以，可以认为数据库设计有广义和狭义两个定义。广义的定义是指基于数据库的应用系统或管理信息系统的设计，包括应用设计和数据库结构设计两部分内容；而狭义的定义则专指数据库模式或结构的设计。为了清楚起见，我们把前者称为数据库应用系统或管理信息系统设计，把后者称为数据库设计。本章只关注狭义的数据库设计。

数据库设计的基本任务就是根据用户的信息需求、处理需求和数据库的支撑环境(包括 DBMS、操作系统、硬件),设计一个结构合理、使用方便、效率较高的数据库。其中:信息需求是指在数据库中应该存储和管理哪些数据对象;处理需求是指需要进行哪些业务处理和操作,如对数据对象的查询、增加、删除、修改、统计等操作。在充分了解用户的信息需求、处理需求基础之上,结合硬件、操作系统环境以及 DBMS 的特性,通过数据库设计得到相应的数据模型。这一数据模型要能概括具体的数据库应用系统的全局数据结构,能反映使用本系统所有用户的数据视图。然后,根据该模型创建数据库及其应用系统,达到有效地存储数据,实现处理需求的目的。

数据库设计的根本是对现实世界数据管理需求的理解,是综合运用计算机软件、硬件技术,结合应用系统领域知识和管理技术的系统工程。它不仅需要个人的经验和技巧,更要遵循基于软件工程思想的数据库设计的一般方法、规则和步骤。在现实世界中,应用领域千差万别,信息结构错综复杂,而设计者的知识、经验和思路又各有不同,所以数据库设计的方法和路径也不完全相同。

早期数据库设计主要采用手工和经验相结合的方法,设计的质量与设计人员的经验和水平密切相关。由于缺乏科学方法和设计工具的支持,设计质量难以保证。为此,人们经过不懈的努力和探索,提出各种数据库设计方法,开发了数据库设计工具软件。这些方法和工具遵循了软件工程的思想与方法,以及数据库设计的特点,从而大大提高了数据库设计的质量。本章将继续使用在第 2 章 2.3 节介绍的 SAP PowerDesigner 数据库建模工具。

5.1.2　数据库设计的一般步骤

在第 2 章 2.1 节已介绍过,数据需要人们的认识、理解、整理、规范和加工,然后才能存放到数据库中。也就是说,数据从现实生活进入数据库实际上经历了现实世界阶段、信息世界阶段和机器世界阶段。

因此,数据库设计首先要描述现实世界需要管理的数据及其之间的联系,即建立概念模型(描述现实世界数据管理需求);接着要考虑用什么方法实现概念模型的数据管理需求,如使用关系模型来实现,即将概念模型转换为逻辑模型(确定用什么方法实现数据管理);最后考虑如何实现逻辑模型,即给出具体的实现方法,转换为物理模型(决定如何实现数据管理)。因此,数据库设计的核心是概念模型、逻辑模型和物理模型的设计,但一般认为数据库设计应该包括以下 6 个阶段或步骤:

① 需求分析阶段。

② 概念模型设计阶段(也称为概念结构设计或概念数据模型设计)。

③ 逻辑模型设计阶段(也称为逻辑结构设计或逻辑数据模型设计)。

④ 物理模型设计阶段(也称为物理结构设计或物理数据模型设计)。

⑤ 数据库实施阶段。

⑥ 数据库运行与维护阶段。

图 5-1 示意了数据库设计的 6 个阶段及各阶段的设计依据和结果，下面对各阶段的任务做一简单说明。

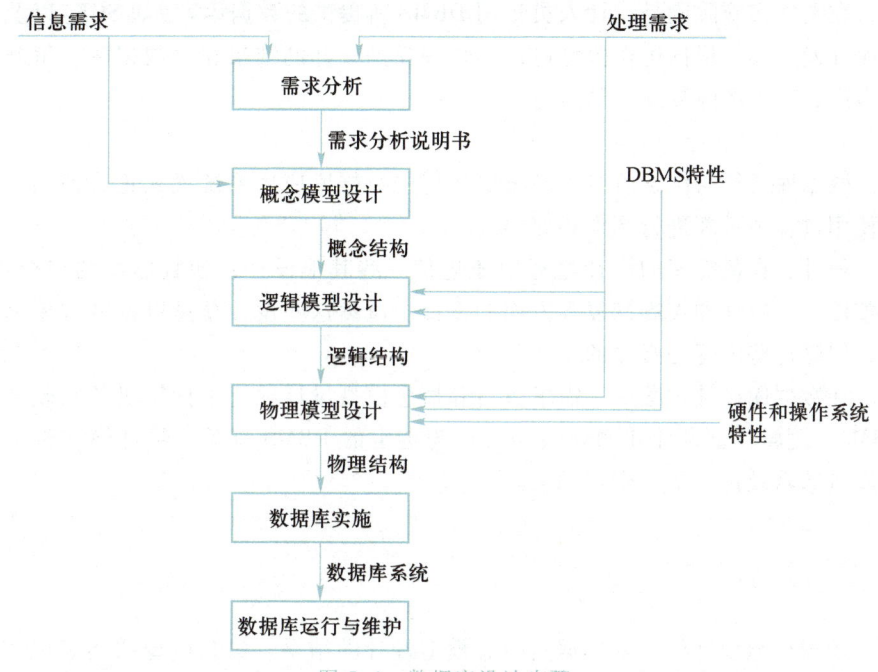

图 5-1 数据库设计步骤

1. 需求分析阶段

需求分析阶段要在用户调查的基础上，通过分析，逐步明确用户对系统的需求，包括数据需求和围绕这些数据的业务处理需求。通过对组织、部门、企业等进行详细调查，在了解现有系统的概况、确定新系统功能的过程中，收集支持系统目标的基础数据及其处理方法。需求分析阶段是整个设计过程的基础，如果需求分析工作做得不好，会导致整个数据库设计的返工。这一阶段的主要成果是需求分析说明书。

2. 概念模型设计阶段

概念模型设计阶段是整个数据库设计的关键，此过程是对需求分析的结果进行综合和归纳，产生反映企业各组织信息需求的数据库概念结构，即概念模型。我们在第 2 章已经全面介绍了概念模型的设计。

3. 逻辑模型设计阶段

逻辑模型设计阶段将概念模型设计的结果转换成选定的 DBMS 所支持的数据模型（如关系模型），并对其进行优化。在 5.2 节将结合关系模型介绍逻辑模型的设计，并介绍由概念模型到关系模型的转换方法。

4. 物理模型设计阶段

物理模型设计阶段为逻辑模型设计的结果选取一个最适合应用环境的数据库物理结构。这个物理结构依赖于给定的计算机系统，而且与具体选用的

DBMS 密切相关。物理模型设计常常包括某些操作约束，如响应时间与存储要求等。

5. 数据库实施阶段

数据库实施阶段是设计人员运用 DBMS 所提供的数据语言（如 SQL）以及数据库开发工具，根据逻辑模型设计和物理模型设计的结果建立数据库，编制应用程序，装入实际数据并试运行。

6. 数据库运行与维护阶段

数据库运行与维护阶段是指将试运行的数据库应用系统投入正式使用，并在使用过程中不断进行调整和完善。

另外，在数据库的设计过程中还包括一些其他设计，如数据库的安全性、完整性、一致性和灾难恢复等方面的设计。虽然这些设计总是以牺牲效率为代价，但是这些内容是必需的。

在数据库设计过程中，需求分析和概念模型设计独立于计算机的软硬件和 DBMS。逻辑模型设计和物理模型设计与选定的 DBMS 有关，物理模型设计与计算机的软硬件环境也密切相关。

5.2　逻辑模型设计

逻辑模型设计的主要依据是概念模型设计的结果。概念模型描述了现实世界的数据管理需求，逻辑模型设计则要决定用什么方法来实现现实世界的数据管理需求。为此这个阶段首先要考虑实现数据库的 DBMS 所支持的数据模型是什么。目前广泛使用的是关系数据库管理系统，即支持的是关系模型，另外面向对象模型或关系对象模型也已经出现。这里只介绍与关系模型有关的设计问题。本节接续第 2 章概念模型设计的结果继续讨论。

5.2.1　逻辑模型设计的主要内容

当确定使用关系数据库时，则在逻辑模型设计阶段应该首先将概念模型（如 E-R 模型）转换成关系模型，然后主要考虑以下问题：

① 确定各个关系模式的主关键字，考虑实体完整性。
② 确定各个关系模式的外部关键字，考虑参照完整性。
③ 确定各个关系模式中属性的约束、规则和默认值，考虑域完整性。
④ 利用关系规范化理论对关系模式进行优化。
⑤ 考虑特殊的用户定义完整性。
⑥ 根据用户需求设计视图等。

5.2.2　把 E-R 模型转换为关系模型

在关系模型中实体以及实体与实体之间的联系都是用关系表示的。当使用关系数据库管理系统时，需要将概念模型转换为关系模型。

微 视 频：
逻辑模型
设计

如果在概念模型设计阶段已将 E-R 图中的多对多联系转换成了一对多联系（详见第 2 章 2.4.3 小节），则在逻辑模型设计阶段把 E-R 模型转换为关系模型将会非常简单，具体步骤如下：

① 将每一个实体转换为一个关系模式，使其包含对应实体的全部属性，并根据语义确定关键字（实际在概念模型阶段已经确定）。

② 将一对多的联系直接并入 n 端实体的关系模式，只需将"1"端实体的关系模式的主关键字纳入 n 端实体的关系模式，并作为外部关键字。

③ 将一对一联系的两个关系模式合并为一个关系模式。

④ 将具有相同关键字的关系模式合并为一个关系模式。

使用 PowerDesigner 进行数据模型设计时不需要考虑转换的细节，可以直接将概念模型转换成关系模型（早期版本是由概念模型直接生成物理模型，而从 15.0 版开始中间增加了逻辑模型）。

在 PowerDesigner 的概念模型设计环境中，通过 Tools→Generate Logical Data Model 菜单则可以生成逻辑模型。

我们在第 2 章已经完成了概念模型设计，参见图 2-30 或图 2-31，根据此概念模型可以生成如图 5-2 所示的逻辑模型，并进行如下处理：

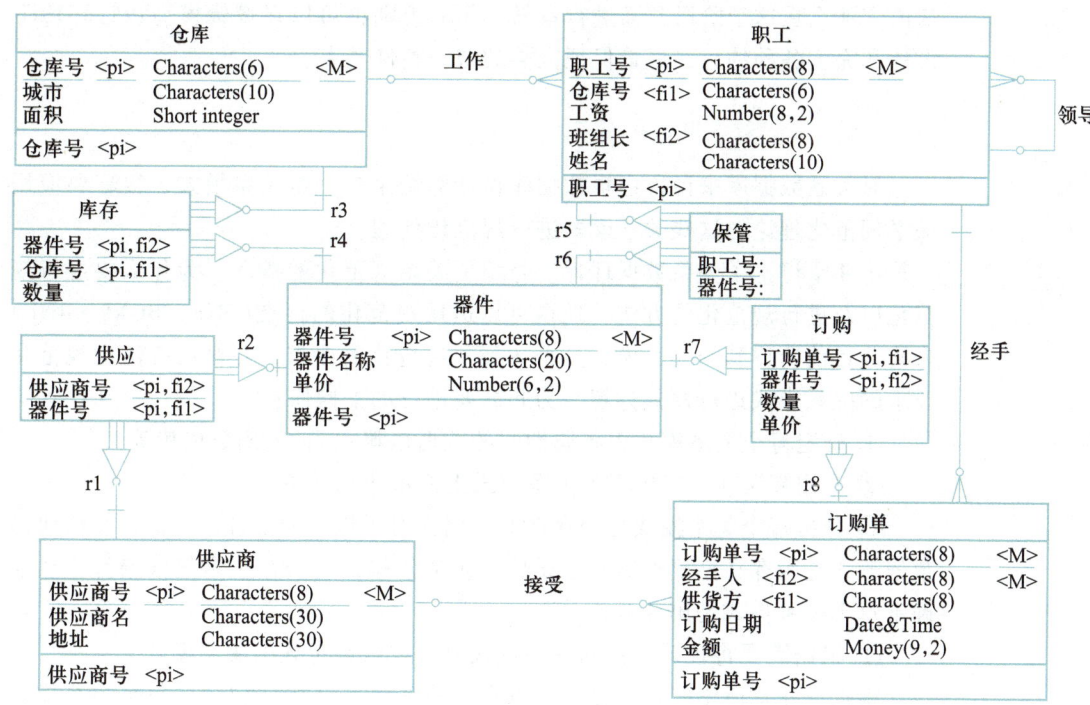

图 5-2　根据图 2-30 或图 2-31 生成的逻辑模型

① 将"订购单"实体中的外部关键字"职工号"修改为"经手人"，将"供应商号"修改为"供货方"，这样在"订购单"实体中有更准确的语义。

② "职工"实体因为有一个到自身的联系，而系统不知道它是"班组

长"与"职工号"之间的联系，所以又引入了一个"职工号"作为外部关键字。这里删除了原先的"班组长"属性，将生成的外部关键字"职工号"修改为"班组长"。

比较图 2-31 和图 5-2 可以看出概念模型和逻辑模型使用的符号依然相同，只是明确了实现实体之间联系的外部关键字，例如，在图 5-2 的"职工"实体中"仓库号"是从被参照实体提取过来的，即"职工"实体通过"仓库号"属性实现与"仓库"实体之间的联系或参照。

在这里逻辑模型就是关系模型，因此图 5-2 中每一个矩形框是一个关系或表，其中<pi>标明了主关键字，<fi>标明了外部关键字等。

由于在概念模型中已经确定了各实体的主关键字，因此在转换成逻辑模型时会自动带过来，满足了实体完整性的要求。

在由概念模型转换成逻辑模型时，根据联系会自动生成参照关系的外部关键字，从而满足参照完整性的要求。部分不能自动生成的参照联系需要在逻辑模型设计环境下手工进行修改和设计，如在"职工"关系中"班组长"对"职工号"的参照。

如果已经在概念模型设计中完成了各个关系模式中属性的约束、规则和默认值，那么在这个阶段只需进行审核即可；否则也可以在逻辑模型设计环境下设计和完善各种约束，尽量保证完美的域完整性约束。

5.2.3　规范化理论的应用

对关系数据库来说，逻辑数据库设计的结果是一组关系模式，接着要应用关系规范化理论对这些关系模式进行规范化处理。

第 4 章讨论了关系数据理论，介绍了关系规范化的概念、为什么要进行规范化以及进行规范化的方法。现在可以运用规范化的标准（3NF、BCNF、4NF）来检验目前所得到的关系模式是否达到了规范化的要求，并对没有达到规范化要求的关系模式进行模式分解。为此需要进行如下操作：

① 确定每个关系模式中各属性间的数据依赖关系（如函数依赖等）。

② 利用算法 4.2 找出每个关系模式上的最小依赖集。

③ 分析每个关系模式是否存在非主属性对关键字的部分函数依赖和传递函数依赖，是否存在主属性对非主属性的函数依赖，是否存在多值依赖等，从而确定每个关系模式是第几范式关系。

④ 根据需要将较低范式的关系模式分解成较高范式的关系模式。

根据第 4 章所学知识，读者可以自行验证图 5-2 中所包含的每个关系模式是第几范式关系。

5.2.4　反规范化

需要说明的是，从理论上讲关系的规范化程度越高越好，但是较高的范式都是通过把关系模式分解得更小来实现，这可能导致在后续查询时需要大量的连接运算，而连接运算的代价非常高。因此人们又提出反规范化的问题，即利用较低的范式获得较高的效率。所以数据库设计是一项需要综合考虑各方面因素的系统工程，需要根据实际情况设计出最合适的数据库。

当使用反规范化方法采用较低的范式时，需要考虑特殊的用户定义完整性来避免较低的范式可能会带来的各种风险及操作异常现象，特别要预防数据冗余可能造成数据不一致所带来的后果。这通常可以使用数据库编程技术来实现，这部分内容请参见第 8 章 8.4 节有关触发器的内容。

5.2.5　设计视图

根据概念模型生成的逻辑模型是面向全局的模型。此外，还应该根据局部应用需求考查哪些对象或数据是面向局部应用的，以便为这些应用设计外部模式或用户模式。在关系数据库中即为设计视图。

视图是从关系派生出来的虚拟关系，是关系的部分抽取，类似于第 1 章 1.4 节外部文件的概念。

局部概念模型（局部 E-R 图）是设计视图的主要依据之一，因为局部 E-R 图反映了局部应用的需求。为此，在概念模型设计阶段一定要将局部 E-R 图也统一存档，不能在合并生成全局概念模型之后丢弃局部概念模型（局部 E-R 图）。

参照图 2-27 和图 2-28 两个局部 E-R 图，以及图 5-2 的全局逻辑模型，可以从器件关系抽取部分属性（器件号、器件名称）为库存业务定义一个视图；从职工关系抽取部分属性（职工号、姓名）为订购业务定义一个视图等。

除此之外，还有其他设计视图的原则，详细内容可参见第 7 章 7.7 节。

5.3　物理模型设计

如果说逻辑模型阶段决定了使用什么方法去实现现实世界的数据管理，物理模型设计阶段则决定如何去实现现实世界的数据管理。这个阶段的工作与具体的数据库管理系统密切相关。

5.3.1　由逻辑模型生成物理模型

在讨论关系模型（逻辑模型）时尚且与具体的数据库管理系统无关。然而，一旦要实现关系模型并建立关系数据库，就必须考虑具体的关系数据库管理系统，如 SQL Server、Oracle、MySQL 等。

在基于关系模型的物理模型设计中，一般涉及如下内容：

① 确定使用的数据库管理系统。

② 定义表。

③ 定义索引。

④ 定义或完善视图。

微视频：
物理模型
设计

⑤ 定义约束规则。

⑥ 定义域。

⑦ 定义列。

⑧ 定义关键字。

⑨ 定义触发器。

⑩ 定义参照联系(外部关键字)。

⑪ 定义扩展属性等。

物理模型通常由逻辑模型生成,所以上述大部分内容会从逻辑模型自动继承过来。

使用 PowerDesinger 由逻辑模型生成物理模型的方法是,通过菜单 Tools→Generate Physical Data Model 生成物理模型。在生成物理模型时需要指定具体的数据库管理系统,如 SQL Server、Oracle 或 MySQL 等(一般还要选择指定的版本,因为不同版本的具体实现也有一定的差异),由图 5-2 生成的物理模型如图 5-3 所示。

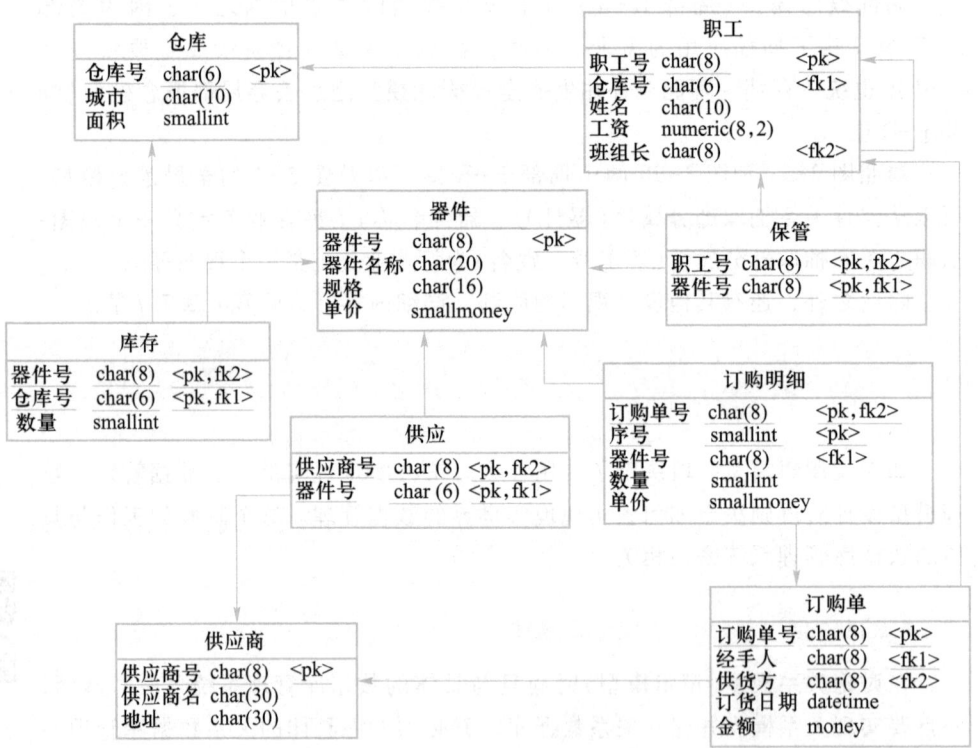

图 5-3　由图 5-2 生成的物理模型

图 5-3 中的每个矩形框是一个关系,关系之间的箭头线表示"参照",箭头线的出发表是参照表,目标表是被参照表。例如,"职工"表参照"仓库"表,"库存"表参照"仓库"表和"器件"表等。从图 5-3 中也可以看出,参照表用被参照表的主关键字作为外部关键字来实现参照关联,其中<pk>标明了主关键

字、<fk>标明了外部关键字。

每个阶段发现问题都可以进行修改调整，例如这里做了如下修改：

① 在"器件"关系中增加了规格属性。

② 将"单价"属性的数据类型修改为"smallmoney"。

③ 将"订购"关系重新命名为"订购明细"，并增加了"序号"属性（和"订购单号"属性一起构成"订购明细"的主关键字）。

图 5-3 所示的数据模型中共包含 9 个表（关系）。PowerDesigner 还可以根据关系模型进一步生成创建表的 SQL 语句，甚至可以直接在数据库中创建这些表。

需要说明的是，选择不同的数据库管理系统生成的物理模型的图形是一样的，但是接下来生成的代码将有区别。

PowerDesigner 可以根据物理模型生成相应的建立各种数据库对象（如表）的脚本命令，方法是选择菜单 Database→Generate Database。读者在做这些实验的时候，可以研究一下系统生成的代码。

从学习的角度考虑，我们先暂时不使用系统生成的代码，在第 6 章 6.2 节将结合建立图 5-3 中的 9 个关系来学习 SQL 的 CREATE TABLE 语句。

在逻辑模型设计阶段可以设计视图，在物理模型设计阶段也还有相应的工作，例如，设计触发器来实现复杂约束，设计存储过程以辅助数据查询和管理等，这些内容将在后续章节补充完善。

5.3.2 物理数据库设计

物理数据库设计的内容是设计数据库的存储结构和物理实现方法。在层次模型和网状模型时代，物理数据库设计的内容非常复杂，要考虑很多实现的细节。幸运的是，这个时代已经结束了，关系数据库的物理设计要简单得多。如果使用的是 FoxPro 和 Access 这样的小型或桌面数据库管理系统，那么除了考虑一些索引之外，几乎没有物理数据库设计的问题。

这里简单介绍一下使用类似 SQL Server 这样的数据库管理系统时，在物理数据库设计阶段要考虑的问题。

1. 估算数据库的数据存储量

数据存储量也就是数据库规模，可以利用需求分析阶段采集的数据需求，对数据库的大小做一个粗略估算，并可以对数据的增长速度做出预测，以便为数据库分配足够的空间。比较简单、快速的方法是通过测算每个关系的大小来估算数据库的规模。测算关系的大小可按如下方法进行：

① 计算关系的每一行的字节数。

- 可变长字符列，用最大长度的 1/2 做平均值。
- date/time 列，用 8 B
- 整数列集，用 4 B。

② 用关系的行数乘以行的长度。

③ 另加 20% 的空间用作索引和其他开销。

2. 安排数据库的存储

根据数据库的规模和硬盘等资源的情况来考虑如何安排数据库的存储，同时必须考虑如何安排日志文件。从安全、可靠的角度考虑，数据库和日志文件应安排在不同的物理存储介质上。详细内容可参见第 11 章。

3. 设计索引

索引可用于提高查询性能，但它同时也会降低更新的性能。因此要根据用户需求和应用需要来合理使用和设计索引。有关索引的设计原则和方法，可参见第 11 章。

4. 设计备份策略

在设计数据库时就要考虑到备份策略。可以根据实际情况设计分阶段的策略，比如在数据库建立初期，由于数据录入量较大，更新也相对比较频繁，那么可以设计一种对应的策略，而当数据库相对稳定后再采取另外一种策略。有关备份和备份策略的制定可参见第 11 章。

MySQL
语 法 与
OpenGauss
语法对比

5.3.3　建立数据库

我们在第 3 章 3.1 节学习了 SQL Server 数据库的存储结构，这里结合物理数据库设计，并通过 SQL Server 中建立数据库的命令 CREATE DATABASE 来进一步学习 SQL Server 的数据存储方法。SQL Server 建立数据库命令的常用格式是：

```
CREATE DATABASE database_name
ON
<filespec> [,<filespec>,…]
[,FILEGROUP filegroup_name <filespec> [,<filespec>,…]]
[LOG ON <filespec> [,<filespec>,…]]
```

其中，各关键字和参数的含义如下：

database_name：要建立的数据库的名称，数据库名称必须唯一，并且符合标识符的规则；database_name 最多可以包含 128 个字符。

ON：指定用来存储数据库的操作系统文件（存储在磁盘上的数据文件），该关键字后跟以逗号分隔的 <filespec> 项列表。

FILEGROUP：用于定义用户文件组，filegroup_name 是组名称，后续的 <filespec> 项列表给出该组的文件描述。利用文件组可以将指定的逻辑组件存储到指定的物理文件（在建立基本表的 CREATE TABLE 命令中有对文件组的引用，有关文件组的介绍可参见第 11 章 11.1 节）。

LOG ON：指定用来存储数据库日志的操作系统文件（日志文件），该关键字后跟以逗号分隔的 <filespec> 项列表。如果没有指定 LOG ON，将自动创建一个日志文件，该文件使用系统生成的名称，大小为数据库中所有数据文件大小总和的 25%。

　　<filespec>：用于定义对应的操作系统文件的属性。其定义如下：

```
[PRIMARY]
(NAME=logical_file_name,
FILENAME='os_file_name'
[,SIZE=size]
[,MAXSIZE={max_size|UNLIMITED}]
[,FILEGROWTH=growth_increment])
```

其中，各关键字和参数的含义如下所述：

　　① PRIMARY：为数据库指定主文件。一个数据库只能有一个主文件，如果没有指定 PRIMARY，那么 CREATE DATABASE 语句中列出的第一个文件将成为主文件。

　　② NAME：为定义的操作系统文件指定逻辑名称 logical_file_name，该名称将由 SQL Server 管理和引用。logical_file_name 在数据库中必须唯一，并且符合标识符的规则。

　　③ FILENAME：指定要建立的操作系统文件名"os_file_name"，该文件名包含完整的路径名和文件名，并且不能指定压缩文件系统中的目录。

　　④ SIZE：指定所创建的操作系统文件的大小 size，size 的单位可以是 KB（千字节）、MB（兆字节）、GB（吉字节）或 TB（太字节），默认是 MB。size 必须是整数，最小值为 512 KB。如果主文件没有提供 SIZE 参数，那么默认是 model 数据库中的主文件大小；如果次要文件或日志文件没有指定 SIZE 参数，那么默认为 1 MB。

　　⑤ MAXSIZE：指定定义的操作系统文件可以增长到的最大规模 max_size。max_size 的单位可以是 KB、MB、GB 和 TB，默认为 MB。max_size 必须是整数。如果没有指定该参数，那么文件可以增长到磁盘满为止。（注：在磁盘即将变满时，Microsoft Windows NT 系统日志会向 SQL Server 系统管理员发出警告。）

　　⑥ UNLIMITED：显式指定定义的操作系统文件将增长到磁盘满为止。

　　⑦ FILEGROWTH：指定定义的操作系统文件的增长增量 growth_increment，该项设置的结果不能超过 MAXSIZE 设置。growth_increment 为整数（0 表示不增长），单位可以是 KB、MB、GB、TB 或是百分比数（%）。如果未在数量后面指定单位，则默认值为 MB；如果指定%，则增量大小为发生增长时文件大小的指定百分比。如果没有指定 FILEGROWTH，则默认值为 10%，最小值为 64 KB。

　　从 CERATE DATABASE 命令可以看出来，建立数据库的实质功能是向操作系统申请数据库所需的存储空间。一个数据库需要的空间可以在系统规划和需求分析阶段根据对数据存储数量的分析和预测初步确定，并在物理模型设计阶段做出最终设计。

　　例 5-1　使用 CREATE DATABASE 命令在 SQL Server 中建立"仓储订货"数

据库,由于数据规模不大,只建立一个数据主文件和一个日志文件,其中数据主文件的初始大小为 10 MB,最大为 50 MB,增量为 5 MB;日志文件的初始大小为 5 MB,最大为 25 MB,增量为 5 MB,并将数据文件安排在 c 盘的 \ mssql \ data \ 文件夹下,把日志文件安排在 d 盘的 \ mssql \ log \ 文件夹下。具体如下:

```
CREATE DATABASE 仓储订货
ON
(NAME=order_dat,
FILENAME='c:\mssql\data\orderdat.mdf',
SIZE=10MB,
MAXSIZE=50MB,
FILEGROWTH=5MB )
LOG ON
(NAME=order_log,
FILENAME='d:\mssql\log\orderlog.ldf',
SIZE=5MB,
MAXSIZE=25MB,
FILEGROWTH=5MB )
```

注意:在建立数据库之前,为操作系统文件指定的文件夹路径必须存在。

执行完以上命令后,在 SQL Server 上建立了一个“仓储订货”用户数据库,并按命令中的相关参数向操作系统申请了用户数据库所需的物理存储空间,即在 c 盘的 \ mssql \ data \ 文件夹下建立 10 MB 的文件 orderdat. mdf 作为数据主文件,在 d 盘的 \ mssql \ log \ 文件夹下建立 5 MB 的文件 orderlog. ldf 作为日志文件,并规定了随着数据量的增加数据库存储空间动态增长的原则,以及数据库所允许的最大存储空间。

本章小结

数据库设计是数据库管理员的主要职责之一,一个数据库设计的好坏直接影响日后数据库的使用。一个设计得好的数据库,不仅可以为用户提供所需要的全部信息,而且还可以提供快速、准确、安全、可靠的服务,数据库管理相对也会简单一些;相反,一个设计得不好的数据库,日后可能需要经常进行修改、调整,不仅使数据库管理变得很复杂,更重要的是数据库不能为用户提供可靠的服务。在基于数据库的应用系统中,数据库是基础,只有成功的数据库设计才可能有成功的系统。否则,应用程序设计得再漂亮,操作界面设计得再动人,整个系统也是一个失败的系统。

本章在第 2 章概念模型和第 3 章关系模型的基础上,进一步介绍了逻辑模型和物理模型设计的内容和方法。读者在熟悉相关理论的基础上,也应该了解相应的建模工具和设计工具，这不仅可以加强对理论和方法的理解，而且可以促进实践能力的提高。建议掌握一种类似 PowerDesigner 的工具来学习和实践整个数据库建模的过程。

习题与思考题

1. 填空题

（1）把 E-R 模型转换为关系模型，是在数据库设计的_____数据模型设计阶段开展的。

（2）在数据库设计过程中，设计视图是在_____数据模型设计阶段开展的。

（3）在数据库设计过程中，估算数据库的数据存储量是在_____数据模型设计阶段开展的。

2. 选择题

（1）关系模型中的视图对应三层模式的（　　）。

A. 外部模式　　　　　　　　　　B. 概念模式

C. 存储模式　　　　　　　　　　D. 物理模式

（2）设实体 A 与实体 B 是多对一联系，则最好应设计（　　）。

A. 两张表，且外部关键字在实体 A 中

B. 两张表，且外部关键字在实体 B 中

C. 一张表，不需要外部关键字

D. 三张表，外部关键字在新的表中

（3）如果实体 A 与实体 B 之间是多对多联系，为描述两个实体之间的关联关系，添加了联系 C 来关联实体 A 和 B，添加联系 C 的作用是（　　）。

A. 将多对多联系转化为一对多联系　　B. 简化以后的查询操作

C. 方便数据的修改操作　　　　　　　D. 方便以后建立用户视图

（4）一个 E-R 图有实体 A 和实体 B，并且它们之间存在着 $m:n$ 的联系，将其换成关系模型时，为了消除冗余，最好有（　　）个关系模式。

A. 3　　　　　　B. 1　　　　　　C. 2　　　　　　D. 4

（5）在数据库设计过程中，（　　）模型设计与计算机的软硬件环境密切相关。

A. 物理　　　　B. 概念　　　　C. 逻辑　　　　D. 实施

3. 讨论题

（1）试述什么是数据库设计。

（2）数据库设计的目标是什么？

（3）试述数据库设计的一般步骤和具体内容。

（4）为什么数据库设计需要经历概念模型、逻辑模型和物理模型等设计阶段？

（5）什么是逻辑模型？设计逻辑模型时的主要工作有哪些？

（6）如何把 E-R 模型转换为关系模型？

（7）验证图 5-2 中所包含的每个关系模式是第几范式关系。

（8）什么是反规范化？什么场景下需要运用反规范化策略？

（9）在逻辑模型设计阶段如何设计视图？

（10）什么是物理模型？设计物理模型时的主要工作有哪些？

（11）准确理解 SQL Server 的 CREATE DATABASE 命令，理解这类数据库的物理存储结构。

实验 2　数据库设计

实验名称：数据库设计

实验内容：以实验 1 为基础，完成教学管理数据库的设计。

实验目的：

- 通过实践，掌握本章介绍的数据库设计方法。
- 学会使用 PowerDesigner 来完成数据库设计过程。

实验方法：

① 将实验 1 设计的概念模型转换生成逻辑模型，并对生成的逻辑模型做必要的修改。

② 根据逻辑模型列出设计的所有关系模式，并利用关系规范化理论对关系模式进行优化，同时指出每个关系模式是第几范式关系。

③ 选择一个实际的 DBMS 软件（如 SQL Server、MySQL 等），根据逻辑模型生成物理模型，然后对生成的物理模型做必要的修改，并最终生成代码。

实验要求：

① 使用 PowerDesigner 或其他建模工具完成本实验。

② 根据实验 1 建立的概念模型，完成逻辑模型和物理模型设计。

③ 提交实验报告（含完整的设计文档）。

第 6 章　数据定义、数据操纵与完整性约束

我们在第 3 章完整地介绍了关系模型，在第 5 章讲述了概念模型到关系模型的转换，从本章开始将涉及上述内容的具体实现。本章首先介绍如何使用 SQL 定义关系及其完整性约束，然后说明如何使用 SQL 操作语句进行增、删、改操作，与此同时引导读者体验关系完整性的作用。

知识目标：掌握表定义和完整性约束定义的方法，理解数据操纵与完整性约束的作用。

能力及素养目标：在工程项目中，能够基于数据库管理系统熟练掌握 SQL 表定义和完整性约束定义方法，掌握 SQL 数据操纵，能够运用完整性约束解决数据库管理中保证数据正确的问题。

本章重点：熟练掌握 CREATE TABLE 语句、INSERT 语句、DELETE 语句、UPDATE 语句，理解完整性约束对数据操纵的作用。

本章难点：数据完整性约束的定义及作用。

6.1　SQL 的架构和定义

在 SQL 标准中，表定义在架构（schema）之下。架构是一个逻辑概念，是一个命名空间，使用架构可以更好地管理表及各种数据库对象。

6.1.1　什么是架构

一个数据库会面向不同的用户群和不同的应用，数据库中所建立的各种用户对象（如基本表、视图等）也会依据用户群或应用进行分类或管理，为此在 SQL 标准中引入了 schema 的概念，这里称之为**架构**，它是一个逻辑上的概念，是数据库中一组用户对象的逻辑集合。schema 可以翻译为模式、架构、轮廓、概要等，它在很多技术术语中都会出现，如 XML schema 等，读者需要注意根据上下文来理解它的含义。

微视频：
架构的概念

SQL Server 从 2005 版开始明确支持 schema，在旧的版本中需要通过用户来管理对象，而从 SQL Server 2005 开始则通过 schema 来管理对象。也就是将各种数据库对象创建在指定的架构之下，也可以为不同的用户指定不同的默认架构。

图 6-1 示意了某数据库的三个架构及其对象，这三个架构是产品（Production）、订购（Purchasing）和销售（Sales）。在 Production 架构下主要包含有关产品的表或其他对象，在 Purchasing 架构下主要包含订购业务的表或其他对象，在 Sales 架构下主要包含销售业务的表或其他对象。通过将不同业务的表或对象分类到不同的架构下进行管理，可以提高数据库的组织性和可维护性。

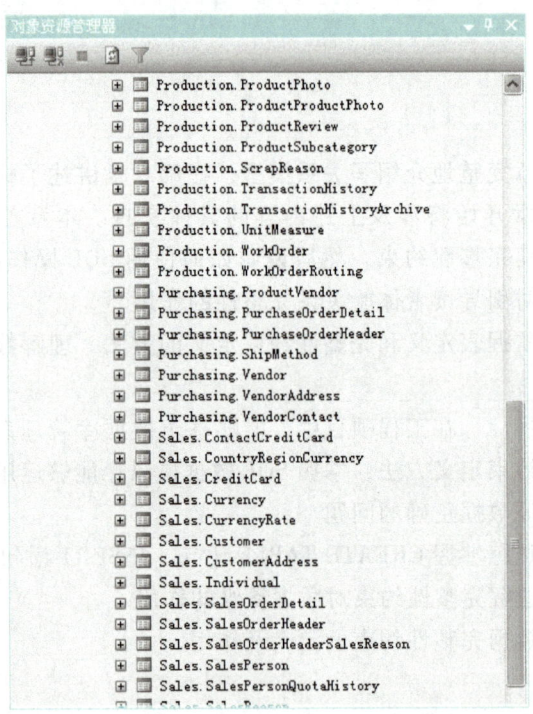

图 6-1 数据库的架构及对象示例

6.1.2 定义架构

定义架构的命令是 CREATE SCHEMA，常用命令格式如下：

```
CREATE SCHEMA schema_name [AUTHORIZATION owner_name]
```

架构通常由数据库管理员创建，使用短语 AUTHORIZATION owner_name 可以指定架构的管理者（默认是创建者）。

删除架构的命令如下：

```
DROP SCHEMA schema_name
```

只有在架构为空，即架构中不包含任何对象时才可以删除架构。

系统为用户预定义的默认架构是 dbo，在数据库用户管理中可以为数据库用户指定默认架构（参见第 9 章 9.2.3 小节中的 CREATE USER 命令）。

每一个数据库对象都位于某个架构下，为此引用对象的基本格式是

> <架构名>.<对象名>

例如，创建表的命令格式：

> CREATE TABLE <架构名>.<表名>(<列定义或描述>)

再如查询的命令格式：

> SELECT … FROM <架构名>.<表名> …

参考第 5 章 5.3 节物理模型的设计结果（图 5-3），我们可以对其中的表或关系进行分类，比如仓库和库存表用于仓储管理，因此定义在"仓储"架构下；供应商、订购单和订购明细表用于订货管理，因此定义在"订货"架构下；而职工和器件表与仓储和订货管理都有关系，因此把它们定义在"基础"架构下；保管用来提供职工保管器件的信息，供应提供供应商供应器件的信息，这些也属于基础信息，因此把它们也定义在"基础"架构下。

根据以上业务分析，使用如下命令分别定义仓储、订货和基础架构：

> CREATE SCHEMA 仓储
> CREATE SCHEMA 订货
> CREATE SCHEMA 基础

6.2　SQL 的表定义和完整性约束定义功能

本节介绍如何使用 SQL 定义表及其完整性约束，6.3 节将介绍数据操纵功能，并将通过实践特别强调完整性约束的作用。

微视频：
关系和完
整性约束
定义

6.2.1　定义表及其完整性约束

本小节首先解释建立表的 CREATE TABLE 命令，然后按要求定义各个基本表。

1. CREATE TABLE 命令的基本格式

定义表的命令 CREATE TABLE 的基本格式如下：

```
CREATE TABLE[schema_name].table_name
({<column_definition>|<computed_column_definition> }
[<table_constraint>] [,…n])
```

MySQL
语 法 与
OpenGauss
语法对比

一个表由若干列构成，在 SQL Server 中可以定义实列（简称列，column_definition），也可以定义虚列（即计算列，computed_column_definition）。

下面分别解释 CREATE TABLE 命令中的：<column_definition>（列定义）、<computed_column_definition>（计算列定义）和<table_constraint>（表级约束）。

2. 列定义

列定义的常用格式如下：

```
column_name <data_type> [NULL|NOT NULL]
[[CONSTRAINT constraint_name] PRIMARY KEY|UNIQUE|[FOREIGN KEY]
REFERENCES [schema_name.] referenced_table_name [(ref_column)]
[ON DELETE {NO ACTION|CASCADE|SET NULL|SET DEFAULT }]
[ON UPDATE {NO ACTION|CASCADE|SET NULL|SET DEFAULT }]
| CHECK (logical_expression)]
[DEFAULT constant_expression]
```

必须指定列名(column_name)和数据类型(<data_type>)。各种数据库管理系统支持的数据类型大同小异,SQL Server 中可以使用的数据类型如表 6-1 所示。

表 6-1　SQL Server 的数据类型

分类	数据类型	说明
整数	bigint	8 B 长整数
	integer	4 B 标准型整数
	smallint	2 B 短整数
	tinyint	单字节正整数(范围为 0~255)
定点数	numeric 和 decimal	两个单词是同义词,属于精确数据类型,说明方式为 numeric(p,s)或 decimal(p,s),其中 p 是总的精度、s 是小数位数,并且 p 和 s 必须遵守规则 $0 \leqslant s \leqslant p \leqslant 38$ (numeric 和 decimal 数据类型的默认最大精度为 38) 例如,mumeric(6,2)或 decimal(6,2)表示小数点后有 2 位数字,小数点前有 4 位数字的定点小数
浮点数	real 和 float	用浮点数表示的近似数值数据类型,当要求精确数值时(比如在财务应用中),请勿使用这些数据类型。在相应的搜索条件或表达式(特别是 = 和 < > 运算符)中,应避免使用 float 列或 real 列,float 列和 real 列最好只限于"大于"比较或"小于"比较
货币	money 和 smallmoney	其本质等同于定点数类型,但使用 money 和 smallmoney 类型存储货币数据时可使用常用的货币符号,如美元符号"$"、人民币符号"¥"等
字符	char	定长字符类型,最多可以包含 8 000 个字符的字符串
	varchar	可变长字符类型,最多可以包含 2^{31} 个字符的字符串。SQL Server 从 2005 版开始,使用 varchar(max)代替早期版本中的 text 类型存储大型文本数据
日期时间	datetime 和 smalldatetime	在 SQL Server 中用单引号括起来的合法日期和时间字符串表示日期时间常量,例如' 4/15/2017 '和' 20170415 '均表示 2017 年 4 月 15 日

分类	数据类型	说明
二进制	binary	以二进制形式(位流)存储数据,最多可以存储 8 000 B
	varbinary	可变长二进制形式(位流)存储数据,使用 varbinary(max) 形式说明时,最多可以存储 2^{31} B,SQL Server 从 2005 版开始,使用 varbinary(max)代替早期版本中的 image 类型存储图像数据
Unicode	nchar 和 nvarchar	传统的 ASCII 编码采用单字节,因此只能表示 256 个不同的字符。Unicode 是一种新的编码规范,采用 2 B 长度编码,这样可以表示 65 536 个字符。使用 Unicode 编码的 nchar 和 nvarchar 字符数据类型时,需要使用双倍的空间来存储字符
特殊类型	cursor	cursor(游标)是一个查询的临时结果集(参见第 8 章 8.2 节),可以说明 cursor 数据类型的变量和参数,cursor 不可以作为表的属性的数据类型
	table	table(表)数据类型类似于 cursor 数据类型,用于存储结果集以便进行后续处理,它主要用于临时存储一组作为表值函数的结果集返回的行
	XML	可以在列中或者 XML 类型的变量中存储 XML 实例
	sql_variant	数据类型不确定时可以使用的一种通用数据类型

对列定义中的其他语法成分解释如下:

① NULL | NOT NULL 说明该列允许或不允许取空值。

② CONSTRAINT 短语用来指定列级约束,该关键词和约束名(constraint_ name)可以省略,列级约束包括:

PRIMARY KEY:主关键字约束,说明该列是主关键字。

UNIQUE:唯一性约束,说明该列取值必须唯一。

FOREIGN KEY:外部关键字约束,用来说明表之间的参照关系,语法格式如下:

```
REFERENCES [schema_name.] referenced_table_name [(ref_column )]
```

其中:referenced_table_name 给出被参照的表,ref_column 给出被参照的列(如果参照列和被参照列同名则可以省略),schema_name 限定了被参照的表所在的架构。在被参照表的被参照记录上发生删除(DELETE)和更新(UPDATE)操作时,处理方式如下:

```
[ON DELETE {NO ACTION |CASCADE |SET NULL |SET DEFAULT }]
[ON UPDATE {NO ACTION |CASCADE |SET NULL |SET DEFAULT }]
```

参数 NO ACTION 说明禁止删除或更新被参照记录,CASCADE 说明进行级联处理(删除或更新),SET NULL 说明将参照记录的对应字段设置为空值,SET DEFAULT 说明将参照记录的对应字段设置为默认值。

③ CHECK 约束即域完整性约束,用来说明该列的取值范围,本约束用逻辑表达式(logical_expression)进行说明,如果列值使表达式为真则是合法值,否则就是非法值。

④ DEFAULT 短语用常量表达式(constant_expression)来说明列的默认取值。

3. 计算列定义

计算列定义的常用格式如下:

```
column_name AS computed_column_expression [PERSISTED [NOT NULL]]
[[CONSTRAINT constraint_name]
{PRIMARY KEY |UNIQUE } |[FOREIGN KEY]
REFERENCES referenced_table_name [(ref_column )]
[ON DELETE {NO ACTION|CASCADE }]
[ON UPDATE {NO ACTION }]
| CHECK (logical_expression )]
```

其中,column_name 给出计算列的列名,computed_column_expression 是对应的计算表达式,PERSISTED 说明物理存储计算列的值。其他选项与定义实列时类似,所以不再重复解释。

计算列的值是通过计算得到的,所以不能作为插入操作或更新操作的目标。

4. 表级约束

如果某个完整性约束与多个列相关,则这样的完整性约束不能定义在单个列上,这时就需要指定表级完整性约束(<table_constraint>),定义表级完整性约束的常用格式如下:

```
[CONSTRAINT constraint_name]
{{PRIMARY KEY|UNIQUE } |FOREIGN KEY (column [,…n])
REFERENCES referenced_table_name [(ref_column [,…n])]
[ON DELETE {NO ACTION|CASCADE|SET NULL|SET DEFAULT }]
[ON UPDATE {NO ACTION|CASCADE|SET NULL|SET DEFAULT }]
| CHECK (logical_expression )}
```

这里用(column [,…n])说明完整性约束是定义在多个列上的,其他各选项与定义列级完整性约束时类似,这里不再重复解释。

在定义表时,需要先定义被参照表,然后定义参照表。

接下来,使用 CREATE TABLE 命令来定义第 5 章 5.3 节物理模型中所确定的各个关系(参见图 5-3)。

例 6-1 定义"仓库"表。

"仓库"表属于仓储架构,包含"仓库号""城市"和"面积"三个字段。其中"仓库号"是主关键字,仓库的面积值是大于 0 的整数。

定义"仓库"表的命令如下：

```
CREATE TABLE 仓储.仓库(
      仓库号 CHAR(6) PRIMARY KEY,
      城市 CHAR(10),
      面积 INT CHECK (面积>0))
```

其中，PRIMARY KEY 说明"仓库号"是主关键字，CHECK (面积>0)给出了"面积"属性取值的约束条件。

例 6-2 定义"职工"表。

"职工"表属于基础架构，包含"仓库号""职工号""姓名""工资"和"班组长"5 个字段。其中"职工号"是主关键字，"仓库号"是外部关键字(参照"仓库"表的"仓库号"字段值)，职工的工资在 2 000 元到 8 000 元之间(默认 4 200元)，"班组长"字段值说明当前职工的班组长(直接领导)(与"职工号"字段的值域相同，参照本关系的"职工号"属性)。

定义"职工"表的命令如下：

```
CREATE TABLE 基础.职工(
仓库号 CHAR(6) CONSTRAINT ref_wh
FOREIGN KEY REFERENCES 仓储.仓库(仓库号),
职工号 CHAR(8) PRIMARY KEY,
姓名 CHAR(10),
工资 numeric(8,2) CHECK (工资>=2000 AND 工资<=8000) DEFAULT 4200,
班组长 CHAR(8) FOREIGN KEY REFERENCES 基础.职工(职工号))
```

其中：

① CONSTRAINT ref_wh FOREIGN KEY REFERENCES 仓储.仓库(仓库号)说明一个名称为 ref_wh 的约束，指出该字段是外部关键字，引用的是"仓库"关系的"仓库号"属性(主关键字)。通常 CONSTRAINT 短语可以省略，如果不指定约束名称，系统将自动生成一个名称。

② PRIMARY KEY 说明"职工号"是主关键字。

③ CHECK (工资>=2000 AND 工资<=8000)说明"工资"属性的取值范围。

④ DEFAULT 4200 说明"工资"属性的默认值。

⑤ FOREIGN KEY REFERENCES 基础.职工(职工号)说明"班组长"属性参照本关系的"职工号"属性，即说明某职工是本职工的班组长(直接领导)。这个例子说明参照关系和被参照关系可以是同一个关系。

例 6-3 定义"器件"表。

"器件"表属于基础架构，包含"器件号""器件名称""规格"和"单价"4 个字段。其中"器件号"是主关键字，"器件名称"和"规格"的组合具有候选关键字的性质。

定义"器件"表的命令如下：

```
CREATE TABLE 基础.器件(
器件号 CHAR(8) PRIMARY KEY,
器件名称 CHAR(20) NOT NULL,
规格 CHAR(16) NOT NULL,
单价 SMALLMONEY,
UNIQUE (器件名称,规格))
```

其中：

① PRIMARY KEY 说明"器件号"是主关键字。

② NOT NULL 说明相应的字段不可以为空值。

③ UNIQUE（器件名称，规格）是一个表级约束，说明"器件名称"和"规格"的组合取值具有唯一的特性。

在一个表中只能定义一个主关键字，其他具有候选关键字特征的字段应该定义非空值和唯一性约束。

例 6-4　定义"库存"表。

"库存"表属于仓储架构，包含"仓库号""器件号"和"数量"三个字段。其中"仓库号"参照"仓库"关系的"仓库号"，"器件号"参照"器件"关系的"器件号"，主关键字由"仓库号"和"器件号"构成，库存数量应该大于或等于 0。

定义"库存"表的命令如下：

```
CREATE TABLE 仓储.库存(
仓库号 CHAR(6) FOREIGN KEY REFERENCES 仓储.仓库,
器件号 CHAR(8) FOREIGN KEY REFERENCES 基础.器件,
数量 INT CHECK (数量>=0),
PRIMARY KEY(仓库号,器件号))
```

其中：

① FOREIGN KEY REFERENCES 仓储.仓库说明参照"仓库"关系中的同名字段。

② FOREIGN KEY REFERENCES 基础.器件说明参照"器件"关系中的同名字段。

③ PRIMARY KEY（仓库号,器件号）是表级约束，说明主关键字由"仓库号"和"器件号"共同构成。

例 6-5　定义"供应商"表。

"供应商"表属于订货架构，包含"供应商号""供应商名"和"地址"三个字段。其中"供应商号"是主关键字。

定义"供应商"表的命令如下：

```
CREATE TABLE 订货.供应商(
供应商号 CHAR(5) PRIMARY KEY,
供应商名 CHAR(20),
地址 CHAR(20))
```

例 6-6　定义"订购单"表。

"订购单"表属于订货架构，包含"订购单号""经手人""供货方""订购日期"和"金额"5 个字段。其中："订购单号"是主关键字；"经手人"是负责该订购单的职工号，它参照"职工"关系的"职工号"字段，该字段不允许为空值；"供货方"是接受该订购单的供应商号，它参照"供应商"关系的"供应商号"字段，该字段可以为空值；订购日期的默认值是系统的当前日期。

定义"订购单"表的命令如下：

```
CREATE TABLE 订货.订购单(
订购单号 CHAR(5) PRIMARY KEY,
经手人 CHAR(8) NOT NULL FOREIGN KEY REFERENCES 基础.职工(职工号),
供货方 CHAR(5) NULL FOREIGN KEY REFERENCES 订货.供应商(供应商号),
订购日期 DATETIME DEFAULT getdate(),
金额 MONEY NULL)
```

其中：

① "经手人"字段参照"职工"关系的"职工号"字段，"供货方"字段参照"供应商"关系的"供应商号"字段，说明表示参照联系的字段不是必须同名，它们是根据语义规定的。

② 不同的系统对属性是否可以取空值可能有不同的默认设置，这里以显式的形式说明经手人不可以取空值(NOT NULL)，而供货方可以取空值(NULL)，相应的语义说明订购单必须有人负责，而供应商可以暂时不确定。

③ DEFAULT getdate()用函数形式说明订购日期属性的默认值是当前系统的日期(getdate()是 SQL Server 提供的一个内置函数，返回系统的当前日期时间)。

例 6-7　定义"订购明细"表。

"订购明细"表属于订货架构，包含"订购单号""序号""器件号""单价"和"数量"5 个字段。其中，主关键字由"订购单号"和"序号"共同构成，"订购单号"字段参照"订购单"关系的"订购单号"字段，"器件号"参照"器件"表的"器件号"字段，序号为大于或等于 1 的整数，数量为大于或等于 0 的整数。

定义"订购明细"表的命令如下：

```
CREATE TABLE 订货.订购明细(
订购单号 CHAR(5) FOREIGN KEY REFERENCES 订货.订购单
ON DELETE CASCADE ON UPDATE CASCADE,
序号 SMALLINT CHECK (序号>=1),
器件号 CHAR(8) FOREIGN KEY REFERENCES 基础.器件,
单价 SMALLMONEY,
数量 INT CONSTRAINT num CHECK (数量>=0),
PRIMARY KEY (订购单号,序号))
```

其中：

① "订购单号"是外部关键字,它参照订货架构的订购单关系,同时 ON DELETE CASCADE 指出了当被参照记录(订购单记录)被删除时级联删除参照记录(参照被删除订购单记录的订购明细记录),ON UPDATE CASCADE 指出了当被参照记录(订购单记录)的订购单号被修改时级联修改参照记录的订购单号。

② PRIMARY KEY(订购单号,序号)是表级约束,说明了主关键字。

图 5-3 中还有"供应"和"保管"两个表,请读者自行完成。

6.2.2　修改表结构

MySQL
语 法 与
OpenGauss
语法对比

修改表结构命令 ALTER TABLE 的基本语法格式如下:

```
ALTER TABLE[schema_name].table_name
{ALTER COLUMN column_name <data_type> [NULL|NOT NULL]
| ADD < column_definition > |< computed_column_definition > |
<table_constraint> |DROP [CONSTRAINT] constraint_name |COLUMN
column_name}
```

从语法格式可以看出修改表结构包括:

① ALTER COLUMN:修改已有列的定义,但是只能修改为兼容数据类型或重新定义是否允许空值。

② ADD:添加新列,或新的计算列,或表级完整性约束。

③ DROP:删除指定的完整性约束或指定的列。

相关内容的解释,请参见定义表的命令(CREATE TABLE)。

例 6-8　删除指定的完整性约束。

删除职工表上定义的约束 ref_wh:

```
ALTER TABLE 基础.职工
DROP CONSTRAINT ref_wh
```

如果在定义表和约束的时候没有用 CONSTRAINT 短语指定约束名称,系统将自动生成约束名称。

例 6-9　添加完整性约束。

为"职工"表的"仓库号"字段添加约束,说明该字段是外部关键字,同时规定当被参照记录被删除时,将参照记录的仓库号字段值置为空值(即空值删除),当被参照记录的仓库号修改时,级联修改参照记录的仓库号字段值(即级联更新)。

完成相应修改的命令如下:

```
ALTER TABLE 基础.职工
ADD CONSTRAINT ref_wh
FOREIGN KEY (仓库号) REFERENCES 仓储.仓库(仓库号)
ON DELETE SET NULL
ON UPDATECASCADE
```

此时尽管是对仓库号单个字段的约束，但 ALTER TABLE 命令增加的是表级约束。

例 6-10　增加和删除字段。

为"订购明细"表增加一个"完成日期"字段：

```
ALTER TABLE 订货.订购明细
ADD 完成日期 datetime
```

删除刚为"订购明细"表增加的"完成日期"字段：

```
ALTER TABLE 订货.订购明细
DROP COLUMN 完成日期
```

为"订购单"表增加一个"完成日期"字段，默认值是空值 NULL：

```
ALTER TABLE 订货.订购单
ADD 完成日期 datetime DEFAULT NULL
```

例 6-11　增加"计算"字段。

为"订购明细"表增加一个"计算"字段，字段名为"金额"，计算表达式为"单价 * 数量"：

```
ALTER TABLE 订货.订购明细
ADD 金额 AS 单价 * 数量
```

经过以上表结构的修改，与图 5-3 相比，在"订购"单表中增加了一个"完成日期"字段，在"订购明细"表中增加了一个"金额"字段(计算字段)。

6.3　SQL 数据操纵与完整性约束的作用

微视频：
体验完整
性约束 1

本节介绍 SQL 的插入、删除和修改语句，这些语句的语法非常简单，重点是要理解完整性约束的作用；为此我们专门设计了一些违背数据完整性约束的操作，读者通过这些例子可以进 步加深对数据完整性约束作用的理解。

6.3.1　插入操作

MYSQL
语 法 与
OpenGauss
语法对比

SQL 的插入命令是 INSERT，常用格式如下：

```
INSERT INTO [schema_name.]table_or_view_name[(column_list )]
VALUES({expression |DEFAULT |NULL}[,…n])
```

其中：

① schema_name 指出架构名。

② table_or_view_name 指出表名或视图名(关于视图的解释参见第 7 章 7.7 节)。

③ column_list 给出插入操作所涉及列的列表(默认是表的全部列)。

④ {expression | DEFAULT | NULL}[,…n]给出对应于 column_list 的各个列的值, 可以用表达式(expression)给出一个具体的值, 也可以说明插入默认值(DEFAULT)或空值(NULL)。

插入操作涉及实体完整性、参照完整性和用户定义完整性约束, 只有满足所有这些约束, 插入操作才能成功。

下面插入例 6-1~例 6-7 所创建 7 个表的全部记录, 这些表是后续各章的基础, 特别是第 7 章的查询操作将完全基于这些表, 因此建议读者能够同步完成相关的操作。

SQL 也支持批量插入, 如果要插入多行, 可以在一个 INSERT INTO 语句中指定多个值集合, 格式如下:

```
INSERT INTO  [schema_name.]table_or_view_name[(column_list )]
VALUES
({expression |DEFAULT |NULL}[,…n]),
({expression |DEFAULT |NULL}[,…n]),
({expression |DEFAULT |NULL}[,…n]),
…
```

1. 插入仓库记录

表 6-2 给出了“仓库”关系的 4 条记录。

表 6-2　“仓库”关系

仓库号	城市	面积
WH1	北京	500
WH2	上海	370
WH3	广州	300
WH4	武汉	400

例 6-12　插入“仓库”关系的第一条记录。

可以使用如下命令完成插入操作:

```
INSERT INTO 仓储.仓库 VALUES('WH1','北京',500)
```

或

```
INSERT INTO 仓储.仓库(仓库号,城市,面积) VALUES('WH1','北京',500)
```

当 INSERT 命令中给出的是完整元组或记录值时, 通常可以省略属性列表。但是要注意: 在省略属性列表时, 给出的元组上各分量的值必须与定义表时列的顺序一致。

例 6-13　试图插入一条违背实体完整性的记录。

尝试执行如下命令:

```
INSERT INTO 仓储.仓库 VALUES('WH1','天津',450)
```

由于"仓库"关系中已有仓库号为 WH1 的记录,结果系统会给出违背实体完整性的提示信息,插入操作失败。

"仓库"关系其他记录的插入操作请读者自行完成。

2. 插入职工记录

表 6-3 给出了"职工"关系的 10 条记录。

表 6-3 "职工"关系

仓库号	职工号	姓名	工资	班组长
WH1	E2	王月	4 220	NULL
WH1	E7	张扬	4 250	E2
WH1	E8	陈虹	4 400	E7
WH1	E9	方林	4 480	E7
WH2	E4	李星	4 250	NULL
WH2	E1	吴臣	4 200	E4
WH2	E3	于险	4 550	E4
WH3	E6	姚思	4 420	NULL
WH3	E5	韩喜	4 270	E6
WH4	E11	吴霞	4 270	E6
NULL	E12	吴秋	4 500	E5

例 6-14 插入"职工"关系的第一条记录。

```
INSERT INTO 基础.职工 VALUES('WH1','E2','王月',4220,NULL)
```

其中,"班组长"属性的 NULL 说明该职工暂时没有直接领导(班组长)。

例 6-15 试图插入一条违背参照完整性约束(参照仓库)的职工记录。

尝试执行如下命令:

```
INSERT INTO 基础.职工 VALUES('WH7','E7','张扬',4250,'E2')
```

在定义"职工"表时定义了"仓库号"为外部关键字,它参照"仓库"关系的"仓库号"(参见例 6-2),而目前在"仓库"关系中不存在"仓库号"为 WH7 的记录,因此系统将给出违背参照完整性的提示信息,插入操作失败。

例 6-16 试图插入一条违背参照完整性约束(参照职工自己)的职工记录。

尝试执行如下命令:

```
INSERT INTO 基础.职工 VALUES('WH1','E8','陈虹',4400,'E17')
```

在定义"职工"表时定义了"班组长"属性为外部关键字，它参照"职工"关系自身的"职工号"属性(参见例 6-2)，而目前在"职工"关系中不存在职工号为 E17 的记录，因此系统将给出违背参照完整性的提示信息，插入操作失败。

例 6-17　试图插入一条违背 CHECK 约束的职工记录。

尝试执行如下命令：

```
INSERT INTO 基础.职工 VALUES('WH1','E7','张扬',950,'E2')
```

在定义"职工"表时为"工资属性"定义了 CHECK 约束，它的取值须在 2 000~8 000 元(参见例 6-2)，而目前提供的工资值是 950 元，因此系统将给出违背 CHECK 约束的提示信息，插入操作失败。

第 6 条记录的工资值为 4 200 元(职工表中为工资属性定义的默认值，参见例 6-2)，关于默认值的插入可以使用例 6-18 所示的格式。

例 6-18　默认值(DEFAULT)的插入。

插入"职工"关系的第 6 条记录：

```
INSERT INTO 基础.职工 VALUES('WH2','E1','吴臣',DEFAULT,'E4')
```

或

```
INSERT INTO 基础.职工 (仓库号,职工号,姓名,班组长) VALUES ('WH2',
    'E1', '吴臣','E4')
```

上述插入操作完成后，该记录的工资属性值将取默认值 4 200 元。

"职工"关系其他记录的插入操作请读者自行完成，其中最后一条职工记录的"仓库号"字段值为空值 NULL，说明该职工暂时不属于任何仓库。

3. 插入供应商记录

表 6-4 给出了"供应商"关系的 4 条记录。"供应商"关系上只有主关键字约束，相应的记录插入操作请读者自行完成。

表 6-4　"供应商"关系

供应商号	供应商名	地址
S3	振华电子厂	西安
S4	华通电子公司	北京
S6	世纪金梦公司	郑州
S7	爱华电子厂	北京

4. 插入器件记录

表 6-5 给出了"器件"关系的 5 条记录。在"器件"关系中"器件号"是主关键字，并且在"器件名称"和"规格"属性上定义了唯一性约束。

表 6-5　"器件"关系

器件号	器件名称	规格	单价
P4	内存	2GB DDR2 800	125
P3	内存	1GB DDR2 667	75
P2	硬盘	希捷 1TB	270
P7	硬盘	日立 2TB	360
P9	鼠标	罗技 G1	149

例 6-19　插入"器件"关系的第一条记录。

```
INSERT INTO 基础.器件 VALUES('P4','内存','2GB DDR2 800',125)
```

例 6-20　尝试插入一条违背 UNIQUE 约束的记录。

```
INSERT INTO 基础.器件 VALUES('P7','内存','2GB DDR2 800',120)
```

由于在"器件"表上定义了表级约束"UNIQUE(器件名称，规格)"（见例 6-3），因此这条命令不能成功执行，系统将给出违背 UNIQUE 约束的提示信息。

"器件"关系其他记录的插入操作请读者自行完成。

5. 插入库存记录

表 6-6 给出了"库存"关系的 9 条记录。"库存"关系的主关键字是由"仓库号"和"器件号"共同构成的，并且"仓库号"参照"仓库"关系，"器件号"参照"器件"关系。

表 6-6　"库存"关系

仓库号	器件号	数量
WH1	P2	18
WH1	P3	55
WH1	P4	12
WH1	P9	40
WH2	P4	19
WH2	P7	22
WH2	P9	0
WH3	P9	1
WH3	P2	11

例 6-21　尝试缺少主属性的插入。

尝试执行如下命令：

```
INSERT INTO 仓储.库存(仓库号,数量) VALUES('WH1',18)
```

这里给出的不是完整的记录，缺少主属性"器件号"，由于违背实体完整性规则，插入操作失败。

例 6-22 尝试为主属性指定空值的插入。

尝试执行如下命令：

```
INSERT INTO 仓储.库存 VALUES('WH1',NULL,18)
```

这里虽然给出的是完整的记录，但是为主属性"器件号"指定的是空值 NULL，同样由于违背实体完整性规则，插入操作失败。

库存记录的正确插入请读者自行完成。

6. 插入订购单记录

表 6-7 给出了"订购单"关系的 8 条记录。"订购单"关系的主关键字是"订购单号"，并且"经手人"属性参照"职工"关系的"职工号"属性，"供货方"属性参照"供应商"关系的"供应商号"属性，"订购日期"默认是系统当前日期，"金额"将根据订购明细记录的数量和单价计算，"订购单"关系的定义参见例 6-6。在修改表结构的例 6-10 中增加了一个"完成日期"属性。"金额"和"完成日期"的属性值在后面的更新操作中予以指定，这里的插入操作只涉及"订购单号""经手人""供货方"和"订购日期"4 个字段。

表 6-7 "订购单"关系

订购单号	经手人	供货方	订购日期	金额	完成日期
OR67	E3	S7	2017/01/23		
OR73	E1	S4	2017/02/04		
OR76	E7	S4	2017/02/04		
OR77	E6	NULL	NULL		
OR79	E3	S4	2017/01/13		
OR80	E1	NULL	NULL		
OR90	E3	NULL	NULL		
OR91	E3	S3	2017/01/13		

例 6-23 插入"订购单"关系的第一条记录。

```
INSERT INTO 订货.订购单(订购单号,经手人,供货方,订购日期)
VALUES('OR67','E3','S7','2017/01/23')
```

注意日期型数据的常量表示，它是日期格式的字符串，系统会自动将其转换为日期时间型格式。

例 6-24 插入"订购单"关系的第二条记录，并且假设当前日期是 2017 年 2 月 4 日。

这里使用默认值插入订购单的"订购日期"字段值：

```
INSERT INTO 订货.订购单 (订购单号,经手人,供货方) VALUES ('OR73',
'E1','S4')
```

订购单关系的其他记录请读者自行插入。

需要注意的是,虽然"经手人"和"供货方"都是外部关键字,但是在定义"订购单"关系时说明了"经手人"属性不可以为空值,但是"供货方"属性允许为空值。这表明订购单必须有人负责,但是可以暂时不确定供货商。

7. 插入订购明细记录

表 6-8 给出了"订购明细"关系的 16 条记录。在"订购明细"关系上,"订购单号"和"序号"共同构成关键字,同时"订购单号"还是外部关键字(参照"订购单"关系),另外"器件号"也是外部关键字(参照"器件"关系)。

表 6-8　"订购明细"关系

订购单号	序号	器件号	单价	数量	金额
OR67	1	P2	120	5	600
OR67	2	P7	360	3	1 080
OR73	1	P9	150	10	1 500
OR73	2	P2	124	10	1 240
OR73	3	P7	358	8	2 864
OR73	4	P3	75	18	1 350
OR76	1	P4	280	8	2 240
OR76	2	P3	77	100	7 700
OR77	1	P2	125	90	11 250
OR79	1	P2	125	22	2 750
OR79	2	P3	77	10	770
OR79	3	P9	152	2	304
OR80	1	P9	149	6	894
OR90	1	P2	126	50	6 300
OR90	2	P9	160	20	3 200
OR91	1	P7	360	10	3 600

在例 6-11 修改表结构时为"订购明细"关系增加了一个计算字段"金额"。计算字段的值是根据其他字段自动计算产生的,这样的字段只能查询,不能操作。

例 6-25　插入"订购明细"关系的第一条记录。

```
INSERT INTO 订货.订购明细 VALUES ('OR67',1,'P2',120,5,600)
```

由于"金额"是计算字段，因此对于以上命令，系统会指出相应的出错信息。正确的插入命令是

```
INSERT INTO 订货.订购明细 VALUES('OR67',1,'P2',120,5)
```

即使计算字段不是在字段列表的末尾，系统也会自动忽略。

"订购明细"关系的其他记录请读者自行插入。

6.3.2　删除操作

微视频：
体验完整
性约束 2

MYSQL
语　法　与
OpenGauss
语法对比

SQL 的删除语句是 DELETE，常用格式如下：

```
DELETE [FROM][schema_name.]table_or_view_name
[WHERE <search_condition>]
```

其中：

① schema_name 指出架构名。

② table_or_view_name 指出从哪个表或视图删除记录（关于视图的解释参见第 7 章 7.7 节）。

③ WHERE <search_condition>用来指出删除记录的条件，默认处理方式是删除全部记录。

删除操作只与参照完整性有关，并且只有在删除被参照表的记录时才需要检查参照完整性，系统将根据定义参照完整性时确定的处理方法（拒绝删除、空值删除、默认值删除或级联删除）进行处理。

例 6-26　删除"订购明细"表中订购单号为 OR91 的记录。

```
DELETE FROM 订货.订购明细 WHERE 订购单号='OR91'
```

或

```
DELETE 订货.订购明细 WHERE 订购单号='OR91'
```

即关键词 FROM 可以省略。

WHERE 指定被删除记录满足的条件，如果缺省 WHERE 短语将删除全部记录，所以在执行删除操作的时候要慎重。

"订购明细"表不是任何表的被参照表，所以在"订购明细"表上的删除操作不需要做数据完整性检查。

例 6-27　删除"订购单表"中订购单号为 OR67 的记录（级联删除）。

```
DELETE 订货.订购单 WHERE 订购单号='OR67'
```

"订购单"表被"订购明细"表参照，所以需要检查被删除记录是否有订购明细记录参照，根据 6.3.1 小节的插入操作和表 6-8 可知，在"订购明细"表中有两条订购单号为 OR67 的记录，再根据定义"订购明细"表（见例 6-7）时规定的处理方式（ON DELETE CASCADE），当删除"订购单"表中订购单号为 OR67

的记录的同时，将级联删除"订购明细"表中订购单号为 OR67 的记录。本删除操作可以成功完成。

例 6-28 删除"器件"表中器件号为 P2 的记录（拒绝删除）。

```
DELETE FROM 基础.器件 WHERE 器件号 = 'P2'
```

"器件"表分别被"库存"表和"订购明细"表参照，在定义"库存"表和"订购明细"表的参照完整性时均未说明被参照记录删除时的处理方式，因此采用默认方式（拒绝删除）。根据 6.3.1 小节的插入操作和表 6-6 及表 6-8 可知，在"库存"表和"订购明细"表中均有记录参照器件号为 P2 的器件记录，因此本删除操作失败。

例 6-29 删除"仓库"表中仓库号为 WH4 的记录（空值删除）。

```
DELETE 仓储.仓库 WHERE 仓库号 = 'WH4'
```

"仓库"表是"职工"表和"库存"表的被参照表。在"职工"表的参照完整性定义中说明是空值删除（见例 6-9），即如果有职工记录参照了被删除的仓库记录，则相应职工的"仓库号"字段值将被置为空值 NULL；"库存"表上的相关参照完整性定义则未说明删除被参照记录时的处理方式（见例 6-4），因此默认处理方式为禁止删除。

根据 6.3.1 小节的插入操作和表 6-3 及表 6-6 可知，在"职工"表中有记录参照该记录，而"库存"表中没有记录参照该记录，因此删除操作可以成功完成，并且"职工"表中参照记录的"仓库号"值将被置为空值 NULL。

例 6-30 删除"仓库"表中仓库号为 WH3 的记录。

```
DELETE 仓储.仓库 WHERE 仓库号 = 'WH3'
```

根据 6.3.1 小节的插入操作和表 6-3 及表 6-6 可知，在"职工"表和"库存"表中均有记录参照仓库号为 WH3 的仓库记录，根据以上的分析，该操作不能成功完成。

6.3.3 更新操作

SQL 更新记录的语句是 UPDATE，常用格式如下：

```
UPDATE[schema_name.]table_or_view_name
SET column_name={expression |DEFAULT |NULL}[,…n]
[WHERE <search_condition>]
```

微视频：
MYSQL
语 法 与
OpenGauss
语法对比

其中：

① schema_name 指定架构名。

② table_or_view_name 给出要更新数据的表或视图名（视图的概念参见第 7 章 7.7 节）。

③ SET 短语说明要更新的列，column_name 给出要更新的列，它可以指定

新的值（用表达式 expression 指定）或默认值（DEFAULT，定义表时规定的）或空值（NULL）。

④ 参数"[，$\cdots n$]"说明一次可以更新多列。

⑤ WHERE 指定更新哪些记录，即用逻辑表达式 <search_condition>指定更新条件，如果不指定条件则更新全部记录。

更新操作可以看作是先删除旧记录再插入新记录，因此更新操作的数据完整性检查综合了插入操作和删除操作的数据完整性检查。

例 6-31　将职工 E11 的"仓库号"字段值设置为 WH5（违背参照完整性）。

```
UPDATE 基础.职工 SET 仓库号='WH5'WHERE 职工号='E11'
```

"职工"关系的"仓库号"字段值参照"仓库"关系的"仓库号"字段值，根据6.3.1 小节的插入操作和表 6-2 的"仓库"关系可知，在"仓库"关系中不存在仓库号为 WH5 的仓库记录，因此本更新操作失败。

例 6-32　将职工 E11 的"仓库号"字段值设置为 WH3。

```
UPDATE 基础.职工 SET 仓库号='WH3'WHERE 职工号='E11'
```

例 6-33　将订购单号为 OR73 的"订购单号"字段值修改为 OR76（违背实体完整性）。

```
UPDATE 订货.订购单 SET 订购单号='OR76'WHERE 订购单号='OR73'
```

由于"订购单"关系中已经存在订购单号为 OR76 的记录（参见表 6-7），所以本更新操作失败。

例 6-34　将订购单号为 OR73 的"订购单号"字段值修改为 OR78（级联更新）。

```
UPDATE 订货.订购单 SET 订购单号='OR78'WHERE 订购单号='OR73'
```

"订购明细"关系的"订购单号"字段参照"订购单"关系的"订购单号"，并且在定义参照完整性时说明了进行级联更新（ON UPDATE CASCADE，见例 6-7），因此本更新完成后，"订购明细"关系中原来订购单号为 OR73 的记录的"订购单号"字段值也将自动更新为 OR78。

例 6-35　将订购单号为 OR79 的订购单的"完成日期"字段值设置为 2017 年 10 月 6 日。

```
UPDATE 订货.订购单 SET 完成日期='2017/10/06'WHERE 订购单号='OR79'
```

例 6-36　将订购单号为 OR76 的订购单的"供货方"和"订购日期"字段值均设置为空值 NULL（该例子说明一次可以更新多个字段值）。

```
UPDATE 订货.订购单 SET 供货方=NULL,订购日期=NULL
WHERE 订购单号='OR76'
```

本节介绍了 SQL 数据操纵的 INSERT、DELETE 和 UPDATE 命令的基本使用方式，并设计了一些与数据完整性约束相关的操作，希望读者在掌握 SQL 操作语句的同时，加深对关系数据库完整性约束的理解。

本章小结

本章的内容和关系模型的三要素——关系数据结构、关系操作和关系完整性约束相对应。CREATE TABLE 语句用于定义关系和关系完整性约束，PRIMARY KEY 用于实现实体完整性约束，REFERENCES 用于实现参照完整性约束，CHECK、UNIQUE 和 NOT NULL 用于实现用户定义完整性约束。INSERT、DELETE、UPDATE 语句分别实现对关系的插入、删除和更新操作，但是它们能成功执行的前提是不违反任何一条关系完整性约束。

表 6-9 总结了本章涉及表约束的各种定义和添加格式，需要进行完整性约束检查的数据操纵，以帮助读者更好地理解完整性约束。

表 6-9　表约束总结

约束	创建表时_列级	创建表时_表级	在已创建表上添加	需要进行完整性约束检查的数据操纵
PRIMARY KEY	PRIMARY KEY	PRIMARY KEY(主关键字属性集)	ALTER TABLE … ADD PRIMARY KEY（主关键字属性集）	INSERT UPDATE
UNIQUE	UNIQUE	UNIQUE(列名集)	ALTER TABLE … ADD UNIQUE(列名集)	INSERT UPDATE
FOREIGN KEY	FOREIGN KEY REFERENCES 被参照表(主关键字)	FOREIGN KEY(外部关键字) REFERENCES 被参照表（主关键字）	ALTER TABLE … ADD FOREIGN KEY(外部关键字) REFERENCES 被参照表(主关键字)	参照表：INSERT UPDATE 被参照表：DELETE （4种选择） UPDATE （4种选择）
DEFAULT	DEFAULT 默认值	—	ALTER TABLE … ADD DEFAULT 默认值 FOR 列名	INSERT
CHECK	CHECK（逻辑表达式）（只适合于单列）	CHECK（逻辑表达式）	ALTER TABLE … ADD CHECK（逻辑表达式）	INSERT UPDATE

习题与思考题

1. 选择题

（1）在 CREATE TABLE 语句中定义列时必须要说明的是（   ）。

A. 数据类型   B. 是否为空值

C. 列的取值范围   D. DEFAULT

（2）在 CREATE TABLE 语句中说明列的取值范围的短语是（   ）。

A. CHECK   B. BETWEEN

C. DEFAULT   D. CONSTRAINT

（3）删除操作时需要检查的完整性约束是（   ）。

A. 参照完整性   B. 实体完整性

C. 用户定义完整性   D. 删除操作和约束无关

（4）下面关于计算列描述正确的是（   ）。

A. 计算列的值可以物理保存   B. 计算列是虚列不能物理保存

C. 可以直接修改计算列的值   D. 计算列不可以作为外部关键字

（5）一条 INSERT 语句没有语法错误却不能成功执行，可能的原因是（   ）。

A. 违背了实体完整性   B. 违背了参照完整性

C. 违背了用户定义完整性   D. 以上都有可能

（6）如果在参照完整性说明中有短语 ON DELETE CASCADE，则在删除被参照记录时
（   ）。

A. 禁止删除

B. 将参照记录的外部关键字值置为空值

C. 将参照记录的外部关键字值置为默认值

D. 同时删除所有参照记录

2. 讨论题

（1）试述 SQL 中的架构（schema）概念。

（2）讨论引入架构后为数据库管理带来了哪些好处？

（3）熟悉、理解和掌握 CREATE TABLE 语句。

（4）在 CREATE TABLE 语句中定义主关键字的关键词是什么？

（5）在 CREATE TABLE 语句中定义参照完整性的关键词是什么？如何定义参照完整性？

（6）在定义参照完整性时可以说明参照完整性处理规则，分别叙述删除（DELETE）规则
和更新（UPDATE）规则的内容及其作用。

（7）什么是计算列？计算列是否可以作为主关键字或外部关键字？

（8）什么情况下需要使用表级约束？

（9）练习例 6-1~例 6-7 的 CREATE TABLE 语句，掌握和理解其中所有细节。

（10）修改表结构的 ALTER TABLE 命令有哪些功能？

（11）练习例 6-8~例 6-11 的 ALTER TABLE 语句，掌握修改结构的方法。

（12）熟练掌握 INSERT、DELETE、UPDATE 语句，练习例 6-12~例 6-36 的插入、删除
和修改操作语句，充分理解在进行插入、删除、更新操作时都会受到哪些完整性约束的影
响，体会完整性约束的作用。

实验 3　建立表和定义完整性约束

实验名称： 建立数据库、架构、表和定义完整性约束。

实验内容： 参照第 5 章 5.3.3 小节建立数据库的 CREATE DATABASE 命令首先建立数据库，然后参照图 6-2 和表 6-10 建立表并定义完整性约束，可以在此基础上根据自己学校的实际情况增加表、字段和约束等。

实验目的： 熟练掌握表的建立和数据完整性约束的定义方法，实践 DBMS 提供的数据完整性功能，加深对数据完整性的理解。

实验方法： 使用 CREATE DATABASE 命令建立数据库，使用 CREATE SCHEMA 命令建立架构，用 CREATE TABLE 命令建立表并定义数据完整性约束，用 ALTER TABLE 命令修改表结构。

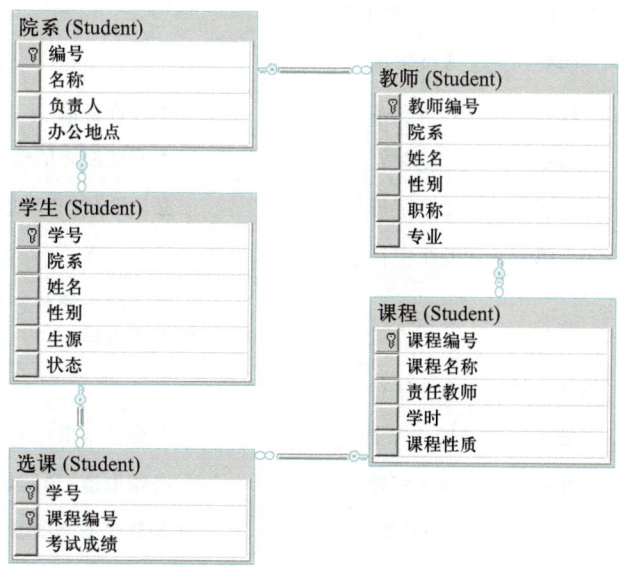

图 6-2　样本数据库

实验要求：

① 用 CREATE DATABASE 命令建立数据库（自己命名数据库的名称）。

② 用 CREATE SCHEMA 命令建立架构（自己命名架构名称）。

③ 在定义的架构下参照图 6-2 所示的样本数据库和表 6-10 的具体要求，使用 CREATE TABLE 命令建立表并定义完整性约束。

④ 使用 ALTER TABLE 命令按如下要求修改表结构：

- 为"学生"表增加一个"平均成绩"字段，类型为短整数，默认是空值。
- 为"课程"表的"学时"字段重新定义约束：取值为 8 的倍数，不允许为空值。
- 将"院系"表的"名称"字段的类型修改为 varchar(30)。
- 为"教师"表增加一个"工资"字段，类型为 5 位整数、2 位小数的数值型。

相关命令：

CREATE SCHEMA 命令的基本格式如下：

```
CREATE SCHEMA schema_name [AUTHORIZATION owner_name]
```

CREATE TABLE 命令的基本格式如下：

```
CREATE TABLE [schema_name].table_name
({<column_definition>|<computed_column_definition> }
[<table_constraint>] [,…n])
```

表 6-10　字段和约束说明

表名	字段名	字段类型	关键字	约束说明
院系	编号	短整数	是	
	名称	20 个字符		唯一，不允许空值
	负责人	10 个字符		
	办公地点	20 个字符		
学生	学号	8 个字符	是	
	姓名	10 个字符		不允许空值
	院系	短整数		参照院系表的编号字段
	性别	2 个字符		必须取值"男"或"女"
	生源	6 个字符		
	状态	4 个字符		学生的学籍状态为正常、留级、休学或退学
教师	教师编号	8 个字符	是	
	姓名	10 个字符		不允许空值
	性别	2 个字符		必须取值"男"或"女"
	院系	短整数		参照院系表的编号字段
	专业	10 个字符		
	职称	6 个字符		职称的取值为教授、副教授、讲师或助教
课程	课程编号	8 个字符	是	
	课程名称	20 个字符		不允许空值
	责任教师	8 个字符		参照教师表的教师编号字段
	学时	短整数		不允许空值
	课程性质	10 个字符		取值为公共基础、专业基础、专业选修和任意选修
选课	学号	8 个字符	是	参照学生表的学号
	课程编号	8 个字符	是	参照课程表的课程编号字段
	成绩	短整数		取值为 0~100，并且默认为空值

其中，列定义的基本格式如下：

```
column_name <data_type> [NULL |NOT NULL]
[[CONSTRAINT constraint_name] PRIMARY KEY |UNIQUE |[FOREIGN KEY]
REFERENCES [schema_name.] referenced_table_name [(ref_column )]
[ON DELETE {NO ACTION |CASCADE |SET NULL |SET DEFAULT }]
[ON UPDATE {NO ACTION |CASCADE |SET NULL |SET DEFAULT }]
| CHECK(logical_expression)]
[DEFAULT constant_expression]
```

如果需要，还可以定义计算列和表级约束。

ALTER TABLE 命令的基本格式如下：

```
ALTER TABLE [schema_name.]table_name
{ALTER COLUMN column_name <data_type> [NULL |NOT NULL]
| ADD <column_definition> |<computed_column_definition> |<table_
    constraint>
| DROP [CONSTRAINT] constraint_name |COLUMN column_name}
```

实验 4　数据操纵及体验完整性约束

实验名称：数据操纵和完整性约束的作用。

实验内容：在实验 3 的基础上完成数据的插入操作，然后进行部分修改和删除操作，在这些操作中体会数据完整性约束机制。

实验目的：熟练掌握 SQL 的 INSERT、UPDATE 和 DELETE 命令，深刻理解数据完整性约束的作用以及约束时机。

实验方法：在实验 3 的基础上首先用 INSERT 命令插入各个表的记录，然后使用 UPDATE 和 DELETE 命令对部分记录进行修改和删除操作。

实验要求：

① 读者自行设计各个表的记录，其中"院系"表至少 10 条记录，"学生"表至少 30 条记录，"课程"表至少 10 条记录，"教师"表至少 10 条记录，"选课"表至少 50 条记录。

② 使用 INSERT 命令完成记录的插入操作，要求分别设计若干违反实体完整性、参照完整性和用户定义完整性约束的插入操作，并分析原因。

③ 设计若干删除操作，体会执行删除操作时检查参照完整性规则的效果（要求涉及拒绝删除、空值删除和级联删除等不同的处理方式）。

④ 设计若干更新操作，体会执行更新操作时检查实体完整性规则、参照完整性规则和用户定义完整性规则的效果。

⑤ 实验报告要给出具体的记录和设计的操作，并针对各种数据完整性检查给出具体的分析和讨论。

相关命令：

SQL 的插入语句是 INSERT，常用格式如下：

```
INSERT INTO[schema_name.]table_or_view_name[(column_list )]
VALUES({expression |DEFAULT |NULL}[,…n])
```

SQL 的删除语句是 DELETE，常用格式如下：

```
DELETE [FROM] [schema_name.]table_or_view_name
[WHERE <search_condition>]
```

SQL 更新记录的语句是 UPDATE，常用格式如下：

```
UPDATE [schema_name.]table_or_view_name
SET column_name={expression |DEFAULT |NULL}[,…n]
[WHERE {<search_condition> }
```

第 7 章　SQL 查询

SQL 是 structured query language(结构化查询语言)的缩写,它是关系数据库的标准(参见第 3 章 3.1.4 小节),有时也是关系数据库的代名词。可以说查询是 SQL 语言的重要和核心部分,但不是全部。第 6 章已经介绍了 SQL 的数据定义和数据操纵功能,本章将重点讲述 SQL 的查询功能。

知识目标:熟练掌握 SELECT 查询功能,掌握视图的概念、管理及作用。

能力及素养目标:在工程项目中,能够使用 SQL 完成各种简单和复杂的数据查询,能够借助视图实现更高效的管理和数据使用。

本章重点:本章的内容都是重点,是学好数据库的重中之重!

本章难点:SELECT 语句中复杂的连接和嵌套查询。

7.1　SQL 的数据查询命令

SQL SELECT 命令的基本形式由 SELECT-FROM-WHERE 组成,其中 SELECT 指出查询的结果,FROM 指出从哪里查询,WHERE 指出查询的条件。

SQL SELECT 命令的基本格式如下:

```
SELECT [ALL |DISTINCT] [TOP expression [PERCENT] [WITH TIES]] se-
    lect_list
[INTO new_table]
FROM table_source
[WHERE search_condition]
[GROUP BY group_by_expression [HAVING search_condition]]
[ORDER BY order_expression [ASC |DESC]]
```

微视频:
SQL 查询
语句的
格式

其中,常用短语的说明如下:

① SELECT 短语描述查询结果,参数 ALL 说明不去除重复元组,DISTINCT 说明要去除重复元组;TOP 短语指定只返回查询结果的“前”一组结果,该短语必须和排序短语 ORDER BY 一起使用,PERCENT 配合 TOP 按百分比列出“前”一组结果,而 WITH TIES 说明是否保留最后并列的结果;select_list 一般是表中的属性列表(也可以是表达式),如果要查询表中的所有列,则可以使用“ * ”表示。

② FROM 短语说明查询基于哪个(些)表,如果是连接查询,那么可以使用

MYSQL
语法与
OpenGauss
语法对比

145

JOIN 短语，详细解释参见 7.3 节。

③ WHERE 短语说明查询条件，可用于查询条件的运算符非常丰富，表 7-1 列出了常用的运算符。

④ GROUP BY 短语说明查询分组，与之配套的 HAVING 短语说明分组条件，GROUP BY 分组通常用于分组的汇总查询。

⑤ ORDER BY 短语说明查询结果的排序方式。

我们将结合实例，在 7.2~7.5 节详细解释各短语的使用方法。

另外，SQL Server 还支持查询结果的并（UNION）、交（INTERSECT）、差（EXCEPT）运算。

表 7-1　WHERE 子句中常用的运算符

查询方式	运算符
比较	=，>，>=，<，<=，!=，<>，!>，!<
确定范围	BETWEEN AND，NOT BETWEEN AND
确定集合	IN，NOT IN
字符匹配	LIKE，NOT LIKE
空值	IS NULL，IS NOT NULL
否定	NOT
多重条件	AND，OR

SELECT 查询命令的使用非常灵活，用它可以构造各种各样的查询。本章将通过实例介绍 SELECT 命令的使用。这些例子将使用第 5 章和第 6 章建立的仓储订货数据库及其若干表，具体的关系及其记录参见第 6 章表 6-2~表 6-8 给出的 7 个关系的实例，其中部分记录的值在 6.3 节的操作中可能已经发生过变化。

7.2　简单查询

本节从最简单的查询开始，通过实例来介绍 SQL SELECT 语句。

在 SELECT 短语中 select_list 列出具体的查询结果需求，它通常是表中的列名列表（如果要查询表中的所有列，则可以用星号"＊"代替），也可以是合法的表达式列表（表达式可以是表中的列名、常量、计算表达式或函数等）。另外，还可以为查询列指定别名。

微视频：
简单查询

7.2.1　简单无条件查询

例 7-1　查询全部仓库信息。

```
SELECT *
FROM 仓储.仓库
```

这里"＊"是通配符，表示所有属性（字段），该命令等同于

```
SELECT 仓库号,城市,面积
FROM 仓储.仓库
```

例 7-2　查询职工的姓名和工资信息。

```
SELECT 姓名,工资
FROM 基础.职工
```

7.2.2　简单条件查询

WHERE 短语用来指定查询条件。它可以是由单个表达式构成的简单条件，也可以是由多个条件构成的复杂条件。

在表达式中可以使用的关系运算符包括：等于（＝）、不等于（<>或!＝）、大于（>）、大于或等于（>＝）、不大于（!>）、小于（<）、小于或等于（<＝）和不小于（!<）等。

可以用逻辑与（AND）、逻辑或（OR）、逻辑非（NOT）对表达式进行逻辑运算。

例 7-3　查询工资不少于 4 300 元的职工的姓名和工资值。

```
SELECT 姓名,工资
FROM 基础.职工
WHERE 工资>=4300
```

或

```
SELECT 姓名,工资
FROM 基础.职工
WHERE 工资 !< 4300
```

查询结果如下：

姓名	工资
吴秋	4 500.00
于险	4 550.00
姚思	4 420.00
陈氓	4 400.00
方林	4 480.00

例 7-4　查询单价在 100～150 元的器件信息。

```
SELECT *
FROM 基础.器件
WHERE 单价>=100 AND 单价<=150
```

查询结果如下：

器件号	器件名称	规格	单价
P4	内存	2GB DDR2 800	125.00
P9	鼠标	罗技 G1	149.00

7.2.3　使用［NOT］BETWEEN…AND…的查询

可以使用［NOT］BETWEEN…AND…指定值的区间，称之为 BETWEEN 表达式，语法格式如下：

```
test_expression [NOT] BETWEEN begin_expression AND end_expression
```

其中，test_expression 是测试表达式，begin_expression 是区间的起始值，end_expression 是区间的终止值。

例 7-5　查询单价在 100~150 元的器件信息（同例 7-4）。

```
SELECT *
FROM 基础.器件
WHERE 单价 BETWEEN 100 AND 150
```

显然，表达式"单价 BETWEEN 100 AND 150"比"单价>=100 AND 单价<=150"更直观且更易于理解。

例 7-6　查询单价不在 100~150 元的器件信息。

```
SELECT *
FROM 基础.器件
WHERE 单价 NOT BETWEEN 100 AND 150
```

或

```
SELECT *
FROM 基础.器件
WHERE NOT(单价>=100 AND 单价<=150)
```

或

```
SELECT *
FROM 基础.器件
WHERE 单价<100 OR 单价>150
```

查询结果如下：

器件号	器件名称	规格	单价
P2	硬盘	希捷 1 TB	270.00
P3	内存	1GB DDR2 667	75.00
P7	硬盘	日立 2 TB	360.00

以上 3 个查询是等价的，读者可以比较哪个 WHERE 中的表达式更容易理解。

使用[NOT] BETWEEN…AND…不仅可以指定数值的区间，也可以指定任何可比较数据的区间，如日期和字符串的区间等。

例 7-7　查询 2017 年 1 月签订的订购单信息（订购单号、供货方、订购日期）。

```
SELECT 订购单号,供货方,订购日期
FROM 订货.订购单
WHERE 订购日期 BETWEEN '2017/01/01' AND '2017/01/31'
```

查询结果如下：

订购单号	供货方	订购日期
OR79	S4	2017-01-13 00:00:00.000
OR91	S3	2017-01-13 00:00:00.000

注意：由于订购日期是 datetime 类型，所以返回结果包括日期和时间。

7.2.4　字符串匹配查询

可以使用[NOT] LIKE 进行字符串匹配查询，语法格式如下：

```
match_expression [NOT] LIKE pattern
```

其中，match_expression 是要进行匹配比较的字符串表达式，pattern 是含有通配符的字符串"模版"。下面通过几个例子，对通配符和模板的简单使用进行解释：

① 通配符"%"可以包含 0 个或多个字符的任意字符串。

例 7-8　从器件关系中查找在规格字段值中任意位置包含字符串"DDR"的所有记录。

```
SELECT *
FROM 基础.器件
WHERE 规格 LIKE '% DDR% '
```

查询结果如下：

器件号	器件名称	规格	单价
P3	内存	1 GB DDR2 667	75.00
P4	内存	2 GB DDR2 800	125.00

② 通配符"_"(下划线)可以表示任何单个字符。

例 7-9　假设订购单号为 4 个字符,查找订购单号前两位是 OR,最后 1 位为 0 的所有订购单信息(订购单号、供货方、订购日期)。

```
SELECT 订购单号,供货方,订购日期
FROM 订货.订购单
WHERE 订购单号 LIKE 'OR_0'
```

查询结果如下:

订购单号	供货方	订购日期
OR80	NULL	NULL
OR90	NULL	NULL

其中,供货方和订购日期都返回空值 NULL,说明这些订购单还没有确定供货方等信息。

③ 模板"[ ]"表示指定范围中的任何单个字符,例如"[a-f]"或集合"[abcdef]"表示小写字母 a~f 的任意字符。

例 7-10　查找订购单号前 3 位是 OR7、最后 1 位为 0~9 的所有订购单信息(订购单号、供货方、订购日期)。

```
SELECT 订购单号,供货方,订购日期
FROM 订货.订购单
WHERE 订购单号 LIKE 'OR7[0-9]'
```

查询结果如下:

订购单号	供货方	订购日期
OR76	NULL	NULL
OR77	NULL	NULL
OR78	S4	2017-02-04 09:51:31.750
OR79	S4	2017-01-13 00:00:00.000

④ 模板"[^]"表示不属于指定范围的任何单个字符。例如"[^a-f]"或集合"[^abcdef]"表示不是小写字母 a~f 的任意字符。

例 7-11　查找订购单号前 3 位是 OR7、最后 1 位不是 6 或 8 的所有订购单信息(订购单号、供货方、订购日期)。

```
SELECT 订购单号,供货方,订购日期
FROM 订货.订购单
WHERE 订购单号 LIKE 'OR7[^68]'
```

查询结果如下：

订购单号	供货方	订购日期
OR77	NULL	NULL
OR79	S4	2017-01-13 00:00:00.000

7.2.5 空值查询

使用 IS [NOT] NULL 来判断表达式是否为空值，语法格式如下：

```
expression IS [NOT] NULL
```

空值是一个概念而不是一个具体的值，所以不能用相等或不相等进行比较。

例 7-12　查询没有确定供货方的订购单信息（供货方字段为空值的记录）。

```
SELECT 订购单号,供货方,订购日期
FROM 订货.订购单
WHERE 供货方 IS NULL
```

查询结果如下：

订购单号	供货方	订购日期
OR76	NULL	NULL
OR77	NULL	NULL
OR80	NULL	NULL
OR90	NULL	NULL

如果查询已经确定了供货方的订购单信息，则

```
SELECT 订购单号,供货方,订购日期
FROM 订货.订购单
WHERE 供货方 IS NOT NULL
```

查询结果如下：

订购单号	供货方	订购日期
OR78	S4	2017-02-04 09:51:31.750
OR79	S4	2017-01-13 00:00:00.000
OR91	S3	2017-01-13 00:00:00.000

7.2.6　使用 IN 表达式的查询

IN 表达式用来确定给定的表达式的值是否与子查询或集合列表中的值匹配，格式如下：

```
test_expression [NOT] IN (subquery |expression [,…n])
```

关于子查询（subquery），将在 7.5 节介绍。

例 7-13　查询器件名称为"内存"或"鼠标"的器件信息。

```
SELECT *
FROM 基础.器件
WHERE 器件名称='内存'OR 器件名称='鼠标'
```

使用 IN 表达式则可以写为

```
SELECT *
FROM 基础.器件
WHERE 器件名称 IN ('内存','鼠标')
```

查询结果如下：

器件号	器件名称	规格	单价
P3	内存	1 GB DDR2 667	75.00
P4	内存	2 GB DDR2 800	125.00
P9	鼠标	罗技 G1	149.00

当有多个值需要比较时，显然使用 IN 表达式更加简单、方便。

7.2.7　ALL 和 DISTINCT 短语的作用

SELECT 短语中的 ALL 和 DISTINCT 说明是否保留查询结果中的重复行，默认是 ALL（保留重复行），如果在查询结果中消除重复行则选用 DISTINCT。

例 7-14　从器件关系查询或浏览有哪些器件（名称）。

```
SELECT 器件名称
FROM 基础.器件
```

查询结果如下：

器件名称
内存
内存
鼠标
硬盘
硬盘

这时具有相同名称的器件名称将全部列出(包含重复行),为了去掉重复行则应该把命令改成

```
SELECT DISTINCT 器件名称
FROM 基础.器件
```

查询结果如下:

器件名称
内存
鼠标
硬盘

7.2.8　存储查询结果

使用 INTO 短语可以将查询结果存储到指定的新表中。

例 7-15　查询职工 E3 经手的订购单的订购单号、供货方和订购日期信息,并将结果存储到"订货"架构下表名为 E3 的表中。

```
SELECT 订购单号,供货方,订购日期
INTO 订货.E3
FROM 订货.订购单
WHERE 经手人 = 'E3'
```

7.2.9　查询结果的排序

可以使用 ORDER BY 短语对 SELECT 的查询结果进行排序,ORDER BY 短语的格式如下:

```
ORDER BY order_expression [ASC | DESC]
```

其中,order_expression 指定排序字段或表达式,ASC(默认)指定按升序排序,DESC 指定按降序排序。可以指定按一列或多列进行排序。

例 7-16　按单价升序列出所有器件信息。

```
SELECT *
FROM 基础.器件
ORDER BY 单价
```

查询结果如下:

器件号	器件名称	规格	单价
P3	内存	1 GB DDR2 667	75.00
P4	内存	2 GB DDR2 800	125.00
P9	鼠标	罗技 G1	149.00
P2	硬盘	希捷 1 TB	270.00
P7	硬盘	日立 2 TB	360.00

例 7-17　查询所有订购明细信息，先按订购单号升序排序、再按金额降序排序。

```
SELECT *
FROM 订货.订购明细
ORDER BY 订购单号,金额 DESC
```

查询结果如下：

订购单号	序号	器件号	单价	数量	金额
OR76	2	P3	77.00	100	7 700.00
OR76	1	P4	280.00	8	2 240.00
OR77	1	P2	125.00	90	11 250.00
OR78	3	P7	358.00	8	2 864.00
OR78	1	P9	150.00	10	1 500.00
OR78	4	P3	75.00	18	1 350.00
OR78	2	P2	124.00	10	1 240.00
OR79	1	P2	125.00	22	2 750.00
OR79	2	P3	77.00	10	770.00
OR79	3	P9	152.00	2	304.00
OR80	1	P9	149.00	6	894.00
OR90	1	P2	126.00	50	6 300.00
OR90	2	P9	160.00	20	3 200.00

7.2.10　TOP 短语的作用

TOP 短语指定只返回查询结果的"前"一组结果，该短语必须和排序短语 ORDER BY 一起使用，TOP 短语的格式如下：

```
TOP (expression) [PERCENT] [WITH TIES]
```

其中，数值表达式 expression 指出返回多少结果，如果同时选用了 PERCENT 则按百分比进行计算，如果选用 WITH TIES 则还返回与规定的最后一行具有相同排序值的其他行。

例 7-18　从器件表中查询单价最高的三条器件信息。

```
SELECT TOP (3) *
FROM 基础.器件
ORDER BY 单价 DESC
```

查询结果如下：

器件号	器件名称	规格	单价
P7	硬盘	日立 2 TB	360.00
P2	硬盘	希捷 1 TB	270.00
P9	鼠标	罗技 G1	149.00

例 7-19 从订购明细表中查询订购数量最多的 7 条订购信息，如果有与第 7 条记录的数量并列的记录也一起列出。

```
SELECT TOP (7) WITH TIES *
FROM 订货.订购明细
ORDER BY 数量 DESC
```

查询结果如下：

订购单号	序号	器件号	单价	数量	金额
OR76	2	P3	77.00	100	7 700.00
OR77	1	P2	125.00	90	11 250.00
OR90	1	P2	126.00	50	6 300.00
OR79	1	P2	125.00	22	2 750.00
OR90	2	P9	160.00	20	3 200.00
OR78	4	P3	75.00	18	1 350.00
OR79	2	P3	77.00	10	770.00
OR78	1	P9	150.00	10	1 500.00
OR78	2	P2	124.00	10	1 240.00

读者可以再比较一下不使用 WITH TIES 的效果（与第 7 条记录有并列的只列出其中 1 条记录）

```
SELECT TOP (7) *
FROM 订货.订购明细
ORDER BY 数量 DESC
```

查询结果如下：

订购单号	序号	器件号	单价	数量	金额
OR76	2	P3	77.00	100	7 700.00
OR77	1	P2	125.00	90	11 250.00
OR90	1	P2	126.00	50	6 300.00
OR79	1	P2	125.00	22	2 750.00
OR90	2	P9	160.00	20	3 200.00
OR78	4	P3	75.00	18	1 350.00
OR78	2	P2	124.00	10	1 240.00

例 7-20 从订购明细表中查询金额在前 15% 的订购记录信息，如果随后有金额并列的记录也一起列出。

```
SELECT TOP (15) PERCENT WITH TIES *
FROM 订货.订购明细
ORDER BY 金额 DESC
```

查询结果是

订购单号	序号	器件号	单价	数量	金额
OR77	1	P2	125.00	90	11 250.00
OR76	2	P3	77.00	100	7 700.00

7.2.11 集合运算

微视频：
SQL 的集合并交差运算

SQL Server 从 2005/2008 版开始支持集合的并（UNION）、交（INTERSECT）、差（EXCEPT）运算。

例 7-21 查询工资大于 4 500 元和小于 4 250 元的职工的仓库号、职工号、姓名和工资信息（用集合并运算完成），结果按工资升序排序。

```
SELECT 仓库号,职工号,姓名,工资
FROM 基础.职工
WHERE 工资>4500
UNION
SELECT 仓库号,职工号,姓名,工资
FROM 基础.职工
WHERE 工资<4250
ORDER BY 工资
```

注意：ORDER BY 短语是对最终结果进行排序，该短语不能用在中间结果上。

查询结果如下：

仓库号	职工号	姓名	工资
WH2	E1	吴臣	4 200.00
WH1	E2	王月	4 220.00
WH2	E3	于险	4 550.00

例 7-22 查询 WH2 仓库经手 2017 年 1 月订购单的职工号信息（用集合交运算完成）。

```
SELECT 职工号
FROM 基础.职工
WHERE 仓库号='WH2'
INTERSECT
SELECT 经手人
FROM 订货.订购单
WHERE 订购日期 BETWEEN '2017/01/01'AND '2017/01/31'
```

这里职工的职工号字段和订购单的经手人字段具有相同的值域，所以它们可以进行集合运算。

查询结果如下：

职工号
E3

例 7-23 查询目前没有经手订购单的职工号(用集合差运算完成)。

```
SELECT 职工号
FROM 基础.职工
EXCEPT
SELECT 经手人
FROM 订货.订购单
```

查询结果如下：

职工号
E11
E12
E2
E4
E5
E8
E9

注意：在参加并、交、差运算的两个查询 SELECT 子句中，属性列的数量应当相同，且对应列应来自同一个域。

本节的例子在 FROM 之后只指定了一个关系，也就是说这些查询只基于一个关系。接下来介绍基于多个关系的查询——连接查询。

7.3 连接查询

当查询涉及多个表，特别是当查询结果的数据涉及多个表时，需要使用连接查询。在关系数据库中，关系与关系之间的联系也是靠关系实现的，这种联系通常体现在参照联系上。也就是说，通常关系的连接是由参照关系的外部关键字和被参照关系的主关键字来控制的。另外，在关系的规范化过程中也要把一些关系模式分解为更小的关系模式，为此经常需要使用连接来满足一些查询要求。

7.3.1　连接查询的语法格式

连接查询与关系代数的连接运算相对应。连接查询的基本语法格式如下：

```
SELECT …
FROM <table_source> [INNER | {LEFT | RIGHT | FULL }[OUTER]] JOIN <
    table_source>
ON<joined_condition>
[[INNER | {LEFT | RIGHT | FULL }[OUTER]] JOIN <table_source>
ON<joined_condition>,n]
[WHERE<search_condition>]
```

其中，INNER 和 OUTER 说明是内连接或外连接。外连接又分为 LEFT(左)连接、RIGHT(右)连接和 FULL(全)连接。

内连接时，只有满足连接条件的记录的信息会出现在查询结果中；外连接则可以把不满足连接条件的记录信息也列在查询结果中。在接下来的例子中将给出具体的解释。

7.3.2　一般连接

首先介绍基于两个表的一般连接。

例 7-24　查询工资多于 4 250 元的职工的职工号、姓名、工资和所在的城市。

这里所要求查询的信息分别出自职工(职工号、姓名和工资属性)和仓库(城市属性)两个关系，这样的查询肯定是基于多个关系的，并且肯定有连接操作，因此可以用 JOIN 说明进行连接操作，用 ON 给出连接条件。

```
SELECT 职工号,姓名,工资,城市
FROM 基础.职工 JOIN 仓储.仓库
ON 职工.仓库号=仓库.仓库号
WHERE 工资>4250
```

查询结果如下：

职工号	姓名	工资	城市
E11	吴霞	4 270.00	广州
E3	于险	4 550.00	上海
E5	韩喜	4 270.00	广州
E6	姚思	4 420.00	广州
E8	陈珉	4 400.00	北京
E9	方林	4 480.00	北京

当在一个查询中包含多个关系,而不同的关系中含有相同的属性名时,这时必须用关系前缀直接指明属性所属的关系,如职工.仓库号,"."前面是关系名,后面是属性名。

一般的连接也是内(INNER)连接,INNER 可以省略。

7.3.3 多个表的连接

下面的例子是一个基于 4 个关系的查询。

例 7-25 查询接受上海仓库订购单的北京供应商的信息。

这个查询的结果虽然只出自一个关系(供应商),加上查询条件也只和两个关系有关(仓库),但是供应商与仓库之间没有直接联系,供应商通过供应商号与订购单(供货方)联系,订购单通过经手人与职工(职工号)联系,职工通过仓库号与仓库联系,因此这是一个基于 4 个关系的查询,可以用连接查询来完成。

```
SELECT 供应商号,供应商名,地址
FROM 订货.供应商 JOIN 订货.订购单 ON 供应商号=供货方
JOIN 基础.职工 ON 职工号=经手人
JOIN 仓储.仓库 ON 职工.仓库号=仓库.仓库号
WHERE 地址='北京'AND 城市='上海'
```

查询结果如下:

供应商号	供应商名	地址
S4	华通电子公司	北京

这个例子可以理解为按以下步骤完成查询:

① 供应商中地址为北京的记录与订购单表中的记录通过供应商号和供货方字段进行连接,假设结果是 R1。

② R1 与职工表中的记录通过经手人和职工号字段进行连接,假设结果是 R2。

③ R2 与城市为上海的仓库记录通过仓库号字段进行连接,假设结果是 R3。

④ 最后通过投影操作得到所需要的供应商号、供应商名和地址信息。

根据这个例子,读者应该加深对表之间关联或参照的理解,并非任意两个表的连接操作都是有意义的,通常是用参照表的外部关键字和被参照表的主关键字进行连接,这样的字段也称作连接字段。

为了正确表述查询需求,需要准确理解数据库中表与表之间的关联或参照关系。

7.3.4　别名和自连接查询

在连接操作中经常需要使用关系名作前缀，有时这样显得很麻烦。因此，SQL 允许在 FROM 短语中为关系名定义别名，格式为

```
<关系名> <别名>
```

例如，例 7-24 的连接语句可以写为

```
SELECT 职工号,姓名,工资,城市
FROM 基础.职工 E JOIN 仓储.仓库 W
ON E.仓库号=W.仓库号
WHERE 工资>4250
```

在这个例子中，别名并不是必需的，但是在关系的自连接操作中，别名却是必不可少的。SQL 不仅可以对多个关系实行连接操作，也可以将同一关系与其自身进行连接，这种连接就称为**自连接**。在能够进行自连接操作的关系中，实际存在着一种特殊的递归联系（或自我参照的表），即关系中的一些元组，根据出自同一值域的两个不同的属性，可以与另外一些元组有一种对应关系（一对多的联系）。

例如，"职工"关系就是一个含有自我参照联系的关系，其中的"班组长"字段参照"职工号"字段，同一记录的这两个属性值是上、下级关系。

事实上，可以从逻辑上将这样的关系视为两个独立的关系，并为它们指定不同的别名（如图 7-1 所示），从而将自连接操作视为两个表之间的关联。

在图 7-1 所示的两个逻辑关系上，"职员"关系的"班组长"字段参照"领导"关系的"职工号"字段。

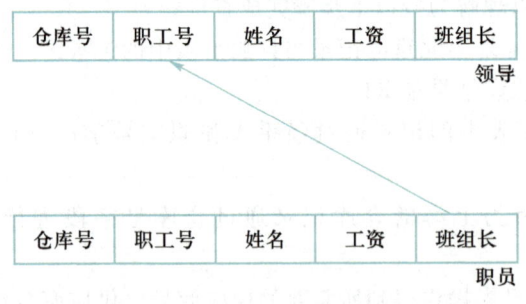

图 7-1　逻辑关系示意

例 7-26　根据"职工"关系列出上一级领导及其职员（被其领导）的清单。

```
SELECT 领导.姓名 班组长,'领导'领导,职员.姓名 职员
FROM 基础.职工 领导 JOIN 基础.职工 职员
ON 领导.职工号=职员.班组长
```

查询结果如下：

班组长	领导	职员
李星	领导	吴臣
姚思	领导	吴霞
韩喜	领导	吴秋
李星	领导	于险
姚思	领导	韩喜
王月	领导	张扬
张扬	领导	陈氓
张扬	领导	方林

这里通过定义别名形成了"职工"关系的两个逻辑关系，一个是"领导"关系，一个是"职员"关系，结果在"领导"与"职员"关系上的连接实现了查询要求。在 SELECT 短语中可以有常量，如这里的"领导"。另外，为了提高查询结果的可读性，这里也为查询的列指定了别名，如在 SELECT 短语中为"领导.姓名"指定了别名"班组长"。

微视频：
连接查询
2（外连
接查询）

7.3.5 外连接查询

在传统的连接（也称作内连接）中，只有满足连接条件时，相应的记录才会出现在结果表中。如果在查询结果中还要包含不满足连接条件的记录，则可以使用外连接（OUTER）。

1. 外连接的一般语法格式

外连接（OUTER）运算的一般格式如下：

```
SELECT …
FROM<table_source> {LEFT|RIGHT|FULL}[OUTER] JOIN <table_source>
ON<joined_condition>
[WHERE<search_condition>]
```

从命令格式可以看出，外连接又分为左连接（LEFT）、右连接（RIGHT）和全连接（FULL）三种，其中 OUTER 短语可以省略。

外连接与此前的等值连接和自然连接不同。原来的连接是只有当满足连接条件时，相应的结果才会出现在结果表中，而外连接可以让不满足连接条件的元组也出现在结果表中。

2. 左连接

左连接在结果表中包含第一个表中满足条件的所有记录；如果是在连接条件上匹配的元组，则第二个表返回相应值，否则第二个表返回空值。

例 7-27　查询订购单及其供应商信息，查询结果包括订购单号、订购日期、供应商名和供应商地址。

```
SELECT 订购单号,订购日期,供应商名,地址
FROM 订货.订购单 JOIN 订货.供应商
ON 订购单.供货方=供应商.供应商号
```

查询结果如下：

订购单号	订购日期	供应商名	地址
OR78	2017-02-04 09:51:31.750	华通电子公司	北京
OR79	2017-01-13 00:00:00.000	华通电子公司	北京
OR91	2017-01-13 00:00:00.000	振华电子厂	西安

这个结果只包括已经确定了供货方的订购单信息，如果希望将那些没有确定供货方的订购单信息也列在查询结果中，则应该使用外连接，这里使用左连接：

```
SELECT 订购单号,订购日期,供应商名,地址
FROM 订货.订购单 LEFT JOIN 订货.供应商
ON 供货方=供应商号
```

查询结果如下：

订购单号	订购日期	供应商名	地址
OR76	NULL	NULL	NULL
OR77	NULL	NULL	NULL
OR78	2017-02-04 09:51:31.750	华通电子公司	北京
OR79	2017-01-13 00:00:00.000	华通电子公司	北京
OR80	NULL	NULL	NULL
OR90	NULL	NULL	NULL
OR91	2017-01-13 00:00:00.000	振华电子厂	西安

3. 右连接

右连接在结果表中包含第二个表中满足条件的所有记录；如果是在连接条件上匹配的元组，则第一个表返回相应值，否则第一个表返回空值。

例 7-28 查询仓库及其职工信息，查询结果包括仓库号、城市、职工号、姓名和工资，并按城市排序。

```
SELECT 仓库.仓库号,城市,职工号,姓名,工资
FROM 仓储.仓库 JOIN 基础.职工
ON 仓库.仓库号=职工.仓库号
ORDER BY 城市
```

查询结果如下：

仓库号	城市	职工号	姓名	工资
WH1	北京	E2	王月	4 220.00
WH1	北京	E7	张扬	4 250.00
WH1	北京	E8	陈氓	4 400.00
WH1	北京	E9	方林	4 480.00
WH3	广州	E11	吴霞	4 270.00
WH3	广州	E5	韩喜	4 270.00
WH3	广州	E6	姚思	4 420.00
WH2	上海	E1	吴臣	4 200.00
WH2	上海	E3	于险	4 550.00
WH2	上海	E4	李星	4 250.00

这个查询结果中不能包括那些目前不属于任何仓库的职工，为了把这些职工的信息也包含在查询结果中，可以使用右连接：

```
SELECT 仓库.仓库号,城市,职工号,姓名,工资
FROM 仓储.仓库 RIGHT JOIN 基础.职工
ON 仓库.仓库号=职工.仓库号
ORDER BY 城市
```

查询结果如下：

仓库号	城市	职工号	姓名	工资
NULL	NULL	E12	吴秋	4 500.00
WH1	北京	E2	王月	4 220.00
WH1	北京	E7	张扬	4 250.00
WH1	北京	E8	陈氓	4 400.00
WH1	北京	E9	方林	4 480.00
WH3	广州	E11	吴霞	4 270.00
WH3	广州	E5	韩喜	4 270.00
WH3	广州	E6	姚思	4 420.00
WH2	上海	E1	吴臣	4 200.00
WH2	上海	E3	于险	4 550.00
WH2	上海	E4	李星	4 250.00

4. 全连接

全连接在结果表中包含两个表中满足条件的所有记录；如果是在连接条件上匹配的元组，则另一个表返回相应值，否则另一个表返回空值。

例 7-29　查询供应商及其接受的订购单信息，查询结果包括"供应商号""供应商名""订购单号"和"订购日期"字段，结果按"供应商名"排序。

163

```
SELECT 供应商号,供应商名,订购单号,订购日期
FROM 订货.供应商 JOIN 订货.订购单
ON 供应商.供应商号＝订购单.供货方
ORDER BY 供应商名
```

查询结果如下：

供应商号	供应商名	订购单号	订购日期
S4	华通电子公司	OR78	2017-02-04 09:51:31.750
S4	华通电子公司	OR79	2017-01-13 00:00:00.000
S3	振华电子厂	OR91	2017-01-13 00:00:00.000

这个结果只包括目前有订购单的供应商信息和确定了供货方的订购单信息，目前没有订购单的供应商信息不在查询结果中（如果要包括这些供应商信息，可以使用左连接），目前没有确定供货方的订购单信息也不在查询结果中（如果要包括这些订购单信息，可以使用右连接）。如果既要包括没有订购单的供应商信息，也要包括没有确定供货方的订购单信息，则应该使用全连接：

```
SELECT 供应商号,供应商名,订购单号,订购日期
FROM 订货.供应商 FULL JOIN 订货.订购单
ON 供应商.供应商号＝订购单.供货方
ORDER BY 供应商名
```

查询结果如下：

供应商号	供应商名	订购单号	订购日期
NULL	NULL	OR76	NULL
NULL	NULL	OR77	NULL
NULL	NULL	OR80	NULL
NULL	NULL	OR90	NULL
S7	爱华电子厂	NULL	NULL
S4	华通电子公司	OR78	2017-02-04 09:51:31.750
S4	华通电子公司	OR79	2017-01-13 00:00:00.000
S6	世纪金梦公司	NULL	NULL
S3	振华电子厂	OR91	2017-01-13 00:00:00.000

7.3.6　广义笛卡儿积

在 SQL 标准中还支持广义笛卡儿积（CROSS）运算，一般格式如下：

```
SELECT …
FROM<table_source> CROSS JOIN <table_source>
[WHERE<search_condition>]
```

其中，FROM <table_source> CROSS JOIN <table_source>指出了广义笛卡儿积运算。如果使用如下命令，将得到纯粹的广义笛卡儿积运算结果：

```
SELECT * FROM <table_source> CROSS JOIN <table_source>
```

而通过 WHERE <search_condition>选择元组，通过 SELECT…投影得到属性列，则和第 3 章关系代数中叙述的连接过程是一致的。这里的 WHERE 短语既可以包含传统的连接条件，又可以包含其他限定条件。

例 7-30　求出"仓库"关系和"职工"关系的广义笛卡儿积的运算结果。

```
SELECT *
FROM 仓储.仓库 CROSS JOIN 基础.职工
```

查询结果中包含了"仓库"和"职工"表中所有记录的组合。

例 7-31　对"仓库"关系和"职工"关系进行传统的等值连接。

```
SELECT *
FROM 仓储.仓库 CROSS JOIN 基础.职工
WHERE 仓库.仓库号 = 职工.仓库号
```

查询结果如下：

仓库号	城市	面积	仓库号	职工号	姓名	工资	班组长
WH2	上海	370	WH2	E1	吴臣	4 200.00	E4
WH3	广州	300	WH3	E11	吴霞	4 270.00	E6
WH1	北京	500	WH1	E2	王月	4 220.00	NULL
WH2	上海	370	WH2	E3	于险	4 550.00	E4
WH2	上海	370	WH2	E4	李星	4 250.00	NULL
WH3	广州	300	WH3	E5	韩喜	4 270.00	E6
WH3	广州	300	WH3	E6	姚思	4 420.00	NULL
WH1	北京	500	WH1	E7	张扬	4 250.00	E2
WH1	北京	500	WH1	E8	陈氓	4 400.00	E7
WH1	北京	500	WH1	E9	方林	4 480.00	E7

结果中"仓库号"列是重复的，这对应于关系代数中的等值连接。

7.4　分组及汇总查询

SQL SELECT 查询可以直接对查询结果进行汇总计算，还可以对查询结果进行分组计算。在查询中完成计算的函数称作聚合函数，GROUP BY 可以完成分组查询。

微视频：
分组汇总
查询

7.4.1　聚合函数与汇总查询

SQL Server 提供的聚合函数包括常用的 COUNT(计数)、AVG(计算平均值)、MIN(计算最小值)、MAX(计算最大值)和 SUM(求和),以及 CHECKSUM(校验和)、STDEV(计算标准差)等。聚合函数是对初始的查询结果进行计算然后得到最终的查询结果,所以聚合函数只可以用在以下位置(参见 7.1 节给出的 SQL SELECT 语法格式):

① SELECT 子句的选择列表。

② 限定 GROUP BY 分组的 HAVING 子句。

聚合函数是对一组值执行计算并返回单个值的函数,除 COUNT 以外,其他聚合函数都会忽略空值 NULL。

汇总可以针对整个查询结果,也可以分组进行。GROUP BY 子句用于完成分组汇总。

汇总查询的格式根据需要可以有不同的组合,具体格式和使用方式将在 7.4.2 和 7.4.3 小节分别介绍。

7.4.2　一般汇总查询

一般汇总查询指的是对全部查询结果进行汇总计算,不进行分组,一般格式如下:

```
SELECT{<聚合函数> (expression )}[,…n]
FROM table_source
[WHERE search_condition]
```

这种查询直接在 SELECT 短语中给出聚合函数,并对满足查询条件的记录直接完成汇总计算。

例 7-32　找出供应商所在地的数目。

```
SELECT COUNT(DISTINCT 地址)
FROM 订货.供应商
```

查询结果如下:

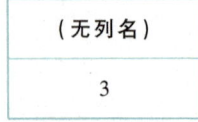

(无列名)
3

为了提高查询输出结果的可读性,可以用如下方式为输出列指定别名:

```
<表达式> <别名>
```

例如,查询输出结果是"供应商数"。

```
SELECT COUNT(DISTINCT 地址) 供应商数
FROM 订货.供应商
```

查询结果如下：

供应商数
3

注意，除非对关系中的元组个数进行计数，一般 COUNT 函数应该使用 DISTINCT 先去掉重复值再进行汇总。例如，以下命令将给出供应商关系中的记录数：

```
SELECT COUNT(地址) 供应商记录数
FROM 订货.供应商
```

查询结果如下：

供应商记录数
4

例 7-33　求支付的工资总数和职工人数，以及所有职工的平均工资、最高工资和最低工资。

```
SELECT SUM(工资) 工资合计,COUNT(*) 职工人数,
AVG(工资) 平均工资,MAX(工资) 最高工资,MIN(工资) 最低工资
FROM 基础.职工
```

查询结果如下：

工资合计	职工人数	平均工资	最高工资	最低工资
47 810.00	11	4 346.36	4 550.00	4 200.00

从这个例子中可以看出，一次可以完成多种不同的汇总计算。

例 7-34　求北京和上海的仓库职工的工资总和。

```
SELECT SUM(工资)北京上海工资总和
FROM 基础.职工 JOIN 仓储.仓库
ON 职工.仓库号=仓库.仓库号
WHERE 城市='北京'OR 城市='上海'
```

查询结果如下：

北京上海工资总和
30 350.00

7.4.3　使用 GROUP BY 的分组汇总查询

如果要进行分组汇总，则使用 GROUP BY 汇总查询，一般格式如下：

```
SELECT group_id,{<聚合函数> (expression)} [,…n]
FROM table_source
[WHERE search_condition]
GROUP BY group_id [HAVING search_condition]
```

这种查询首先查询满足 WHERE 条件的记录，然后按指定的属性或表达式（group_id）分组，最后按照分组完成汇总计算，如果使用了 HAVING 短语，则只处理满足 HAVING 分组条件的组。

例 7-35　查询每个仓库的职工人数和平均工资。

```
SELECT 仓库号,COUNT(*) 职工人数,AVG(工资) 平均工资
FROM 基础.职工
GROUP BY 仓库号
```

查询结果如下：

仓库号	职工人数	平均工资
NULL	1	4 500.00
WH1	4	4 337.50
WH2	3	4 333.33
WH3	3	4 320.00

在这个查询中，首先按仓库号属性进行分组，然后再计算每个仓库的职工人数和平均工资。GROUP BY 子句一般跟在 WHERE 子句之后，没有 WHERE 子句时，跟在 FROM 子句之后。另外，还可以根据多个属性进行分组。

另外，空值 NULL 包含在分组中，所以上述查询也统计了不属于任何仓库的职工人数和平均工资。

例 7-36　查询每个仓库工资相同的职工人数，结果按仓库号排序。

```
SELECT 仓库号,工资,COUNT(*) 相同人数
FROM 基础.职工
GROUP BY 仓库号,工资
ORDER BY 仓库号
```

这个查询是按照仓库号和工资两个字段进行分组，即仓库号值和工资值相同的为一组，并计算每一组的记录个数。

查询结果如下：

仓库号	工资	相同人数
NULL	4 500.00	1
WH1	4 220.00	1
WH1	4 250.00	1
WH1	4 400.00	1
WH1	4 480.00	1
WH2	4 200.00	1
WH2	4 250.00	1
WH2	4 550.00	1
WH3	4 270.00	2
WH3	4 420.00	1

注意：在使用 GROUP BY 的分组查询中，GROUP BY 给出了分组的依据，而 SELECT 中则需要给出分组的标识。GROUP BY 中的分组依据与 SELECT 中的分组标识是相对应的。例如，下面的分组汇总查询是错误的：

```
SELECT 仓库号,工资,COUNT(*)
FROM 基础.职工
GROUP BY 仓库号
ORDER BY 仓库号
```

这个查询只按仓库号进行分组，这样 SELECT 中的工资字段值将无法确定。而如下的分组汇总查询虽然是被允许的，但是在 SELECT 中没有完整包含分组信息：

```
SELECT 仓库号,COUNT(*)
FROM 基础.职工
GROUP BY 仓库号,工资
ORDER BY 仓库号
```

由以上的例子可以看出，GROUP BY 中的分组依据必须包含 SELECT 中的分组标识，一般情况下它们应该是一致的。

在分组查询时，有时要求分组必须满足某个条件，即只对满足条件的组进行处理，这时可以用 HAVING 子句来限定分组。

例 7-37 查询至少有 4 个职工的每个仓库的职工人数和平均工资。

```
SELECT 仓库号,COUNT(*) 职工人数,AVG(工资) 平均工资
FROM 基础.职工
GROUP BY 仓库号 HAVING COUNT(*) >=4
```

这个查询是先按照仓库号进行分组，然后判断每一组中的记录个数，如果记录数大于等于 4 则进行汇总，否则忽略（对照例 7-35 的查询结果）。查询结果如下：

仓库号	职工人数	平均工资
WH1	4	4 337.50

HAVING 子句总是跟在 GROUP BY 子句之后，不可以单独使用。HAVING 子句和 WHERE 子句不矛盾，在查询中是先用 WHERE 子句限定元组（初始查询条件），然后进行分组，最后再用 HAVING 子句限定分组。

例 7-38　查询至少有 2 个职工的工资大于 4 250 的每个仓库的职工人数和平均工资。

```
SELECT 仓库号,COUNT(*) 职工人数,AVG(工资) 平均工资
FROM 基础.职工 WHERE 工资>4250
GROUP BY 仓库号 HAVING COUNT(*) >=2
```

这个查询首先根据 WHERE 中的条件查询到工资大于 4 250 的职工记录，然后对这些记录按仓库号进行分组，最后根据 HAVING 中限定的分组条件完成汇总。查询结果是

仓库号	职工人数	平均工资
WH1	2	4 440.00
WH3	3	4 320.00

7.5　嵌套查询

本节接着讨论另一类基于多个关系的查询。这类查询所要求的结果出自一个关系，但相关的条件却涉及多个关系。在前面的例子中，WHERE 之后是一个相对独立的条件，这个条件或者为真，或者为假。但是，有时需要用另外的方式来表达查询要求。比如，当查询关系 X 中的元组时，它的条件依赖于相关的关系 Y 中的元组的属性值，这时使用 SQL 的嵌套查询功能将非常有效。

微视频：
嵌套查询

7.5.1　普通嵌套查询

在普通的嵌套查询中最常见的是使用 IN 运算符，IN 是集合的属于运算，使用 IN 运算进行嵌套查询的基本语法格式如下：

```
SELECT…
FROM <table_source>
WHERE [<其他查询条件> AND] <expression1> IN
    (SELECT <expression2>  FROM <table_source>
    [WHERE …])
```

这里<expression1>和<expression2>出自同一个值域，并且通常是字段。

例 7-39 查询哪些城市存在仓库的职工工资为 4 250 元的情况。

```
SELECT 城市
FROM 仓储.仓库
WHERE 仓库号 IN(SELECT 仓库号
    FROM 基础.职工
    WHERE 工资=4250)
```

查询结果如下：

城市
北京
上海

在这个命令中含有两个 SELECT-FROM-WHERE 查询块，即内层查询块和外层查询块。内层查询块查询到的是有职工的工资为 4 250 元的仓库的仓库号集合，而外层查询则利用这个仓库号集合查询到仓库所在的城市。

这里 IN 相当于数学中的集合运算符 $\in$ 。

例 7-40 查询所有职工的工资都多于 4 210 元的仓库的信息。

这个查询要求也可以描述为：没有一个职工的工资少于或等于 4 210 元的仓库的信息。

这样可以有 SQL 命令：

```
SELECT *
FROM 仓储.仓库
WHERE 仓库号 NOT IN
(SELECT 仓库号
FROM 基础.职工
WHERE 工资<=4210)
```

查询结果如下：

仓库号	城市	面积
WH1	北京	500
WH3	广州	300

查询过程是：内层 SELECT-FROM-WHERE 查询块指出有职工的工资少于或等于 4 210 元的仓库的仓库号集合；然后从仓库关系中查询元组的仓库号属性值不在该集合中的每个元组。

也许细心的读者已经发现，按照上述查询，那些暂时没有职工的仓库也将出现在查询结果中。这是因为查询要求有时可能会因为语义不清而出现错误。所以必须认真分析查询要求，写出正确的 SQL 命令。

如果要排除那些还没有职工的仓库，查询要求可以叙述为：查询所有职工的工资都多于 4 210 元的仓库的信息，并且该仓库至少要有一名职工。这样描述就很清楚了，因为我们对没有职工的仓库不感兴趣。这样写出的 SQL 命令也就复杂一些了：

```
SELECT *  FROM 仓储.仓库 WHERE
仓库号 NOT IN(SELECT 仓库号 FROM 基础.职工 WHERE 工资 <=4210)
AND
仓库号 IN(SELECT 仓库号 FROM 基础.职工)
```

这样的内层是两个并列的查询，在结果中将不包含没有职工的仓库信息。

例 7-41　找出和职工 E4 工资相同的所有职工。

```
SELECT 职工号 FROM 基础.职工 WHERE 工资 =
(SELECT 工资 FROM 基础.职工 WHERE 职工号 ='E4')
```

查询结果如下：

职工号
E4
E7

这里内层查询的结果是 E4 职工的工资值（唯一的），外层查询再利用这个值查询到与该工资值相同的职工号信息（当然也包括 E4 自己）。

注意：只有确认内层查询返回唯一值时，才可以使用"＝"等比较运算符。

例 7-42　找出哪些城市的仓库向北京的供应商发出了订购单。

这里所要求的信息出自仓库关系，但相关条件与供应商关系有关，为此又要涉及职工关系和订购单关系，也就是说这个查询将涉及 4 个关系。

事实上，要查询的是仓库元组，这个仓库至少有一个职工经手的订购单发给了北京的供应商，整个查询的联系路径是仓库—职工—订购单—供应商。完成这个查询的 SQL 命令如下：

```
SELECT 城市 FROM 仓储.仓库
WHERE 仓库号 IN
(SELECT 仓库号 FROM 基础.职工
WHERE 职工号 IN (SELECT 经手人 FROM 订货.订购单
WHERE 供货方 IN (SELECT 供应商号
FROM 订货.供应商 WHERE 地址 ='北京')))
```

查询结果如下：

城市
北京
上海

7.5.2 使用量词的嵌套查询

在嵌套查询中可以使用 ANY、SOME、ALL 等量词，它们的形式如下：

<表达式> <比较运算符> [ANY | ALL | SOME] (子查询)

其中：ANY 和 SOME 是同义词，在进行比较运算时，只要子查询中有一行能使结果为真，则结果就为真；而 ALL 则要求子查询中的所有行都使结果为真时，结果才为真。

例 7-43 查询有职工的工资大于或等于 WH1 仓库中某一名职工的工资的仓库号。

```
SELECT DISTINCT 仓库号 FROM 基础.职工 WHERE 工资 >=ANY
(SELECT 工资 FROM 基础.职工 WHERE 仓库号='WH1')
AND 仓库号 IS NOT NULL
```

它等价于

```
SELECT DISTINCT 仓库号 FROM 基础.职工 WHERE 工资 >=
(SELECT MIN(工资) FROM 基础.职工 WHERE 仓库号='WH1')
AND 仓库号 IS NOT NULL
```

查询结果如下：

仓库号
WH1
WH2
WH3

例 7-44 查询有职工的工资大于 WH1 仓库中所有职工的工资的仓库号。

```
SELECT DISTINCT 仓库号 FROM 基础.职工
WHERE 工资>ALL (SELECT 工资 FROM 基础.职工 WHERE 仓库号='WH1')
AND 仓库号 IS NOT NULL
```

它等价于

```
SELECT DISTINCT 仓库号 FROM 基础.职工
WHERE 工资>(SELECT MAX(工资) FROM 基础.职工
WHERE 仓库号='WH1')
AND 仓库号 IS NOT NULL
```

查询结果如下：

仓库号
WH2

7.5.3 内、外层互相关嵌套查询

前面讨论的嵌套查询都是外层查询依赖于内层查询的结果，而内层查询与外层查询无关。事实上，SQL 还支持并且有时也需要内、外层互相关的查询；也就是说，外层查询可以使用内层查询的结果，同时外层查询还可以向内层查询提供值。

在例 6-6 定义的"订购单"表中包含订购单号、经手人、供货方、订购日期和金额 5 个字段。其中，金额字段在前面的例子中一直还没有用到，该字段值是根据订购明细表中的单价和数量计算的，即等于同一张订购单所有订购项目的数量乘以单价的合计。完成该计算的是 UPDATE 语句，具体参见 7.6.2 小节的例 7-49。现在假设已经完成了金额的计算（先执行例 7-49 的 UPDATE 语句）。

例 7-45 列出每个职工经手的具有最高总金额的订购单信息。

```
SELECT outa.订购单号,outa.经手人,outa.供货方,outa.订购日期,outa.金额
FROM 订货.订购单 outa
WHERE outa.金额=(SELECT MAX(innera.金额)
FROM 订货.订购单 innera
WHERE innera.经手人=outa.经手人)
```

在这个查询中，外层查询和内层查询使用同一个关系，给它们分别指定别名 outa 和 innera。外层查询将 outa 关系中的每个元组的经手人字段值提供给内层查询使用；内层查询利用这个经手人字段值，确定该经手人经手的具有最高金额的订购单的金额；随后外层查询再根据 outa 关系的同一元组的金额值与该金额值进行比较，如果相等，则该元组被选择。

查询结果如下：

订购单号	经手人	供货方	订购日期	金额
OR76	E7	NULL	NULL	9 940.00
OR77	E6	NULL	NULL	11 250.00
OR90	E3	NULL	NULL	9 500.00
OR78	E1	S4	2017-02-04	6 954.00

在内、外层很清晰的情况下，outa 和 innera 以别名作为字段前缀可以省略。在外层语句中不加前缀引用的就是外层字段，在内层语句中不加前缀引用的就是内层字段；只有在内层引用外层字段，或者在外层引用内层字段时才需要用前缀进行标识。因此，本例的语句可以写为

```
SELECT 订购单号,经手人,供货方,订购日期,金额
FROM 订货.订购单 outa
WHERE 金额=(SELECT MAX(金额)
FROM 订货.订购单
WHERE 经手人=outa.经手人)
```

注意：看到本例的查询要求"每个职工经手……最高总金额……"你是否会想到按经手人分组进行汇总？如果只是查询每个职工经手订购单的最高总金额，可以用如下语句：

```
SELECT 经手人,MAX(金额) FROM 订货.订购单 GROUP BY 经手人
```

然而本例还要求订购单的其他信息，这时就不能使用 GROUP BY 分组了。

7.5.4　使用 EXISTS 的嵌套查询

在嵌套查询中还可以使用[NOT] EXISTS，具体形式如下：

```
[NOT] EXISTS(子查询)
```

EXISTS 或 NOT EXISTS 是用来检查在子查询中是否有结果返回（即存在元组或不存在元组）。

事实上，[NOT] EXISTS 查询一定是内、外层互相关查询。这是因为：[NOT] EXISTS 只是判断子查询中是否有或没有结果返回，它本身并没有任何运算或比较；因此只有在内层引用了外层的值时，这种查询才有意义。

例 7-46　查询目前没有经手订购单的职工信息。

```
SELECT * FROM 基础.职工 WHERE NOT EXISTS
(SELECT * FROM 订货.订购单 WHERE 经手人=职工.职工号)
```

它等价于

```
SELECT * FROM 基础.职工 WHERE 职工号 NOT IN
(SELECT 经手人 FROM 订货.订购单)
```

查询结果如下：

仓库号	职工号	姓名	工资	班组长
WH3	E11	吴霞	4 270.00	E6
NULL	E12	吴秋	4 500.00	E5
WH1	E2	王月	4 220.00	NULL
WH2	E4	李星	4 250.00	NULL
WH3	E5	韩喜	4 270.00	E6
WH1	E8	陈氓	4 400.00	E7
WH1	E9	方林	4 480.00	E7

例 7-47　查询那些目前已经经手过订购单的职工信息。

```
SELECT * FROM 基础.职工 WHERE EXISTS
(SELECT * FROM 订货.订购单 WHERE 经手人=职工.职工号)
```

它等价于

```
SELECT * FROM 基础.职工 WHERE 职工号 IN
(SELECT 经手人 FROM 订货.订购单)
```

查询结果如下：

仓库号	职工号	姓名	工资	班组长
WH2	E1	吴臣	4 200.00	E4
WH2	E3	于险	4 550.00	E4
WH3	E6	姚思	4 420.00	NULL
WH1	E7	张扬	4 250.00	E2

7.6　需要查询支持的数据操纵

由于数据库中的表很多都是相互关联的，因此在许多针对表的操作中也会关联到其他的表。例如：要更新某个表，但是更新条件与其他表相关；要删除一个表中的记录，但是删除条件与其他表相关等。

7.6.1　插入操作

微视频：
SQL 查询
支持的数据操纵

在第 6 章 6.3.1 小节介绍的插入操作是直接插入元组或记录，SQL 还支持把查询结果插入指定的表中，一般格式如下：

```
INSERT INTO <表名>
<SELECT 查询>
```

这里<SELECT 查询>的结果是一个关系，可以直接将其插入指定的表中，但是要注意：

① 用<表名>指定的表已经存在。

② SELECT 查询结果的列与指定表的对应列的值域必须相容。

例 7-48　在重庆市新设立一个仓库号为 WH5、面积为 600 m² 的仓库，并计划在该仓库存放全部器件。因此，先在库存表中插入仓库号 WH5 和所有器件号的组合，数量暂时为空值 NULL。

先使用普通的 INSERT 语句插入重庆仓库记录：

```
INSERT INTO 仓储.仓库 VALUES('WH5','重庆',600)
```

再从"器件"表中查询所有器件号，并和 WH5 一起存入库存表：

```
INSERT INTO 仓储.库存
SELECT 'WH5',器件号,NULL FROM 基础.器件
```

注意以上是一条语句，其中 SELECT 查询的第 1 列和第 3 列是常量，第 2 列是从器件表查询得到的器件号，查询结果插入库存表。

注意：INSERT INTO…SELECT…和 SELECT…INTO…不同。INSERT INTO…SELECT…是把 SELECT 的查询结果插入一个已经存在的表中，因此要求值域相容；而 SELECT…INTO…是将查询结果存储到一个新表中，因此不需要考虑值域问题。

7.6.2　更新操作

在第 6 章 6.3.3 小节学习的更新操作语句的基本格式如下：

```
UPDATE[schema_name.]table_or_view_name
SET column_name={expression|DEFAULT|NULL}[,…n]
[WHERE <search_condition>]
```

这里的<search_condition>可以是基于本表定义的表达式，还可以是基于其他表的查询，即在<search_condition>中可以嵌套查询，并且通常是内外层互相关的嵌套，即外层为内层查询提供值，而内层的查询结果为外层的 UPDATE 语句所用。

前文提到，"订购单"表的"金额"字段值是根据"订购明细"表中的"单价"和"数量"计算的，即等于同一张订购单所有订购项目的数量乘以单价的合计。

例 7-49　根据"订购明细"表中的"单价"和"数量"，计算并更新"订购单"表的"金额"字段值。

```
UPDATE 订货.订购单 SET 金额=(SELECT SUM(单价*数量) FROM 订货.订购明细
WHERE 订购单号=订购单.订购单号)
```

在这个更新语句中，内层是查询语句，它根据外层提供的订购单号计算每张订购单的金额（每项订购单价乘以数量的合计），然后把计算得到的结果提供给外层 UPDATE 语句的 SET 短语来完成更新操作。

7.6.3　删除操作

在第 6 章 6.3.2 小节学习的删除操作语句的基本格式如下：

```
DELETE [FROM][schema_name.]table_or_view_name
[WHERE <search_condition>]
```

同样，这里的<search_condition>可以是基于本表定义的表达式，还可以是基于其他表的查询，即在<search_condition>中可以嵌套查询，可以是内外层互相关的嵌套，也可以是仅外层依赖于内层的嵌套。

例 7-50　删除目前没有任何订购单的供应商记录。

```
DELETE FROM 订货.供应商 WHERE 供应商号 NOT IN
(SELECT 供货方 FROM 订货.订购单 WHERE 供货方 IS NOT NULL)
```

在这个删除语句中，内层查询目前有订购单的供应商信息（供货方）集合，

DELETE 语句判断不在这个集合中的供应商号（即目前没有订购单的供应商）并完成删除操作。

7.7　视图及其操作

在关系数据库中，视图是依据基本表定义或派生出来的虚拟表。在三层数据库体系结构中，视图是外部数据库。从用户的角度来看，视图和基本表都是关系。

7.7.1　视图的建立和使用

视图是从基本表中派生出来的，是用查询来定义的。视图的内容是由定义视图的查询语句来决定的。定义视图的基本命令格式如下：

微视频：
视图及其
操作

```
CREATE VIEW [<架构名>.]<视图名>[(<列名>[,<列名>…])]
AS <SELECT-查询块>
[WITH CHECK OPTION]
```

其中：

① <架构名>指出创建视图的架构，也可以使用默认架构。

② <视图名>指出视图的名称。

③ （<列名>[,<列名>…]）为视图指定各个列的名称，如果省略则采用定义视图的 SELECT 子句中给出的名称。

④ <SELECT-查询块>通常可以是任意的 SELECT 查询，它说明和限定了视图中的数据，定义视图的 SELECT 语句中通常不能包含 ORDER BY 子句（除非与 TOP 子句配合使用）。

⑤ WITH CHECK OPTION 表示在对视图进行操作时，检查相关的数据是否满足视图定义中的条件。

MySQL
语 法 与
OpenGauss
语法对比

从用户的角度看视图也是关系，所以视图应该可以像基本表一样进行查询和操作。事实上，视图可以像基本表一样进行各种查询，然而对视图的操作却存在着诸多限制。

下面通过一些实例来说明视图的定义、查询、操作及操作的限制。

1. 行列子集视图

例 7-51　定义视图 emp_v1，使之只包含"职工"表的"职工号""仓库号"和"姓名"字段。

```
CREATE VIEW emp_v1 AS
SELECT 职工号,仓库号,姓名
FROM 基础.职工
```

这个视图是从基本表中选取若干列形成一个新的关系 emp_v1。类似这样从单个基本表选取某些行和某些列，并且包含基本表中的关键字所定义的视图，称作**行列子集视图**。这类视图不仅可以用于查询，原则上也可以进行各种更新操作。

视图是虚拟表，所以对视图的所有操作实际上都要转换成对基本表的操作。

例如，以下查询：

```
SELECT * FROMemp_v1
```

等同于或可转换成如下查询：

```
SELECT 职工号,仓库号,姓名 FROM 基础.职工
```

下面的插入语句可以成功执行：

```
INSERT INTO emp_v1 VALUES('E13','WH1','郭天华')
```

该插入语句将转换成如下语句执行：

```
INSERT INTO 基础.职工(职工号,仓库号,姓名) VALUES('E13','WH1','郭
天华')
```

此时，该元组的其他字段将为默认值（"工资字段"值为默认 4 200 元）或空值（"班组长"字段值为空值 NULL）。

emp_v1 视图也可以进行删除和更新操作。

2. WITH CHECK OPTION 的作用

下面通过例 7-52 和例 7-53 来说明 WITH CHECK OPTION 的作用。

例 7-52　定义视图 wh_v1，使之只包含城市在北京的仓库号和面积信息。

```
CREATE VIEW wh_v1 AS
SELECT 仓库号,面积 FROM 仓储.仓库 WHERE 城市 = '北京'
```

这也是一个**行列子集视图**，所以原则上可以进行查询和各种操作。

此时，执行如下插入语句：

```
INSERT INTO wh_v1 VALUES('WH9',777)
```

它将转换成如下插入语句成功执行：

```
INSERT INTO 仓库(仓库号,城市,面积) VALUES('WH9',NULL,777)
```

继续执行如下查询语句：

```
SELECT * FROM wh_v1
```

可以发现，明明在视图 wh_v1 中插入了仓库号为 WH9、面积为 777 的信息，但是查不到。这是为什么呢？

例 7-53　定义视图 wh_v2，使之只包含城市在北京的仓库号和面积信息，定义视图时使用 WITH CHECK OPTION 选项。

定义视图的信息要求同例 7-52，不同的是这里要求使用 WITH CHECK OP-TION 选项。

```
CREATE VIEW wh_v2 AS
SELECT 仓库号,面积 FROM 仓储.仓库 WHERE 城市 = '北京'
WITH CHECK OPTION
```

此时，再来执行如下插入语句：

```
INSERT INTO wh_v2 VALUES('WH10',777)
```

则结果会显示试图进行的插入或更新失败，原因是目标视图或者目标视图所跨越的某一视图指定了 WITH CHECK OPTION，而该操作的一个或多个结果行不符合 CHECK OPTION 约束，因而语句终止。

对比例 7-52 和例 7-53，可以理解在定义视图时 WITH CHECK OPTION 的作用。通常在定义视图的 SELECT 语句中如果有 WHERE 条件子句，则都应该使用 WITH CHECK OPTION 短语来进行相关条件的检查，以保证通过视图的插入和更新操作都满足定义视图时的约束，否则不满足视图约束的数据不能通过视图进入数据库。

3. 基于多个表的视图

例 7-54　定义视图 wh_emp_v1，使之包含仓库号、城市、职工号和职工姓名信息。

```
CREATE VIEW wh_emp_v1 AS
SELECT 仓库.仓库号,城市,职工号,姓名
FROM 基础.职工 JOIN 仓储.仓库 ON 职工.仓库号 = 仓库.仓库号
```

定义了此视图后，用户便可以应用这个关系 wh_emp_v1（仓库号，城市，职工号，姓名），当再次查询诸如"北京的仓库有哪些职工"等信息时就不需要写连接语句，而只需写

```
SELECT 职工号,姓名 FROM wh_emp_v1
WHERE 城市 = '北京'
```

该语句等价于或将转换成如下语句执行：

```
SELECT 职工号,姓名
FROM 基础.职工 JOIN 仓储.仓库 ON 职工.仓库号 = 仓库.仓库号
WHERE 城市 = '北京'
```

wh_emp_v1 不是**行列子集视图**，这样的视图能够进行插入、修改和删除操作吗？让我们来看看如下操作。

例 7-55　插入信息仓库号（WH11）、城市（杭州）、职工号（E13）和职工姓名（海燕）到 wh_emp_v1。

```
INSERT INTO wh_emp_v1 VALUES('WH11','杭州','E13','海燕')
```

这条插入语句在转换成针对基本表的操作时会涉及"职工表"和"仓库"表，这种涉及多个基本表的视图操作是不允许的，因此以上语句失败。

再看如下语句：

```
INSERT INTO wh_emp_v1(仓库号,城市) VALUES('WH11','杭州')
```

该语句会转换成如下语句成功执行：

```
INSERT INTO 仓储.仓库(仓库号,城市) VALUES('WH11','杭州')
```

那么如下语句呢？

```
INSERT INTO wh_emp_v1(仓库号,职工号,姓名) VALUES('WH11','E13',
    '海燕')
```

这条语句看上去应该可以转换成如下语句执行：

```
INSERT INTO 基础.职工(仓库号,职工号,姓名) VALUES('WH11','E13',
    '海燕')
```

但是注意，视图 wh_emp_v1 中的"仓库号"取自"仓库"表，所以上述尝试通过 wh_emp_v1 视图插入职工信息的操作是不能成功的，它仍然是基于多个表的操作。

4. 包含虚列的视图

例 7-56　根据"职工"表创建一个包含职工号、姓名、月工资和年工资 4 列信息的视图。

```
CREATE VIEW v_sal(职工号,姓名,月工资,年工资) AS
SELECT 职工号,姓名,工资,工资* 12
FROM 基础.职工
```

在这个视图中包含了一个算术表达式（对应于年工资），由于它是计算得来的，并不存储在基本表内，所以这样的列称为虚列。

计算列只可查询、不可操作。例如，下面的插入语句肯定不能执行：

```
INSERT INTO v_sal VALUES('E15','文苑',4450,53400)
```

那么如下语句能执行吗？

```
INSERT INTO v_sal(职工号,姓名,月工资) VALUES('E15','文苑',4450)
```

该语句将转换成如下语句执行：

```
INSERT INTO 基础.职工(仓库号,职工号,姓名,工资,班组长)
VALUES(NULL,'E15','文苑',4450,NULL)
```

所以该插入操作能否成功，取决于职工表的仓库号字段和班组长字段是否允许为空值 NULL。

通过以上例子可以看出，视图一经定义就可以像基本表一样进行各种查询，但是要执行增、删、改操作则必须要满足一些条件。例如：任何修改（包括 UPDATE、INSERT 和 DELETE 语句）都只能引用一个基本表的列；视图中被修改的列必须直接引用表列中的基本数据，不能是通过任何其他方式定义的虚列等。

7.7.2　视图的修改和删除

所谓修改视图就是重新定义视图，修改视图的基本命令格式如下：

```
ALTER VIEW [<架构名>.]<视图名>[(<列名>[,<列名>…])]
AS <SELECT-查询块>
[WITH CHECK OPTION]
```

该命令也可以理解为先删除旧的视图，再创建一个新的视图，因此命令的具体解释参见 CREATE VIEW 命令。

删除视图的命令格式如下：

```
DROP VIEW [<架构名>.]<视图名>
```

7.7.3　视图的作用

从用户的角度看视图也是关系，通过视图可以集中、简化和自定义每个用户对数据库的不同认识。

1. 视图可用作安全机制

视图可用来屏蔽基本表中的敏感或重要数据，从而达到安全控制的目的。方法是允许用户通过视图访问数据，而不授予用户直接访问基本表的权限。

2. 着重于特定数据

通过视图可以使用户能够着重于其所感兴趣的特定数据和所负责的特定任务，从而不看、不去关心那些与自己无关的数据。

3. 简化数据操纵

通过视图可以简化查询和处理数据的方式。例如，可以将常用的连接、嵌套和复杂条件的查询定义为视图，以便用户通过简单的 SELECT 语句就能完成指定的操作，从而简化对数据的访问。

4. 可以保证概念数据独立性

关系数据库的视图对应于三层数据库体系结构的外部数据库，因此它可以保证概念数据独立性。

7.7.4 在数据库设计阶段设计视图

为了充分发挥视图的作用,在数据库设计阶段就需要做出合适的设计。一般在逻辑模型设计阶段设计视图(参见第 5 章 5.2.5 小节),而在 PowerDesigner 中则是在物理模型设计阶段设计视图。根据 7.7.3 小节叙述的理由,可以从不同角度、为了不同的目的设计视图。

概念模型设计阶段设计的局部概念模型是设计视图的重要依据之一。例如,在第 2 章 2.5 节讨论概念模型设计时分别设计了库存业务局部概念模型和订购业务局部概念模型,然后在合并成全局概念模型时统一了实体。合并前局部模型中的实体正是以局部应用的视角着重于特定数据,比如在图 2-27 所示的库存业务局部数据模型中,对器件实体只关注于器件号和器件名称属性,而在图 2-28 所示的订购业务局部数据模型中,对职工实体只关注职工号和姓名属性,为此就可以根据需要把它们设计成视图。

在 PowerDesigner 中可以用如下方法创建视图:

① 在设计画板中选择一个或多个表(选择多个表时按住 Shift 键)。

② 选择 Tools→Create View 命令,这时模型中将出现一个视图符号,它包含了为视图所选表的全部列。

③ 双击视图符号,以便执行编辑视图名称、取消视图中不需要的列等操作。

图 7-2 右侧示意了两个视图,一个是基于"职工"表建立的视图"职工 1",另一个是假设经常需要查询供应商及其接受的订购单信息(查询结果包括"供应商号""供应商名""订购单号""订购日期"和"金额"字段)而定义的视图"订购单 1"。

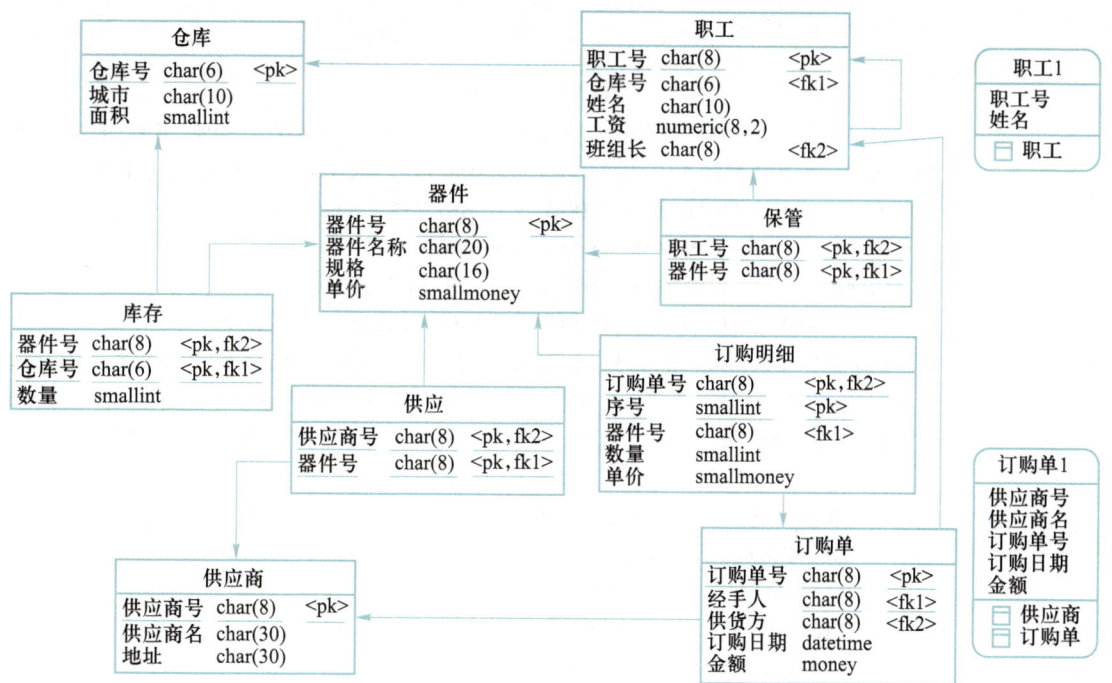

图 7-2 添加了视图的物理模型

本章小结

使用 SQL SELECT 语句进行查询是学习关系数据库的重点。虽然只有一条包含若干短语的语句，但是该语句使用灵活，能够完成各种查询。SQL SELECT 表述的是一种数据查询需求，符合人们的思维习惯，所以该语句掌握起来也很容易。SELECT 说明查询哪些数据，FROM 说明从哪里查询，WHERE 说明查询条件，ORDER BY 说明对结果进行排序，GROUP BY 说明进行分组查询，HAVING 说明限定分组等。因此只要清楚查询需求，很容易构造出相应的查询语句。本章分为简单查询、连接查询、分组及汇总查询和嵌套查询 4 大类，用较多实例全面地介绍了 SQL SELECT 语句的应用方法。

本章还介绍了需要查询支持的插入、删除和更新操作。可以将查询结果直接插入指定的表；如果删除和更新操作的条件与另外的表相关，则需要查询或查询方法的支持。

视图是关系数据库的一个重要概念。视图是从基本关系或基本表中派生出来的虚拟关系或虚拟表，但从用户的角度看，视图和基本表一样都是关系。视图使用 SQL SELECT 语句定义，即视图的内容由定义视图的 SQL SELECT 语句决定。视图不仅可以查询，也可以进行操作，对视图的所有操作都将转换成对基本表的操作，因此对视图的操作能否成功进行，取决于是否满足基本表上的约束。视图可以用于提高数据的安全性、简化数据查询和提高概念数据独立性等。

习题与思考题

1. 选择题

（1）已知关系模式：教师(职工号,系号,姓名,工资,主讲课程)，学院(系号,系名)。与 "SELECT * FROM 教师 WHERE NOT(工资>3000 OR 工资<2000)" 等价的 SQL 语句是（　　）。

A. SELECT * FROM 教师 WHERE 工资 BETWEEN 2000 AND 3000

B. SELECT * FROM 教师 WHERE 工资>2000 AND 工资<3000

C. SELECT * FROM 教师 WHERE 工资>2000 OR 工资<3000

D. SELECT * FROM 教师 WHERE 工资<=2000 AND 工资>=3000

（2）已知关系模式：学生表：S(学号,姓名,性别,出生日期,院系)，课程表：C(课程号,课程名,学时)，选课成绩表：SC(学号,课程号,成绩)。查询选修课程在 5 门以上(含 5 门)的学生的学号、姓名和平均成绩，并按平均成绩降序排序，正确的 SQL 语句是（　　）。

A. SELECT S.学号,姓名,AVG(成绩) 平均成绩

FROM S JOIN SC ON S.学号＝SC.学号

GROUP BY S.学号,姓名

HANVING COUNT(*)>=5

ORDER BY 平均成绩 DESC

B. SELECT S.学号,姓名,平均成绩

FROM S JOIN SC ON S.学号＝SC.学号

GROUP BY S.学号

HANVING COUNT(*)>=5

ORDER BY 平均成绩 DESC

C. SELECT 学号,姓名,AVG(成绩)平均成绩

FROM S JOIN SC ON S.学号=SC.学号

WHERE COUNT(*)>=5 GROUP BY 学号

ORDER BY 平均成绩 DESC

D. SELECT S.学号,姓名,AVG(成绩)平均成绩

FROM S CROSS JOIN SC

WHERE S.学号=SC.学号 AND COUNT(*)>=5

GROUP BY S.学号

ORDER BY 平均成绩 DESC

(3)已知关系模式：法人表(法人代码,法人名称,经济性质,注册资金)，查询每种经济性质的法人人数，并将查询结果保存到"统计结果表"中，假设此表已经建好，正确的 SQL 语句是( )。

A. INSERT INTO 统计结果表

SELECT 经济性质，COUNT(*) 人数 FROM 法人表 GROUP BY 经济性质

B. INSERT INTO 统计结果表 AS

SELECT 经济性质，COUNT(*) 人数 FROM 法人表 GROUP BY 经济性质

C. INSERT INTO 统计结果表 VALUES

SELECT 经济性质，COUNT(*) 人数 FROM 法人表 GROUP BY 经济性质

D. INSERT INTO 统计结果表

SELECT 经济性质，SUM(*) 人数 FROM 法人表 GROUP BY 经济性质

(4)已知关系模式：银行表(银行代码,银行名称,电话)，法人表(法人代码,法人名称,经济性质,注册资金)，贷款表(银行代码,法人代码,贷款日期,贷款金额,贷款期限)。要删除"新都美百货公司"的贷款记录，正确的 SQL 语句是( )。

A. DELETE FROM 贷款表

FROM 贷款表 JOIN 法人表 on 贷款表.法人代码=法人表.法人代码

WHERE 法人名称='新都美百货公司'

B. DELETE FROM 贷款表

JOIN 法人表 on 贷款表.法人代码=法人表.法人代码

WHERE 法人名称='新都美百货公司'

C. DELETE FROM 贷款表

WHERE 法人名称='新都美百货公司'

D. DELETE FROM 法人表

WHERE 法人名称='新都美百货公司'

(5)已知三个关系模式：银行表(银行代码,银行名称,电话)，法人表(法人代码,法人名称,经济性质,注册资金)，贷款表(银行代码,法人代码,贷款日期,贷款金额,贷款期限)。要修改法人"漂美广告有限公司"的经济性质为私营，注册资金为50万元，正确的 SQL 语句是( )。

A.UPDATE 法人表 SET 经济性质='私营',注册资金=50 WHERE 法人名称='漂美广告有限公司'

B.UPDATE 法人表 SET 经济性质='私营', SET 注册资金=50 WHERE 法人名称='漂美广

告有限公司'

  C. UPDATE 法人表 SET 经济性质 ='私营', UPDATE 注册资金 = 50 WHERE 法人名称 ='漂美广告有限公司'

  D. UPDATE 法人表　经济性质 ='私营', 注册资金 = 50 WHERE 法人名称 ='漂美广告有限公司'

  （6）已知法人关系模式：法人表（法人代码,法人名称,经济性质,注册资金），下述 SQL 语句正确的是(　　)。

  A. SELECT 法人代码,法人名称,注册资金 FROM 法人表 WHERE 经济性质 ='私营'

   UNION

   SELECT 法人代码,法人名称,注册资金 FROM 法人表 WHERE 经济性质 ='国营'

   ORDER BY 注册资金

  B. SELECT 法人代码,法人名称,注册资金 FROM 法人表 WHERE 经济性质 ='私营'

   ORDER BY 注册资金

   UNION

   SELECT 法人代码,法人名称,注册资金 FROM 法人表 WHERE 经济性质 ='国营'

   ORDER BY 注册资金

  C. SELECT 法人代码,法人名称,注册资金 FROM 法人表 WHERE 经济性质 ='私营'

   UNION

   SELECT 法人代码,法人名称 FROM 法人表 WHERE 经济性质 ='国营'

   ORDER BY 注册资金

  D. SELECT 法人代码,法人名称,注册资金 FROM 法人表 WHERE 经济性质 ='私营'

   ORDER BY 注册资金

   UNION

   SELECT 法人代码,法人名称,注册资金 FROM 法人表 WHERE 经济性质 ='国营'

  （7）已知 SN 是一个字符型字段，SQL 语句：SELECT SN FROM S WHERE SN LIKE 'AB%'，执行的结果是查询(　　)。

  A. 以字符'AB'开头的所有 SN 字段

  B. 含有 3 个字符'AB%'的所有 SN 字段

  C. 仅含有 3 个字符且前两个为'AB'的 SN 字段

  D. 含有字符'AB'的所有 SN 字段

2. 讨论题

  （1）理解 SQL SELECT 语句的结构及其各个短语的功能。

  （2）在使用 SQL SELECT 语句查询时如何去掉重复行？

  （3）在使用 SQL SELECT 语句查询时，如果结果太多，如何只关注某种顺序排在前面的一些行？

  （4）使用 BETWEEN…AND…表达式表达逻辑条件"单价 >= 100 AND 单价 <= 150"。

  （5）使用 NOT BETWEEN…AND…表达式表达逻辑条件"单价 <100 OR 单价 >150"。

  （6）如何判断一个变量或字段是否为空值（NULL）？

  （7）以第 6 章 6.2 节建立的各表为例，用 SQL 语句完成以下简单查询：

  ① 查询在北京的供应商的名称。

  ② 查询发给供应商 S6 的订购单号。

  ③ 查询职工 E6 发给供应商 S6 的订购单信息。

（8）什么是关系的连接操作？

（9）关系的连接操作一般是通过什么字段控制的？

（10）写出 SQL 连接查询的基本语法格式，并解释相应的关键词。

（11）如何实现一个表到其自身的连接？

（12）什么是外连接？外连接有什么意义？

（13）以第 6 章 6.2 节建立的各表为例，用 SQL 完成以下连接查询：

① 查询地址为北京的供应商所接收订购单的订购单号、订货日期和供应商名信息。

② 查询发给供应商 S6 的订购单号及所经手职工的姓名。

③ 查询职工经手订购单情况（列出职工号、姓名、订购单号和订货日期）。

④ 查询职工经手订购单情况（列出职工号、姓名、订购单号和订货日期），同时列出没有经手任何订购单的职工号和姓名。

（14）在汇总查询中常用的聚合函数有哪些？

（15）什么是分组汇总查询？试述分组查询的机制。

（16）在分组查询 SELECT…FROM…WHERE…GROUP BY…HAVING…语句中 WHERE 和 HAVING 都是逻辑条件，试说明它们各自的作用。

（17）聚合函数可以出现在语句 SELECT…FROM…WHERE…GROUP BY…HAVING…的哪个或哪些短语中？为什么？

（18）以第 6 章 6.2 节建立的各表为例，用 SQL 完成以下汇总或分组查询：

① 查询仓库的个数。

② 查询所有仓库的平均面积。

③ 查询每个城市的供应商个数。

④ 查询每个仓库中工资多于 4 220 元的职工个数。

⑤ 查询每个仓库中至少有两名职工的工资多于 4 220 元的职工个数。

（19）什么是嵌套查询？

（20）在嵌套查询中，为什么有时需要使用量词 ANY、SOME 和 ALL？试述它们的含义。

（21）通常的嵌套查询是外层的查询条件使用内层的查询结果，如果内层查询需要外层查询提供值才能完成的嵌套查询，称为内外层互相关查询。试讨论这种嵌套查询的机制。

（22）使用 EXISTS 的嵌套查询为什么一定是内外层互相关的嵌套查询？试讨论这种嵌套查询的机制。

（23）嵌套查询使用非常广泛，以第 6 章 6.2 节建立的各表为例，用 SQL 完成以下嵌套查询：

① 查询向供应商 S3 发过订购单的职工的职工号和仓库号。

② 查询目前与 S3 供应商没有联系的职工信息。

③ 查询目前没有任何订购单的供应商信息。

④ 查询和职工 E1、E3 都有联系的北京的供应商信息。

⑤ 查询目前和华通电子公司有业务联系的每个职工的工资。

⑥ 查询与工资在 4 220 元以下的职工没有联系的供应商的名称。

⑦ 查询向 S4 供应商发出订购单的仓库所在的城市。

⑧ 查询在上海工作并且向 S6 供应商发出了订购单的职工号。

⑨ 查询在广州工作并且只向 S6 供应商发出了订购单的职工号。

⑩ 查询由工资多于 4 230 元的职工向北京的供应商发出的订购单号。

⑪ 查询有最大面积的仓库信息。

⑫ 查询向 S4 供应商发出订购单的那些仓库的平均面积。

⑬ 查询与面积最小的仓库有联系的供应商的个数。

⑭ 查询工资低于本仓库平均工资的职工信息。

（24）查询的结果可以直接插入指定的表，使用相应的 INSERT 命令需要注意什么？

（25）查询结果存储到一个新表与查询结果插入指定表有什么区别？请分别给出对应的命令格式。

（26）更新（UPDATE）和删除（DELETE）操作也可以按需嵌套查询命令，试述哪些情况需要在更新和删除操作命令中嵌入查询操作。

（27）试述关系数据库中视图的含义和作用。

（28）什么是行列子集视图？

（29）讨论在定义视图时 WITH CHECK OPTION 短语的作用。

（30）试述对视图的操作有哪些限制。

（31）试述为什么要使用视图。

实验 5 数据查询

实验名称：使用 SQL SELECT 语句的数据查询操作。

实验内容：在实验 3 和实验 4 的基础上完成规定的查询操作。

实验目的：熟练掌握 SQL SELECT 命令。

实验方法：在实验 3 和实验 4 的基础上，使用 SQL SELECT 命令完成实验要求中所规定的各种查询。

实验要求：

在实验 3 和实验 4 的基础上按要求设计查询，并用 SQL SELECT 命令完成查询。

（1）一般简单查询

① 不带条件地查询指定的字段（考虑去除和不去除重复值两种情况）。

② 查询某个表的全部信息。

③ 使用单个条件的简单查询。

④ 使用多个条件（AND 关系）的查询。

⑤ 使用多个条件（OR 关系）的查询。

⑥ 使用多个条件（混合 AND 和 OR 关系）的查询。

⑦ 使用带 NOT 运算的查询。

⑧ 使用 BETWEEN…AND…的查询。

⑨ 使用 NOT…BETWEEN…AND…的查询。

⑩ 使用 LIKE 运算符的字符串匹配查询。

⑪ 使用 LIKE 运算符的模板匹配查询。

⑫ 空值和非空值的查询。

⑬ 结果要求排序的查询。

⑭ 查询结果按多列排序，并分别要求升序和降序的查询。

⑮ 使用 TOP 显示前若干记录的查询。

⑯ 使用 TOP 显示前若干记录的查询，如果有满足条件的并列记录一并显示。

（2）连接查询

① 两个关系的连接查询。

②　带其他查询条件的两个关系的连接查询。

③　多个关系(三个以上)的连接查询。

④　两个关系的广义笛卡儿积运算结果。

⑤　根据两个关系的广义笛卡儿积运算结果,得到两个关系进行自然连接的结果。

⑥　查询教师-课程信息,查询结果中包括教师姓名、职称、课程名称和课程性质 4 个字段。

⑦　查询教师-课程信息,查询结果中包括教师姓名、职称、课程名称和课程性质 4 个字段,要求结果中列出所有教师信息(即包括不是任何课程责任教师的教师信息)。

⑧　查询教师-课程信息,查询结果中包括教师姓名、职称、课程名称和课程性质 4 个字段,要求结果中能够反映目前没有确定责任教师的课程信息。

⑨　查询教师-课程信息,查询结果中包括教师姓名、职称、课程名称和课程性质 4 个字段,要求结果中既能反映目前不是责任教师的教师信息,又能反映目前没有确定责任教师的课程信息。

提示:⑥~⑨分别用内连接、左连接、右连接和全连接完成,请分析它们的效果。

(3)　嵌套查询(注意使用 ANY、ALL 和 EXISTS)

①　使用 IN 运算的简单嵌套查询。

②　使用 NOT IN 运算的简单嵌套查询。

③　使用关系运算(如“=”等比较运算符)的简单嵌套查询。

④　使用 ANY 或 SOME 的简单嵌套查询。

⑤　使用 ALL 的简单嵌套查询。

⑥　查询院系名称含“计算机”、职称为教授、所负责课程为必修课的教师姓名、职称、课程名称和课程学时等信息(请分别用嵌套查询和连接查询完成,并分析各自的效率)。

⑦　设计两个内外层互相关的嵌套查询。

⑧　使用 EXISTS 的嵌套查询。

⑨　使用 NOT EXISTS 的嵌套查询。

(4)　汇总和分组查询

①　使用 COUNT 统计数目的查询。

②　使用 SUM 计算合计的查询。

③　一次完成求和、计数、计算平均值的查询。

④　查询所有课程的成绩都大于 60 分的学生的平均成绩。

⑤　查询数据库课程的成绩大于 70 分、所有课程平均分最高的学生信息。

⑥　查询每个学生的平均成绩。

⑦　查询每个学生的所有课程的最高成绩、最低成绩、平均成绩和所考课程的门数。

⑧　查询至少有 10 门必修课程考试成绩的每个学生的平均成绩。

相关命令:

SQL SELECT 查询命令的基本框架如下(详细解释参见 7.1 节):

```
SELECT …
FROM …
[WHERE …]
[GROUP BY … [HAVING …]]
[ORDER BY … [ASC |DESC]]
```

实验 6 视图的应用

实验名称：视图的建立和应用。

实验内容：在实验 3 和实验 4 的基础上定义视图，并在视图上完成查询以及插入、更新和删除操作。

实验目的：掌握视图定义和应用的方法，体会视图和基本表的异同之处。

实验方法：在实验 3 和实验 4 的基础上，用 CREATE VIEW 命令定义视图，然后使用 SELECT 命令完成查询，使用 INSERT、UPDATE 和 DELETE 命令分别完成插入、更新和删除操作。

实验要求：

① 在实验 3 建立的基本表的基础上，按如下要求设计和建立视图：

- 基于单个表按投影操作定义视图。
- 基于单个表按选择操作定义视图。
- 基于单个表按选择和投影操作定义视图。
- 基于多个表根据连接操作定义视图。
- 基于多个表根据嵌套查询定义视图。
- 定义含有虚字段的视图。

② 分别在定义的视图上设计一些查询（包括基于视图和基本表的连接或嵌套查询）。

③ 在不同的视图上分别设计一些插入、更新和删除操作，分情况讨论哪些操作可以成功完成，哪些操作不能完成，并分析原因。

④ 在实验报告中要给出具体的视图定义要求和操作要求，并针对各种情况做出具体的分析和讨论。

相关命令：

定义视图的命令是 CREATE VIEW，其核心是 SQL SELECT 查询，基本命令格式如下：

```
CREATE VIEW<视图名> AS <SELECT-查询块>
```

第 8 章　数据库编程基础

人们一般采用开发工具来开发数据库应用，实际上数据库管理系统内部也支持数据处理编程功能。本章将以 SQL Server 为背景，介绍数据库编程的一些基本内容。

知识目标：掌握游标、存储过程和触发器等数据库编程技术，了解动态 SQL。

能力及素养目标：能够熟练运用游标、存储过程和触发器等数据库编程技术来解决复杂的数据管理以及数据处理等工程问题。

本章重点：存储过程、触发器。

本章难点：熟练应用游标、存储过程、触发器，完成相关的数据管理和数据处理任务。

8.1　Transact-SQL 介绍

SQL Server 使用的语言称作 Transact-SQL，简称 T-SQL，它不仅包括基本 SQL 操作的内容，还有一般程序设计的能力。

8.1.1　数据类型与变量说明

在数据库中，每个数据库字段、局部变量、表达式和参数都有一个相关的数据类型。数据类型是一种属性，用于指定对象可保存的数据的类型，如整数数据、字符数据、货币数据、日期和时间数据、二进制字符串数据等。SQL Server 支持的数据类型参见第 6 章 6.2 节的表 6-1。

在 T-SQL 中用 DECLARE 语句说明内存变量，用 SELECT 语句或 SET 语句赋值。

变量说明的命令格式如下：

```
DECLARE @ <变量名> <数据类型> [,@ <变量名> <数据类型>…]
```

注意：变量名前必须有@前缀，以便与数据库字段名相区分。

8.1.2　运算符与表达式

T-SQL 支持算术运算、位运算、比较运算、逻辑运算和字符串运算等常规运算，相应的运算符简介如下：

① 算术运算符：T-SQL 中可以使用的算术运算符及其含义如表 8-1 所示。

表 8-1　算术运算符

运算符	含义	可用数据类型
+	加	int、smallint、tinyint、numeric、decimal、float、real、money、smallmoney
−	减	同上
*	乘	同上
/	除	同上
%	取模	int、smallint、tinyint

② 位运算符：T-SQL 中可以使用的位运算符及其含义如表 8-2 所示。

表 8-2　位运算符

运算符	含义	可用数据类型
&	按位与（二元运算）	仅用于 int、smallint、tinyint
|	按位或（二元运算）	同上
^	按位异或（二元运算）	同上
~	按位取反（一元运算）	int、smallint、tinyint 和 bit

③ 比较运算符：T-SQL 中可以使用的比较运算符及其含义如表 8-3 所示。

表 8-3　比较运算符

运算符	含义	运算符	含义
=	等于	< >	不等于
>	大于	! =	不等于
<	小于	!>	不大于
>=	大于或等于	!<	不小于
<=	小于或等于		

④ 逻辑运算符：T-SQL 中可以使用的逻辑运算符及其含义如表 8-4 所示。

表 8-4　逻辑运算符

运算符	含义
AND	逻辑与
OR	逻辑或
NOT	逻辑非

⑤ 字符串运算符：在 T-SQL 中可以用算术运算符的加号（+）做字符串的连接运算，如'abc '+'def '的结果为'abcdef '。字符串的其他操作均要通过字符串函数来完成。

常量、变量、字段名或函数通过与运算符的有机结合，可以构成各类表达式。

8.1.3 函数

T-SQL 提供了大量的函数供用户使用，这些函数是 T-SQL 命令的扩充，可用于很多场合。SQL Server 的函数可以分为以下几类：

① 聚合函数：将多个值合并为一个值，如在第 7 章的汇总查询中使用的聚合函数 COUNT、SUM、AVG、MIN 和 MAX 等。

② 加密函数：支持加密、解密、数字签名和数字签名验证等。

③ 游标函数：返回有关游标状态的信息。

④ 日期和时间函数：可以对日期和时间执行操作，并返回一个字符串、数字值或日期和时间值等。常用的日期和时间函数有以下几种：

GETDATE：返回系统日期和时间。

YEAR：返回指定日期中的年份的整数。

MONTH：返回指定日期中的月份的整数。

DAY：返回指定日期中的日期部分的整数。

DATEADD：在一个日期值上加上一个间隔，返回值是 datetime 值。

DATEDIFF：计算两个日期值之间的间隔，返回值是一个整数。

DATENAME：返回表示日期中某部分的字符串。

DATEPART：返回表示日期中某部分的数值。

GETUTCDATE：返回表示当前 UTC 时间（世界时）的 datetime 值。

⑤ 数学函数：执行数学运算的函数，如绝对值函数 ABS、乘方函数 POWER、平方根函数 SQRT 等。

⑥ 元数据函数：返回数据库和数据库对象的属性信息。

⑦ 行集函数：该类函数返回一个结果集（可以看作是表或视图），该结果集可在 T-SQL 语句中当作表来使用。

⑧ 安全函数：返回用户和角色等与安全有关的信息。

⑨ 字符串函数：对字符串进行操作或计算的函数，可能涉及 char、varchar、nchar、nvarchar、binary 和 varbinary 等数据类型的值。常用的字符串函数有以下几种：

SUBSTRING：取子串函数。

LEN：返回给定字符串表达式的字符个数，即计算字符串的长度。

LEFT：从字符串的左部取子串。

RIGHT：从字符串的右部取子串。

ASCII：返回字符串表达式最左面字符的 ASCII 码值。

UNICODE：按照 Unicode 标准的定义，返回表达式的第一个字符的整数值。

CHAR：把一个表示 ASCII 代码的数值转换成对应的字符。

NCHAR：根据 Unicode 标准所进行的定义，用给定整数代码返回 Unicode 字符。

QUOTENAME：返回带有分隔符的 Unicode 字符串。

CHARINDEX：返回一个子串在字符串表达式中的起始位置。

PATINDEX：返回一个子串在字符串表达式中的起始位置，在子串中可以使用通配符"%"，这个函数可以用在 text、char 和 varchar 类型的数据上。

DIFFERENCE：返回两个字符串的匹配程度。

SOUNDEX：返回两个字符串发音的匹配程度。

LOWER：把大写字母转换成小写字母。

UPPER：将小写字母转换成大写字母。

LTRIM：删除字符串的前导空格。

RTRIM：删除字符串的尾部空格。

REPLACE：用第三个表达式替换第一个字符串表达式中出现的所有第二个给定字符串表达式。

REPLICATE：重复一个字符表达式若干次。

REVERSE：取字符串的逆序。

SPACE：产生空格字符串。

STR：将数值转换成字符串。

STUFF：用一个子串按规定取代另一个子串。

⑩ 类型转换函数：将一个表达式的值转换成指定数据类型的值，如将数字类型转换成字符串类型等，类型转换函数包括以下几种：

CONVERT：将表达式的结果从一种数据类型转换为另外一种数据类型。

CAST：和 CONVERT 功能类似。

⑪ 系统函数：对系统级的各种选项和对象进行操作或返回结果。

⑫ 系统统计函数：返回有关 SQL Server 性能的信息。

以上介绍了 SQL Server 函数的分类，并简单介绍了本书中可能用到的函数，更为详细的介绍请参阅 SQL Server 相关使用手册。

8.1.4 全局变量

全局变量是 SQL Server 预定义的，用于返回有关配置设置和系统运行的信息，全局变量以@@做前缀。例如，全局变量@@SERVERNAME 返回当前服务器的名称，全局变量@@FETCH_STATUS 返回当前读游标记录的状态信息（参见 8.2 节）。

8.1.5 程序语句

这里简单介绍一些在 T-SQL 中常用的程序语句和基本语法。

① 注释语句。在 T-SQL 中注释语句的格式如下：

```
/* 注释 */
```

或

```
--注释
```

② 赋值语句。可以使用 SET 或 SELECT 赋值语句给局部变量赋值。

使用 SELECT 命令对变量赋值的语句格式如下：

```
SELECT @ local_variable=expression [,@ local_variable=expres-
    sion…]
```

或

```
SELECT @ local_variable=expression [,@ local_variable=expres-
    sion…]
FROM <表名>|<视图名>…
```

第一种格式是直接对变量进行赋值，第二种格式是将 SELECT 查询的结果赋值给变量。

使用 SET 命令对变量赋值的语句格式如下：

```
SET @ local_variable=expression
```

其中，@ local_variable 是用 DECLARE 语句说明的局部变量（注意局部变量必须用@ 做前缀），expression 是与变量数据类型相匹配的表达式。

③ BEGIN…END。BEGIN…END 是复合语句括号，它可以嵌套。

④ 条件语句。条件语句基本格式如下：

```
IF Boolean_expression
    sql_statement
[ELSE
    sql_statement]
```

其中，Boolean_expression 是条件表达式，sql_statement 是单个或复合语句。

IF 条件语句可以嵌套。

⑤ 循环语句。循环语句的基本格式如下：

```
WHILE Boolean_expression
    sql_statement
```

其中，Boolean_expression 是循环条件表达式（结果为真时继续循环），sql_statement 是要循环执行的语句（循环体）。

在循环体中可以使用 BREAK 语句强制跳出循环（转到循环语句后的语句），

可以使用 CONTINUE 语句强制开始下一次循环(转到循环体的第一条语句)。

WHILE 循环语句可以嵌套。

⑥ EXECUTE 语句。EXECUTE 语句主要用于执行存储过程,具体内容参见 8.3 节。

⑦ WAITFOR 语句。WAITFOR 语句挂起批处理、存储过程或事务的执行。该语句通常用于事务控制,例如,在超过指定的时间间隔或到达一天中指定的时间时再恢复程序的运行。

例如,以下语句将导致程序延迟 10 秒执行:

```
WAITFOR DELAY '00:00:10'
```

而如下语句会导致程序等到 14 时 20 分时再开始执行:

```
WAITFOR TIME '14:20'
```

⑧ PRINT 语句。PRINT 语句用于向客户端输出或返回定义的信息,其基本格式如下:

```
PRINT msg_str |@ local_variable |string_expr
```

其中,msg_str 是字符串常量,@ local_variable 可以是任何有效的字符数据类型变量(或者是能够隐式转换为字符数据类型的变量),string_expr 是字符串表达式。

⑨ RAISERROR 语句。RAISERROR 语句可以根据出错类型,输出用户定义的出错信息。

⑩ RETURN 语句。RETURN 语句为返回语句,它无条件终止当前的查询、存储过程或批处理,返回调用程序。

8.2　游标

当使用 SELECT 语句查询数据库时,查询返回的数据将存放在结果集中。用户在得到结果集后,有时需要逐行逐列地获取其中存储的数据,以便在应用程序中使用这些值。这项需求要借助游标来完成,游标是一种对数据集合中的多条记录进行逐一检索的只读机制。

微视频:
游标及其
应用

8.2.1　基本概念

SQL 语句的查询结果常常是一张表,它包含多条记录。游标的基本思想是将查询结果存储在一张临时表中,然后从这个临时表中逐一读出记录进行处理。这种临时表称作**游标**(CURSOR)。

与游标有关的命令共有 5 条:DECLARE CURSOR、OPEN、FETCH、CLOSE 和 DEALLOCATE。使用游标的基本步骤如图 8-1 所示。下面通过具体的几条语句来理解游标的概念。

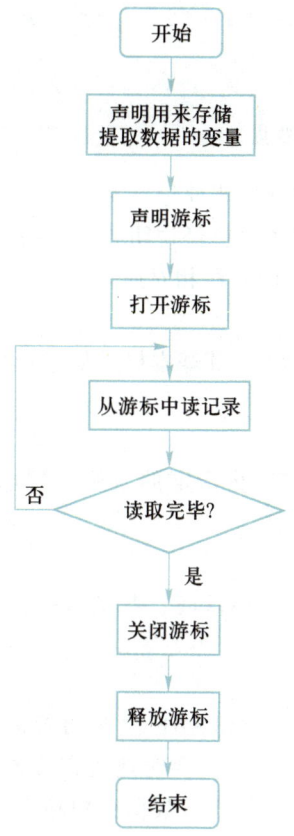

图 8-1 使用游标的基本步骤

1. 定义游标

定义游标的语句是 DECLARE CURSOR，其基本格式如下：

```
DECLARE <游标名> [INSENSITIVE][SCROLL]CURSOR
FOR <SELECT-查询>
[FOR{READ ONLY |UPDATE[OF<列名>[,<列名>…]]}]
```

该命令用 SELECT 查询语句定义一个游标，即临时文件，其内容是定义游标的 SELECT 语句的查询结果。

2. 打开游标

启动或打开游标的语句是 OPEN，其基本格式如下：

```
OPEN <游标名>
```

该语句的功能是打开或启动指定的游标，该游标名是用 DECLARE CURSOR 语句已经定义好的。执行该语句意味着执行在 DECLARE CURSOR 语句中定义的 SELECT 查询，并使游标指针指向查询结果的第一条记录。

3. 从游标中读记录

从游标中读记录的语句是 FETCH，其基本格式如下：

MySQL
语 法 与
OpenGauss
语法对比

```
FETCH [[NEXT | PRIOR | FIRST | LAST | ABSOLUTE n | RELATIVE n ]
FROM]
   <游标名>
   [INTO <@ 变量 1>,<@ 变量 2> …]
```

该语句的功能是取出游标的当前记录并送入主变量,同时使游标指针指向下一条记录。这里的游标必须是已经说明并打开的,INTO 后的主变量要与 DECLARE CURSOR 中 SELECT 的字段相对应。

4. 关闭游标

关闭游标的语句是 CLOSE,其基本格式如下:

```
CLOSE <游标名>
```

该语句的功能是关闭或停止指定的游标。游标关闭后仍可以根据需要用 OPEN 语句打开。

5. 释放游标

释放游标的语句是 DEALLOCATE,其基本格式如下:

```
DEALLOCATE <游标名>
```

该命令的功能是删除由 DECLARE 说明的游标。该命令不同于 CLOSE 命令,CLOSE 命令只是关闭游标,需要时还可以重新打开;而 DEALLOCATE 命令则是释放并删除与游标有关的所有数据结构和定义。

与程序设计语言中的文件相对照,DECLARE CURSOR 相当于说明了一个文件,OPEN 相当于打开文件,FETCH 相当于读一条记录,CLOSE 相当于关闭文件,DEALLOCATE 语句相当于删除文件。

8.2.2　游标应用举例

在 T-SQL 中可以使用游标。可在 T-SQL 中通过全局变量@＠FETCH_STATUS 来判断 FETCH 语句对游标的操作状态,具体取值如下:

① 0 表示 FETCH 语句成功。

② -1 表示 FETCH 语句失败或行不在结果集中。

③ -2 表示要提取的行不存在。

注意:由于@@FETCH_STATUS 是全局变量,所以要谨慎使用@＠FETCH_STATUS,该变量的状态永远是最近一条 FETCH 语句后的状态。

例 8-1　在 T-SQL 中用游标列出所有仓库记录。

```
-- 说明几个局部变量,用于存储 FETCH 语句读出的数据
DECLARE @ whno CHAR(6),@ city CHAR(10),@ area INT
-- 说明游标 wh_cursor,游标的内容是从仓库表检索的相关信息
DECLARE wh_cursor CURSOR FOR SELECT 仓库号,城市,面积 FROM 仓储.
   仓库
```

```
-- 打开游标 wh_cursor
OPEN wh_cursor
PRINT '-------- 仓库列表--------'
PRINT '仓库号  所在城市  仓库面积'
-- 从游标读取当前记录到变量
FETCH FROM wh_cursor INTO @ whno,@ city,@ area
-- 用@ @ FETCH_STATUS 判断 FETCH 语句是否成功,并控制循环读
WHILE @ @ FETCH_STATUS = 0
BEGIN
    PRINT @ whno+''+@ city+ STR(@ area,4)
    FETCH FROM wh_cursor INTO @ whno,@ city,@ area
END
-- 关闭游标 wh_cursor
CLOSE wh_cursor
-- 释放游标 wh_cursor
DEALLOCATE wh_cursor
```

以上程序的输出结果如下:

--------仓库列表--------		
仓库号	所在城市	仓库面积
WH1	北京	500
WH2	上海	370
WH3	广州	300
WH5	重庆	600

例 8-2 在 T-SQL 中使用游标列出每个仓库及其职工的信息。

这个例子将嵌套使用游标,在游标 wh_cursor 中嵌套了游标 emp_cursor,并特别注意@ @ FETCH_STATUS 的使用。

```
-- 说明局部变量,用于存储 FETCH 语句读出的数据
DECLARE @ whno CHAR(6),@ city CHAR(10)
DECLARE @ eno CHAR(8),@ salary numeric(8,2)
-- 说明游标 wh_cursor,游标的内容是从仓库表检索的相关信息
DECLARE wh_cursor CURSOR FOR SELECT 仓库号,城市 FROM 仓储.仓库
-- 打开游标 wh_cursor
OPEN wh_cursor
-- 从游标分别读取当前仓库的仓库号和所在城市到变量@ whno 和@ city
FETCH FROM wh_cursor INTO @ whno,@ city
-- 用@ @ FETCH_STATUS 判断 FETCH 语句是否成功,并控制循环读
```

```
WHILE @ @ FETCH_STATUS = 0
BEGIN
    PRINT '仓库:'+@ whno+'位于 '+@ city+'有职工'
    -- 说明嵌套的内层游标 emp_cursor
    DECLARE emp_cursor CURSOR FOR
    SELECT 职工号,工资 FROM 基础.职工 WHERE 仓库号=@ whno
    -- 打开游标 emp_cursor
    OPEN emp_cursor
    -- 从 emp_cursor 游标分别读取当前记录的职工号和工资到变量@ eno 和
    @ salary
    FETCH FROM emp_cursor INTO @ eno,@ salary
    -- 用@ @ FETCH_STATUS 判断 FETCH 语句是否成功,并控制内层游标的循
    环读
    WHILE @ @ FETCH_STATUS = 0
    BEGIN
        PRINT @ eno+'的工资是   '+str(@ salary,8,2)
        -- 读下一条职工信息
        FETCH FROM emp_cursor INTO @ eno,@ salary
    END
    -- 关闭内层游标 emp_cursor
    CLOSE emp_cursor
    -- 释放内层游标 emp_cursor
    DEALLOCATE emp_cursor
    -- 读下一条仓库信息(外层游标)
    FETCH FROM wh_cursor INTO @ whno,@ city
END
-- 关闭游标 wh_cursor
CLOSE wh_cursor
-- 释放游标 wh_cursor
DEALLOCATE wh_cursor
```

这段程序包括两层循环,外层循环使用游标 wh_cursor 读取仓库信息,内层循环使用游标 emp_cursor 读取当前仓库的职工信息。特别注意:内、外层循环都使用全局变量@@FETCH_STATUS 进行控制。该变量的值取决于最近一次 FETCH 语句的执行结果。

以上程序的输出结果如下:

仓库:WH1	位于北京	有职工
E13	的工资是	4200.00
E2	的工资是	4220.00

仓库：WH1	位于北京	有职工
E7	的工资是	4250.00
E8	的工资是	4400.00
E9	的工资是	4480.00
仓库：WH11	位于杭州	有职工
仓库：WH2	位于上海	有职工
E1	的工资是	4200.00
E3	的工资是	4550.00
E4	的工资是	4250.00
仓库：WH3	位于广州	有职工
E11	的工资是	4270.00
E5	的工资是	4270.00
E6	的工资是	4420.00
仓库：WH5	位于重庆	有职工

8.2.3　利用游标进行删除和更新操作

在 T-SQL 中，游标不仅可以用来浏览查询结果，还可以使用 UPDATE 语句或 DELETE 命令修改或删除游标对应的当前行。

使用游标的 UPDATE 命令格式如下：

```
UPDATE <表名>
SET <列名>={<表达式> |NULL}
[,<列名>={<表达式> |NULL}…]
WHERE CURRENT OF <游标名>
```

使用游标的 DELETE 命令格式如下：

```
DELETE FROM <表名>
WHERE CURRENT OF <游标名>
```

利用 WHERE CURRENT OF <游标名>进行的修改或删除只影响表的当前行。

例 8-3　使用游标进行职工工资的更新。

```
DECLARE @ salary numeric(8,2)
DECLARE sal_cursor CURSOR FOR SELECT 工资 FROM 基础.职工
OPEN sal_cursor
```

```
FETCH FROM sal_cursor INTO @ salary
WHILE @ @ FETCH_STATUS=0
BEGIN
    -- 如果工资小于 4300 则将其修改为 4300
    IF @ salary <4300
        BEGIN
            -- 修改游标中当前记录所对应的表中的记录
            UPDATE 基础 . 职工 SET 工资=4300 WHERE CURRENT OF sal_cursor
            PRINT '修改了一个职工的工资'
        END
    FETCH sal_cursor INTO @ salary
END
CLOSE sal_cursor
DEALLOCATE sal_cursor
```

该程序从游标中依次读取职工记录，并判断当前职工的工资值是否小于 4 300元，如果是，则将对应的职工表中当前记录的工资字段值修改为 4 300。

8.3　存储过程

微 视 频：
存储过程

存储过程（stored procedure）源于客户端/服务器数据库体系结构，它与传统数据库结构的一个很重要的区别是：传统的数据库中只存放数据，所有的应用程序都位于用户端，都与用户实际运行的应用程序捆绑在一起；而在客户端/服务器结构的数据库中，数据库还可以存放程序。这种程序以数据库对象的形式存储在数据库中，因此被称为存储过程。

8.3.1　基本概念

存储过程与其他编程语言或环境中的过程概念是类似的，它是事先编好且经过预编译，并存储在数据库中的 SQL 语句的集合，用户在需要时可以调用这些存储过程来完成数据查询或操作。

存储过程不仅存储在数据库中，而且在数据库服务器上运行。与交互式执行的 SQL 语句（解释执行，速度较慢）不同，存储过程经过预编译，因此执行速度更快。

SQL Server 自身预定义了一些用于管理系统和数据库的存储过程，这类存储过程称为系统存储过程。系统存储过程通常以"sp_"作为过程名称的前缀。系统存储过程存放在 master 数据库中，归系统管理员所有，但其中很多过程可以运行在任意数据库中。

用户也可以编写自己的存储过程，并把它存放在数据库中。使用存储过程不仅可以提高代码的可重用性，还可以充分发挥数据库服务器的性能，使之在数据库服务器上完成数据处理工作，尽量减少在网络上传递冗余数据。

图 8-2 示意了未使用和使用存储过程的情况。未使用存储过程时，所有的数据处理都在应用程序中完成（客户端或应用服务器）；而使用存储过程时，数据处理可以在数据库服务器上完成。

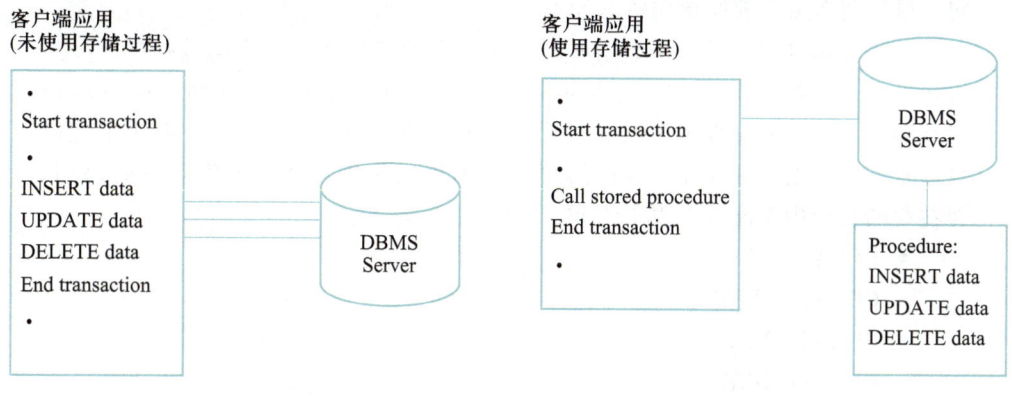

(a) 未使用存储过程　　　　　　　　　　　　　(b) 使用存储过程

图 8-2　未使用存储过程和使用存储过程示意

另外，使用存储过程还可以间接实现一些安全控制功能。例如，如果不允许某些用户直接接触某些数据对象，但是允许他们查询一些信息，那么这时可以授权他们执行某个存储过程来完成信息的查询，而不允许他们直接在表或视图上进行查询，从而达到隔离用户的目的。

8.3.2　创建和执行存储过程

存储过程是数据库中的独立对象，创建存储过程的命令是 CREATE PRO-CEDURE，其基本格式如下：

```
CREATE PROCEDURE [schema_name.]procedure_name
[@ parameter data_type [VARYING][ = default][OUT |OUTPUT],…]
AS sql_statement
```

其中，各参数的含义如下：

① schema_name：给出所属的架构名。

② procedure_name：给出存储过程名，建议使用"usp_"做前缀（user stored procedure 的首字母），而非使用"sp_"做前缀，因为此前缀由 SQL Server 使用，专门用于系统存储过程。

③ @ parameter：给出参数名（注意需要使用@ 做前缀），可以定义 0 或多个参数；除非定义了默认值，否则在调用存储过程时需要给出相应的参数值。

④ data_type：指出参数的数据类型。

⑤ VARYING：指定作为输出参数支持的结果集。该参数由存储过程动态构造，其内容可能发生改变。仅适用于 cursor（游标）类型的参数。

⑥ = default：给出参数的默认值，该值必须是常量或 NULL，如果过程中

MySQL
语法与
OpenGauss
语法对比

使用了带 LIKE 关键字的参数，则可包含通配符%、_、[ ] 和 [^]。

⑦ OUT|OUTPUT：指示参数是输出参数。

⑧ sql_statement：存储过程所要执行的 SQL 语句，它可以是一组 SQL 语句，可以包含流程控制语句等。

创建存储过程通常是在数据库设计和开发阶段完成的。存储过程中的 SQL 语句可以是一组 SQL 语句，并且可以含有流程控制等语句。存储过程可以嵌套，即在一个存储过程中可以调用另外一个存储过程。存储过程一般用来完成数据查询和数据处理操作；在存储过程中不可以使用创建数据库对象的语句，即在存储过程中不能含有以下语句：

- CREATE TABLE
- CREATE INDEX
- CREATE VIEW
- CREATE DEFAULT
- CREATE RULE
- CREATE TRIGGER
- CREATE PROCEDURE

一般只能在当前数据库中创建用户定义存储过程（当然，临时存储过程可以在 tempdb 数据库中创建）。

执行存储过程的语句是 EXECUTE，其基本格式如下：

```
EXECUTE [@ return_status =] [schema_name.]procedure_name
[@ parameter =] { value |@ variable [OUTPUT] } [,…n ]
```

其中，各参数的含义如下：

① @ return_status：可选的整型变量，用于存放存储过程返回的状态。这个变量必须在执行存储过程前说明。

② schema_name：相应的架构名。

③ procedure_name：要执行或调用的存储过程名。

④ @ parameter：存储过程中定义的参数。

⑤ value：传递给存储过程的参数值。如果参数名称没有指定，参数值必须以在存储过程中定义的顺序提供。如果在存储过程中定义了默认值，则可以不必指定参数。

⑥ @ variable：用来存储参数或返回参数的变量。

⑦ OUTPUT：说明是输出参数，用于从存储过程返回值。使用游标变量作为参数时必须使用该关键字。

以上介绍了建立和执行存储过程的方法，8.3.4 小节将集中介绍存储过程的使用实例。

8.3.3　存储过程的修改和删除

存储过程作为独立的数据库对象存储在数据库中，可以对其进行修改，不需要的也可以删除。

修改存储过程的命令是 ALTER PROCEDURE，其格式与 CREATE PROCE-DURE 命令格式类似。它实际上相当于先执行 DROP PROCEDURE 删除旧存储过程，然后再执行 CREATE PROCEDURE 建立一个新存储过程。因此这里不再需要给出 ALTER PROCEDURE 的命令格式。

MySQL 语法与 OpenGauss 语法对比

删除存储过程的语句如下：

```
DROP PROCEDURE [schema_name.]procedure_name
```

8.3.4 存储过程应用举例

本小节通过几个例子来说明存储过程的创建和使用。

例 8-4 使用简单存储过程完成职工信息（姓名、仓库号、工资、所在城市）的查询。

这个存储过程不使用任何参数，没有返回值，建立存储过程的命令如下：

```
CREATE PROCEDURE uspGetAllEmp
AS
SELECT 姓名,仓库.仓库号,工资,城市 AS 所在城市
FROM 仓储.仓库 JOIN 基础.职工
ON 仓库.仓库号=职工.仓库号
```

建立该存储过程后再查询类似职工信息时，就可以不再去写 JOIN 连接查询，通过以下方式调用存储过程来完成职工信息查询：

```
EXECUTE uspGetAllEmp
```

例 8-5 使用带有参数的简单过程查询指定城市的职工信息。

该要求即以职工所在城市作为参数来查询职工信息，存储过程需要提供精确匹配的参数值。建立存储过程的命令如下：

```
CREATE PROCEDURE uspGetEmp1
@ city char(10)
AS
SELECT *
FROM 基础.职工 WHERE 仓库号 IN
(SELECT 仓库号 FROM 仓储.仓库
WHERE 城市=@ city)
```

为了查询"北京"的职工信息，可通过以下方式执行存储过程 uspGetEmp1：

```
EXECUTE uspGetEmp1 @ city='北京'
```

或用省略参数名的方式执行存储过程 uspGetEmp1：

```
EXECUTE uspGetEmp1 '北京'
```

例 8-6　使用带有参数和返回值的简单存储过程，查询指定仓库订单金额大于指定值的订单数，查询结果通过 RETURN 语句返回。

这个存储过程需要两个参数：指定仓库（仓库号）和指定金额，查询结果订单数用 RETURN 语句返回。建立存储过程的命令如下：

```
CREATE PROCEDURE uspGetOrderNum
@ whno char(6),@ sum money
AS
DECLARE @ count int
SELECT @ count=COUNT(*) FROM 订货.订购单
WHERE 金额>=@ sum AND 经手人 IN
(SELECT 职工号 FROM 基础.职工 WHERE 仓库号=@ whno)
RETURN @ count
```

下面的语句调用存储过程 uspGetOrderNum 查询 WH2 仓库金额大于 1 000 元的订单数：

```
DECLARE @ count int
EXECUTE @ count = uspGetOrderNum 'WH2',1000
PRINT 'WH2 仓库金额在 1000 以上的订单数是:'+STR(@ count)
```

结果返回如下：

WH2 仓库金额在 1000 以上的订单数是：3

注意：存储过程的 RETURN 语句可以返回一个整数，一般用于返回存储过程的执行状态（当然是编写存储过程的人自行定义的），有时也可借助此功能返回一个值。

例 8-7　使用带有通配符参数的简单存储过程实现字符信息的模糊查询。

下面的 uspGetSup 存储过程按提供的供应商名称中的关键字查询供应商信息，此存储过程通过参数的模式匹配完成查询，如果未提供参数，则返回全部供应商信息。建立 uspGetSup 存储过程的命令如下：

```
CREATE PROCEDURE 订货.uspGetSup
@ sname varchar(20) ='%'
AS
SELECT *  FROM 订货.供应商
WHERE 供应商名 LIKE @ sname
```

以下执行存储过程的命令将返回供应商名称中含有"华通"二字的供应商信息：

```
EXECUTE 订货.uspGetSup @ sname ='% 华通% '
```

以下执行存储过程的命令将返回全部的供应商信息（没有提供参数）：

```
EXECUTE 订货.uspGetSup
```

例 8-8 使用 OUTPUT 参数的存储过程计算指定供应商所经手订购单的数量和平均金额。

该存储过程要求返回两个结果：订购单的数量和平均金额。这时只借助 RETURN 语句是不够的，但是可以使用 OUTPUT 参数将查询计算结果传递出来。为此，下面的 uspGetAvg 存储过程使用 OUTPUT 参数。存储过程第一个参数 @ sname 用于传递指定的供应商名，第二个参数 @ avg 用于将计算的平均金额传递出来，而计算的订单数量则用 RETURN 语句返回。建立 uspGetAvg 存储过程的命令如下：

```
CREATE PROCEDURE uspGetAvg
@ sname char (20), @ avg money OUTPUT
AS
DECLARE @ count int
SELECT @ count =COUNT (*), @ avg=AVG (金额) FROM 订货.订购单
WHERE 供货方 =
(SELECT 供应商号 FROM 订货.供应商 WHERE 供应商名 =@ sname)
RETURN @ count
```

以下执行 uspGetAvg 存储过程的语句将计算供应商"华通电子公司"的订单数和平均金额：

```
DECLARE @ avg money, @ count int
EXECUTE @ count =uspGetAvg '华通电子公司', @ avg OUTPUT
PRINT '华通电子公司的订单数是:'+STR (@ count) + ',平均金额是:'+STR
(@ avg, 6, 2)
```

例 8-9 使用 cursor 数据类型的参数的存储过程。

T-SQL 存储过程只能将 cursor 数据类型用于 OUTPUT 参数，并且需要配合关键字 VARYING 一起使用。

下面使用存储过程实现 8.2.2 小节中使用游标进行查询的一个例子。首先建立存储过程 uspCurrencyCursor：

```
CREATE PROCEDURE uspCurrencyCursor
@ CurrencyCursor CURSOR VARYING OUTPUT
AS
SET @ CurrencyCursor = CURSOR FOR
SELECT 仓库号,城市,面积 FROM 仓储.仓库
OPEN @ CurrencyCursor
```

接下来说明相应的变量，执行存储过程 uspCurrencyCursor，并根据返回的游标进行查询处理。

```
DECLARE @ whno CHAR(6),@ city CHAR(10),@ area INT
DECLARE @ MyCursor CURSOR
EXEC uspCurrencyCursor @ CurrencyCursor = @ MyCursor OUTPUT
PRINT '-------- 仓库列表--------'
PRINT '仓库号    所在城市   仓库面积'
-- 从游标读取当前记录到变量
FETCH FROM @ MyCursor INTO @ whno,@ city,@ area
-- 用@ @ FETCH_STATUS 判断 FETCH 语句是否成功,并控制循环读
WHILE @ @ FETCH_STATUS=0
BEGIN
    PRINT @ whno+''+@ city+ STR(@ area,4)
    FETCH @ MyCursor INTO @ whno,@ city,@ area
END
-- 关闭游标
CLOSE @ MyCursor
-- 释放游标
DEALLOCATE @ MyCursor
```

8.3.5　获得有关存储过程的信息

存储过程作为独立的数据库对象存储在特定的系统表中，用户也可以查询到相应的存储过程定义，以便了解和维护存储过程的功能。存储过程的定义可以通过当前数据库的 sys. sql_modules 和 sys. objects 系统视图查询到。例如，以下 SQL SELECT 命令将显示当前数据库的全部用户定义存储过程的定义：

```
SELECT definition
FROM sys.sql_modules JOIN sys.objects
ON sys.sql_modules.object_id = sys.objects.object_id
WHERE TYPE = 'P'
```

8.3.6　在数据库设计阶段设计存储过程

使用存储过程也是数据库设计阶段要考虑的内容之一。根据业务需求和开发者的经验灵活使用存储过程，可以提高系统的开发效率和运行效率，使数据查询和操作更简单、使数据更安全。具体表现在以下几个方面：

① 存储过程是经过编译以后存储在数据库服务器上的，特别是已经做好了各种优化分析(如查询优化)，因此每次执行时无须再进行优化处理和编译，自然会有更快的查询和处理速度。

② 存储过程在数据库服务器上运行，每次只需传送一个调用及数据查询或处理结果，大大减少了网络上的信息传输量。

③ 存储过程简化了安全机制，它可以隔离用户与数据的直接接触，相应的查询或数据处理由存储过程完成，然后只授权用户可以执行存储过程。

④ 存储过程可以简化应用，使得非专业人员对数据库的访问变得更加方便、简洁。数据库管理员或设计者可以把一些复杂的查询或数据操纵设计成存储过程，普通用户无须了解数据的一些存储细节，也不必熟悉 SQL，只需通过简单的存储过程调用就能完成特定的任务。

⑤ 存储过程大部分是可重用代码，这样也可以大大提高系统的开发效率和维护效率。

基于以上理由和用户的数据要求，数据库设计者可以在物理模型设计阶段进行存储过程的设计。

在 PowerDesingner 的物理模型设计阶段可以设计存储过程。

8.3.7 用户定义函数

从 8.3.4 小节的例子可以看出，存储过程可用 RETURN 语句返回值，它具有类似函数的功能。除此之外，SQL Server 还可以定义用户函数，用户函数和存储过程的基本思想是一样的，只是定义和使用方法有一些区别，因此这里不再给出用户函数的详细介绍。

例 8-10 使用用户定义函数实现例 8-6 存储过程的功能。

```
CREATE FUNCTION 订货.udfGetOrderNum
(@ whno char(6),@ sum money)
RETURNS int
WITH EXECUTE AS CALLER
AS
BEGIN
    DECLARE @ count int
    SELECT @ count=COUNT(* ) FROM 订货.订购单
    WHERE 金额>=@ sum AND 经手人 IN
    (SELECT 职工号 FROM 基础.职工 WHERE 仓库号 =@ whno)
    RETURN @ count
END
```

调用用户定义函数 udfGetOrderNum，查询并显示 WH2 仓库金额大于 1 000 元的订单数：

```
PRINT 'WH2 仓库金额在 1000 以上的订单数是：'+STR(订货.udfGetOr-
derNum('WH2',1000))
```

微视频：
触发器

8.4　触发器及其用途

触发器可以看作是一类特殊的存储过程，当满足某个特定条件时触发器会自动触发执行。触发器和存储过程同是提高数据库服务器性能的有力工具。

8.4.1　基本概念

触发器是一种程序或是一种过程。它和存储过程一样，都是事先设计好并存储在数据库中；与存储过程不同的是，触发器不需要专门调用或执行，当某个特定条件发生时，将自动触发执行触发器。

传统的触发器定义在表上(包括基本表和视图)，当表上发生某种影响表中数据的操作时，触发器将执行。影响表中数据的操作包括更新、插入和删除，为此，在表上可以定义的触发器分为三类，即更新触发器、插入触发器和删除触发器。也就是说，当表上发生更新、插入或删除操作时，将自动执行相应的程序(触发器)完成特定的处理。这类触发器也称作 DML(数据操纵语言)触发器。

SQL Server 不仅从 2005/2008 版开始支持 DML 触发器，现在还支持 DDL(数据定义语言)触发器和 LOGIN(登录)触发器。DDL 触发器用于响应各种数据定义语言事件，这些事件主要对应于 T-SQL 的 CREATE、ALTER 和 DROP 语句，以及执行类似 DDL 操作的某些系统存储过程。LOGIN 触发器在遇到用户登录事件时触发，此时将主要关注安全检查类的问题。

本书仅介绍传统的 DML 触发器。

原则上，每种类型的 DML 触发器只能在一个表上定义一个。例如，当删除操作发生时，将触发或执行唯一的一个删除类触发器。但在 SQL Server 上允许为每类操作定义多个触发器，当发生相应的操作时，将依次触发相应的触发器。例如，为某个表的删除操作定义了三个触发器，则当删除操作发生时，将依次执行该表上的各个删除触发器。事实上，虽然在一个表上对每类操作可以定义多个触发器，但是逻辑上仍然是一个触发器，因为触发器是在发生某种操作时是自动执行的，用户不可以选择执行或不执行某个触发器。建议每类触发器只定义一个，以避免引起逻辑上的混乱。

8.4.2　建立触发器

DML 触发器也是一个数据库对象，但 DML 触发器依附于表(或视图)。一个 DML 触发器与三部分内容有关：定义触发器的表(或视图)、激活触发器的数据操纵语句和触发器要采取的动作。这也可以称作是 DML 触发器的三要素。

建立 DML 触发器语句的基本格式如下：

```
CREATE TRIGGER [schema_name.]trigger_name
ON { table | view }
```

```
{FOR|AFTER|INSTEAD OF } { [INSERT] [,] [UPDATE] [,] [DELETE] }
AS
    sql_statement
```

其中，各参数说明如下：

① schema_name：DML 触发器所属的架构名称。

② trigger_name：给出触发器的名称。

③ table | view：说明定义触发器的表或视图，视图只能被 INSTEAD OF 触发器引用。

④ FOR { [INSERT] [,] [UPDATE] [,] [DELETE] }：指定激活触发器的语句，必须至少指定一个选项。在触发器定义中允许使用上述选项的任意顺序组合。

⑤ INSTEAD OF：指出用触发器取代触发动作的语句，即不执行触发触发器的数据操纵语句，而由触发器的语句完成有关操作。

⑥ sql_statement：触发器所采取的操作，这是用 T-SQL 语句编写的完成特定操作的程序。

DML 触发器的用途是根据数据变化来检查或更改数据，它不向用户返回数据。触发器中的 T-SQL 语句常常包含流程控制语句。由于 DML 触发器的特殊用途，某些 T-SQL 语句是不允许在 DML 触发器中使用的，如 CREATE DATA-BASE、DROP DATABASE、RESTORE DATABASE、CREATE INDEX、DROP TABLE 等。

从以上语句格式可以看出，一个表最多可以有三种类型的触发器，即插入触发器、更新触发器和删除触发器。一个触发器只能应用到一个表上，但一个触发器可以包含很多动作并执行很多功能。

删除触发器的语句格式如下：

```
DROP TRIGGER [schema_name.]trigger_name
```

MySQL 语法与 OpenGauss 语法对比

例 8-11　一个简单的建立触发器的例子：比较 FOR 和 INSTEAD OF 的区别。

先建立 INSTEAD OF 触发器：

```
CREATE TRIGGER wh_trigger1
ON 仓储.仓库
INSTEAD OF INSERT
AS PRINT 'INSTEAD OF 触发器'
```

然后执行插入语句：

```
INSERT INTO 仓储.仓库 VALUES('WH8','杭州',450)
```

由于是 INSTEAD OF 触发器，所以上述 INSERT 语句并未执行，它只是触发了 INSERT 触发器（可以用查询语句验证一下仓库"WH8"的元组是否插入"仓库"表）。先删除 wh_ trigger1 触发器（删除并重新建立 FOR 触发器）：

```
DROP TRIGGER 仓储.wh_trigger1
```

再重新建立 wh_ trigger1 触发器：

```
CREATE TRIGGER wh_trigger1
ON 仓储.仓库
FOR INSERT
AS PRINT '插入了一个仓库元组'
```

再执行插入语句：

```
INSERT INTO 仓储. 仓库 VALUES('WH8','杭州',450)
```

此时，"仓库"表中会插入以上元组并输出"插入了一个仓库元组"的信息。

8.4.3　deleted 表和 inserted 表

DML 触发器使用两个特殊的视图或临时表：deleted 表和 inserted 表，SQL Server 会自动创建并管理这两个表。当定义了 DML 触发器的表上发生数据操纵时，SQL Server 就会自动为该触发器创建 deleted 表和 inserted 表，此时可以使用这两个驻留在内存的临时表来测试特定数据修改的影响，以及设置 DML 触发器的操作条件等。

当在定义触发器的表上执行 DELETE 操作时，被删除的行将传输到 deleted 表中。

当在定义触发器的表上执行 INSERT 操作时，新插入的行在添加到表中时，还将同时添加到 inserted 表。

更新操作则可以看作是在删除操作之后执行插入操作，即先删除旧的行再插入新的行。因此旧行将被传送到 deleted 表中，而新行则被同时存储到 inserted 表中。

在 DML 触发器中，通过 inserted 和 deleted 表可以找出数据修改前后表的状态差异，并基于该差异采取相应的措施。比如拒绝错误操作，扩展属性或表之间的关联或参照完整性。

deleted 表和 inserted 表只在触发器内可用，一旦触发器完成任务，这两个由系统产生的临时表将自动删除。

8.4.4　触发器应用举例

本小节介绍几个使用 DML 触发器的例子。

例 8-12　使用包含在线提醒消息的 DML 触发器。

假设在器件库存数量小于 5 时给出在线提示信息，则可以在库存表上建立一个 UPDATE 触发器。相应语句如下：

```
CREATE TRIGGER reminder1
ON 仓储.库存
FOR UPDATE
AS
DECLARE @ amount int
SELECT @ amount=数量 FROM inserted
IF @ amount<5
    RAISERROR ('库存数量已经小于5!',16,10)
```

这个触发器当库存表发生 UPDATE 操作时将被触发，它从 inserted 临时表中得到更新后的库存数量，如果库存数量小于 5，将向客户端显示一个提示信息。假设执行如下 UPDATE 语句后库存数量小于 5：

```
UPDATE 仓储.库存 SET 数量=数量 - 3
WHERE 仓库号='WH1'AND 器件号='P2'
```

则会在客户端显示如下信息：

```
消息 50000,级别 16,状态 10,过程 reminder1,第 7 行
库存数量已经小于 5!
```

例 8-13　使用 DML 触发器实现表之间强制业务规则。

由于 CHECK 约束只能引用定义了列级或表级约束的列，表间的任何约束（在本例中是业务规则）都必须通过定义触发器来实现。

假设有规则"如果本地有供应商则订购单不许发往异地"，为此可以在订购单上定义一个 INSERT 和 UPDATE 触发器，当插入新的订购单记录或修改供货方属性时，如果供货方属性不为 NULL，则做如下处理（参照第 5 章图 5-3）：

① 通过经手人属性确定所参照的职工记录。

② 通过职工记录的仓库号属性确定所参照的仓库记录及其城市属性值。

③ 通过供货方属性确定所参照的供应商记录及其地址属性值。

④ 判断仓库的城市属性值和供应商的地址属性值是否属于同一个城市，如果不是则再检查有无同城的供应商，如果有则拒绝对订购单执行插入或更新操作。

如此复杂的约束规则，可以使用下面的 DML 触发器来实现：

```
CREATE TRIGGER IsSameCity ON 订货 . 订购单
FOR INSERT,UPDATE
AS
DECLARE @ city char(10),@ addr char(20),@ eno char(5),@ sno char(5)
-- 从新的订货单记录得到供货方和经手人信息
SELECT @ sno=供货方,@ eno=经手人 FROM inserted
```

```
-- 如果指定了供应商则做相应判断
IF @ sno IS NOT NULL
BEGIN
    -- 得到发出该订货单的仓库所在的城市
    SELECT @ city=城市 FROM 仓储.仓库 WHERE 仓库号 IN
    ( SELECT 仓库号 FROM 基础.职工 WHERE 职工号=@ eno )
    -- 得到供应商的地址
    SELECT @ addr=地址 FROM 订货.供应商 WHERE 供应商号=@ sno
    -- 如果仓库和供应商不同城,并且存在同城的供应商则拒绝
    IF @ city != @ addr AND
    EXISTS (SELECT * FROM 订货.供应商 WHERE @ city = 地址)
    BEGIN
    RAISERROR ('本地有供应商,订购单不许发往异地!',16,1)
    ROLLBACK TRANSACTION
    END
END
```

当对"订购单"表进行插入或更新"供货方"属性时,该触发器将执行。首先通过 inserted 表检查"供货方"字段是否为 NULL,如果不为 NULL 说明为该订购单指定了供应商,应判断相应的仓库和供应商是否不同城,以及是否存在同城的供应商,如果是则撤销相应的操作(ROLLBACK TRANSACTION 是撤销事务的语句,即撤销相应的操作,详细内容参见第 10 章 10.1 节)。

假设执行如下 UPDATE 语句:

```
UPDATE 订货.订购单 SET 经手人 = 'E2',供货方 = 'S3' WHERE 订购单号 =
    'OR76'
```

此时将 OR76 订购单的经手人指定为职工 E2,而 E2 所属仓库 WH1 在北京,供应商 S3 在西安,同时北京有供应商,因此将会出现如下提示信息:

```
消息 50000,级别 16,状态 1,过程 IsSameCity,第 19 行
本地有供应商,订购单不许发往异地!
消息 3609,级别 16,状态 1,第 1 行
事务在触发器中结束。批处理已中止。
```

将供货方改为北京的 S4 供应商则可以成功完成修改:

```
UPDATE 订货.订购单 SET 经手人 = 'E2',供货方 = 'S4' WHERE 订购单号 =
    'OR76'
```

在定义表时(参见第 6 章的 CREATE TABLE 语句),如果很多保证数据正确的约束难以实现,则可以用触发器来完成,在触发器中通过 deleted 表和 inserted 表可以获取修改前后的数据,从而做出判断允许或不允许相应的操作发

生。读者可以对前面使用的诸表认真审核一下，看看是否还有漏洞，是否还应该强制一些约束。

讨论：

① 在第 4 章关系数据理论中讨论的 3NF 非 BCNF 关系所产生的操作异常现象，是否可以利用触发器解决？

② 在职工关系上班组长字段参照职工号字段，班组长和职工号所对应的职工是否应该属于同一仓库？如果是，如何实现此约束？

③ 在订购单关系中，供货方和订购日期字段均允许空值 NULL，在给出订购日期字段值时，供货方字段值是否还允许为 NULL？

8.4.5　查看导致触发器触发的事件

可以通过系统表或视图查询导致触发器触发的事件，这些信息存储在系统目录表 sys. triggers 和 sys. trigger_events 中。

例 8-14　查询是哪个 T-SQL 语句事件导致触发了触发器 IsSameCity。

```
SELECT TE. *
FROM sys. trigger_events AS TE JOIN sys. triggers AS T
ON T.object_id = TE.object_id
WHERE T.name = 'IsSameCity'
```

8.4.6　在数据库设计阶段设计触发器

和设计存储过程一样，在物理数据库设计阶段也可以根据业务需求来设计触发器，其中 DML 触发器常用于强制业务规则、数据完整性和一些提示服务。例如，在下面的一些场合可以使用 DML 触发器：

① 当某些表上发生数据操纵时，可以及时在线提示或发送短信、电子邮件给用户，以引起用户的关注。

② 触发器可以通过级联的方式对相关的表进行修改。例如，对父表的修改可以引起对子孙表的一系列修改，从而保证数据的一致性和完整性（简单的情况可以通过参照完整性的级联功能完成）。

③ 触发器可以禁止或撤销违反数据完整性的修改（一般可以用参照完整性约束完成）。

④ 触发器可以强制定义比 CHECK 约束更加复杂的约束，特别是跨表的约束只能使用触发器来实现。

在 PowerDesingner 的物理模型设计阶段可以设计触发器。

8.5　动态 SQL

由于数据库应用程序通常都是完成预定的任务，所以一般在编程序时都能写出完整的 SQL 语句。但是有时在编程序时 SQL 语句或语句的参数和格式不能确定，应用程序只有在执行时才知道需要什么样的 SQL 语句，即必须在应用程序执行时动态建立 SQL 语句。

8.5.1　动态 SQL 语句的划分

动态 SQL 语句一般分为如下几种情况：

① 没有参数、没有返回结果的 SQL 语句。这类语句主要是建立数据库对象的语句，如动态生成的 CREATE TABLE 语句。

② 有参数、但没有返回结果的 SQL 语句。这类语句主要是完成数据库操作的语句，如动态生成的 INSERT、UPDATE 和 DELETE 语句。

③ 有参数、有返回结果的 SQL 语句。这类语句主要是对数据库进行动态查询的语句，也称作动态游标（DYNAMIC CURSOR）语句。

8.5.2　动态定义功能

实现动态定义功能的动态 SQL 语句可以执行那些不需要输入参数，也没有返回结果集的 SQL 语句。例如，使用这种格式可以执行所有定义功能的 SQL 语句。该语句的一般格式如下：

```
EXECUTE IMMEDIATE SQLStatement
```

其中，SQLStatement 是构成合法 SQL 语句的字符串（一般应该是变量）。

8.5.3　动态操纵功能

实现动态操纵功能的动态 SQL 语句可以执行那些需要输入参数，但不产生返回结果集的 SQL 语句。例如，使用这种格式可以执行所有操作功能的 SQL 语句。

这种格式的动态 SQL 语句实际上包含了两条语句，第一条是准备 SQL 的语句：

```
PREPARE SQLSA FROM SQLStatement
```

第二条是执行 SQLSA 中准备好的 SQL 语句：

```
EXECUTE SQLSA USING {ParameterList}
```

其中：

① SQLSA 是类似于 SQLCA 的系统对象变量，用于存储动态生成的 SQL 语句以及一些系统信息。

② SQLStatement 是含有合法 SQL 语句的字符串（一般应该是变量），需要参数的地方用问号（?）表示。

③ ParameterList（可选的）是用逗号隔开的主变量表，用于向 SQL 语句传递参数值。

如下语句在 SQLSA 中准备一条带三个参数的 INSERT 语句（插入一条仓库

记录）：

```
PREPARE SQLSA FROM 'INSERT INTO 仓库 VALUES (?,?,?)'
```

其中，每个"?"表示一个参数。另外假设变量@ wh（仓库号）、@ city（城市）、@ area（面积）已经赋值，则可以有如下动态执行 SQL 的语句：

```
EXECUTE SQLSA USING @ wh,@ city,@ area
```

8.5.4 动态查询功能

动态查询就是游标的动态应用，实现这种功能的动态 SQL 由一组语句构成，它们的一般格式包括以下几种：

① 说明动态游标的语句：

```
DECLARE Cursor DYNAMIC CURSOR FOR SQLSA
```

② 为动态游标准备 SQL 语句：

```
PREPARE SQLSA FROM SQLStatement
```

③ 打开动态游标的语句：

```
OPEN DYNAMIC Cursor {USING ParameterList}
```

④ 从游标读记录的语句：

```
FETCH Cursor INTO HostVariableList
```

⑤ 关闭游标的语句：

```
CLOSE Cursor
```

其中，各参数说明如下：

① Cursor 说明动态游标的名字。

② SQLSA 是类似于 SQLCA 的系统对象变量，用于存储动态生成的 SQL 语句以及一些系统信息。

③ SQLStatement 是含有合法 SQL SELECT 语句的字符串（一般是变量），需要参数的地方用问号（?）表示。

④ ParameterList（可选的）是用逗号隔开的主变量表。

⑤ HostVariableList 是用逗号隔开的用于接收数据值的主变量表。

注意：

① 如果用户使用的 DBMS（如 MS SQL Server）支持 FETCH 语句的其他格式，如 FETCH NEXT、FETCH FIRST、FETCH PRIOR 或 FETCH LAST，则在这里也可以使用。

② 这里的 FETCH 和 CLOSE 语句与游标的相应语句是一样的。

例如，以下语句说明了一个动态游标 my_cursor：

```
DECLARE my_cursor DYNAMIC CURSOR FOR SQLSA
```

下面的语句为字符串变量@ sqlstatement 赋值，目的是为动态游标说明一个带参数的 SQL SELECT 语句：

```
SET @ sqlstatement ='SELECT 仓库号,面积 FROM 仓库 WHERE 城市 = ? '
```

接着为动态游标准备 SQL 语句：

```
PREPARE SQLSA FROM @ sqlstatement
```

假设有字符串变量@ city 已经赋值，则可以有如下打开动态游标（带参数）的语句：

```
OPEN DYNAMIC my_cursor USING @ city
```

另外，假设有变量@ wh 和@ area，则可以有如下 FETCH 语句：

```
FETCH my_cursor INTO @ wh,@ area
```

接着可以用语句处理变量@ wh 和@ area 的值。最后关闭游标的语句如下：

```
CLOSE my_cursor
```

动态 SQL 的复杂之处在于需要动态生成 SQL 语句，这属于高级程序设计的内容，因此这里只是给出了动态 SQL 语句的基本思想和基本用法。

本章小结

本章的数据库编程基础主要包括 T-SQL 基础和游标、存储过程、触发器 4 方面的内容。

游标可以对 SQL 查询结果集中的记录通过编程的方式逐条进行处理。内容涉及定义游标，打开游标，从游标读记录，控制循环处理游标，关闭游标和释放游标等。

存储过程是存储在数据库服务器中的程序，它源于客户端/服务器体系结构，将查询和操作数据的过程存储在数据库中，并在数据库服务器端执行，可以有效均衡系统负载，减少网络传输量，提高系统效率，另外还可以提高系统的安全性能。设计存储过程也是数据库设计的一部分内容。

触发器也是存储在数据库中的程序，与存储过程不同的是，触发器不需要用户去执行，它是在特定条件发生时自动触发执行的。目前 SQL Server 支持登录（LOGIN）触发器、数据定义语言（DDL）触发器和数据操纵语言（DML）触发器，本书重点介绍了 DML 触发器。DML 触发器定义在表上，当表上发生数据操纵时，特定的程序将会自动触发执行以完成相应的操作。设计触发器也是数据库设计的一部分内容。

本章最后还简单介绍了动态 SQL 的基本概念和功能。

习题与思考题

1. 填空题

（1）使用游标时通常需要循环控制遍历游标的所有记录，因此可以在 WHILE 循环语句中使用全局变量 @@FETCH_STATUS 的值来控制，该变量的值为（　　）时说明读取记录成功。

（2）定义存储过程的命令是（　　）。

（3）当定义触发器的表上执行 DELETE 操作时，被删除的行将传输到临时表中；当定义触发器的表上执行 INSERT 操作时，被插入的行将传输到临时表（　　）中。

2. 选择题

（1）关于存储过程叙述正确的是（　　）。

A. 存储过程是一种存储在数据库中的程序，用于对数据库进行操作

B. 存储过程即传统意义程序中的过程，可以嵌入程序中使用

C. 存储过程是一种存储在数据库之外的程序，用于对数据库进行操作

D. 存储过程描述数据存储到数据库的过程

（2）执行删除操作时运行的触发器属于（　　）。

A. DML 触发器　　　　　　　　B. DDL 触发器

C. LOGIN 触发器　　　　　　　D. 以上说法都不对

（3）从游标中读取记录的语句是（　　）。

A. FETCH　　　　　　　　　　B. DECLARE …CURSOR…

C. OPEN　　　　　　　　　　　D. DEALLOCATE

（4）创建存储过程的用处主要是（　　）。

A. 提高查询效率　　　　　　　B. 维护数据的完整性

C. 增加数据的安全性　　　　　D. 增强参照完整性

（5）下述定义带两个输出参数的存储过程的语句中，正确的是（　　）。

A. CREATE PROC P4

　　@X INT OUTPUT, @Y INT OUTPUT

　　AS …

B. CREATE PROC P2

　　DECLARE @X INT OUTPUT, @Y INT OUTPUT

　　AS …

C. CREATE PROC P3

　　@X INT, @Y INT OUTPUT

　　AS …

D. CREATE PROC P5

　　DECLARE @X INT, @Y INT OUTPUT

　　AS …

（6）存储过程 PP 定义语句如下：

　　CREATE PROC PP

```
        @ X INT
    AS
        PRINT @ X
        …
```

则正确的执行语句为(　　)。

A. EXEC PP　1　　　　　　　　　　B. EXEC PP, 1

C. EXEC PP, @ X = 1　　　　　　　D. EXEC PP

(7) 在 SQL 语言中,修改存储过程的语句是(　　)。

A. ALTER PROC　　　　　　　　　B. DROP PROC

C. UPDATE PROC　　　　　　　　　D. MODIFY PROC

3. 讨论题

(1) 试述在数据库中字段变量和内存变量的区别。

(2) 说明内存变量的语句是 DECLARE,在 SQL Server 中内存变量有什么特殊标志?

(3) 熟悉 SQL Server 中 T-SQL 的常用函数。

(4) 试述 SQL Server 全局变量的相关概念。

(5) 在 T-SQL 中有几种格式的赋值语句? 它们之间有什么区别?

(6) 熟悉 T-SQL 中条件语句、复合语句、循环语句的格式。

(7) T-SQL 的 PRINT 语句只能输出一个字符串常量、字符串变量或字符串表达式,如何输出非字符型数据(如数值)? 如何一次输出多个数据?

(8) 试述 WAITFOR 语句的功能和作用,并举例说明。

(9) 试述 RAISERROR 语句的功能和作用,并举例说明。

(10) 什么是游标? 为什么需要游标?

(11) 使用游标包括哪些步骤? 并解释相关的语句。

(12) @ @ FETCH_STATUS 是怎样的变量? 使用该变量如何控制循环从游标中读记录?

(13) 在程序中如何将程序变量用于 SQL 语句? 如何将 SQL 处理或查询的结果存储到程序变量中?

(14) 利用游标进行删除和更新操作是什么意思?

(15) 什么是存储过程?

(16) 为什么要使用存储过程?

(17) 哪些命令不能在存储过程中执行?

(18) 如何理解存储过程的 OUTPUT 参数?

(19) 调用存储过程的命令是什么? 调用存储过程传递参数有哪些注意事项?

(20) 存储过程的 RETURN 语句的返回值是什么类型? 它的原本作用是什么?

(21) 存储过程是否可以起到用户函数的作用? 存储过程如何返回值?

(22) 如何理解存储过程可以提高安全性的问题?

(23) 理解 8.3 节中的存储过程应用实例,掌握存储过程的各种使用方法。

(24) 简述在数据库设计阶段如何设计存储过程。

(25) 简述触发器的概念。目前 SQL Server 支持哪些类型的触发器?

(26) 什么是 DML 触发器? 简述 DML 触发器的几个要素。

(27) DML 触发器被触发时会自动产生两个临时表 inserted 和 deleted,简述这两个临时表的作用。

（28）当一个表发生插入操作时如何使用触发器判断插入的数据是否正确？判断后如何进行处理？

（29）当一个表发生删除操作时如何使用触发器判断删除操作是否正确？判断后如何进行处理？

（30）当一个表发生更新操作时如何使用触发器判断更新的数据是否正确？判断后如何进行处理？

（31）在前面使用的职工关系中，班组长参照职工号，此外一个职工应该与其班组长同属一个仓库，试用触发器实现此约束。

（32）简述在数据库设计阶段如何设计触发器。

（33）了解动态 SQL 的概念、分类和用途。

实验 7　游标的应用

实验名称：游标的设计和使用。

实验内容：在 SQL Server 环境下使用 T-SQL 的游标功能完成指定的操作。

实验目的：理解和掌握游标的使用方法。

实验方法：在 SQL Server 环境下使用游标完成指定的操作。

实验要求：

① 参考例 8-2 建立一个嵌套游标应用，其功能是按学号升序列出全体学生信息（学号、姓名、院系名称）及其所修课程的名称和考试成绩信息（基于实验 3 建立的表和实验 4 插入的数据）。

② 按要求逐一读出游标中的记录并显示。

相关命令：与游标相关的语句有 DECLARE CURSOR、OPEN、FETCH、CLOSE 和 DEALLOCATE。

DECLARE CURSOR 语句的基本格式如下：

```
DECLARE <游标名> [INSENSITIVE] [SCROLL] CURSOR
FOR <SELECT-查询块>
[FOR {READ ONLY |UPDATE [OF <列名>[,<列名>…]]}]
```

OPEN 语句的格式如下：

```
OPEN <游标名>
```

FETCH 语句的基本格式如下：

```
FETCH [[NEXT|PRIOR|FIRST|LAST|ABSOLUTE n |RELATIVE n ] FROM]
    <游标名>
[INTO <@ 变量 1>,<@ 变量 2> …]
```

CLOSE 语句的基本格式如下：

```
CLOSE <游标名>
```

DEALLOCATE 语句基本格式如下：

```
DEALLOCATE <游标名>
```

实验 8　存储过程及应用

实验名称：存储过程的设计和使用。

实验内容：在 SQL Server 环境下设计、创建并执行存储过程。

实验目的：理解和掌握数据库存储过程的创建及调用方法。

实验方法：在 SQL Server 环境下按要求创建和调用存储过程完成指定的操作。

实验要求：

在实验 2 数据库设计的基础上补充设计存储过程，并基于实验 3 建立的表和实验 4 插入的数据完成实验。

① 按要求设计完成如下功能的存储过程。

● 查询平均分数在 $x \sim y$ 范围内的学生信息。

说明：该存储过程有两个参数；要求查询的学生信息包括学号、姓名、院系名称和平均分数。

● 更新操作，以学号、课程编号和考试成绩作为参数，更新指定学生和课程的考试成绩，并返回该学生的平均成绩。

② 自行再分别设计一个完成查询和完成操作功能的存储过程（在实验报告中要准确描述功能需求）。

③ 在客户端以存储过程和输入 SQL 语句的方式，分别执行相同的查询或操作，比较使用和不使用存储过程的区别。

相关命令：

创建存储过程的命令是 CREATE PROCEDURE，其基本格式如下：

```
CREATE PROCEDURE [schema_name.]procedure_name
[@ parameter data_type [VARYING] [= default] [OUT|OUTPUT],…]
AS sql_statement
```

执行存储过程的语句是 EXECUTE，其基本格式如下：

```
EXECUTE [@ return_status =] [schema_name.]procedure_name
[@ parameter =] { value|@ variable [OUTPUT] } [,…n ]
```

实验 9　触发器及应用

实验名称：DML 触发器的设计和应用。

实验内容：在 SQL Server 环境下设计、创建 DML 触发器，并设定相关操作使触发器运行。

实验目的：理解和掌握数据库中触发器的创建方法，体会触发器执行的条件和作用。

实验方法：在 SQL Server 环境下按要求设计 DML 触发器，并使用相关操作使触发器运行。

实验要求：

在实验 2 数据库设计的基础上补充设计触发器，并基于实验 3 建立的表和实验 4 插入的数据完成实验。

①　为选课表分别建立插入和更新触发器，如果当前学生累计不及格门数达到 5 则给出警示信息。

②　为课程表分别建立插入和更新触发器来建立约束规则："专业基础"课的教师必须为"教授"或"副教授"，如果不满足约束则拒绝操作，并给出错误信息。

③　自行再分别设计 2~3 个触发器（在实验报告中要准确描述功能需求）。

④　设计并执行相关的操作，体会 DML 触发器的效果和作用。

相关命令：

建立 DML 触发器语句的基本格式如下：

```
CREATE TRIGGER [schema_name.]trigger_name
ON { table |view }
{ FOR|AFTER|INSTEAD OF }{ [INSERT][,][UPDATE][,][DELETE] }
AS
    sql_statement
```

第 9 章　数据库安全

数据库安全强调的是数据库中的数据不被非法使用和恶意破坏，是要防范非法用户的故意窃取和破坏。保证数据库中的数据安全是对数据库系统的基本要求，一方面数据库管理系统要提供保障数据库安全的功能，另一方面数据库管理员和各级用户要有安全防范意识，充分用好数据库管理系统的安全功能。

知识目标：了解数据库安全和安全管理的基本内容，理解相关知识，掌握数据库安全管理方法，了解数据加密和其他数据库安全手段。

能力及素养目标：能运用基本原理，借助文献研究，全面了解数据库安全管理的技术和方法。在工程项目中，能够承担一定的数据库安全管理工作。树立数据安全防患意识，增强数据伦理意识，培养尊重规则、遵纪守法的公民素养。

本章重点：用户管理、角色管理和权限管理的具体技术及方法。

本章难点：如何制定安全管理策略，使用户管理和权限管理做到简单、高效、安全。

9.1　安全性概述

为了防止数据库中的数据被非法使用和恶意破坏，要对付的是心怀叵测的人，这比防止意外故障造成的数据损坏要困难得多。恶意破坏可以有多种形式，可能是物理地破坏计算机设备或盗窃计算机设备，也可能是未经授权读取数据（窃取信息），未经授权修改数据，未经授权删除数据等，这些都可能会带来严重的后果。

9.1.1　安全性措施的多个层面

数据库安全实际涉及很多层面，除了数据库管理系统应该具有安全保护功能之外，还需要在管理机制、人员行为等多个方面采取措施。也就是说，数据库安全必须在以下几个层面采取措施：

① 物理层。重要的计算机系统必须在物理上受到保护，以防入侵者强行进入或暗中潜入。门禁系统、保安门卫等严格的安全措施对重要的数据库系统来说是必不可少的。

② 人员层。要严格掌控对用户的授权，以减少因授权的用户渎职、受贿而为入侵者提供访问的机会。

③ 操作系统层。要进入数据库系统，先要经过操作系统，所以如果操作系统的安全性能差，也会对数据库造成威胁。

④ 网络层。几乎所有网络上的数据库系统都允许通过终端或网络进行远程访问，所以网络的安全与操作系统的安全一样重要。网络安全了，无疑会给数据库的安全提供一个保障。

⑤ 数据库系统层。数据库系统应该具备完善的访问控制机制，针对"允许查询"和"允许修改"有严格的界限，应尽量保证不出现越权的操作。

为了保证数据库安全，必须对上述所有层面进行安全性控制。如果物理层或人员层存在严重的安全性缺陷，则其他层的安全性措施将很有可能如同虚设。

在许多应用中，为了保证数据库的安全，需要相当大的投入，这是必需的，也是非常值得的。例如，银行系统数据库、证券系统数据库，还有工资或其他财务数据的大型数据库等，都是不法之徒的攻击目标。数据库中重要数据的丢失或篡改，无论是偶然的还是故意的，都会严重地破坏政府、银行、公司等的运作能力和信誉。

虽然数据库的安全包括若干层面，但只有数据库系统层是数据库管理系统要考虑的问题。事实上现在很多重要的数据库都运行在互联网上，并且很多数据库系统都允许任何人注册成为用户，所以保障数据库的安全最后基本聚焦在数据库系统层。数据库系统层的安全是本章要重点讨论的问题。

9.1.2 数据库管理系统的安全功能

数据库管理员（或系统管理员）的一项重要任务就是安全性控制，需充分利用数据库管理系统的安全功能，保证数据库和数据库中数据的安全。

1. 访问控制

安全系统的核心问题是身份识别。各类安全系统，只要有正确的身份（如密码密钥、指纹和人脸识别等生物特征鉴别等）就可以进入。数据库系统一般使用用户名来识别具体的用户，使用密码（password）来鉴别用户的真伪。只要有了合法的用户名和密码就可以进入数据库。所以，安全问题不仅仅是数据库管理系统和数据库管理员的事情，用户自己也要提高警惕，一旦将代表自己身份的用户名和密码泄露，别人就可以凭借此用户名和密码进入数据库，从而任意操纵属于你的权限范围之内的数据。保护用户名和密码非常重要，不仅要避免泄露，还要防范各类黑客和木马程序的恶意获取。

网络和操作系统都是数据库系统的外围安全防线，现在的数据库基本都运行在网络上（小到局域网，大到互联网），所以用户必须首先得到网络和操作系统的许可，才可以使用数据库及其资源。由于任何人几乎都可以注册成互联网上数据库系统的用户，所以严格控制各类用户的权限非常重要，用户的身份对应着数据库的权限。

数据库管理系统是最后一道安全防线，只有注册到一个正在运行的数据库管理系统实例(如 SQL Server)，才有可能访问数据库系统中的数据对象。每个数据库管理系统都有一套创建和管理各种级别用户的机制，不同的用户在数据库中有不同的权限。

注册到数据库系统的用户，并不意味着在数据库上拥有全部权限。不同的用户有不同的权限，可以访问不同的数据库对象，对数据库对象有不同的使用权限，可以从数据库管理员那里获得不同的授权等。

综上所述，数据库管理系统的安全功能可以划分为用户管理和数据库操作权限管理两大部分，其核心就是身份识别。为了方便安全管理，一般数据库系统还提供了用户组和角色管理。

用户组就是将具有相同级别和操作权限的用户组织为一组，统一管理他们的操作权限。用户组的管理是动态的，可以随时将一个用户添加到具体的用户组，也可以随时从用户组中删除某一用户；可以随时为用户组授予新的操作权限，也可以随时从用户组收回某个操作权限。

角色是一组预定义的操作权限，数据库系统一般都有一些预定义的角色(如数据管理员角色)，数据库管理员也可以定义一些新的角色。角色的管理是动态的，可以随时为角色授予权限或收回权限；可以随时指定一个用户是某种角色的成员，也可以随时取消一个用户的某种角色资格。

从概念上来讲，用户组是先划分用户，然后授予不同的权限；而角色是先预定义权限，然后为用户指定角色。用户组和角色的实际效果是一样的，它们为安全管理提供了灵活、方便的手段。

2. 数据加密

数据加密是保证数据安全的另外一种手段。虽然加密并不能解决访问控制问题，但是它可以通过限制数据丢失来增强安全性。这样即使在访问控制失效的罕见情况下有恶意用户获取了敏感数据(如信用卡号)，如果被盗信息已加密并且几乎无法破解，该信息也毫无用处。

9.1.3　自主存取控制与强制存取控制

对数据库对象的操作权限或存取控制分为自主存取控制(discretionary access control)与强制存取控制(mandatory access control)。

1. 自主存取控制

自主存取控制就是由用户(如数据库管理员)自主控制对数据库对象的操作权限，哪些用户可以对哪些对象进行哪些操作完全取决于用户之间的授权，任何用户只要需要，就有可能获得对任何对象的操作权限。这种存取控制方式非常灵活，但有时也容易失控。目前，大多数数据库管理系统都支持自主存取控制方式。

2. 强制存取控制

强制存取控制是为每一个数据库对象标以一定的密级(classification level)，

对每一个用户都确定一个许可级别(clearance level),如密级可以分为绝密、机密、保密、秘密、公开等若干级别,而用户可以划分为一级用户(操作所有数据)、二级用户(操作除绝密以外的所有数据)、三级用户等。

强制存取控制本质上具有分层的特点,通常是静态、严格的分层结构,与现实世界的层次管理也吻合,特别适合层次严明的军方和政府等机构的数据管理。

9.1.4 数据库管理系统的身份验证模式

一般的数据库管理系统通过大家熟悉的用户名和密码方式进行身份验证,在这种模式下,由数据库管理系统独立管理自己的数据库安全。数据库管理系统把用户登录的用户名和密码以加密的形式存储在特定的系统表中,当用户试图登录到数据库系统时,数据库管理系统查询有效的登录用户名和密码,以确认是否允许用户登录,并根据用户名确定用户的身份和权限。

SQL Server 的身份验证模式则有所不同,因为 SQL Server 基本运行在 Windows 平台,而 Windows 操作系统和 SQL Server 数据库管理系统同出于 Microsoft 公司,Microsoft 公司将数据库系统的安全性和操作系统的安全性集成在一起进行管理,从而可以提供更多的安全功能,如安全验证和密码加密、审核、密码过期、最短密码长度,以及在多次登录请求无效后锁定用户账户等。为此,SQL Server 在安装过程中需要为数据库管理系统选择身份验证模式,可供选择的模式有 Windows 身份验证模式和混合模式两种。Windows 身份验证模式会启用 Windows 身份验证并禁用标准身份验证模式,而混合模式会同时启用 Windows 身份验证和 SQL Server 标准身份验证两种模式。

1. Windows 身份验证模式

Windows 身份验证模式也称为集成身份验证模式,用户通过 Windows 操作系统的身份验证后将自动进行 SQL Server 身份验证。用户使用 Windows 用户账户进行连接时,SQL Server 通过回叫 Windows 以获得信息,重新验证用户名和密码。

SQL Server 通过使用网络用户的安全特性控制登录访问,以实现与 Windows 的登录安全集成。用户的网络安全特性在网络登录时建立,并通过 Windows 域控制器进行验证。当网络用户尝试连接时,SQL Server 使用基于 Windows 的功能确定经过验证的网络用户名,然后仅基于网络用户名允许或拒绝登录访问,而不要求单独提供登录名和密码。

集成模式是一种信任连接模式,用户只要登录到 Windows,就可以通过信任连接直接连接到 SQL Server。

2. 混合身份验证模式

在混合身份验证模式下,用户可以使用 Windows 身份验证或 SQL Server 身份验证与 SQL Server 连接,即用户可以根据实际情况选择身份验证模式。

当用户使用 SQL Server 标准身份验证模式时,需要指定登录用户名和密码，SQL Server 通过检查用户是否已设置合法的 SQL Server 登录账户，以及指定的密码是否匹配来进行身份验证。如果 SQL Server 检查后发现未设置登录账户或密码错误，则通知用户身份验证失败，并返回错误信息。

图 9-1 示意了 SQL Server 登录的决策过程。

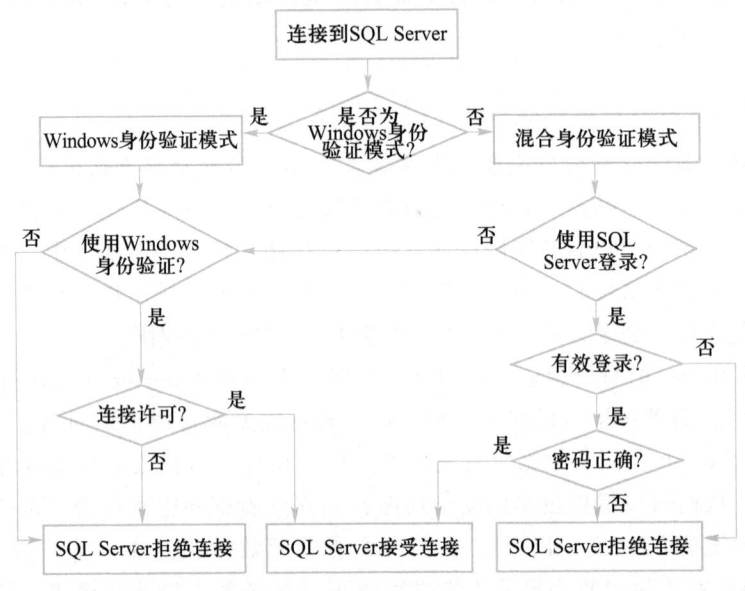

图 9-1　SQL Server 登录决策过程

SQL Server 标准身份验证模式是一种非信任连接模式，一般的数据库管理系统也只有标准登录模式，所以很多 SQL Server 的用户也习惯使用标准身份验证模式，因为他们熟悉登录和密码功能。对于连接到 Windows 客户端以外的其他客户端(如 Linux)，也必须使用标准身份验证。

一般认为，SQL Server 身份验证模式有如下缺点：

① 如果用户是具有 Windows 登录名和密码的 Windows 域用户，则还必须提供另一个用于连接 SQL Server 的登录名和密码。对用户而言需要记住多个登录名和密码，每次连接到数据库时都必须再次进行身份验证，相对来说较为烦琐。

② SQL Server 身份验证无法使用某些安全协议(如 Kerberos 安全协议)，也不能使用 Windows 提供的其他密码策略，不能与操作系统的安全措施充分融合。

SQL Server 身份验证模式有如下优点：

① 支持需要进行标准身份验证的旧版应用程序和由第三方提供的应用程序。

② 支持具有混合操作系统的环境，在这种环境中并不是所有用户均由 Windows 域进行验证。

③ 允许用户从未知的或不可信的域进行连接。

④ 支持基于 Web 的应用程序，在这些应用程序中用户可创建自己的标识。

⑤ 允许软件开发人员通过使用基于已知的预设 SQL Server 登录名的复杂权限层次结构来分发应用程序。

综上可以看出，针对不同的环境、客户和应用，可以选择不同的身份验证模式，对于管理员级别的用户或在数据中心从事有关业务的用户，选择 Windows 身份验证模式可能比较合理、方便；而对于大多数外围用户，则设置为 SQL Server 身份验证模式可能更好。

9.2 用户管理

安全控制首先是对用户的管理。数据库管理系统通过用户账户对用户的身份进行识别，从而完成对数据资源的控制。

9.2.1 登录用户和数据库用户

一个数据库管理系统可以建立和管理多个数据库，所以一个用户首先要成为一个数据库系统的登录用户，然后才可以访问某一个具体的数据库，因此有登录用户(login user)和数据库用户(database user)两个概念。

虽然有两道安全防线，但并不意味着要登录两次，一个登录用户只要登录成功，就可以直接访问被授权使用的数据库。一个登录用户可以是多个数据库的用户。

我们在第 1 章就提出过数据库管理员(DBA)的概念，DBA 负责数据库的管理。由于在一个数据库管理系统下可以建立多个数据库，所以本章将负责整个系统管理的人员称为系统管理员，将负责某一具体数据库管理的人员称为数据库管理员。这样，一个系统的登录用户由系统管理员管理，而数据库用户可以由数据库管理员管理(当然也可以由系统管理员代管)。

下面两小节分别介绍 SQL Server 的登录用户和数据库用户的管理方法，读者可以借此来理解数据库系统一般用来管理用户的方法。

9.2.2 登录用户管理

登录用户的管理主要包括建立新的登录用户、修改登录密码、删除登录用户等。其中，建立新的登录用户和删除登录用户的工作必须由系统管理员完成。

1. 建立登录用户

建立登录用户命令的基本格式如下：

```
CREATE LOGIN login_name
{ WITH PASSWORD='password'[MUST_CHANGE]
[,DEFAULT_DATABASE = database]
[,CHECK_EXPIRATION = { ON |OFF}]}
```

其中：

① login_name 指定新建立的登录用户名。

② WITH PASSWORD 用来为新建立的登录用户指定密码。这个密码通常是临时的,用户登录后可以自己更改密码(在系统数据库中密码是以加密形式存储的,任何人不能查询密码)。

③ MUST_CHANGE 用来强制用户在第一次登录后必须更改密码。如果选择此选项,必须同时将 CHECK_EXPIRATION 指定为 ON。

④ DEFAULT_DATABASE 用于指出该用户登录后默认访问的数据库。如果不指定此项,默认数据库是 master。

⑤ CHECK_EXPIRATION 用于指定是否对此登录用户强制实施密码过期策略,默认值为 OFF。

下面给出几个建立登录用户的示例。这里再次强调登录用户由系统管理员管理,SQL Server 在安装时默认的系统管理员用户名是"sa"。

例 9-1 建立一个用户名为 zhang,密码为 mis 的登录用户并尝试用该用户名和密码进行登录。

```
CREATE LOGIN zhang WITH PASSWORD='mis'
```

例 9-2 建立一个用户名为 wang,密码为 mis315 的登录用户,在第一次登录时强制必须修改密码(注意切换回 sa 用户)。尝试用该用户名和密码进行登录。

```
CREATE LOGIN wang WITH PASSWORD='mis315'
MUST_CHANGE,CHECK_EXPIRATION = ON
```

用该用户名和密码进行登录,会出现如图 9-2 所示的强制修改密码的界面,假设修改为"mis"。

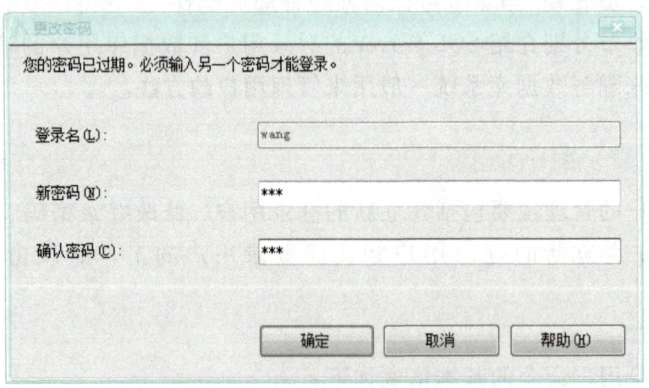

图 9-2 强制用户修改密码的界面

例 9-3 建立一个用户名为 huang,密码为 mis,默认数据库是"仓储订货"的登录用户(注意切换回 sa 用户)。尝试用该用户名和密码进行登录。

```
CREATE LOGIN huang WITH PASSWORD='mis',
DEFAULT_DATABASE = 仓储订货
```

注意： 这里虽然指定了用户 huang 的默认数据库是"仓储订货"，但在该用户没有成为数据库的正式用户之前，使用该登录名进行系统登录将会出错（系统提示：无法打开用户默认数据库，登录失败）。

一个新的 SQL Server 登录用户在成为具体的数据库用户之前还不能访问数据库，更谈不上对数据库的任何操作。

密码用来确认一个登录用户名是否正确，只有通过登录名和密码的验证才可以登录到 SQL Server。

2. 修改登录用户的属性

可以修改在创建登录用户时指定的某些选项。比如，系统管理员在创建登录用户时可以同时为之分配一个登录密码，用户在首次登录后应该修改密码；用户忘记密码后系统管理员可以强行修改密码等。

修改登录用户的命令是 ALTER LOGIN，该命令的基本格式如下：

```
ALTER LOGIN login_name {{ ENABLE |DISABLE}
    |WITH PASSWORD = 'password'
    [,OLD_PASSWORD = 'oldpassword']
    [,DEFAULT_DATABASE = database]
    [,NAME =login_name]}
```

其中：

① ENABLE 和 DISABLE 可以设置是否允许用户登录，默认是 ENABLE（允许登录）。如果暂时不允许用户登录，可以将其设置为 DISABLE，到允许登录时再设置为 ENABLE。

② WITH PASSWORD 用于修改用户的密码。系统管理员在修改密码时不需要指定旧密码，其他用户在操作时则必须用 OLD_PASSWORD 指定旧密码。

③ DEFAULT_DATABASE 用于指出该用户的新的默认数据库。

④ NAME =login_name 为该用户指定新的登录名。

例 9-4 假设用户 zhang 因事外出，暂时禁止该用户登录（注意切换回 sa 用户）。

```
ALTER LOGIN zhang DISABLE
```

例 9-5 假设用户 zhang 销假恢复工作，重新允许该用户登录。

```
ALTER LOGIN zhang ENABLE
```

例 9-6 假设用户 zhang 忘记密码，由系统管理员将用户 zhang 的密码强制修改为"bistu"。

```
ALTER LOGIN zhang WITH PASSWORD ='bistu'
```

这个例子是系统管理员强制修改密码，因此不需要知道旧密码。用户自己也可以使用 ALTER LOGIN 命令修改密码。

例 9-7 用户 zhang 在登录后将密码修改为"mis"（此时需要提供旧密码"bistu"）。

```
ALTER LOGIN zhang WITH PASSWORD='mis'OLD_PASSWORD='bistu'
```

登录密码在数据库中是以加密形式存储的，任何人都不可以查询登录密码（包括系统管理员）。因此，用户要牢记自己的登录密码，一旦遗忘，可以请系统管理员按上述方式重新设置登录密码。

系统管理员绝对不可以忘记自己的登录密码，一旦系统管理员将登录密码遗忘，就只好重新安装 SQL Server 了。

任何用户都要牢记并保管好登录密码，且不能将密码随意告知他人。一旦密码泄露，则用户的数据很可能会遭到侵害。

3. 删除登录用户

当确定不再允许一个用户登录系统时，可以删除该登录用户。删除登录用户命令的基本格式如下：

```
DROP LOGIN login_name
```

只有系统管理员用户可以使用 DROP LOGIN 命令删除登录用户。

9.2.3 管理数据库用户

前已提及，通常由数据库管理员来管理数据库用户。系统管理员也可以代行数据库管理员的职责。管理数据库用户包括建立数据库用户、修改已有数据库用户和删除数据库用户。

1. 建立数据库用户

建立数据库用户的命令是 CREATE USER，其基本格式如下：

```
CREATE USER user_name [LOGIN login_name]
[WITH DEFAULT_SCHEMA = schema_name]
```

其中：

① user_name 用于指定数据库用户名。如果没有指定登录用户，则默认自动映射到同名的登录用户名；如果希望数据库用户名和登录用户名不一致，可以使用建立登录用户命令 LOGIN login_name 指定登录用户名。通常情况下，数据库用户名和登录用户名采用相同的名称。

② WITH DEFAULT_SCHEMA 用于为新建的数据库用户指定默认的架构。

例 9-8 指定登录用户 zhang 为"仓储订货"数据库的用户，并指定"仓储"架构为默认架构（注意切换回 sa 用户）。

首先以系统管理员或数据库管理员身份登录，然后执行如下命令：

```
USE 仓储订货
CREATE USER zhang WITH DEFAULT_SCHEMA =仓储
```

这里 USE 命令指定要使用的数据库；CREATE USER 命令省略了 LOGIN 短语，则说明登录用户名和数据库用户名是一致的。

此时登录用户 zhang 已成为"仓储订货"数据库的用户，但是在没有得到操作授权之前，该用户对"仓储订货"数据库不能进行任何查询和操作。

例 9-9 分别使用登录用户 zhang 和 wang 登录，尝试他们能否使用 USE 命令进入"仓储订货"数据库。

先登录用户 wang，执行"USE 仓储订货"命令失败。

再登录用户 zhang，执行"USE 仓储订货"命令成功。

例 9-10 指定登录用户 huang 为"仓储订货"数据库的用户，并指定"订货"架构为默认架构(注意切换用户)。

如果已经以系统管理员或数据库管理员身份登录，并且当前数据库是"仓储订货"，则可以直接执行如下命令：

```
CREATE USER huang WITH DEFAULT_SCHEMA =订货
```

例 9-11 分别使用登录用户 zhang 和 huang 登录，对照一下有什么区别。

先使用用户 zhang 登录，登录之后默认的数据库是 master。然后使用用户 huang 登录，可以看到登录之后的默认数据库是"仓储订货"，这是因为在创建登录用户 huang 时，指定了其默认数据库(DEFAULT_DATABASE)是"仓储订货"。

2. 修改已有数据库用户

修改已有数据库用户的命令是 ALTER USER，其基本格式如下：

```
ALTER USER user_name WITH { NAME = new_user_name
    |DEFAULT_SCHEMA = schema_name }[,…n ]
```

该命令可以修改数据库用户名和数据库用户的默认架构。

例 9-12 将数据库用户 zhang 的默认架构改为"基础"。

以系统管理员或数据库管理员身份登录，并且当前数据库是"仓储订货"，则可以执行如下命令完成操作：

```
ALTER USER zhang WITH DEFAULT_SCHEMA =基础
```

此时登录用户 zhang 的其他属性不改，只是修改了默认架构。

3. 删除数据库用户

删除数据库用户的命令如下：

```
DROP USER user_name
```

例 9-13 取消 zhang 的当前数据库用户资格，即删除该用户。

```
DROP USER zhang
```

删除数据库用户不影响该用户的登录身份，即名称为 zhang 的登录用户仍然存在，只是该用户不再是当前数据库的用户。

9.2.4　数据库用户的分类

数据库管理系统一般将数据库用户分为如下 4 类：

① 系统管理员用户。这类用户在一个数据库管理系统的运行实例上拥有一切权限，负责整个系统的管理。在一个运行实例上可以建立多个数据库，系统管理员用户则在所有数据库上拥有所有权限。

② 数据库管理员用户。这类用户在某个数据库上拥有一切权限，负责这个数据库的建立和管理。在 SQL Server 中将数据管理员用户称为 dbo（database owner），也称为数据库属主或数据库拥有者。

③ 数据库对象用户。这类用户可以建立数据库对象（如建立表、建立视图等），在自己建立的数据库对象上拥有全部操作权限。在 SQL Server 中将数据库对象用户称为 dboo（database object owner），也称为数据库对象属主或数据库对象拥有者。

④ 数据库访问用户。这类用户为一般的数据库访问用户，可以对被授权的数据库对象进行操作（如查询数据、修改数据等）。

图 9-3 示意了各类数据库用户的层次，一般较低级别用户的权限是由较高级别用户授予的。如系统管理员用户授权某个用户可以建立数据库，则该用户便成为所建立数据库的数据库管理员用户。

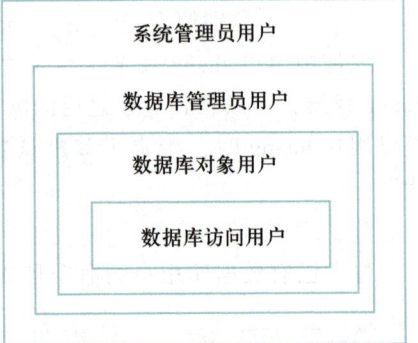

图 9-3　数据库用户的层次

一般数据库管理系统在安装时至少有一个系统管理员用户。例如，SQL Server 默认的系统管理员用户是"sa"，负责在一个 SQL Server 实例上的所有系统管理。

9.3　角色及其管理

每个数据库都有很多用户，尤其在互联网时代，一个数据库可能有几十万甚至上千万、上亿的用户。如果对每个数据库用户都单独进行权限管理，这对数据库管理员来说将会是一项非常繁杂甚至是不可能完成的工作。

9.3.1　基本概念

在每个数据库中，用户的角色通常可以分为以下三类：

① 系统管理员：负责整个系统的管理和用户审核等。

② 后台数据管理员：主要负责数据的维护，例如一个网络商城的后台数据

管理员可以细分为商品信息管理员、订单信息管理员等，这些用户都是公司的员工。

③ 客户：可以查询商品信息、生成订单、对自己的订单进行管理等。从客户的角度来讲，查询商品信息是拥有相关商品表的查询权限，生成订单是拥有订单表的插入权限和商品表的修改权限（修改所选商品的剩余数量），管理订单则是拥有订单表的修改和删除权限等。

所以从权限管理的角度来看，只需管理有限的几类角色，然后把每一个数据库用户指定到对应的角色即可。需要说明的是，一个数据库用户可以有一个或多个角色，比如系统管理员和公司员工也可以从网络商城购买商品，他们也可以是客户角色。

因此，角色管理应该包括以下内容：

① 管理角色：创建角色、删除角色。

② 管理角色的权限：向角色授权或收回授权。

③ 管理数据库用户的角色：指定用户为角色的成员或取消用户的角色资格等。

微视频：
角色管理

9.3.2　系统预定义角色

系统预定义角色包含三类角色：系统管理预定义角色、数据库预定义角色和 public 角色。

1. 系统管理预定义角色

系统管理员负责整个数据库系统的管理。这项工作不可能由一个人来承担，为此 SQL Server 将系统管理员的工作做了分解，并预定义了与系统管理有关的以下角色：

① sysadmin：拥有系统管理员的全部权限。

② serveradmin：负责配置数据库服务器的设置。

③ setupadmin：负责添加和删除链接的服务器。

④ securityadmin：负责系统的安全管理，如管理登录用户等。

⑤ processadmin：负责管理在 SQL Server 实例中运行的进程。

⑥ dbcreator：负责创建和管理数据库。

⑦ diskadmin：负责管理磁盘文件。

⑧ bulkadmin：可以执行 BULK INSERT 语句（数据库数据的批量装载）。

可以通过系统存储过程 sp_helpsrvrole 得到一个 SQL Server 实例（一台服务器）上各种系统管理角色的列表和描述，并通过系统存储过程 sp_srvrolepermission 得到每种系统管理角色的特定权限（如执行的命令、系统存储过程或说明等）。

系统存储过程 sp_addsrvrolemember 用于将用户指定为系统管理预定义角色，具体格式如下：

```
sp_addsrvrolemember [@ loginname =] 'login',[@ rolename =]'role'
```

注意：与指定数据库角色使用的系统存储过程不同，该系统存储过程将用户 login 指定为系统管理预定义角色 role。

例 9-14　假设有用户 huang，指定该用户为 securityadmin 角色。

```
sp_addsrvrolemember @ loginname ='huang',@ rolename ='security-
    admin'
```

或

```
sp_addsrvrolemember 'huang','securityadmin'
```

该命令成功执行后，用户 huang 将成为角色 securityadmin 的成员，负责管理系统的安全，如管理登录用户等。

练习：以用户 huang 的身份登录，尝试执行 CREATE LOGIN 命令以创建登录用户。

系统存储过程 sp_dropsrvrolemember 用于取消系统管理预定义角色，具体格式如下：

```
sp_dropsrvrolemember [@ loginname =] 'login',[@ rolename =]'role'
```

例 9-15　取消用户 huang 的 securityadmin 角色。

```
sp_dropsrvrolemember 'huang','securityadmin'
```

练习：再以用户 huang 的身份登录，尝试执行 CREATE LOGIN 命令以创建登录用户。

2. 数据库预定义角色

数据库管理员负责一个具体数据库的管理，同样也可以将数据库管理员的职责进行分解，从而使多个用户来担当数据库管理员的不同角色。为此 SQL Server 预定义了如下与数据库管理有关的角色：

① db_owner：拥有数据库管理员的全部权限。

② db_accessadmin：负责管理数据库用户。

③ db_securityadmin：负责管理数据库安全，如权限管理、角色和角色成员资格管理等。

④ db_backupoperator：主要负责数据库的备份。

另外，在数据库中还预定义了如下角色：

① db_ddladmin：可以在数据库中运行任何数据定义语言（DDL）命令。

② db_datareader：可以查询数据库中任何用户表中的所有数据。

③ db_datawriter：可以对数据库中的任何用户表执行添加、修改和删除数据的操作。

④ db_denydatareader：不能查询数据库中任何用户表中的任何数据。

⑤ db_denydatawriter：不能更改数据库中任何用户表中的任何数据。

可以通过系统存储过程 sp_helpdbfixedrole 获得各种数据库预定义角色的列表和描述，通过系统存储过程 sp_dbfixedrolepermission 得到每种数据库预定义角色的特定权限（可以执行的命令、系统存储过程或说明等）。

数据库预定义角色和 9.3.3 小节中自行定义的各种角色都是与数据库管理有关的角色，所以管理角色成员的方法是一样的，即通过系统存储过程 sp_addrolemember 将一个用户指定为数据库角色，通过系统存储过程 sp_droprolemember 取消数据库角色成员资格。

3. public 角色

public 角色是系统预定义的一类特殊的数据库角色，每个数据库用户都自动是该角色的成员。系统初始时 public 角色几乎没有任何默认的权限，系统管理员或数据库管理员可以为 public 角色授权并管理 public 角色的权限，public 角色的权限是所有数据库用户的默认权限。比如前面提到的商城数据库，每个用户的默认角色是"客户"，因此就可以把前面描述的"客户"角色的全部权限授予 public 角色。

public 角色具有如下特点：

① 每个数据库（包括所有系统数据库和所有用户数据库）都有 public 角色。

② 不需要且无法将用户指派给 public 角色，因为默认情况下所有用户都自动属于该角色。

③ 不能取消用户的 public 角色资格。

④ public 角色的权限是数据库中所有用户的默认权限。

⑤ 不能删除 public 角色。

9.3.3 角色管理

角色管理是用户管理和权限管理的重要内容。不同的角色可以有不同的权限组合，完成不同的职责。

一个用户一旦被指定为某个角色的成员，就会自动继承该角色所具有的全部权限（禁止继承的权限除外）。

角色管理包括创建角色、指定用户角色、取消用户角色、修改角色名称和删除角色等。

1. 创建角色

数据库管理员可以为当前数据库创建新的角色。创建角色命令的基本格式如下：

```
CREATE ROLE role_name [AUTHORIZATION owner_name]
```

其中：role_name 是创建的新的角色名称，通常角色由创建角色的用户所有（即负责管理）；如果用 AUTHORIZATION 短语指定了 owner_name（可以是用户或角色，需要拥有一定权限），则 owner_name 将拥有该角色。

初始创建的角色没有任何权限，需要由数据库管理员或相关用户为角色授权并进行角色的管理。

例 9-16　以数据库管理员的身份创建角色 manager。

以 sa 用户登录后直接执行如下命令：

```
USE 仓储订货
CREATE ROLE manager
```

2. 指定用户角色

在数据库管理中角色代表了一种职能，每个数据库用户可以担当一个或多个角色，为此需要将数据库用户指定为数据库角色或系统预定义角色的成员。

若要将数据库用户指定为角色成员，则使用系统存储过程 sp_addrolemember，具体语法格式如下：

```
sp_addrolemember [@ rolename =] 'role',[@ membername =] 'mem-
    bername'
```

该系统过程将用户 membername 指定为数据库角色 role 的成员。

例 9-17　将用户 huang 指定为角色 manager 的成员。

```
sp_addrolemember @ rolename='manager',@ membername='huang'
```

或

```
sp_addrolemember 'manager','huang'
```

系统存储过程的参数名可以省略，注意参数的顺序：先是角色名，后是用户名。

3. 取消用户角色

如果一个用户不再担当某个角色，则可以使用系统存储过程 sp_droprolemember 取消用户的角色成员资格（或者说从角色中删除成员）。具体语法格式如下：

```
sp_droprolemember [@ rolename =] 'role',[@ membername =] 'mem-
    bername'
```

例 9-18　取消用户 huang 的 manager 角色的成员资格。

```
sp_droprolemember @ rolename='manager',@ membername='huang'
```

一个用户被取消某种角色，则意味着该用户不再拥有所被取消角色的权限。

注意：任何用户不能取消 public 角色。

4. 修改角色名称

修改角色名称命令的基本格式如下：

```
ALTER ROLE role_name WITH NAME = new_name
```

该命令将旧的角色名称 role_name 更改为新的角色名称 new_name。该命令只是更改名称，不会影响所有者、权限和成员。

例 9-19　将角色 manager 的名称修改为 orders_manager。

```
ALTER ROLE manager WITH NAME = orders_manager
```

5. 删除角色

如果当前数据库中的某个角色不再需要，则可以删除该角色。删除角色命令的格式如下：

```
DROP ROLE role_name
```

注意：不能删除仍然带有用户的角色，因此在删除角色前，需要首先解除该角色的所有成员。

数据库的角色管理通常由数据库管理员负责。

9.4　权限管理

权限就是用户使用数据库及其对象的权限或权利。为了数据库的安全，需要控制和管理用户操作数据库的权限。一个数据库用户起初几乎没有操作数据库的权限，其权限需要由系统管理员用户、数据库管理员或其他用户来授予。

9.4.1　概述

用户连接到数据库（如 SQL Server 实例）后，可以执行的操作由其所拥有的权限确定。最初的权限都源于系统管理员（对 SQL Server 来说，就是初始的 sa 用户），对照图 9-3 示意的数据库用户的层次，可以将用户获得授权的渠道归纳如下：

① 系统管理员可以创建数据库。

② 系统管理员可以授权某用户是某数据库的数据库管理员。

③ 系统管理员可以授权某用户建立数据库，这时该用户自然是对应数据库的数据库管理员。

④ 数据库管理员可以授权用户创建数据库对象（如创建表、视图、存储过程等），创建对象的用户对所创建对象拥有全部权限。

⑤ 创建数据库对象的用户可以将相应对象的使用权限授予其他用户。

⑥ 其他用户之间允许的授权。

由此看来，如果一个数据库是某一用户创建的，该用户就是这个数据库的拥有者，是这个数据库的管理员，在这个数据库上拥有全部权限。

微视频：
权限管
理 1

如果一个表是某一用户创建的，该用户就是这个表的拥有者，可以对这个表进行查询、插入、修改或删除操作，可以修改表的结构（定义），还可以控制其他用户对这个表进行操作的权限等。例如，授权某个用户可以查询该表。

一个用户若要进行任何涉及访问数据、操作数据或更改数据库定义的活动，必须要有相应的权限。如果该用户没有默认的权限，则必须由其他用户（系统管理员、数据库管理员或数据库对象拥有者等）为其授权。

从权限管理的角度来看，可以向用户授予权限，也可以从用户那里收回授权。授予权限的命令是 GRANT，收回授权的命令是 REVOKE。授权是为了使被授权者能够执行某些命令或操作某些数据库对象。授权者在任何时间都可以收回对其他用户的授权，收回授权也是数据库安全性控制的重要内容。

微视频：
权限管理2

9.4.2　对象权限的管理

所谓对象权限就是使用数据库对象的权限，最常见的就是对表的查询和操作（插入、删除和修改）权限，另外就是对存储过程或用户函数的调用权限。为此，可以把对象权限划分为以下几种：

① SELECT、INSERT、UPDATE 和 DELETE 语句权限。它们可以应用到整个表或视图上。

② SELECT 和 UPDATE 语句权限。它们可以有选择性地应用到表或视图中的某些列上，即允许查询和更新某些列，而不是所有列。

③ INSERT 和 DELETE 语句权限。它们会影响整行，因此只可以应用到表或视图中，而不能应用到单个列上。

④ EXECUTE 语句权限，即执行存储过程和函数的权限。

1. 授予对象操作权限

允许使用数据库对象的授权命令格式如下：

```
GRANT { ALL [ PRIVILEGES ]|permission_list }
    {[ ( column_list ) ] ON { table|view }|ON { table|view } [ ( column_
    list )]|ON stored_procedure|ON user_defined_function }
TO name_list
[ WITH GRANT OPTION ]
[ AS role ]
```

其中：

① ALL [PRIVILEGES] 是将指定对象的所有操作权限都授予指定的用户，只有系统管理员、数据库管理员和数据库对象所有者才能使用此选项，但通常不建议使用此选项；PRIVILEGES 是 SQL-92 标准规定的可选关键字。

② permission_list 是权限列表，当授权对象是表或视图时，它可以包括 SE-LECT、INSERT、DELETE 和 UPDATE；当授权对象是表时，它还可以包括 REFERENCES，该项允许被授权的用户建立外部关键字约束；当授权对象是存储过程（stored_procedure）或用户定义函数（user_defined_function）时，这里只能

是 EXECUTE；当在授权的表或视图上指定列时，这里只能是 SELECT 和 UP-DATE。

③ table 是当前数据库中被授予权限的表名。

④ view 是当前数据库中被授予权限的视图名。

⑤ column_list 是当前数据库中被授予权限的表中的列名列表，当授予的权限是 SELECT 和 UPDATE 时可以选择该项。

⑥ stored_procedure 是当前数据库要授权的存储过程名，在一条 GRANT 语句中，只能对一个存储过程授权。

⑦ user_defined_function 是当前数据库要授权的用户定义函数名。

⑧ name_list 是被授权的数据库用户名或角色名（包括 public 角色），说明权限授予哪些用户或角色，这些用户或角色必须是已经存在的。

⑨ WITH GRANT OPTION 说明被授权用户可以将指定的对象权限再授予其他用户。

⑩ AS role 指当一个用户作为角色的成员具有某种操作权限，而又要将该权限授予其他用户时需要使用该子句。

数据库对象的所有默认权限自然归数据库对象拥有者所有，数据库对象拥有者可以把对这些数据库对象的操作权限按照需要授予其他用户。

案例："仓储订货"数据库的安全控制解决方案。

这里以"仓储订货"数据库的安全控制解决方案为例，帮助读者体验用户、角色和权限管理。该方案具体如下：

① 一个 DBA。

② 除职工工资之外，所有信息对所有用户均可查询。

③ 库存管理角色 store_man 可以对"库存"表进行插入、删除操作，可以修改库存数量，至少有一个用户担当此角色。

④ 订单管理角色 order_man 可以对"订购单"表进行插入、删除操作，可以修改经手人、供货方、订购日期和金额；可以对"订购明细"表进行插入、删除操作，可以修改数量和单价，至少有一个用户担当此角色。

⑤ 其他临时授权和权限管理。

假设用户 wang、zhang、huang、wu、qiao、tang 都是"仓储订货"数据库的用户，用下面的例子来体验权限管理的方法和效果（如果他们还不是登录用户，请以 sa 身份使用 CREATE LOGIN 命令先创建登录用户）。

下面的例子首先指定用户 wang 为"仓储订货"数据库的 DBA，然后用 wang 登录完成以下操作：

① 授权所有用户都可以查询除职工工资以外的所有信息。

② 建立角色 store_man 和 order_man。

③ 授权角色 store_man 可以对"库存"表插入、删除，可以修改库存数量。

④ 授权角色 order_man 可以对"订购单"表插入、删除，可以修改经手人、供货方、订货日期和金额；可以对"订购明细"表插入、删除，可以修改数量和

单价。

　　⑤ 指定用户 zhang 为角色 store_man 的成员，指定用户 wu 为角色 order_man 的成员。

　　读者可以根据前几节的知识，自己尝试完成以上的权限管理，并体验权限管理的效果。

　　例 9-20　首先确认用户 wang、zhang、huang、wu、qiao、tang 都是"仓储订货"数据库的用户，然后指定用户 wang 为"仓储订货"数据库的 DBA。

　　以 sa 身份登录，检查用户 wang、zhang、huang、wu、qiao、tang 是否为"仓储订货"数据库的用户，如果不是，则用 CREATE USER 命令将其指定为"仓储订货"数据库的用户。

　　为了将用户 wang 指定为"仓储订货"数据库的 DBA，可以将其指定为数据库的预定义角色 db_owner。为此执行如下系统存储过程：

```
sp_addrolemember @ rolename = 'db_owner', @ membername = 'wang'
```

或

```
sp_addrolemember 'db_owner', 'wang'
```

　　然后以用户 wang 身份登录（此时该用户已是"仓储订货"数据库的 DBA），体验 wang 在"仓储订货"数据库的各种权限，并继续完成下面的例子。

　　例 9-21　用户 wang 作为 DBA，授权所有用户都可以查询除职工工资以外的所有信息。

　　此时不需要对所有用户一一授权，只需要把针对除职工工资以外的所有信息的 SELECT 权限授予 public 角色。为此执行命令：

```
GRANT SELECT ON 仓储.仓库 TO public
GRANT SELECT ON 仓储.库存 TO public
GRANT SELECT ON 基础.职工(职工号,仓库号,姓名,班组长) TO public
GRANT SELECT ON 基础.器件 TO public
GRANT SELECT ON 订货.供应商 TO public
GRANT SELECT ON 订货.订购单 TO public
GRANT SELECT ON 订货.订购明细 TO public
```

　　此时，所有用户都是 public 角色的成员，都可以从 public 角色继承相应的权限。

　　例 9-22　建立角色 store_man 和 order_man，然后授权角色 store_man 可以对"库存"表进行插入、删除操作，可以修改库存数量；再授权角色 order_man 可以对"订购单"表进行插入、删除操作，可以修改经手人、供货方、订购日期和金额；可以对"订购明细"表进行插入、删除操作，可以修改数量和单价。

　　首先使用如下命令建立角色 store_man 和 order_man：

```
CREATE ROLE store_man
CREATE ROLE order_man
```

然后将对"库存"表的插入、删除权限，以及修改库存数量的权限授予角色 store_man：

```
GRANT INSERT,UPDATE(数量),DELETE
ON 仓储.库存 TO store_man
```

再分别将对"订购单"表的插入、删除权限，以及修改经手人、供货方、订购日期和金额权限，对"订购明细"表的插入、删除权限，以及修改数量和单价的权限授予角色 order_man：

```
GRANT INSERT,UPDATE(经手人,供货方,订购日期,金额),DELETE
ON 订货.订购单 TO order_man
GRANT INSERT,UPDATE(数量,单价),DELETE
ON 订货.订购明细 TO order_man WITH GRANT OPTION
```

这里的两条授权命令有所不同，选项 WITH GRANT OPTION 的作用可以参看 GRANT 语句中关于 WITH GRANT OPTION 的说明，也可以通过例 9-24 加以体验。

例 9-23 指定用户 zhang 为角色 store_man 的成员，指定用户 wu 为角色 order_man 的成员。

```
sp_addrolemember 'store_man','zhang'
sp_addrolemember 'order_man','wu'
```

以上初步完成了对"仓储订货"数据库的查询和操作授权，除用户 wang 是 DBA 之外，尝试分别以 zhang、wu、huang、qiao、tang 等用户身份登录，体验他们各自的权限。

下面再用几个例子说明一些灵活授权的应用。

例 9-24 仍以 DBA 用户 wang 的身份登录，单独授予用户 zhang 一些权限。

用如下命令授权用户 zhang 可以对"器件"表进行插入操作：

```
GRANT INSERT ON 基础.器件 TO zhang WITH GRANT OPTION
```

用如下命令授权用户 zhang 可以对"器件"表进行删除操作：

```
GRANT DELETE ON 基础.器件 TO zhang
```

例 9-25 以用户 zhang 的身份登录，体验该用户的权限，并尝试分别授权给用户 huang 对"器件"表的插入权限和对"器件"表的删除权限。

```
GRANT INSERT ON 基础.器件 TO huang
GRANT DELETE ON 基础.器件 TO huang
```

这里前一条命令对"器件"表的插入授权成功完成,而后一条命令对"器件"表的删除授权却失败,原因是用户 zhang 在得到授权时是否被允许再将权限授予其他用户。参见例 9-24,其中使用 WITH GRANT OPTION 得到的授权可以再将权限授予其他用户,否则就不可以。

例 9-26　以用户 wu 的身份登录,尝试授权用户 huang 对"订购明细"表的插入和删除权限。

```
GRANT INSERT,DELETE ON 订货.订购明细 TO huang
```

这条命令不能成功执行,原因是用户 wu 对"订购明细"表的相应权限是从角色 order_man 继承得到的,尽管可以再授权,但需要用 AS 短语说明以哪个角色进行授权,为此正确命令如下:

```
GRANT INSERT,DELETE ON 订货.订购明细 TO huang AS order_man
```

思考题:梳理一下例 9-21～例 9-26 完成的操作,分别说明用户 zhang、用户 wu 和用户 huang 都有哪些权限,这些权限是如何获得的,并加以体验。

首先三个用户都有来自 public 角色、除职工工资外的所有查询权限。另外,

① 用户 zhang 在"仓储订货"数据库中还有如下权限:

• 对"库存"表的插入、删除权限,以及修改库存数量的权限(来自 store_man 角色)。

• 对"器件"表的插入和删除权限(来自 DBA 用户 wang 的直接授权)。

② 用户 wu 在"仓储订货"数据库中还有如下权限:

• 对"订购单"表的插入、删除权限,以及修改经手人、供货方、订购日期和金额权限。

• 对"订购明细"表的插入、删除权限,以及修改数量和单价的权限(来自 order_man 角色)。

③ 用户 huang 在"仓储订货"数据库中还有如下权限:

• 对"器件"表的插入权限(来自用户 zhang 的授权)。

• 对"订购明细"表的插入和删除权限(来自用户 wu 的授权)。

图 9-4 展示了当前操作下各个角色及数据库的权限。

2. 收回对象操作权限

收回对象授权的命令格式如下:

```
REVOKE [GRANT OPTION FOR] permission_list
{[(column_list)] ON {table|view}|ON {table|view} [(column_list)]|ON stored_procedure |ON user_defined_function }
FROM name_list
[CASCADE]
[AS {group|role}]
```

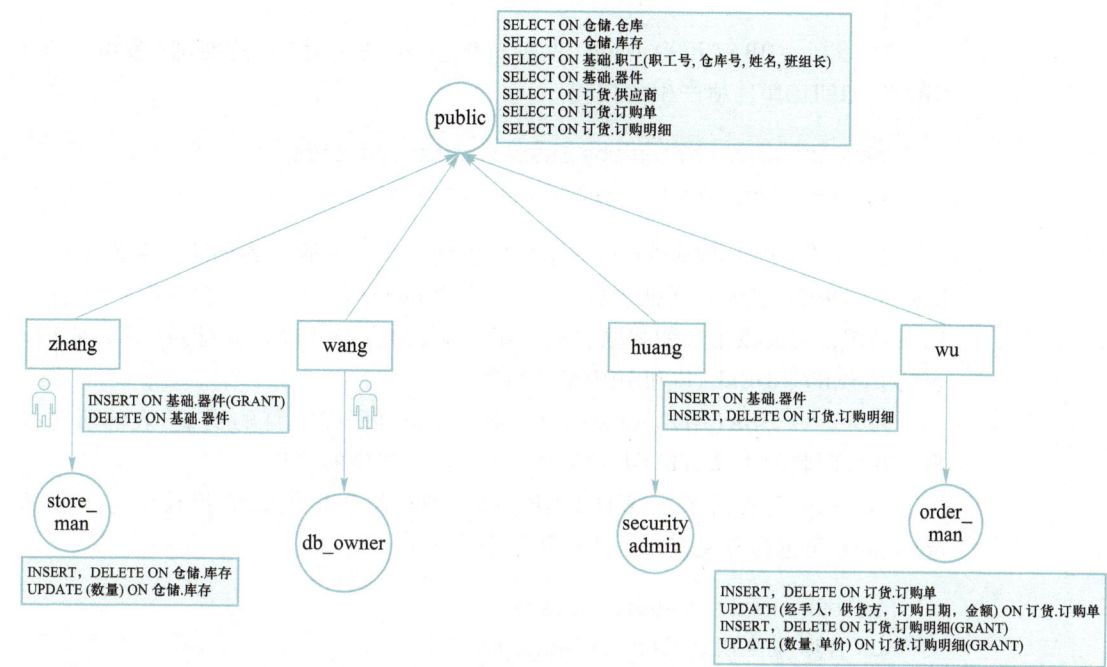

图 9-4　当前操作下各个角色及数据库的权限示意图

其中：

① GRANT OPTION FOR 为仅收回 WITH GRANT OPTION 权限。

② CASCADE 为级联收回使用 WITH GRANT OPTION 授予的所有权限。

③ 其他各选项的含义同相应的 GRANT 命令的选项相对应。

注意：GRANT OPTION FOR 选项要与 CASCADE 选项一同使用，因为要收回 WITH GRANT OPTION 权限，也应一同收回由该选项产生的所有授权。

例 9-27　以用户 zhang 的身份登录，收回用户 huang 对"器件"表的插入权限。

```
REVOKE INSERT ON 基础.器件 FROM huang
```

练习：以用户 huang 的身份再对"器件"表进行插入操作，验证该用户的权限。

例 9-28　以用户 wu 的身份登录，收回用户 huang 对"订购明细"表的插入权限。

```
REVOKE INSERT ON 订货.订购明细 FROM huang
```

由于用户 wu 是以 order_man 角色完成授权的，所以上述命令不正确。此时也必须用 order_man 角色才能收回授权，因此正确的命令是

```
REVOKE INSERT ON 订货.订购明细 FROM huang AS order_man
```

练习：以用户 huang 的身份再对"订购明细"表进行插入操作，验证该用户

的权限。

例 9-29 DBA(用户 wang)收回 order_man 角色对"订购明细"表由 WITH GRANT OPTION 选项产生的授权。

```
REVOKE GRANT OPTION FOR INSERT,DELETE,UPDATE
ON 订货.订购明细 FROM order_man CASCADE
```

练习：用户 wu 是 order_man 角色的成员，并曾将插入和删除权限授予用户 huang(例 9-28 已经收回插入权限)。以用户 huang 的身份对"订购明细"表进行删除操作，验证该用户的权限；再以用户 wu 的身份登录，验证对"订购明细"表的 INSERT、DELETE 和 UPDATE 权限。

例 9-30 DBA(用户 wang)收回 order_man 角色对"订购明细"表的所有权限，并级联收回由 WITH GRANT OPTION 选项产生的授权。

例 9-29 只收回了由 WITH GRANT OPTION 产生的级联授权，为了收回 order_man 角色的有关权限，应使用如下命令：

```
REVOKE INSERT,UPDATE,DELETE
ON 订货.订购明细 FROM order_man
```

练习：用户 wu 是 order_man 角色的成员，以用户 wu 的身份登录，验证对"订购明细"表的 INSERT、UPDATE 和 DELETE 权限。

以上通过"仓储订货"数据库安全控制案例介绍了权限管理的基本思路和方法，接下来将介绍更广泛的两个权限管理问题。

9.4.3 架构权限的管理

从 SQL Server 2005 起架构已被重新赋予内涵，不再等效于数据库用户。现在，架构是独立于创建它的数据库用户而存在的不同命名空间，它是逻辑概念，是对象的容器。任何用户都可以拥有架构，并且架构所有权可以转移。

由 SQL Server 2000 及早期版本创建的表或其他对象都依附于用户，这样当删除一个用户时该用户创建的表或对象都必须删除，这给安全管理带来很多麻烦。因此将所有权与用户分离具有重要意义。

使用架构有如下特点：

① 架构的所有权和架构范围内的安全对象可以转移。

② 对象可以在架构之间移动。

③ 每个架构可以包含由多个数据库用户创建的对象。

④ 多个数据库用户可以共享一个默认的架构。

⑤ 与早期版本相比，对架构及架构中包含的安全对象的权限管理变得更加精细。

⑥ 架构可以由任何数据库主体拥有(角色或用户)。

⑦ 可以删除数据库用户而不删除相应架构中的对象。

需要注意的是，如果 SQL Server 早期版本编写的代码将架构等效于数据库用户，那么这些代码可能会返回错误的结果。

架构是包含表、视图、存储过程等的容器，所有数据库中的对象都隶属于某一个架构，架构是安全管理的一个重要机制，是数据库级的安全对象。用户或角色需要获得架构上的权限，才能在架构中创建或操作对象。

1. 架构权限的授予

授予架构权限的命令格式如下：

```
GRANT permission[,…n ] ON SCHEMA :: schema_name
TO database_principal [,…n ]
[WITH GRANT OPTION] [AS granting_principal]
```

其中：

① permission 指定要授予的架构权限，包括 CONTROL、ALTER、EXECUTE、INSERT、DELETE、UPDATE、SELECT、REFERENCES 等。

② ON SCHEMA :: schema_name 指定作为授权对象的架构。

③ database_principal 指定被授予架构权限的主体，可以是数据库用户或角色等。

④ WITH GRANT OPTION 说明获得权限的主体还可以向其他主体授予所指定的权限。

⑤ AS granting_principal 表示如果自身不是权限所有者，指明以什么身份进行授权。

例 9-31 用户 wang 以 DBA 身份将架构"仓储"的 INSERT 权限授予 zhang。

```
GRANT INSERT ON SCHEMA :: 仓储 TO zhang
```

这时，用户 zhang 将对"仓储"架构下的所有关系都具有插入操作的权限。

例 9-32 用户 wang 以 DBA 身份授予用户 zhang"仓储"架构上的 CONTROL 权限。

```
GRANT CONTROL ON SCHEMA ::仓储 TO zhang
```

注意：这里的 CONTROL 权限并不是控制权限或所有权限，当用户获得创建对象的权限时，只有同时拥有架构的 CONTROL 权限才能够创建对象（参见9.4.4 小节）。

2. 架构权限的收回

收回架构权限的命令格式如下：

```
REVOKE [GRANT OPTION FOR] permission[,…n ]
ON SCHEMA :: schema_name FROM database_principal [,…n ]
[CASCADE] [AS revoking_principal]
```

其中：

① permission 指定要收回的架构权限。

② GRANT OPTION FOR 指出要收回向其他主体授予指定权限的权限，不收回该权限本身。

③ ON SCHEMA :: schema_name 指出要收回的权限所涉及的架构，注意需要范围限定符 ::。

④ FROM database_principal 指定要从中收回架构权限的主体，可以是数据库用户或角色。

⑤ CASCADE 指出要收回的架构权限也会从这个主体授予该权限的其他主体中收回。

⑥ AS revoking_principal ：指出执行该命令时的身份。

例 9-33　收回用户 zhang 在架构"仓储"上的 INSERT 权限。

```
REVOKE INSERT ON SCHEMA :: 仓储 FROM zhang
```

在架构上的权限管理除了以上的授权和收回授权外，还可以转移架构所有权、在架构之间移动对象等。

3. 转移架构所有权

对象的所有权可以转移，从而提供了更灵活的安全管理机制。转移对象所有权的命令是 ALTER AUTHORIZATION，基本格式如下：

```
ALTER AUTHORIZATION ON entity_name
TO { SCHEMA OWNER |principal_name }
```

其中：

① entity_name 是对象名。

② principal_name 是将拥有对象的用户或角色名称。

③ SCHEMA OWNER 说明将对象的所有权转移给它所在架构的所有者。

例 9-34　将"器件"表的所有权转移给用户 wu。

```
ALTER AUTHORIZATION ON 基础.器件 TO wu
```

此命令成功执行后用户 wu 将成为"器件"表的所有者，将在该表上拥有全部权限。

例 9-35　将"基础"架构的所有权转移给用户 tang。

```
ALTER AUTHORIZATION ON SCHEMA::基础 TO tang
```

此命令成功执行后用户 tang 将成为"基础"架构的所有者，将对该架构下的所有对象拥有全部权限。

例 9-36　将"器件"表的所有权转移给所属架构的所有者。

```
ALTER AUTHORIZATION ON 基础.器件 TO SCHEMA OWNER
```

例 9-34 曾将"器件"表的所有权转给用户 wu，而如上命令执行后"器件"表的所有权将转给架构的所有者用户 tang，随之用户 wu 在"器件"表上的权限也将消失。

4. 在架构之间移动对象

正式使用架构之后用户可以与对象分离，也可以与架构分离，并且对象也可以在架构之间移动。在架构之间移动对象的命令是 ALTER SCHEMA，其基本格式如下：

```
ALTER SCHEMA schema_name TRANSFER securable_name
```

其中：

① schema_name 是指定的架构名称，当前数据库中的对象将要移入其中。

② securable_name 是要移入指定架构中的对象名称。

在将对象移入新架构时，所有与该对象关联的全部权限将被删除。如果已显式设置该对象的所有者，则所有者保持不变。如果已将该对象的所有者设置为 SCHEMA OWNER，则在移动之后，SCHEMA OWNER 将解析为新架构的所有者。

从另一个架构中传输对象时，当前用户必须拥有对该对象（非架构）的CONTROL 权限，并拥有对目标架构的 ALTER 权限。

例 9-37　将器件表从"基础"架构移动到"仓储"架构。

```
ALTER SCHEMA 仓储 TRANSFER 基础.器件
```

9.4.4　语句权限的管理

语句权限是指执行各种对象的创建以及数据库备份命令的权限，在 SQL Server 中执行语句的权限包括：

- BACKUP DATABASE
- BACKUP LOG
- CREATE DATABASE
- CREATE DEFAULT
- CREATE FUNCTION
- CREATE PROCEDURE
- CREATE RULE
- CREATE TABLE
- CREATE VIEW

1. 授予语句权限

要创建数据库或数据库中的对象（如表或存储过程），则必须有执行相应语句的权限。例如，如果一个用户要能够在数据库中创建表，则应当向该用户授予 CREATE TABLE 语句权限。

语句授权的命令格式如下：

```
GRANT { ALL|statement_list } TO name_list
```

其中：

① ALL 指全部语句，只有系统管理员可以使用此选项，因为只有系统管理员可以授予 CREATE DATABASE 的权限。

② statement_list 给出授权的语句列表。

③ name_list 可以是数据库用户名或角色名（包括 public 角色），指明这些语句的执行权限授予哪些用户或角色，这些用户或角色必须是已经存在的。

注意：WITH GRANT OPTION 选项对语句授权无效。

根据前面的例子，用户 wang 是"仓储订货"数据库的数据库管理员（db_owner 角色），用户 zhang 在"仓储"架构上有 CONTROL 权限（例 9-32 授予），用户 tang 是"基础"架构的所有者（例 9-35 指定），用户 wu 是 order_man 角色的成员。请据此完成下面实例的操作。

例 9-38　数据库管理员向用户 zhang、tang、wu 一起授予 CREATE TABLE 的权限。

```
GRANT CREATE TABLE TO zhang,tang,wu
```

经过以上授权，虽然用户 zhang、tang、wu 都拥有了 CREATE TABLE 的权限，但是还需要拥有指定架构的 CONTROL 权限，才能在相应架构下执行 CREATE TABLE 创建表或执行其他创建对象的命令。

所以经过以上授权后，用户 zhang 在"仓储"架构下可以创建表，在"基础"架构下不能创建表；用户 tang 在"仓储"架构下不能创建表，在"基础"架构下可以创建表；用户 wu 在"仓储"架构和"基础"架构下都不能创建表。希望读者进行验证以加深印象。

2. 收回语句权限

收回语句授权的命令格式如下：

```
REVOKE { ALL|statement_list } FROM name_list
```

其中，各选项的含义同相应的 GRANT 命令。

例 9-39　从用户 zhang 收回创建表的权限。

```
REVOKE CREATE TABLE FROM zhang
```

9.4.5　禁止权限

在权限管理中经常有这样的情况：一个部门的所有职工具有相同的角色，但是个别职工的权限有一定的差异。例如，某一角色具有对"器件"表的 SELECT、INSERT、DELETE 和 UPDATE 的权限，但是其中个别成员不具备 DELETE 和 UPDATE 的权限。这时可以采取禁止某些用户从角色继承某些权限的方法，相应的命令是 DENY。与 GRANT 命令相对应，DENY 命令也有三种格式，具体如下：

禁止使用对象权限的命令格式为

```
DENY { ALL [PRIVILEGES]|permission_list }
    {[( column_list )] ON { table|view } |ON { table |view } [ ( col-
    umn_list )]
    |ON stored_procedure |ON user_defined_function }
TO name_list [CASCADE]
```

禁止架构权限的命令格式为

```
DENY permission  [,…n ] } ON SCHEMA :: schema_name
    TO database_principal [,…n ][CASCADE] [AS denying_principal]
```

禁止语句权限的命令格式为

```
DENY { ALL |statement_list } TO name_list
```

以上三条命令的各项参数的含义与对应的 GRANT 和 REVOKE 命令相似，这里不再重复解释。

使用 DENY 语句禁止某个用户获得指定权限，是指禁止该用户从有关角色继承指定的权限(被禁止的)。也就是说，该用户是具有指定权限的某个角色的成员，但却不能获得这个权限；即便是以后将该用户又添加到已得到该权限的其他角色，该用户同样也不能获得这个权限。假设"禁止用户 A 的权限 X"执行了如下命令：

```
DENY X TO A
```

如此使用 DENY 的效果是：
① 用户 A 之前从任何角色继承得到的权限 X 被取消。
② 用户 A 之后从任何角色都得不到权限 X。
③ 之前直接授予给用户 A 的权限 X 被取消(收回)。

如果要解除由于 DENY 语句产生的禁止效果，必须使用 GRANT 命令为禁止的用户(或角色)显式直接授予相应的权限。例如，如果重新允许用户 A 可以获得权限 X，则必须重新用 GRANT 命令向用户 A 直接授予权限 X。

适当运用 GRANT 和 DENY 命令可以形成层次安全系统，允许角色成员通过多个级别的角色获得权限，同时又能限制某些用户从角色继承部分权限。通过禁止用户或角色的权限可以实现以下目的：
① 删除以前授予用户、角色的权限。
② 停用从其他角色继承的权限。
③ 确保用户、角色将来不继承更高级别的角色的权限。

例 9-40   用户 wu 是 order_man 角色的成员，现在禁止用户 wu 对"订购单"表的修改和删除权限。

```
DENY UPDATE,DELETE ON 订货.订购单 TO wu
```

此命令执行后用户 wu 作为角色 order_man 的成员，对"订购单"表不再具有 UPDATE 和 DELETE 的权限，同时之后也不能再从任何新的角色继承到对"订购单"表的 UPDATE 和 DELETE 权限。如果以后允许用户 wu 具有该权限，则需要用 GRANT 语句直接重新向用户 wu 授予相应的权限。

例 9-41　用户 tang 在"基础"架构下可以执行 CREATE TABLE 命令创建表（参见例 9-38），现在用 DENY 命令取消此项授权。

```
DENY CREATE TABLE TO tang
```

DENY 命令可以取消之前的授权和作为角色继承的权限，可以禁止之后从角色继承权限。

9.4.6　查询授权情况

在 SQL Server 中，可以使用系统存储过程 sp_helprotect 查询授权的情况。该过程有若干参数，如果不带参数执行 sp_helprotect，将显示当前数据库中所有已经授予或禁止的权限。此外，也可以通过执行带参数的 sp_helprotect 过程，查询某个用户的授权情况等。

9.4.7　所有权链接

安全管理是非常复杂的，一些用户可能会通过某些授权隐式地获得未经授权的对象的操作权限，即通过所有权链接做出越权的操作。下面讨论几种可能超越权限的情景。

首先假设：

① U1 用户对 S1 架构拥有 ALTER 权限。

② U1 用户被拒绝访问 S2 架构中的表 T1。

③ S1 架构和 S2 架构由同一所有者拥有。

越权情景 1：U1 用户对数据库拥有 CREATE PROCEDURE 权限，并对 S1 架构拥有 EXECUTE 权限。因此，U1 用户可以创建一个存储过程，然后在该存储过程中访问被拒绝访问的表 T1。

越权情景 2：U1 用户对数据库拥有 CREATE SYNONYM（创建同义词）权限，并对 S1 架构拥有 SELECT 权限。因此，U1 用户可以在 S1 架构中为被拒绝的表 T1 创建同义词，然后使用该同义词访问被拒绝的表 T1。

越权情景 3：U1 用户对数据库拥有 CREATE VIEW 权限，并对 S1 架构拥有 SELECT 权限。因此，U1 用户可以在 S1 架构中创建视图，以便从被拒绝访问的表 T1 中查询数据，然后使用该视图访问被拒绝访问的表 T1。

以上种种试图"翻墙"的举动都必须有效避免，进而杜绝。产生这些越权情景的根源在于用户对架构拥有了 ALTER 权限，为此用户就可以使用所有权链接来访问其他架构中的安全对象，包括显式拒绝用户访问的安全对象。其原因是当主体拥有被引用对象而且主体拥有的对象引用这些被引用对象时，所有权链接就会对这些被引用对象绕过权限检查。对架构拥有 ALTER 权限的用户可以创建该架构的所有者拥有的过程、同义词和视图。这些对象将有权访问（通过所有权链接）该架构所有者拥有的其他架构中的信息。如果架构所有者还拥有其他架构，则应尽可能避免授予对该架构的 ALTER 权限。

9.4.8　角色与存取控制

对用户的权限管理是典型的自主存取控制方式，而改用角色的概念，既可以从自主存取控制的角度管理用户权限，又可以间接实现强制存取控制的功能（当然不是严格意义的强制存取控制）。

系统管理员或数据库管理员可以按层次定义角色，并为角色定义权限，例如定义角色 A、B、C、D 和 E，角色之间的权限关系是 A>B>C>D>E，然后为不同级别的用户指定不同的角色，从而达到按层次管理数据的目的。

9.5　数据加密

用户管理和权限控制使得非法用户不能通过合法途径接触到数据，但是这些非法用户可能会直接窃取存储介质，然后设法读出数据，或从网络中直接截取数据。解决这种威胁的最有效办法就是对数据进行加密。

9.5.1　概述

数据加密有关的术语如下：

① 明文：原始的或未加密的数据。

② 密文：明文经加密后的数据。

③ 密钥：加密、解密的关键字或钥匙。

④ 加密算法：对明文进行加密，使之变为密文的算法。加密算法的输入是明文数据和密钥，输出是密文数据。

⑤ 解密算法：与加密算法相对应，对密文进行解密，使密文变为明文的算法；解密算法的输入是密文和密钥，输出是明文数据。

⑥ 对称密钥：加密和解密使用相同的密钥。对称密钥加密的典型代表是DES（data encryption standard）算法，该算法由 IBM 制定，1997 年成为美国官方加密标准。多年来，DES 算法被许多人认为是不安全的，特别是高速计算机的出现，使强制破解 DES 算法成为可能。为此，人们在使用 DES 算法时考虑加长密钥的长度。最初 DES 算法的密钥长度是 64 位，现在则考虑使用 128 位长度的密钥，使得强制破解 DES 算法变得不够现实。

⑦ 非对称密钥：加密和解密使用不同的密钥，非对称密钥的典型代表是RSA 算法（由 Rivest、Shamir 和 Adleman 共同提出）。这种加密机制也称作公开密钥加密，即加密密钥是公开的，而解密密钥则需要严格保密，解密密钥也不能根据加密密钥推导出来。

SQL Server 支持对称加密和非对称加密。

9.5.2　加密的一般步骤及示例

加密及加密管理是很复杂的，本小节简单介绍 SQL Server 对数据列进行加密和解密的一般步骤，并通过一个简单实例予以说明。

加密数据列的一般步骤如下：

① 创建数据库主密钥。

② 创建用于加密的密钥。

③ 打开密钥。

④ 操作(如插入或修改)，同时对列数据进行加密(使用加密函数，密钥和列数据作为参数)。

解密数据列的一般步骤如下：

① 打开密钥。

② 使用密钥访问被加密的数据列。

下面使用 SQL Server 2008 的样本数据库 AdventureWorks，说明一个使用对称密钥加密数据列的一般步骤。具体代码如下：

```
USE AdventureWorks
GO


--创建数据库主密钥
IF NOT EXISTS
    (SELECT *  FROM sys.symmetric_keys WHERE symmetric_key_id=
    101)
    CREATE MASTER KEY ENCRYPTION BY
    PASSWORD
    '23987hxJKL969#ghf0% 94467GRkjg5k3fd117r $ $ #1946kcj $
    n44nhdlj'
GO
--创建加密证书
CREATE CERTIFICATE HumanResources037
    WITH SUBJECT = 'Employee Social Security Numbers';
GO
--创建对称密钥
CREATE SYMMETRIC KEY SSN_Key_01
    WITH ALGORITHM = AES_256
    ENCRYPTION BY CERTIFICATE HumanResources037;
GO


--为保存加密数据添加一新列
```

```
ALTER TABLE HumanResources.Employee
    ADD EncryptedNationalIDNumber varbinary(128)
GO


--打开对称密钥准备加密
OPEN SYMMETRIC KEY SSN_Key_01
    DECRYPTION BY CERTIFICATE HumanResources037


--使用加密函数和对称密钥加密数据列
UPDATE HumanResources.Employee SET EncryptedNationalIDNumber =
    EncryptByKey(Key_GUID('SSN_Key_01'),NationalIDNumber)
GO
```

这里使用加密函数 EncryptByKey 和加密密钥 SSN_Key_01 对数据列 NationalIDNumber 进行加密,加密结果存储在 EncryptedNationalIDNumber 列。

下面一段代码用来验证加密的效果:

```
--首先打开对称加密密钥
OPEN SYMMETRIC KEY SSN_Key_01
    DECRYPTION BY CERTIFICATE HumanResources037;
GO


--列出原始数据、加密后的数据和解密后的数据比较
SELECT NationalIDNumber AS '原 ID 号',
EncryptedNationalIDNumber AS '加密后的 ID 号',
CONVERT(nvarchar,DecryptByKey(EncryptedNationalIDNumber)) AS
    '解密的 ID 号'
FROM HumanResources.Employee;
GO
```

9.6 其他安全问题

数据库安全除了用户管理、权限控制和数据加密之外,实际上还涉及很广泛的范围,如审计跟踪和统计数据库等。

9.6.1 审计

用户管理和权限控制使得非法用户不能通过合法途径接触到数据,但是这对于合法用户的使用情况没有发挥任何监督作用。任何时候都不能排除失职和渎职现象的发生,为此需要有一种方式可以记录对数据库的所有操作活动和轨迹,这种功能称为审计(audit)。

系统管理员（或数据库管理员）可以通过审计日志、跟踪所有用户对数据库的操作活动来确定哪些客户、什么时间、在什么地点、进行了哪些操作等，从而为"合法"的"意外"安全问题提供保障。

一般的数据库管理系统（如 SQL Server）都提供了审计功能，但是审计功能非常耗费资源（存储空间和时间），所以审计功能是一项可选功能，系统管理员可以根据需求，在不同的时间段灵活地打开或关闭审计功能。一般审计功能只在具有较高安全要求的部门使用。

9.6.2　统计数据库

在有些数据库应用中只允许查询统计信息而不允许查询明细信息，提供这类服务的数据库称为统计数据库。在统计数据库中存在着特殊的安全问题，即可能存在着隐蔽的信息通道，使得可以从合法的查询中推导出明细信息。或者说，统计数据库安全的主要问题就是如何尽可能防止通过统计信息推导出明细信息。

例如，对一个部门的工资系统，可以查询职工的平均工资，但是不能查询某一名职工的具体工资值，也不允许利用统计信息推导出某一职工的具体工资值。

假设一用户想知道某位系统分析员的工资值，则如下查询是合法的：

```
SELECT SUM(工资) FROM 职工 WHERE 职务='系统分析员'
```

如果只有一位系统分析员，可以立即得知该系统分析员的工资，这是不允许的，这样统计数据库的安全就失效了。这时可以规定一个 n 值，当被统计的记录个数 n 大于某个数值时才允许执行此类统计查询。

但是这种做法并不解决问题。例如，假设要查询程序员"李芳"的工资，一般统计数据库会禁止涉及姓名这样字段的查询，然而恶意用户仍可以通过其他途径进行攻击。假设李芳是一位女程序员，并且知道只有一位女程序员，则可以通过如下途径进行查询：

```
SELECT SUM(工资) FROM 职工 WHERE 职务='程序员'
SELECT SUM(工资) FROM 职工 WHERE 性别='男'AND 职务='程序员'
```

根据两个查询的结果可以很容易地计算出李芳的工资值。这时和刚才规定的 n 值的大小没有关系，原因是两个查询中有 $n-1$ 个记录是相同的。为此，在统计数据库中还要求任意两个查询中相同的记录个数要小于 m。通过调整 n 和 m，可以使恶意用户想通过统计结果获取明细信息成为一件非常困难的事。

如果允许，可以对诸如工资这样的敏感数据利用随机数进行干扰，但保证统计的结果不变，这样可以大大提高恶意用户攻击的难度。

但是综合信息总是带有原始信息的痕迹，利用足够的综合信息总能推导出原始信息。也就是说，统计数据库不管采取什么样的安全手段，总可以从综合信息得到原始信息。然而好的安全技术会让恶意用户付出足够高的代价，从而主动放弃恶意的攻击。

9.6.3 用户定义的安全性措施

除了利用数据库管理系统提供的安全功能外，还可以使用触发器定义一些用户级的安全性措施。例如，最典型的用户定义的安全性控制，是规定用户只能在指定的时间对表进行更新操作。

下面的例子建立了一个触发器（在中文 SQL Server 环境），规定只有在工作时间才可以对仓库表进行更新操作（包括 INSERT、DELETE 和 UPDATE）。具体代码如下：

```
CREATE TRIGGER secure_wh
ON 仓储.仓库
FOR INSERT,DELETE,UPDATE
AS
IF DATENAME(weekday,getdate())='星期六'
    OR DATENAME(weekday,getdate())='星期日'
    OR (convert(INT,DATENAME(hour,getdate())) NOT BETWEEN 9 AND 17)
BEGIN
    RAISERROR ('只许在工作时间操作!',16,1)
    ROLLBACK TRANSACTION
END
```

当建立了以上触发器后，如果对仓库表的操作发生在星期六/星期日，或工作日的上午 9 时之前/下午 5 时之后，则会给出提示信息"只许在工作时间操作!"，并撤销操作。

类似地，用户还可以建立一些其他类型的用于安全性控制的触发器。

本章小结

本章主要讨论了数据库的安全控制问题，核心是身份识别，通过用户管理和权限管理实现对数据库的安全管理。本章还介绍了与数据库安全相关的其他一些问题，如数据加密、审计和统计数据库的安全等。

习题与思考题

1. 填空题

（1）若希望某用户对数据库具有全部权限，则应将此用户添加到（　　）角色中。

（2）假设 user1 是自定义角色 role1 下的成员。系统管理员授予 role1 如下权限：查询表 t1、t2，向表 t8、t9 插入数据。系统管理员授予 user1 如下权限：更新表 t2、t3，查询表 t10。系统管理员拒绝 user1 拥有如下权限：向表 t8、t9 插入数据。请问 user1 最终具有哪些权限？
（　　　　　　　）。

（3）若希望登录账户 U1 具有创建、更改和删除数据库的权限，可将 U1 加入（　　　）角色中。

2. 选择题

（1）下面说法错误的是（　　　）。

A. 如果某个权限在角色中是拒绝的，但是角色中的成员被授予了此权限，则此成员就可以拥有此权限

B. 只要权限没有被拒绝过，则角色中成员的权限就是角色的权限加上成员自己所拥有的权限

C. 如果某个权限在角色中是拒绝的，则角色中的成员就不能再拥有此权限，即使为某个成员授予了此权限

D. 如果某个权限在角色中是允许的，尽管角色中的某个成员被收回了此权限，但是该成员仍可以拥有此权限

（2）关于固定数据库角色 public，下面说法错误的是（　　　）。

A. 用户可以向 public 角色中添加和删除成员

B. 如果未向某个用户授予或拒绝对安全对象的特定权限，该用户将继承授予该对象的 public 角色的权限

C. 数据库中的每个用户都自动地是 public 数据库角色的成员

D. 如果想让数据库中的全部用户都具有某个特定的权限，则可以将该权限授予 public

（3）关于架构，下面描述错误的是（　　　）。

A. 不能在架构上设置权限

B. 多个用户可以通过角色或组成员关系拥有同一个架构

C. 架构和用户是分离的

D. 可以根据不同的业务处理需求，将数据库对象分类到不同架构中

3. 讨论题

（1）讨论数据库安全都与哪些安全问题有关。

（2）试述数据库的自主存取控制和强制存取控制的区别以及各自的特点。

（3）在 SQL Server 中什么是信任连接模式和非信任连接模式？讨论在 SQL Server 中使用信任连接模式的优缺点。

（4）SQL Server 的登录用户由谁负责管理？

（5）在用 CREATE LOGIN 命令创建登录用户时，可以强制新用户在第一次登录时必须修改口令，如何实现此功能？

（6）在用 CREATE LOGIN 命令创建登录用户时，可以用 DEFAULT_DATABASE 指定默认数据库，分析例 9-3 的命令执行后立刻使用新登录用户 huang 进行登录会出现什么情况。为什么？

（7）ALTER LOGIN 命令可以用来修改登录用户的哪些属性？

（8）如果一个登录用户由于暂时离开原来的业务而被禁止访问数据库，此时应该采取什么措施？

（9）为什么用户自己在使用 ALTER LOGIN 命令修改密码时必须提供旧的密码？如果用户忘记密码怎么办？

（10）什么是数据库用户？数据库用户由谁负责管理？

（11）为什么创建数据库用户的 CREATE USER 命令中并没有指定数据库？

（12）什么是默认架构？

（13）在 SQL Server 中数据库用户可以分为哪 4 个层次？

（14）试述角色管理的概念及其在数据库安全控制中的作用。

（15）什么是 public 角色？public 角色有哪些特点？

（16）试述角色管理都包括哪些内容？

（17）如何将用户指定为角色的成员？如何取消用户的角色成员资格？

（18）除 public 角色外，SQL Server 系统还预定义了哪些角色？试述这些系统预定义角色为安全管理提供了哪些便利。

（19）讨论一个用户获得数据库权限的渠道都有哪些。

（20）对象授权就是对象使用权限的授权，讨论这类权限包括哪些。

（21）试述 GRANT 语句中 WITH GRANT OPTION 选项的作用，以及该子句和 AS 选项的使用方法。

（22）讨论 9.4.2 小节中的案例"仓储订货"数据库的安全控制解决方案，练习例 9-20 ~ 例 9-26，深刻理解权限管理的基本方法。

（23）试述在 REVOKE 语句中 GRANT OPTION FOR 选项和 CASCADE 选项的作用。

（24）练习例 9-27 ~ 例 9-30，进一步体验权限管理的一些方法和效果。

（25）试述架构在安全管理方面的作用，以及与架构权限管理相关的内容。

（26）练习例 9-31 ~ 例 9-37，体验架构上的权限管理。

（27）语句权限是指执行创建各种对象和备份数据库命令的权限，这类授权都包括哪些语句的执行权限？

（28）试述禁止权限语句 DENY 的作用。

（29）如果用户 U1 被用 DENY 命令禁止了权限 G1，则意味着之前用任何方式获得的 G1 权限被取消，那么之后用户 U1 能从新的角色继承获得权限 G1 吗？为什么？如果要让用户 U1 可以重新获得 G1 权限，应该怎么处理？

（30）试述在 SQL Server 中对数据实施加密的方法和步骤。

（31）什么是数据库的审计功能？

（32）统计数据库有哪些特殊的安全性问题？

实验 10　用户管理和权限管理

实验名称：用户管理和权限管理。

实验内容：在 SQL Server 环境下完成数据库的用户管理、角色管理和操作权限管理。

实验目的：理解和体会数据库安全性的内容，加强对数据库管理系统的安全管理功能的认识。

实验方法：在 SQL Server 环境下分别以系统管理员、数据库管理员、对象拥有者和普通用户的身份完成所要求的各项操作。

实验要求：

① 以系统管理员身份完成如下实验：

- 建立 3 个不同名称的注册用户。
- 使用 ALTER LOGIN 命令对建立的注册用户做不同的修改。
- 建立一个数据库管理员用户。

② 以数据库管理员身份完成如下实验：

- 根据已有的注册用户，建立几个当前数据库的用户（部分用户可以指定默认架构等）。

- 使用 ALTER USER 命令修改部分用户设置。
- 建立若干角色，部分角色指定其他用户管理。
- 授权一些用户可以创建表等数据库对象。
- 完成角色管理及其他授权管理。

③ 用不同用户名登录完成以下实验：

- 每个用户有建立对象的权限，各自建立自己的对象（如表和视图等）。
- 各用户之间就表或视图的查询、修改、删除、插入等互相授权，在授权过程中体会 GRANT 命令中 WITH GRANT OPTION 短语的作用。
- 分情况收回授权，并体会 REVOKE 命令中 GRANT OPTION FOR 和 CASCADE 短语的作用。

④ 在实验报告中要给出具体的操作要求和过程，并针对各种情况做出具体的分析和讨论。

相关命令：

建立登录用户的命令如下：

```
CREATE LOGIN login_name
{ WITH PASSWORD = 'password'[MUST_CHANGE]
[,DEFAULT_DATABASE = database]
[,CHECK_EXPIRATION = { ON|OFF}]}
```

修改登录用户的命令如下：

```
ALTER LOGIN login_name {{ ENABLE |DISABLE}
    |WITH PASSWORD = 'password'
    [,OLD_PASSWORD = 'oldpassword']
    [,DEFAULT_DATABASE = database]
    [,NAME =login_name]}
```

建立数据库用户的命令如下：

```
CREATE USER user_name [LOGIN login_name]
[WITH DEFAULT_SCHEMA = schema_name]
```

修改数据库用户的命令如下：

```
ALTER USER user_name WITH { NAME = new_user_name
    |DEFAULT_SCHEMA = schema_name }[,…n ]
```

定义角色的命令如下：

```
CREATE ROLE role_name [AUTHORIZATION owner_name]
```

为角色指定成员的系统过程如下：

```
sp_addrolemember [@ rolename =] 'role',[@ membername =]
'membername'
```

对象的授权命令如下：

```
GRANT { ALL|permission [,…n ]}
TO principal [,…n ]
[WITH GRANT OPTION] [AS principal]
```

对象操作的授权命令如下：

```
GRANT { ALL|permission [ ( column [,…n ] )] [,…n ]}
ON securable TO principal [,…n ]
[WITH GRANT OPTION] [AS principal]
```

收回授权的命令如下：

```
REVOKE [GRANT OPTION FOR]
{ ALL|permission [ ( column [,…n ] )] [,…n ] }
[ON securable] FROM principal [,…n ]
[CASCADE] [AS principal]
```

禁止权限的命令如下：

```
DENY { ALL |permission [ ( column [,…n ] )] [,…n ]}
[ON securable] TO principal [,…n ]
[CASCADE] [AS principal]
```

第 10 章   事务管理与并发控制

数据库中的数据是共享的,多个用户会在同一时刻使用同一个数据库中的同一张表、同一条记录,甚至同一个字段。那么,这种同一时刻的并发操作是否会相互干扰,导致数据出错,产生不一致的问题呢?答案是肯定的,如果没有适当的控制,肯定会产生干扰或错误。

知识目标:理解事务概念,掌握事务管理的语句和方法,掌握并发控制技术。

能力及素养目标:能够运用基本原理,借助文献研究,全面了解事务管理的重要性和设计策略。在数据库工程项目中,能够有效进行事务管理和并发控制的设计;能够辩证地看待矛盾并解决矛盾,合理权衡封锁和效率这一对矛盾。

本章重点:事务管理的概念和基本性质,并发控制的实施方法,封锁与隔离级别。

本章难点:如何制定并发控制策略,使得并发执行的应用系统具有最高的效率。

10.1   事务管理

事务(transaction)是数据库的一项基本技术,通过对事务进行管理来实现并发控制及其他一些控制需求(如恢复等),从而保证数据的一致性、完整性和可靠性。可以把数据库上的所有操作理解为一个个事务,可以把完成用户一个特定工作的一组命令看作是一个事务,所以事务也就相当于作业或任务。换句话说,事务是构成单一逻辑工作单元的操作集合。

10.1.1   事务的概念

为什么需要事务的概念呢?因为并非每一个针对数据库的完整操作都可以用一条命令来完成,多数情况下可能需要一组命令来完成一个完整的操作。这就可能会引发问题,可能会在执行这一组命令的过程中发生各种意外情况,比如软件出现意外错误,硬件发生意外故障或突然掉电,这些情况都会使正在进行的操作强制中断。此时对数据的更新尚未完成,数据既不是当前的正确状

微视频:
事务的概念和基本性质

态，也不是在此之前某一时刻的正确状态，数据处于"未知"状态。"未知"状态的数据既不可靠也不能使用，必须要能够保证数据永远处于确定的状态。

例 10-1 以转账业务为例，假设需要将 20 000 元从甲公司的账户转账到乙公司的账户，这笔业务的操作包括如下步骤：

> 读甲公司可转账金额到变量 x
> 如果 $x \geqslant 20\ 000$ 则有
> $x = x - 20\ 000$（甲公司余额减 20 000 元）
> 将 x 的值写回数据库（更新甲公司账户余额）
> 读乙公司账户余额到变量 y
> $y = y + 20\ 000$（乙公司余额加 20 000 元）
> 将 y 的值写回数据库（更新乙公司账户余额）
> 转账结束

如果以上转账业务在"更新甲公司账户余额"后意外中断，会出现什么结果？甲公司有转出账目，而乙公司没有转入账目，结果是错误的。所以必须有办法使意外中断的任务或者能够继续执行，使数据由更新前的正确状态变换为更新后的正确状态；或者能够撤销已经完成的修改，使任务回退到执行前的正确状态。这就是事务管理。

另外，数据库的数据是共享的，多个用户会同时操作数据库，这些相应的程序既有可能会交叉使用数据资源，又有可能会同时读或者同时写数据，那么各个用户程序之间会不会产生干扰？这种状况需要数据库管理系统的有效控制。

例 10-2 假设有一个记账程序：

> 记账额以参数 y 传入
> 读余额到变量 x
> 计算余额 $x = x + y$
> 将 x 写入数据库

如果这个程序在几乎同一时刻被不同的用户执行，则有可能会产生错误。假设用户甲和用户乙同时执行这个记账程序，则可能会出现如表 10-1 所示的交错执行的命令序列。

表 10-1 两个事务交错执行的命令序列

时间点	用户甲	用户乙
$t1$	记账额以参数 y 传入 500	
$t2$	读余额到变量 x 为 36 000	
$t3$		记账额以参数 y 传入 750
$t4$		读余额到变量 x 为 36 000

续表

时间点	用户甲	用户乙
t5	计算余额 $x = 36\ 000 + 500$	
t6		计算余额 $x = 36\ 000 + 750$
t7	将余额 36 500 写入数据库	
t8		将余额 36 750 写入数据库

以表 10-1 所示的命令序列执行，最终数据库中写入的余额是 36 750，这个结果显然是错误的（正确的结果应该是 36 000+500+750）。之所以会出现错误，是因为在两个几乎同时执行的事务之间产生了干扰。

从以上两个例子可以看出，事务管理对于保证数据库中数据的正确性非常重要。

10.1.2　事务的性质

一个事务是一个完整的操作，是一个整体——它或者完全执行，或者完全不执行。在数据库上多个用户常常会使用和更新相同的数据，因此必须避免事务间的相互干扰，这样才能保证数据库不会处于"未知"状态。为此，数据库系统必须保证事务的以下性质：原子性（atomicity）、一致性（consistency）、隔离性（isolation）、持久性（durability）。

事务的这些性质通常称为 ACID 特性（取 4 个英文单词的第一个字母）。

1. 原子性

事务的原子性强调了一个事务是一个逻辑工作单元，是一个整体，是不可分割的。一个事务所包含的操作要么全部做，要么全部不做。为此，在执行事务过程中，如果遇到系统故障或其他原因迫使事务终止时，系统必须有能力避免数据处于"未知"的状态。这是数据库系统本身的责任，是恢复技术（参见第 11 章 11.2 节）要解决的问题。

2. 一致性

一个事务执行一项数据库操作，事务将使数据库从一种一致性的状态变换成另一种一致性的状态。

在事务执行前，总是假设数据库是一致的，那么当事务成功执行后，数据库肯定仍然是一致的。但是，如果事务在执行过程中被迫中断，那么数据库将处于不一致的状态。如例 10-1 所表述的问题。

之所以会出现这种不一致性，是因为一个事务没有被完整地执行。由此可见，事务的一致性和原子性密切相关。

3. 隔离性

每个事务单独执行都能保持原子性和一致性，但是如果这些事务并发执行，会不会因为交叉使用数据资源而导致不一致的状态呢？答案读者已经知道了，如例 10-2 所表述的问题。

由此可以看出，并发执行的事务不应该交叉影响，即一个事务内部执行的操作以及使用的数据应该与其他事务隔离。

或者说，由并发事务所做的修改必须与任何其他并发事务所做的修改隔离。事务查看数据时，数据所处的状态要么是另一并发事务修改它之前的状态，要么是另一事务修改它之后的状态，事务不会查看中间状态的数据。

事务的隔离性是由并发控制来保证的，具体内容参见 10.2 节。

4. 持久性

事务的持久性是指一旦事务成功完成，该事务对数据库施加的所有更新都是永久的。也就是说，在事务成功完成之后，任何系统故障都不能破坏已经完成的事务。事务的持久性是数据库管理系统的责任，它属于恢复技术要解决的问题，具体内容将在第 11 章 11.2 节介绍。

从上述介绍可以看出，事务的 ACID 性质或者与并发控制有关，或者与恢复技术有关。保证事务的 ACID 性质正是数据库管理系统中并发控制机制和恢复机制的责任。

10.1.3 SQL 对事务的支持

在数据库上的操作是由一系列事务组成的，所以需要告知数据库管理系统，事务什么时候开始以及什么时候结束。

SQL 有一组管理事务的命令，其中事务开始的命令是 BEGIN TRANSACTION，它说明了对数据库进行操作的一个逻辑单元的起始点。

微视频：
事务管理

事务的结束则分为两种状态：成功或者失败。如果构成一个事务的所有语句操作都成功且正确完成，则使用 COMMIT TRANSACTION 命令结束事务。该命令的作用是提交或确认事务已经完成，所以该命令也称作事务提交。提交或确认事务就是确认事务中的语句对数据库所做的更新操作，事务一经提交，则不可以再撤销。

如果一个事务在执行过程中遇到意外故障或错误，使得事务没有完全执行，这时事务或数据库处于一种不确定的状态，为此需要撤销已完成的部分操作，使数据库能够回退到事务执行之前的正确状态。撤销事务的命令是 ROLLBACK TRANSACTION，即撤销在该事务中对数据库所做的更新操作，使数据库回退到事务的起始点。

所以 SQL 用于事务控制的语句一般包括：
- BEGIN TRANSACTION
- COMMIT TRANSACTION
- ROLLBACK TRANSACTION

另外，在 SQL 标准和一些系统中还支持语句：
- SAVE TRANSACTION
- RELEASE TRANSACTION（SQL Server 不支持）

10.1.4 简单事务管理

使用 BEGIN TRANSACTION 命令显式说明一个事务开始。结束事务分为两种情况，一种是事务成功完成而结束，另一种是事务出错或系统故障而强迫事务结束。成功结束事务的命令是 COMMIT TRANSACTION。撤销事务的命令是 ROLLBACK TRANSACTION。

在事务的执行过程中，如果发现错误，随时可以使用该命令撤销事务，使数据库的状态回退到事务的起始点，即回退到该事务执行之前的正确状态。

当系统遇到故障后再开机时，数据库管理系统会首先检查是否有未执行完的事务，如果有则自动执行撤销事务的命令，使数据库回退到该事务执行之前的正确状态。

例 10-3 事务的提交与撤销。

```
BEGIN TRANSACTION
CREATE TABLE TestTran1 (Cola INT PRIMARY KEY,Colb CHAR(3))
INSERT INTO TestTran1 VALUES (1,'aaa')
COMMIT TRANSACTION
BEGIN TRANSACTION
INSERT INTO TestTran1 VALUES (2,'bbb')
ROLLBACK TRANSACTION
BEGIN TRANSACTION
INSERT INTO TestTran1 VALUES (3,'ccc')
COMMIT TRANSACTION
```

如上程序段包含三个事务，依次提交了第一个事务，撤销了第二个事务，提交了第三个事务。

10.1.5 事务保存点

SQL 标准还支持"事务保存点"技术。所谓事务保存点，就是在事务的执行过程中插入若干标记，这样当发现事务中有操作错误时，可以不撤销整个事务而只撤销部分事务，即让事务回退到某个事务保存点。

使用保存点回退部分事务，显然比撤销整个事务有更高的效率。在数据库操作中，更新和回退代价都很大，因此只有在遇到错误的可能性很小，而且预先检查更新有效性的代价相对很高的情况下，使用保存点才会非常有效。

SQL Server 设置保存点的命令是 SAVE TRANSACTION（在 SQL 标准中是 SAVEPOINT 命令），具体格式如下：

```
SAVE TRANSACTION savepoint_name
```

其中，参数 savepoint_name 给出了保存点的名称。该命令为控制事务增加了一种手段，可以在撤销事务时只回退一部分。

撤销部分事务或回退到事务保存点的命令也是 ROLLBACK TRANSACTION，具体格式如下：

```
ROLLBACK TRANSACTION savepoint_name
```

其中，参数 savepoint_name 给出了要回退到的事务保存点。如果一个事务回退到一个保存点，那么该事务还必须继续完成，直到最后提交事务或撤销整个事务。

注意：在 SQL 标准中还支持取消事务保存点的命令 RELEASE SAVEPOINT，但在目前的 SQL Server 版本中不支持取消事务保存点。

例 10-4 事务的保存点和部分撤销事务。

```
BEGIN TRANSACTION
CREATE TABLE TestTran2 (Cola INT PRIMARY KEY,Colb CHAR(3))
INSERT INTO TestTran2 VALUES (1,'aaa')
SAVE TRANSACTION transpoint1
INSERT INTO TestTran2 VALUES (2,'bbb')
ROLLBACK TRANSACTION transpoint1
INSERT INTO TestTran2 VALUES (3,'ccc')
COMMIT TRANSACTION
```

10.1.6 隐含事务与自动提交

SQL 标准规定事务的开始是隐含的，当首次执行下列任何语句时，都会自动启动一个事务：

- ALTER
- CREATE
- DELETE
- DROP
- FETCH
- GRANT
- INSERT
- OPEN
- REVOKE
- SELECT
- TRUNCATE TABLE
- UPDATE

在发出 COMMIT(提交事务)或 ROLLBACK(撤销事务)命令之前，该事务将一直保持有效。在第一个事务被提交或撤销之后，下次再执行这些语句中的任何语句时，又将自动启动下一个新事务。

SQL Server 也可以设置成隐含事务方式，设置隐含事务方式的命令如下：

```
SET IMPLICIT_TRANSACTIONS ON
```

取消隐含事务方式的命令如下：

```
SET IMPLICIT_TRANSACTIONS OFF
```

注意：

① 当是隐含事务方式时，不需要用 BEGIN TRANSACTION 命令显式地启动或开始一个事务，但需要用 COMMIT 或 ROLLBACK 命令结束事务。

② 当是非隐含事务（也称为显式事务）方式时，如果没有用 BEGIN TRANS-ACTION 命令显式地启动或开始一个事务，则每条操作数据库的语句都将作为独立的事务被自动提交或撤销，这时不需要也不能执行 COMMIT 或 ROLLBACK 命令。

例 10-5　隐含事务。

```
SET IMPLICIT_TRANSACTIONS ON
INSERT INTO 仓储.仓库 VALUES('WH20','成都',888)
COMMIT
INSERT INTO 仓储.仓库 VALUES('WH21','重庆',888)
ROLLBACK
```

这里设置了隐含事务，所以在执行 INSERT 操作时都会自动开始事务。上述代码提交了第一个插入操作，撤销了第二个插入操作。

例 10-6　非隐含事务与自动提交。

```
SET IMPLICIT_TRANSACTIONS OFF
INSERT INTO 仓储.仓库 VALUES('WH21','重庆',888)
ROLLBACK
```

这里设置了非隐含事务，由于没有使用 BEGIN TRANSACTION 开始一个事务，每条操作语句只要成功执行都将自动提交事务，所以这里的 ROLLBACK 语句实际不能执行。

例 10-7　非隐含事务。

```
SET IMPLICIT_TRANSACTIONS OFF
BEGIN TRANSACTION
INSERT INTO 仓储.仓库 VALUES('WH23','贵阳',888)
ROLLBACK
```

这里同样设置为非隐含事务，但由于使用 BEGIN TRANSACTION 开始了一个事务，所以最后的 ROLLBACK 语句可以撤销事务。

为了帮助读者理解和区分，图 10-1 对比列出了隐含事务和非隐含事务的设置、事务开始和事务结束方式等内容。

10.1.7　使用 TRY…CATCH 控制事务

在 T-SQL 代码中可以使用 TRY…CATCH 语句检测异常事务。该语句实际包括两部分，即 TRY 语句块和 CATCH 语句块，语句框架如下：

图 10-1 隐含事务与非隐含事务

```
BEGIN TRY
    BEGIN TRANSACTION
    ...
    -- 假设事务的所有语句成功执行则提交事务
    COMMIT TRANSACTION
END TRY
BEGIN CATCH
    -- TRY 语句块中出现错误则转到此
    -- 检测错误并做出处理
END CATCH
```

如果在 TRY 语句块内检测到错误，则控制将被传递到 CATCH 语句块（将不执行 TRY 语句块中产生错误的语句后面的语句），并在 CATCH 语句块中处理检测到的错误，如果事务不能完成则必须包含一条撤销事务的 ROLLBACK 语句。CATCH 语句块处理完异常错误后，控制将被传递到 END CATCH 语句后的第一条 T-SQL 语句。如果 END CATCH 语句是存储过程或触发器中的最后一条语句，则控制将返回到调用该存储过程或触发器的代码。

如果 TRY 语句块中没有错误，控制将传递到关联的 END CATCH 语句后紧跟的语句。同样，如果 END CATCH 语句是存储过程或触发器中的最后一条语句，控制将传递到调用该存储过程或触发器的语句。

注意：CATCH 语句块必须紧跟 TRY 语句块，每个 TRY 语句块仅与一个 CATCH 语句块相关联。

例 10-8 使用 TRY…CATCH 语句检测和处理异常事务。

```
SET XACT_ABORT ON
BEGIN TRY
    BEGIN TRANSACTION
    -- 第二条记录不能插入,将产生一个错误
    INSERT INTO 仓储.仓库 VALUES('WH17','成都',332)
```

```
            INSERT INTO 仓储.仓库 VALUES('WH17','贵阳',380)
            -- 假设事务的所有语句成功执行则提交事务
            COMMIT TRANSACTION
        END TRY
        BEGIN CATCH
            -- 测试 XACT_STATE 函数的值
            -- 0 说明与事务提交或撤销无关
            -- 1 说明事务正常
            -- -1 说明事务异常,可能需要部分或全部撤销事务
            IF (XACT_STATE()) = -1
            BEGIN
                PRINTN'事务不能提交,撤销事务!'
                ROLLBACK TRANSACTION
            END
        END CATCH
```

以上代码在 CATCH 块中用 XACT_STATE( )函数来确定是否存在异常事务,并决定是否撤销事务。另外,将 SET XACT_ABORT 设置为 ON 可以使违反约束的错误导致事务进入无法提交的状态。

执行以上程序后系统将显示如下信息:

```
插入了一个仓库元组
(1 行受影响)
    事务不能提交,撤销事务!
```

这说明第一条插入语句曾成功执行,但由于随后的插入语句出错(违背实体完整性)而将控制转给了 CATCH 语句块,最后导致事务撤销。

10.2　并发控制

微视频:
并发控
制 1

数据库是一个共享的联机事务处理数据资源库,不同的用户可能要同时操作一个数据库,同时操作一个基本表,甚至同时操作一条记录,那么这些用户会不会发生冲突呢?不同用户同时实施的更新操作是否会发生矛盾呢?如果控制不当,的确会发生这些问题,本节就来讨论和解决这些问题。

案例:火车售票系统。

读者最熟悉的各种售票系统就是最典型的并发应用。以火车售票系统为例,很多时候都会出现多人在同一时间查询购买同一天、同一车次、同一座席的车票,这种情况在春运期间尤甚,瞬间并发执行购票事务的人远不止成千上万。在不同的计算机和移动设备上运行的是同一个购票程序,通过输入日期、车次、座席,每个用户的购票行为就成为数据库上的一个事务,成千上万的事务在同时运行,很多人会在同一时间查询购买同一天、同一车次、同一座席的

车票，如何保证一张车票不被多次卖出就是并发控制问题。

10.2.1 干扰问题

并发事务可能会存在诸多干扰问题，这些问题大致可以分为：丢失更新、未提交依赖、不一致分析和幻象读等。

1. 丢失更新问题

当多个事务同时操作一个数据库时，如果没有适当、正确的控制，肯定会出现一个事务干扰另一个事务的危险，这种干扰有时带来的后果还是很严重的。下面看一个典型的干扰实例，假设有一个火车票售票系统的数据库，考查以下一系列事件：

① 旅客 A 在电脑上要购买一张 10 月 6 日北京到上海的 G1 次高速列车的一等座车票，并在自己的终端上查到剩余票信息（系统在后台查询到 7 车厢 5D 号可售）。

② 几乎在同时，旅客 B 也在电脑上要购买一张和旅客 A 的要求完全相同的车票，并在自己的终端上查到了同样的剩余票信息（即 7 车厢 5D 号可售）。

③ 旅客 A 确认购买、并支付购买了一张 10 月 6 日北京到上海的 G1 次高速列车的一等座车票(7 车厢 5D 号)，旅客 A 的事务更新剩余票信息并将它存入数据库。

④ 此时旅客 B 的事务如果不知道旅客 A 的事务已经将该车票售出，可能会使旅客 B 也买了一张完全相同的车票，旅客 B 的事务更新剩余票信息并将它存入数据库（重复了旅客 A 的事务已经做过的更新）。

总的效果：10 月 6 日北京到上海的 G1 次高速列车的 7 车厢 5D 号一等座车票卖了两次。其原因是允许旅客 B 的事务在过时的信息基础上更新数据库，而没有迫使他去看最新的信息。

还可以用 SQL 术语更抽象、但更准确地描述以上问题（参见图 10-2）。事务 A 在时间 $t1$ SELECT 记录 R，事务 B 在时间 $t2$ SELECT 相同的记录 R；事务 A 在时间 $t3$ UPDATE 这个记录（根据在时间 $t1$ 看到的值），事务 B 在时间 $t4$ UPDATE 相同的记录（根据事务 B 在时间 $t2$ 看到的值，这和事务 A 在时间 $t1$ 看到的值是相同的）。结果事务 A 的修改在时间 $t4$ 丢失了。这种现象称作丢失更新或丢失修改。

事务A	时间	事务B
SELECT R	$t1$	
	$t2$	SELECT R
UPDATE R	$t3$	
	$t4$	UPDATE R

图 10-2 丢失修改

当两个或多个事务选择同一记录，然后基于最初选定的值更新该记录时，就会发生丢失更新问题。每个事务都不知道其他事务的存在，最后的更新将重写由其他事务所做的更新，这将导致数据丢失。

2. 未提交依赖问题

未提交依赖问题也称作读"脏"数据问题，或称为脏读（dirty read）。查询一个已经被其他事务更新但尚未提交的记录，将会引起此类问题。如图 10-3 所示，事务 A 在 $t1$ 时刻查询 R，在 $t2$ 时刻更新 R；事务 B 紧接着在 $t3$ 时刻查询到被事务 A 更新的 R；随后事务 A 在 $t4$ 时刻撤销事务，即撤销对 R 的更新；结果事务 B 的操作依赖于未提交的更新。事务 A 被撤销可能是因为系统故障，也可能是因为操作错误，从而使事务 B 的操作基于错误的假设，结果事务 B 的后续操作肯定是错误的，肯定会造成数据的不一致。

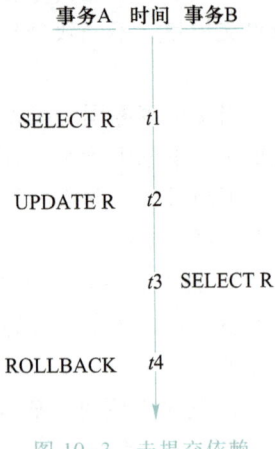

图 10-3　未提交依赖

3. 不一致分析问题

不一致分析问题也称为不可重复读问题，很多应用可能需要校验功能，这时往往需要连续两次或多次读数据进行校验和分析，结果由于其他事务的干扰，使得前后结果不一致，从而产生校验错误（即不一致的分析）。图 10-4 示意了不一致分析问题，事务 A 在 $t1$ 时刻查询 R 进行计算或分析，事务 B 在 $t2$ 时刻更新 R，接着事务 A 在 $t3$ 时刻重复读 R 进行分析或验证，结果前后不一致，验证或分析失败。

4. 幻象读问题

幻象读问题与不一致分析问题有关，当事务 A 读数据时，事务 B 在对同一个关系进行插入或删除操作（图 10-5），这时事务 A 再读（在 $t3$ 时刻）同一关系的记录时，会发现神秘地多出了一些记录或丢失了一些记录，人们把这种现象称作幻象读。

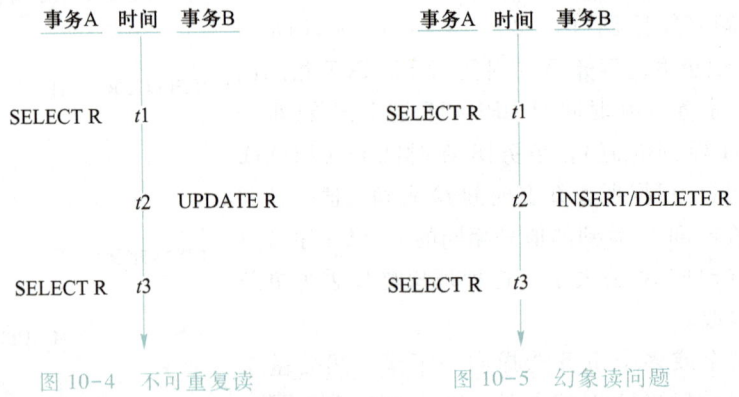

图 10-4　不可重复读　　　　图 10-5　幻象读问题

产生丢失更新问题、未提交依赖问题、不一致分析问题和幻象读问题的原因是：并发操作破坏了事务的隔离性，显然这是不允许的。所以，数据库需要并发控制来保证事务的隔离性，使一个事务的执行不受其他事务的干扰，从而避免造成数据的不一致性。

10.2.2 可串行性

可串行性通常看作是多个事务并发执行的正确性准则。换句话说，多个事务的某个执行过程是正确的，当且仅当其是可串行化的。具体判定方法如下：

① 各单个事务如能将数据库从一个正确状态转变为另一个正确状态，则认为该事务是正确的。

② 按任何一个串行顺序依次执行多个事务也是正确的（这里的串行顺序假定各个事务间彼此独立、不交叉）。

③ 事务的交叉执行过程是正确的，当且仅当其与串行执行过程等价，则事务是可串行化的。

由此可见，可串行化是判定并发执行的事务能否保证数据一致性的重要准则。可串行化与事务的隔离性密切相关。

10.2.3 封锁

要使事务能够同时执行而又不产生相互干扰，则需要对这样的事务进行并发控制，其基本思想是封锁（locking）。

1. 封锁的基本技术

封锁的基本思想是：当需要查询或更新数据时，先对数据进行封锁，以拒绝来自其他事务的干扰。封锁的思路很简单，就是占据资源，禁止其他事务使用。以前面丢失更新问题为例，实施封锁的基本思想是：当一个事务对一个表或记录进行更新时，封锁该表或记录，使其他事务不能在同一时刻更新相同的表或记录，迫使其他事务在更新后的基础上（而不是在更新前的基础上）再实施另外的更新操作。

现在用 SQL 术语再来解释一下这种封锁的基本思想：当事务 A SELECT 一个记录时，系统将封锁该记录，使得其他事务不能在同一时刻 SELECT 该记录。这样，如果事务 B 试图 SELECT 当前被事务 A 封锁的记录，那就只好等待事务 A 解除对这个记录的封锁。

利用封锁技术再来考查一下刚才使一张票卖出多次的售票系统的例子。采用封锁技术后的事件进程如图 10-6 所示，从图中可以看出，封锁方案的效果是强迫后到的事务 B 去看被先到的事务 A 修改后的记录 R。这样，后到的事务 B 就不会根据过时的信息来修改，从而不会出现把同一张票卖给多个旅客的现象。

2. 封锁机制

封锁可以解决事务之间的干扰问题，如果封锁不加节制，整个系统的效率将会变得非常低。所以针对不同的干扰问题可以有不同的封锁机制，既要保证事务的隔离性，还要尽可能保证系统的并发执行效率。一个效率低下的系统是不能被接受的。

一个好的数据库管理系统应该可以在同一时刻允许最大量的用户访问，即

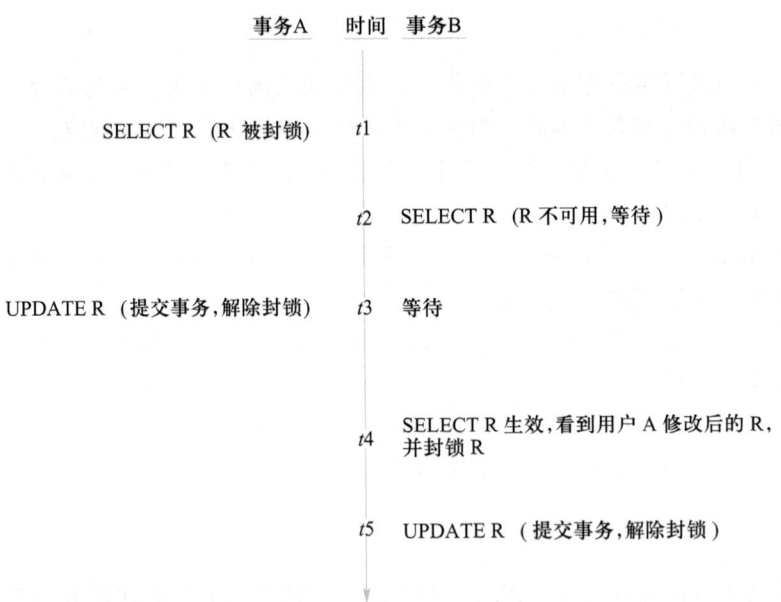

图 10-6 采用封锁技术后的事件进程

保证系统的并发性；同时还必须保证并发事务操作结果是正确的，即保证数据的一致性。

为了保证数据的一致性，并且允许最大量的并发用户，数据库管理系统一般提供了三种封锁机制：共享封锁、独占封锁和更新封锁（其中，共享封锁和独占封锁一般被认为是基本封锁）。封锁的对象可以是表，也可以是记录。

① 共享封锁。共享封锁是为读操作设置的一种封锁，所以也称作读封锁，或简称 S 锁，目的是想读到一组不变的数据，也就是在读数据的过程中，不允许其他用户对该数据进行任何修改操作。这种封锁可以保证最大的并发性，任何数量的事务都可以同时对同样的数据施加这种共享锁。已经实施共享锁的表拒绝来自其他事务的独占封锁和更新封锁。

② 独占封锁。独占封锁也叫排他封锁，是为修改操作设置的一种封锁，也称为写封锁，或简称为 X 锁，这是最严格的一类封锁。当需要对表实施插入、删除或修改操作时，应该使用独占封锁。已经实施独占封锁的表拒绝来自其他用户的任何封锁，但不拒绝一般的查询操作（即不能保证避免脏读现象的发生）。

③ 更新封锁。当需要对一个记录或一组记录进行更新时（只是修改，不包括插入和删除）使用更新封锁，其目的是防止其他用户在同一时刻修改同一记录。已经实施更新封锁的记录拒绝来自其他用户的任何封锁，但不拒绝一般的查询操作。

有些封锁在执行完相应操作后就自动释放封锁，有些封锁则保持到事务结束（提交或撤销）时才释放（无论如何，所有的封锁都会在事务结束时自动释放）。

3. 与封锁有关的 SQL 命令

SQL Server 的封锁操作是在相关语句的 WITH（<table_hint>）选项中完成的，该选项可以在 SELECT、INSERT、UPDATE 和 DELETE 等语句中指定封锁的方式和范围。常用的封锁关键词如下：

① TABLOCK：对表施行共享封锁，在读完数据后立刻释放封锁。此类封锁可以避免读"脏"数据，但不具有可重复读的特性。

② HOLDLOCK：与 TABLOCK 一起使用，可将共享锁保留到事务完成，而不是在读完数据后立即释放锁。这样可以保证数据的可重复独特性。

③ NOLOCK：不进行封锁。此关键词仅应用于 SELECT 语句，这样可能会读取未提交事务的数据，即有可能发生脏读。

④ TABLOCKX：对表实施独占封锁。

⑤ UPDLOCK：对表中的指定记录实施更新封锁。这时其他事务可以对同一表中的其他记录也实施更新封锁，但是不允许对表实施共享封锁和独占封锁。

例如对仓库表实施一个共享封锁，并且保持到事务结束时再释放封锁，相应的命令如下：

```
SELECT *
FROM 仓储.仓库 WITH (TABLOCK HOLDLOCK)
```

其中，TABLOCK 说明是对表的共享封锁，HOLDLOCK 说明封锁将保持到事务结束。

现在再来考虑一下前面讨论过的火车票售票系统，显然采取更新封锁最为合适。假设售票信息存放在表 R(日期,车次,座别,座位号,状态) 中，其中状态表明车票是否售出，初值为 NULL。下面是模拟的相应的程序段：

```
...
DECLARE @ d datetime,@ t char(6),@ s char(2),@ n char(10)
...
BEGIN TRANSACTION
SELECT @ n=座位号 FROM R WITH (UPDLOCK)
WHERE 日期 = @ d AND 车次 = @ t AND 座别 = @ s AND 状态 IS NULL
...
IF ...
    UPDATE R SET 状态 = "Y"
    WHERE 座位号 = @ n AND 日期 = @ d AND 车次 = @ t AND 座别 = @ s
    COMMIT TRANSACTION
ELSE
    ROLLBACK TRANSACTION
...
```

本程序段只包含了与封锁及更新有关的核心语句，其他诸如输入、选择、确认等语句都省略了。其中，SELECT 语句查询并封锁一条车票记录，UPDATE 语句完成更新操作。如果完成更新则提交事务并自动释放封锁，否则就撤销事务并自动释放封锁。

练习：体验事务之间相互干扰和避免干扰的封锁效果。只需要在两个窗口模拟两个事务，就可以体验封锁的效果。如图 10-7 所示，在 SQLQuery1 窗口执行事务 A 的命令，在 SQLQuery2 窗口执行事务 B 的命令。

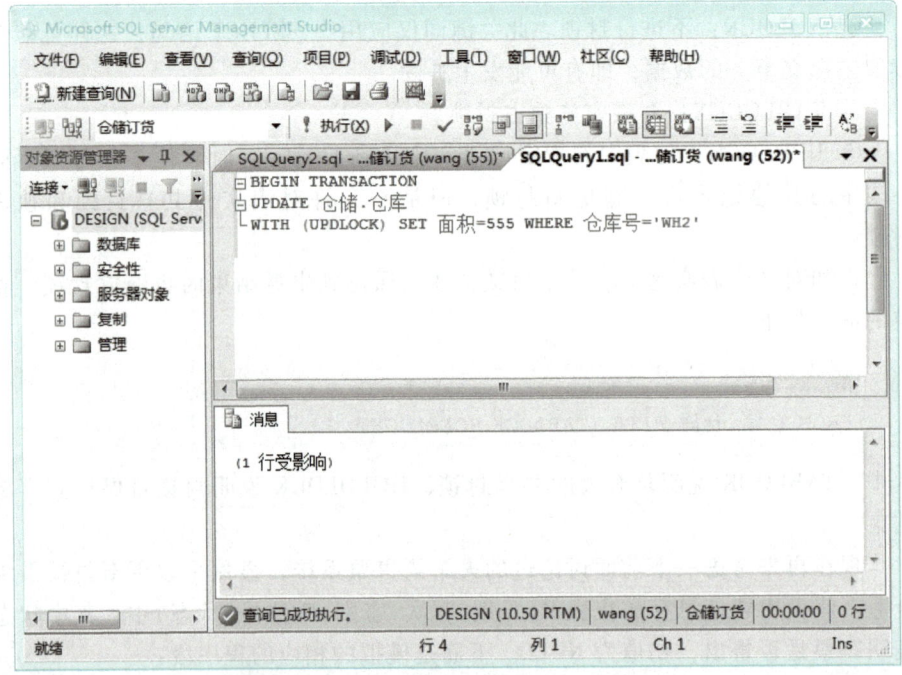

图 10-7　在两个窗口中交错执行两个事务示意

例 10-9　脏读现象及避免脏读现象。

假设事务 A 和事务 B 的命令按表 10-2 所示的时间顺序交错执行，在 $t2$ 时刻事务 B 读取了事务 A 刚刚更改过的仓库面积 555，随后在 $t3$ 时刻事务 A 撤销（ROLLBACK）了对仓库面积的修改，仓库面积恢复为原来的 370，此时事务 B 发生在 $t2$ 时刻的读操作即为脏读。

表 10-2　发生脏读的事务

时间	事务 A	事务 B
$t1$	BEGIN TRANSACTION UPDATE 仓储.仓库 WITH（UPDLOCK）SET 面积 = 555 WHERE 仓库号 ='WH2'	

续表

时间	事务 A	事务 B
t2		SELECT * FROM 仓储.仓库 WITH（NOLOCK） WHERE 仓库号='WH2'
t3	ROLLBACK TRANSACTION	

为了避免脏读，只需要将事务 B 在 t2 时刻的 SELECT 语句改为

```
SELECT *
FROM 仓储.仓库 WITH (TABLOCK)
WHERE 仓库号='WH2'
```

这样在 t2 时刻，事务 B 为了完成对"仓库"表的查询需要对"仓库"表实施共享封锁（TABLOCK），而此时事务 A 为了更新对"仓库"表的部分记录实施了更新封锁，所以此时事务 B 的 SELECT 语句不能立刻执行，要等待事务 A 结束。这样事务 A 在 t3 时刻执行了撤销事务的 ROLLBACK 命令后，事务 B 的 SELECT 语句才能执行（切换到事务 B 的窗口即可看到查询结果）。

例 10-10　不可重复读现象及可重复读。

假设事务 A 和事务 B 的命令按表 10-3 所示的时间顺序交错执行，在 t1 时刻事务 B 查询到的 WH2 仓库记录的面积是 370，在 t3 时刻再次执行相同的查询，查到的 WH2 仓库记录的面积是 555，这是不可重复读现象（重复读的结果不一致），原因是虽然在查询时施加了共享锁、但查询完成后就立刻释放了，这使得在两次查询之间插入了事务 A 的一个更新操作（t2 时刻）。

表 10-3　不可重复读的事务

时间	事务 A	事务 B
t1		BEGIN TRANSACTION SELECT * FROM 仓储.仓库 WITH（TABLOCK） WHERE 仓库号='WH2'
t2	BEGIN TRANSACTION UPDATE 仓储.仓库 WITH（UPDLOCK）SET 面积=555 WHERE 仓库号='WH2' COMMIT TRANSACTION	
t3		SELECT * FROM 仓储.仓库 WITH（TABLOCK） WHERE 仓库号='WH2' COMMIT TRANSACTION

为了避免不可重复读，只需要将事务 B 的 SELECT 语句改为

```
SELECT *
FROM 仓储.仓库 WITH (TABLOCK HOLDLOCK)
WHERE 仓库号 = 'WH2'
```

这样，事务 B 的 SELECT 语句在执行完后不会立刻释放所施加的共享封锁，因此事务 A 的更新封锁在 T2 时刻加不上，需要等待事务 B 结束。

10.2.4　死锁

封锁的目的是避免干扰，但是如果封锁不当，则会出现另外的问题——死锁。

1. 产生死锁的原因

图 10-8 示意了两个并发事务所发生事件的序列。假设事务 A 为了完成某个任务需要封锁仓库表和职工表，而几乎在同一时刻并发执行的事务 B 为完成另一个任务也需要封锁职工表和仓库表，这两个事务正好按照如图 10-8 所示的交错序列执行命令，结果两个事务都为了等待对方释放数据资源而产生死锁。

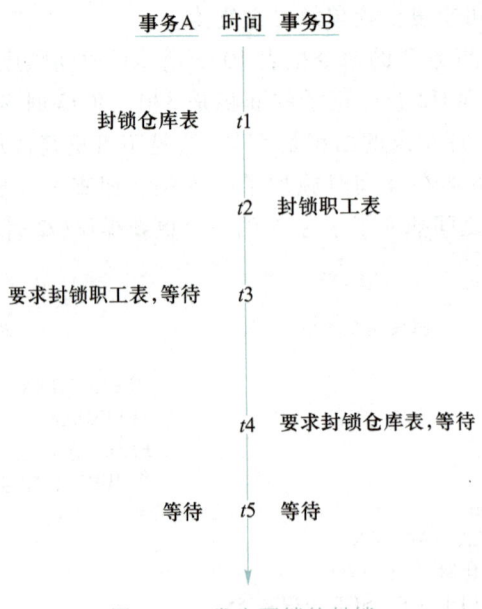

图 10-8　发生死锁的封锁

死锁产生的结果可能会使两个事务无限期地等下去，如果人们或系统不能察觉死锁或解决死锁问题，可能会认为系统出错或死机，这在实际应用中是绝对不允许的。

有两种解决死锁的方法，即避免死锁和在死锁发生后解决死锁。

2. 避免死锁

为了避免死锁，一般可以采取如下方式：

① 相同顺序法，即所有的用户程序约定都按相同的顺序来封锁表。

② 一次封锁法，即为了完成一个事务，一次性封锁所需要的全部表。

图 10-9 示意了按以上两种方法避免死锁的交错语句系列，不管按哪种方式都可以有效地避免死锁。

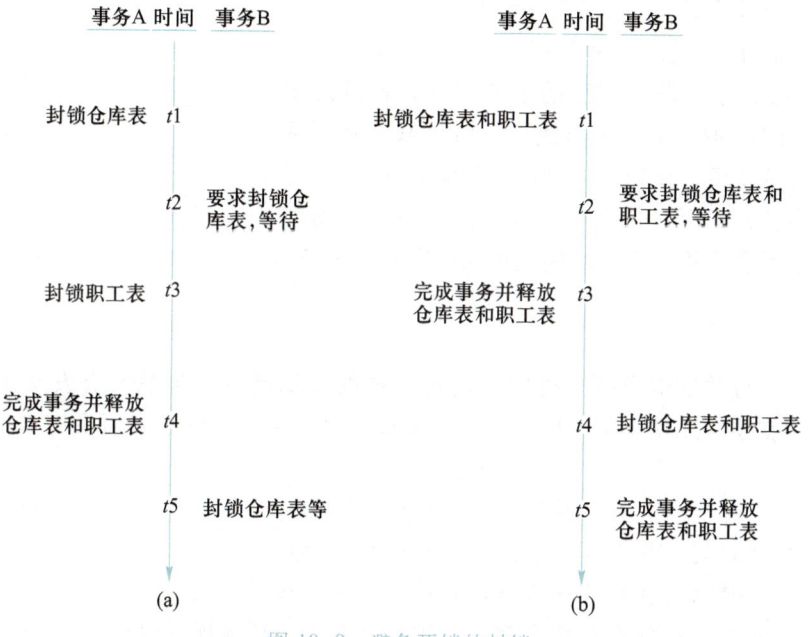

图 10-9 避免死锁的封锁

避免死锁还可以使用两阶段封锁协议。所谓两阶段封锁协议，就是所有事务都必须将对数据的封锁分为两个阶段：第一阶段称为扩展阶段，这一阶段获得各种类型的封锁，但是不能释放任何封锁；第二阶段称为收缩阶段，这一阶段释放各种类型的封锁，一旦开始释放封锁，则不能再申请任何类型的封锁。

注意：两阶段封锁协议和一次封锁法的异同之处。一次封锁法遵守两阶段封锁协议，但是两阶段封锁协议并不要求一次封锁所有需要封锁的数据。两阶段封锁协议仍有可能发生死锁，如图 10-8 所示的死锁现象，实际遵守了两阶段封锁协议。

3. 发现死锁和解决死锁

百密一疏，很难保证在数据库上可以完全避免死锁。万一发生死锁现象，系统能否自动发现死锁，又能否解决死锁问题呢？

首先是如何发现死锁。比较简单的方法是超时法，即一个事务在等待的时间超过了规定的时限后就认为发生了死锁。这种方法非常不可靠，如果设置的等待时限长，则不能及时发现死锁；如果设置的等待时限短，则可能会将没有发生死锁的事务误判为死锁。

发现死锁的有效方法是等待图法，即通过有向图判定事务是否为可串行化的，如果是则说明没有发生死锁，否则说明发生了死锁。等待图法的具体思路是：用节点来表示正在运行的事务，用有向边来表示事务之间的等待关系，如图 10-10 所示，如果有向图中发现回路，则说明发生了死锁。在图 10-10 中，事务 T4 等待 T3，T3 等待 T2，T2 等待 T1，T1 等待 T3，其中事务 T1、T2、T3 形成了一个相互等待的回路，从而说明发生了死锁。

发现死锁后解决死锁的策略之一是自动使"年轻"的事务（即已完成工作量少的事务）先退回去，然后让"年老"的事务（即已完成工作量多的事务）先执行，等"年老"的事务完成并释放封锁后，"年轻"的事务再重新执行。如图 10-10 所示的事务等待图，撤销事务 T1、T2 和 T3 中的任何一个事务，都可以使其他事务继续执行，数据库系统会平衡代价，以最小的代价完成所有的事务。

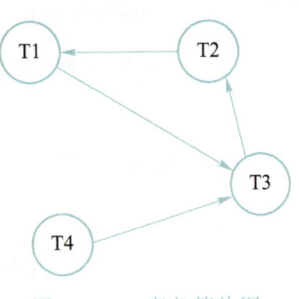

图 10-10　事务等待图

10.2.5　活死锁

在执行并发事务时，可能会出现这样的极端情况：虽然没有发生 10.2.4 小节所叙述的死锁现象，但是某个事务却永远处于等待状态。假设有如下的并发事务：

① $t1$ 时刻：事务 A 共享封锁资源 S，成功。

② $t2$ 时刻：事务 B 试图独占封锁资源 S，等待。

③ $t3$ 时刻：事务 C 在 A 释放封锁 S 之前，共享封锁 S 成功。

④ $t4$ 时刻：事务 D 在 C 释放封锁 S 之前，共享封锁 S 成功。

……

如果在事务 B 获得封锁之前不断地有事务共享封锁 S，则事务 B 将无限期等待下去。这种现象不符合死锁的定义，因此把它称为"活死锁"，或简称"活锁"。

避免活死锁的简单方法就是排队。对于前面的事务序列，只要按如下方式排队就可以避免活死锁现象：

① $t1$ 时刻，事务 A 共享封锁资源 S。

② $t2$ 时刻，事务 B 试图独占封锁资源 S，等待。

③ $t3$ 时刻，事务 C 在 A 释放封锁 S 之前申请对 S 的共享封锁，由于事务 B 已经在等待 S，所以事务 C 排队等待。

这样，在事务 A 结束后事务 B 就可以及时获得独占锁，事务 B 结束后事务 C、事务 D 就可以依次执行，从而避免了活锁现象。无论是为了避免死锁，还是避免活锁，每个事务在完成任务后都要及时结束，如果遇到问题无力完成任务，则要及时撤销事务，以释放所占用资源。

微视频：
并发控制 2

10.2.6　隔离级别

封锁的目的是保证事务的隔离性，不同的封锁方式实际显现了不同的封锁级别。在 SQL 标准中直接定义了如下 4 种隔离级别：

① 未提交读(READ UNCOMMITTED)：事务隔离的最低级别，仅可保证不读取物理损坏的数据，这是 4 个隔离级别中限制最小的级别，或者说没有任何限制，想读就读。

② 提交读(READ COMMITTED)：默认级别，可以保证不读取"脏"数据。

③ 可重复读(REPEATABLE READ)：可以保证读一致性，避免不一致分析问题。

④ 可串行化(SERIALIZABLE)：事务隔离的最高级别，事务之间完全隔离。如果事务在可串行化隔离级别上运行，则可以保证任何并发重叠事务均是串行的。

SQL Server 支持所有这些隔离级别。

隔离性虽然是事务的基本性质之一，但是彻底的隔离意味着并发操作效率的降低。所以人们设想在避免干扰的前提下适当降低隔离的级别，从而提高并发的操作效率。隔离级别越低，并发操作的效率越高，但是产生干扰的可能性也越大；隔离级别越高，则并发操作的效率越低，同时产生干扰的可能性也越小。在设计应用时，可以在所能容忍的干扰程度范围内尽可能地降低隔离级别，从而提高应用的执行效率。

表 10-4 列出了 4 种隔离级别所允许的不同类型的行为。

表 10-4 隔离级别与不同类型的行为

隔离级别	丢失更新	脏读	不可重复读	幻象
未提交读	是	是	是	是
提交读	是	否	是	是
可重复读	是	否	否	否
可串行化	否	否	否	否

设置隔离级别的命令如下：

```
SET TRANSACTION ISOLATION LEVEL
{ READ COMMITTED
| READ UNCOMMITTED
| REPEATABLE READ
| SERIALIZABLE }
```

SQL Server 的默认隔离级别是 READ COMMITTED。一个应用程序中的不同事务可能需要运行于不同的隔离级别(使用更严格或较宽松的隔离级别)，可以通过 SET TRANSACTION ISOLATION LEVEL 语句灵活设置隔离级别。

10.2.7 封锁与隔离级别

可以通过指定隔离级别或对数据资源实施封锁达到事务隔离的目的。封锁是实现并发操作的传统方法（在 SQL 标准中没有提及封锁），适当地运用封锁并保证高并发操作性能是一件非常复杂的工作，需要用户深入了解各种封锁的相容性，并设计封锁的调度策略。

SQL 标准中规定了事务的隔离级别，即未提交读、提交读、可重复读和可串行化。隔离级别解决了并发事务可能产生的丢失更新问题、未提交依赖问题、不一致分析问题和幻象读问题。

用户可以根据事务的需要设定隔离级别，结果由数据库管理系统控制封锁和进行并发操作调度。也就是说，在设计并发策略时可以用设置隔离级别取代直接封锁，数据库管理系统会根据设置的隔离级别，在需要时自动实施相应的封锁。

因此，当在程序中设定了某种隔离级别后，一旦事务需要对数据库进行查询或操作时，数据库管理系统将首先按照隔离级别的要求对数据施加封锁，封锁成功则事务可以继续执行，否则就需要等待。例如程序中设置了隔离级别为提交读（READ COMMITTED），则后续事务在对任何表或视图执行查询操作时都将首先施加共享锁，从而保证提交读的隔离级别（避免读到脏数据）。

思考题：当设置隔离级别为可串行化（SERIALIZABLE）时，如果后续事务要执行 SELECT 查询，此时数据库管理系统将为之实施什么封锁？

按隔离级别的规定，可串行化（SERIALIZABLE）将实施独占封锁，但 SELECT 是查询操作，所以至多可重复读（REPEATABLE READ）隔离级别就够用了。因此数据库管理系统会自动将隔离级别降为可重复读（REPEATABLE READ），以提高系统的并发效率。

在实际应用中，也可以将隔离级别和封锁结合起来使用。例如，如果指定隔离级别是可重复读，则 SQL 会话中所有 SELECT 语句的封锁行为都运行于该隔离级别，并一直保持有效，直到会话终止或者将隔离级别设置为另一个级别。如果必要，可以通过指定表级封锁来替代单个 SELECT 语句的隔离级别，指定表级封锁不会影响会话中的其他语句。一般仅在绝对必要时才使用表级封锁更改默认的封锁行为。

例 10-11　封锁与隔离级别举例。

表 10-5 给出了交错执行的两个事务，其中事务 A 使用封锁方式，事务 B 使用隔离级别来保证事务的隔离性。

表 10-5　交错执行的事务

时间	事务 A	事务 B
t1	BEGIN TRANSACTION SELECT * FROM 仓储.仓库 WITH (TABLOCKX)	SET TRANSACTION ISOLATION 　LEVEL READ UNCOMMITTED BEGIN TRANSACTION SELECT * FROM 仓储.仓库

续表

时间	事务 A	事务 B
t2	ROLLBACK TRANSACTION	SET TRANSACTION ISOLATION LEVEL READ COMMITTED SELECT * FROM 仓储.仓库
t3	BEGIN TRANSACTION UPDATE 仓储.仓库 WITH（UPDLOCK）SET 面积 = 555 WHERE 仓库号 ='WH2' COMMIT TRANSACTION	SELECT * FROM 仓储.仓库 WHERE 仓库号 ='WH2'
t4		SELECT * FROM 仓储.仓库 WHERE 仓库号 ='WH2' SET TRANSACTION ISOLATION LEVEL REPEATABLE READ SELECT * FROM 仓储.仓库
t5	UPDATE 仓储.仓库 WITH（UPDLOCK）SET 面积 = 500 WHERE 仓库号 ='WH2'	WHERE 仓库号 ='WH2' COMMIT TRANSACTION

对表 10-5 所示的交叉事务，请读者思考并回答如下问题：

① 在 t1 时刻事务 B 的 SELECT 语句能否及时执行？为什么？

② 在 t2 时刻事务 B 的 SELECT 语句能否及时执行？为什么？

③ 在时间 t3 和 t4 时刻事务 B 的 SELECT 语句查询到的结果是否一致？为什么？

④ 在时间 t5 时刻事务 A 的 UPDATE 语句能否及时执行？为什么？

本章小结

本章介绍了事务管理与并发控制。事务是数据库管理系统中的一个非常重要的概念，事务应该具有原子性、一致性、隔离性和持久性。

并发控制是为了保证多个用户能够同时正确操作数据库，保证事务的隔离性，并保证数据的一致性和正确性。并发控制的基本思想是封锁，但是过度封锁会降低系统的响应效率，封锁不当还会产生死锁，因此适当的封锁策略是基础，需要灵活运用封锁命令和设置隔离级别来保证并发控制和高效率。

习题与思考题

1. 填空题

（1）事务的 ACID 特性依次代表是（　　）、（　　）、（　　）、（　　）。

（2）一个事务如果要对表 tt 连续几次实施读操作，为了避免"不一致分析"和"幻象读"问题，则该事务至少应该将隔离级别设置为（　　）。

（3）在 SQL Server 中对表实施共享封锁的命令是（　　）。

2. 选择题

（1）事务的基本性质简称为 AC？D 特性，其中"？"是（　　）。

A. I 表示隔离性　　　　　　　　　B. B 表示原子性

C. L 表示持久性　　　　　　　　　D. S 表示一致性

（2）某更新事务因最终撤销造成期间读取数据是错误的，此类事件称为（　　）。

A. 丢失更新　　　　　　　　　　　B. 脏读

C. 不可重复读　　　　　　　　　　D. 幻象读

（3）一个事务已经对表 table1 实施了独占封锁，另一个事务要查询表 table1，则该事务的隔离级别应该是（　　）。

A. 未提交读　　　　　　　　　　　B. 提交读

C. 可重复读　　　　　　　　　　　D. 可串行化

（4）关于事务，下列说法正确的是（　　）。

A. 必须以 Begin Transaction 和 End Transaction 显性地标记开始和结束

B. 事务在处理过程中是可以被中断的，且中断前的执行结果也是有效的

C. 一个事务仅能包含一条 SQL 语句，多条 SQL 语句将产生多个事务

D. SQL 语句在执行过程中，必须有提交或撤销语句才能确认其对数据库的永久操作结果

（5）如果事务 T 已对数据 Q 加了 S 锁，则其他事务（　　）。

A. 可以读，但不能写　　　　　　　B. 可以写，但不能读

C. 可以读写　　　　　　　　　　　D. 不能读写

（6）数据库的并发控制保证（　　）。

A. 数据的组织和存储方法与应用程序互不依赖、彼此独立

B. 各用户间对数据的操作不发生矛盾和冲突

C. 数据的安全和可靠

D. 当数据遭到破坏时能立刻将数据完全恢复

3. 讨论题

（1）什么是事务？举例讨论为什么需要事务管理。

（2）什么是事务的 ACID 性质？请说明每一性质的内涵。

（3）在 SQL 中事务管理的命令主要有哪些？

（4）运行例 10-3 中的程序段，体验事务提交和撤销的效果，并回答表 TestTran1 最终插入了哪几条记录。

（5）什么是事务的保存点？什么是事务的部分撤销？

（6）如何撤销部分事务？撤销部分事务后应做何处理？

（7）运行例 10-4 中的程序段，体验事务保存点和部分撤销事务的效果，并回答表 TestTran2 最终插入了哪几条记录。

（8）什么叫隐含事务？如何设置隐含事务模式？在隐含事务模式下哪些命令会自动开始一个事务？如何结束隐含事务？

（9）什么叫非隐含事务？在非隐含事务模式下如何开始一个事务？

（10）在非隐含事务模式下如果没有用 BEGIN TRANSACTION 开始一个事务，会出现什

么后果?

（11）运行例 10-5～例 10-7 中的语句,体验隐含事务、非隐含事务和自动事务提交等概念。

（12）如何在程序中捕获和处理异常事务?运行例 10-8 中的程序段,体验 TRY…CATCH…语句的使用方式和效果。

（13）并发事务都会产生哪些干扰问题?请用实例进行讨论。

（14）请举出两个并发的程序进行更新操作时相互干扰的例子。

（15）什么是事务的可串行性?

（16）利用事务概念和封锁技术重新给出第 14 题的事务流程,使干扰不再发生。

（17）分别解释共享封锁、更新封锁和独占封锁的含义。讨论为什么需要不同的封锁机制。

（18）在 SQL Server 中,如何利用封锁子句实现各种封锁机制来避免各种干扰现象?

（19）练习例 10-9,体验发生脏读和避免脏读的操作。

（20）练习例 10-10,体验发生不可重复读和使之可重复读的操作。

（21）什么是死锁?如何避免发生死锁?

（22）数据库管理系统可以用什么办法诊断死锁并解决死锁问题?

（23）什么是活死锁?如何解决活死锁问题?

（24）什么是事务的隔离性?在 SQL 标准中如何划分事务的隔离级别?

（25）熟悉设置隔离级别的命令,列出设置隔离级别和 SQL Server 中封锁子句的对应关系。

（26）练习例 10-11,体验设置隔离级别和使用封锁子句的效果,并回答例 10-11 列出的 4 个问题。

实验 11　并发事务控制

实验名称:并发事务管理及控制。

实验内容:在 SQL Server 环境下完成封锁、死锁和设置隔离级别等基本实验。

实验目的:理解和体会数据库事务管理的内容,掌握设计并发事务的基本方法,加强对数据库管理系统的事务管理功能的认识。

实验方法:若干人一组或一个人通过多个窗口在 SQL Server 环境下同时操作共享数据,设计各种情形进行实验,深刻体会并发控制的方法和重要性。

实验要求:

① 若干学生一组或一个人通过多个窗口完成本实验。

② 设计一组操作产生脏读问题,然后通过封锁避免该问题。

③ 设计一组操作产生不可重复读的问题,然后通过封锁避免不可重复读问题。

④ 设计一组操作产生丢失更新的问题,然后通过封锁避免丢失更新问题。

⑤ 设计一组产生死锁的操作,再利用相同顺序法和一次封锁法有效地避免死锁。

⑥ 设计一个相对完整的应用,使用设置隔离级别来进行并发控制,然后不同的用户运行相同的程序、操作相同的数据,观察并发控制的效果。

⑦ 在实验报告中要给出具体的操作步骤和过程,并针对各种情况做出具体分析和讨论,很好地体会事务的性质和并发控制的作用。

相关命令和提示：

① 查询一个已被其他事务更新但尚未提交的元组，将会引起脏读问题；为避免该问题，应实施共享封锁。

② 为避免不可重复读问题，应将共享封锁保持到事务结束。

③ 为避免丢失更新问题，应实施独占封锁或更新封锁。

④ SQL Server 的封锁操作是在相关语句的 WITH（<table_hint>）选项中完成的，具体解释参见 10.2.3 小节。

⑤ 设置隔离级别的命令：

```
SET TRANSACTION ISOLATION LEVEL
{ READ COMMITTED
| READ UNCOMMITTED
| REPEATABLE READ
| SERIALIZABLE }
```

第 11 章　数据库存储管理与数据恢复

数据库存储管理与数据恢复是数据库管理的重要内容，也是数据库管理员的重要职责，这属于数据库实施、运行和维护阶段的数据库管理工作。

知识目标：理解数据库存储管理与存储优化方案，理解备份与恢复的概念及策略。

能力及素养目标：在工程项目中，初步掌握数据库存储管理和优化的方法，熟练掌握数据库备份和恢复方法。树立数据安全防范意识。

本章重点：数据库备份和恢复方法。

本章难点：存储优化和备份恢复理论策略。

11.1　数据库存储管理与存储优化

在关系数据库上，尽管一般用户可以不必过多关心数据库的存储方法，但是数据库存储管理却是数据库管理员最基本的工作。数据库管理员需要估算数据库需要多大的存储空间，决定把数据存放在哪个（或哪些）硬盘上等。本书在第 3 章 3.1.6 小节和第 5 章 5.3.3 小节简单介绍了 SQL Server 的数据库存储结构和建立数据库的方法，这里将继续深入讨论数据库存储管理的问题。

11.1.1　数据库的存储结构

根据建立数据库的 CREATE DATABASE 命令，可以比较准确地理解 SQL Server 的数据库存储结构。该命令的实质就是在指定的硬盘上创建一个或多个物理文件，所有这些物理文件构成了所建立数据库的存储空间。SQL Server 的数据库存储结构参见图 3-2。

逻辑上建立的数据库信息将记录在系统主数据库 master 中，并在物理上向操作系统申请了存储空间。初始时这些物理文件基本上是空的，所有这些物理文件所占空间的总和就是数据库的总存储空间。这些空间交由数据库管理系统管理，由数据库管理系统决定数据库的各种数据如何存放。

虽然 SQL Server 在创建数据库之后基本上可以自动完成数据库的存储管理，但是为了提高系统存储和响应效率，SQL Server 提供了一些手段，让系统管理员可以通过人为管理来达到优化存储的目的。具体手段主要有以下几种：

① 文件组：通过文件组可以实现分类存储，可以把指定的数据存储到指定的物理文件，详细介绍请参见 11.1.3 小节。

② 分区：通过建立分区表，可以将超大型的表按指定的分区函数存储到指定的物理文件，详细介绍请参见 11.1.4 小节。

③ 索引：索引是提高查询性能的常用手段，详细介绍请参见 11.1.5 小节。

11.1.2　调整数据库

数据库在运行过程中可能需要调整，如需要增加存储空间等。调整或修改数据库的命令是 ALTER DATABASE，其基本格式如下：

```
ALTER DATABASE database
{ ADD FILE <filespec> [ ,…n ]
 | ADD LOG FILE <filespec> [ ,…n ]
 | REMOVE FILE logical_file_name
 | MODIFY FILE <filespec>
}
```

从命令格式来看，该命令包含如下功能：

① 增加新的物理文件用于存储数据（ADD FILE）。

② 增加新的物理文件用于存储日志（ADD LOG FILE）。

③ 删除逻辑文件（REMOVE FILE），同时自动删除对应的物理文件（只有文件为空才可以删除）。

④ 修改已有物理文件的相关属性，如大小、增量等参数（MODIFY FILE）。

增加物理文件是为了增加数据库的存储空间。增加日志文件是为了增加数据库的日志空间。删除文件是删除过多的物理文件，将多余的空间归还给操作系统。下面重点解释一下修改文件的具体内容。

修改文件通过更改文件属性（<filespec>）来实现，其中必须在<filespec>中指定 NAME 来标识要修改的文件。可以是下面几种修改：

① 修改 SIZE 参数，这时新的值必须大于原来的值，即只能扩展物理文件的空间，不能缩小物理文件的空间。

② 修改数据文件或日志文件的逻辑名称，这时在 NAME 子句中指定要重命名的逻辑文件名称，并在 NEWNAME 子句中指定文件的新逻辑名称。例如：

```
MODIFY FILE ( NAME = logical_file_name,NEWNAME = new_logical_
    name )
```

③ 将数据文件或日志文件移至新位置，这时在 NAME 子句中指定当前的逻辑文件名称，并在 FILENAME 子句中指定新路径和操作系统文件名称。例如：

```
MODIFY FILE ( NAME = logical_file_name,FILENAME = 'new_path/os_
    file_name ')
```

例 11-1 为"仓储订货"数据库增加一个 5 MB 大小的物理文件。

```
ALTER DATABASE 仓储订货
ADD FILE
    ( NAME = test1dat2,
    FILENAME = 'C:\mssql\data\ t1dat2.ndf',
    SIZE = 5MB,
    MAXSIZE = 100MB,
    FILEGROWTH = 5MB)
```

例 11-2 将"仓储订货"数据库的逻辑文件 test1dat2 所对应的物理文件 (t1dat2.ndf)增加到 10 MB 大小。

```
ALTER DATABASE 仓储订货
MODIFY FILE (NAME = test1dat2,SIZE = 10MB)
```

例 11-3 将"仓储订货"数据库的 test1dat2 文件改名为 test1dat1。

```
ALTER DATABASE 仓储订货
MODIFY FILE ( NAME = test1dat2,NEWNAME = test1dat1 )
```

例 11-4 将"仓储订货"数据库的 test1dat1 文件删除。

```
ALTER DATABASE 仓储订货
REMOVE FILE test1dat1
```

由于相应的物理文件 t1dat2.ndf 是空的，所以该命令可以成功执行，同时也自动删除了对应的物理文件。

例 11-5 将"仓储订货"数据库的主数据文件 orderdat.mdf(逻辑文件名是 order_dat)移动到 c:\mssql\data\ 目录下。

MODIFY FILE 不会移动文件，为此需要手工将文件移动到指定目录，具体步骤如下：

① 停止 SQL Server 服务。

② 手工将文件移动到指定目录。

③ 启动 SQL Server 服务。

④ 执行如下命令：

```
ALTER DATABASE 仓储订货
MODIFY FILE(NAME = order_dat,FILENAME = 'c:\mssql\data\order-
    dat.mdf')
```

⑤ 重新启动 SQL Server 服务，"仓储订货"数据库才能使用。

实际上，该命令只是在 master 数据库中记录物理文件的新位置。

有关 ALTER DATABASE 命令的更详细介绍，请参见参考文献[6]。

11.1.3　文件组

在关系数据库中一般不需要用户关心存储细节,但是对于大型数据库,人们会希望把经常需要在一起使用的数据(如需要频繁做连接操作的表)尽可能地物理存储在一起,这样可以提高系统的查询和操作性能,也便于管理数据。

例如,在图 6 - 1 所示意的数据库中包括生产(Production)、购买(Purchasing)和销售(Sales)三大块数据(分别在不同的架构下)。如果数据量很大,为了方便管理和提高性能,就可以考虑将它们分别存储在不同的物理文件中,这是通过文件组来实现的。

文件组分为主文件组和用户定义文件组两大类。主文件组包含主数据文件和任何没有明确分配给其他文件组的文件。系统表的所有信息存储在主文件组中。用户定义文件组是通过在 CREATE DATABASE 或 ALTER DATABASE 语句中使用 FILEGROUP 关键字指定的任何文件组。一个文件组可以包含一个或多个物理文件,但是一个物理文件只能属于一个文件组。

文件组与日志无关,日志空间与数据空间是分开管理的。

例 11-6　创建一个数据库 MyDB,该数据库包含一个主数据文件、一个用户定义文件组和一个日志文件;主数据文件在主文件组中,而用户定义文件组也只包含一个次要数据文件。

```
CREATE DATABASE MyDB
ON PRIMARY
    ( NAME = 'MyDB_Primary',
    FILENAME = 'c:\MSSQL\data\MyDB_Prm.mdf',
    SIZE = 4MB,
    MAXSIZE = 10MB,
    FILEGROWTH = 1MB),
FILEGROUP MyDB_FG1
    ( NAME = 'MyDB_FG1_Dat1',
    FILENAME = 'c:\MSSQL\data\MyDB_FG1_1.ndf',
    SIZE = 1MB,
    MAXSIZE = 10MB,
    FILEGROWTH = 1MB)
LOG ON
    ( NAME = 'MyDB_log',
    FILENAME = 'c:\MSSQL\log\MyDB.ldf',
    SIZE = 1MB,
    MAXSIZE = 10MB,
    FILEGROWTH = 1MB)
```

这个例子也说明一个文件组可以只包含一个文件,但是它可以达到把指定数据存储到指定物理文件的目的。

例 11-7　在 MyDB 数据库下把表 MyTable 创建到指定文件组。

```
USE MyDB
CREATE TABLE MyTable
    ( cola int PRIMARY KEY,
    colb char(8) )
    ON MyDB_FG1
```

CREATE TABLE 命令后的 ON MyDB_FG1 说明将表创建到 MyDB_FG1 文件组，即把 MyTable 表创建到物理文件 MyDB_FG1_1.ndf 中，将来 MyTable 表的所有数据都存储在该物理文件中。

讨论：如何验证 MyTable 表及其数据存储到指定的物理文件？

当使用包含"ON <文件组>"短语的 CREATE TABLE 命令创建表之后，再插入几条记录（如执行命令 INSERT INTO MyTable VALUES（1，'student'）等），尝试使用 ALTER DATABASE…REMOVE FILE…命令删除物理文件，只有物理文件为空才可以删除。为此可以尝试执行如下命令：

```
ALTER DATABASE MyDB
REMOVE FILE MyDB_FG1_Dat1
```

如果 MyTable 表存储在 MyDB_FG1 文件组所对应的物理文件 MyDB_FG1_Dat1 中，那么这条删除物理文件的命令是不能执行的，因为此时该物理文件不为空。

然后执行如下命令删除 MyTable 表：

```
DROP TABLE MyTable
```

再来尝试用 ALTER DATABASE…REMOVE FILE…命令删除物理文件。

例 11-8　为 MyDB 数据库增加一个文件组 TestFG2。

```
ALTER DATABASE MyDB
ADD FILEGROUP TestFG2
```

这里只增加了一个文件组，初始是空的，例 11-9 将为该文件组指定物理文件。

例 11-9　为 MyDB 数据库的 TestFG2 文件组指定两个物理文件。

```
ALTER DATABASE MyDB
ADD FILE
    (NAME = testdat2,
    FILENAME = 'C:\MSSQL\DATA\tdat2.ndf',
    SIZE = 5MB,
    MAXSIZE = 100MB,
    FILEGROWTH = 5MB),
```

```
            (NAME = testdat3,
            FILENAME = 'C:\MSSQL\DATA\tdat3.ndf',
            SIZE = 5MB,
            MAXSIZE = 100MB,
            FILEGROWTH = 5MB )
        TO FILEGROUP TestFG2
```

至此，MyDB 数据库包含一个主文件组（PRIMARY）和两个用户定义文件组（MyDB_FG1 和 TestFG2）。

11.1.4　分区

使用文件组可以把指定表的数据全部存储到指定的物理文件，对于含有上百万条记录甚至上千万条记录的超大表，为了提高查询速度可以采用分区技术。可以根据需要将超大表划分成若干数据子集，每个数据子集存放到一个物理文件中，这样可以快速、有效地管理和访问各数据子集。假设一个销售表每个月都有上百万条记录，这时就可以按月划分数据子集，每个月的数据集中存储在一起，特别是对于需要将这些数据从联机事务处理（OLTP）加载到联机分析处理（OLAP）系统之类的操作，可能仅需要几秒钟就能完成，而不采用分区则可能需要几分钟甚至几个小时才能完成。分区还特别适合并行处理系统。

分区只适用于大型表。通常对当前月份的数据主要执行 INSERT、UPDATE和 DELETE 操作，而对以前月份的数据则主要执行 SELECT 查询，这样按月份对表进行分区的优点尤为明显。如果该表没有分区，那么任何操作都涉及访问整个表的数据，这样就会消耗大量资源。例如，通过分区，可以针对具有增、删、改操作数据的单个月份执行类似索引重新生成和碎片整理等维护工作，而对于只用来查询的数据则不必做类似的维护。

总之，分区就是把一个大型表的数据分门别类地存储到不同的物理文件，以方便管理，提高效率。分区是针对大型表，所以只有 SQL Server Enterprise Edition（企业版）才支持分区。

分区需要如下步骤：

① 建立分区函数。

② 根据分区函数创建分区方案。

③ 按分区方案建立表。

建立分区函数的命令如下：

```
CREATE PARTITION FUNCTION <分区函数名>(<参数类型>)
AS RANGE [LEFT|RIGHT]
FOR VALUES ([<临界值>[,…n ]])
```

其中：

① <分区函数名>在数据库中必须唯一。

② <参数类型>不能是 text、ntext、image、xml、timestamp、varchar（max）、nvarchar（max）、varbinary（max）等大文本或大二进制数据类型。

③ <临界值>指定每个区域，即分区的边界值。如果该参数为空，则分区函数将整个表或索引映射到单个分区。

④ LEFT|RIGHT 说明等于哪一侧的临界值，默认为 LEFT。

例 11-10　建立一个基于整数类型的分区函数。

```
CREATE PARTITION FUNCTION myRangePF1 (int)
AS RANGE LEFT FOR VALUES (1,100,1000)
```

该函数建立 4 个分区，假设分区的列是 col1，则分区方式是

① col1<=1。

② col1>1 AND col1<=100。

③ col1>100 AND col1<=1000。

④ col1>1000。

上面的分区方式是按 LEFT 确定临界值，如果使用 RIGHT：

```
CREATE PARTITION FUNCTION myRangePF1 (int)
AS RANGE RIGHT FOR VALUES (1,100,1000)
```

则分区方式如下：

① col1<1。

② col1>=1 AND col1<100。

③ col1>=100 AND col1<1000。

④ col1>=1000。

例 11-11　建立一个基于 datetime 类型的分区函数（按季度进行分区）。

```
CREATE PARTITION FUNCTION myDateRangePF1(datetime)
AS RANGE RIGHT FOR VALUES ( '20170401','20170701','20171001')
```

在创建了分区函数后接着建立分区方案，可以使用 CREATE PARTITION SCHEME 命令，命令格式如下：

```
CREATE PARTITION SCHEME <分区方案名>
AS PARTITION <分区函数名>
[ALL] TO ( { <文件组名> |[PRIMARY] } [,…n ] )
```

其中：

① <分区方案名>在数据库中必须唯一。

② <分区函数名>是已经定义的分区函数，将依据该函数进行分区。

③ ALL 指定所有分区都映射到一个文件组，可以是用户定义文件组或 PRIMARY 组。

④ <文件组名>|[PRIMARY] [,…n]指定用来实现分区的文件组的名称，

相应的文件组必须存在。

分区分配到文件组的顺序是从分区 1 开始，按文件组在[,…n]中列出的顺序进行分配。在[,…n]中可以多次指定同一个文件组。如果文件组数少于在分区函数中指定的分区数，则 CREATE PARTITION SCHEME 命令将失败；反之，如果分区函数生成的分区数少于文件组数，则多余的文件组不被使用。

例 11-12　根据例 11-10 建立的分区函数 myRangePF1 建立分区方案。

```
CREATE PARTITION SCHEME myRangePS1
AS PARTITION myRangePF1
TO (test1fg,test2fg,test3fg,test4fg);
```

例 11-10 建立的分区函数 myRangePF1 对应 4 个分区，这里指定了 4 个文件组，将来依据该分区方案建立的表按如下方式存储：

① col1<=1 的值存储在文件组 test1fg。

② col1>1 AND col1<=100 的值存储在文件组 test2fg。

③ col1>100 AND col1<=1000 的值存储在文件组 test3fg。

④ col1>1000 的值存储在文件组 test4fg。

有了分区方案则可以建立需要分区的表。与使用文件组类似，可以在 CREATE TABLE 语句的尾部使用 ON 短语来指定使用的分区方案。

例 11-13　使用例 11-12 建立的分区方案建立一个分区表。

```
CREATE TABLE TestPartitionTable (col1 int,col2 char(10))
ON myRangePS1 (col1)
```

分区是管理大型表的有效手段，可以大大提高系统的效率。建立分区表需要三个步骤：定义分区函数，建立分区方案，根据分区方案创建分区表。

11.1.5　索引

在关系数据库中索引是提高查询性能的主要手段，索引一般创建在表的某个或某些列上，索引关键字将会存储在采用 B+树的数据结构中，数据库管理系统(如 SQL Server)可以根据索引关键字快速有效地查找到相关的记录。SQL Server 从 2005 版开始支持在视图上建立索引。

查询优化器在执行查询时通常会选择最有效的方法，它的依据就是索引。如果没有索引，查询优化器就必须扫描整张表。

索引分为聚集索引和非聚集索引两大类，非聚集索引又分为唯一索引和普通索引两种。

聚集索引是一种物理排序的索引，所以在每个表上最多只能有一个聚集索引，并且聚集索引关键字是唯一的。

非聚集索引中的唯一索引也可以保证索引关键字的唯一性。

事实上，当在表上创建 PRIMARY KEY 约束时就会自动建立聚集索引，而在使用 UNIQUE 约束时就会自动创建唯一索引。所以，当在定义表时使用了

PRIMARY KEY 约束将不能另外再建立聚集索引，而唯一索引在一个表上可以建立多个。

1. 设计索引

索引虽然是提高数据库查询效率的重要手段，但是滥用索引也会降低数据库操作的效率，最简单的道理就是在对数据库进行增、删、改操作时，系统必须花时间和资源去维护索引。因此，索引设计得不好或者使用不当也会降低数据库的性能。设计高效的索引对于获得良好的数据库和应用程序性能极为重要；同时，为数据库及其工作负荷选择正确的索引是一项需要在查询速度与更新所需开销之间取得平衡的复杂任务；因此设计索引并不是一件简单的事情。

设计索引时，可以考虑以下一些问题和策略：

① 当表较小时一般不需要建立索引。

② 当数据库处于频繁修改期时不宜建立过多的索引，因为系统必须为维护索引而付出代价。

③ 当数据库主要用于查询时，可以根据需要多建立一些索引。

④ 建立索引的字段一定是经常用来作为查询条件的字段。

⑤ 如果视图包含聚合或连接运算，在视图上建立相关索引也可以显著提高性能。

2. 建立索引

建立聚集索引和唯一索引的最佳方法就是使用 CREATE TABLE 或 ALTER TABLE 对列定义 PRIMARY KEY 或 UNIQUE 约束，因为在 SQL Server 中这些约束会自动生成对应的索引。

建立索引的一般命令是 CREATE INDEX，基本格式如下：

```
CREATE [UNIQUE] [CLUSTERED|NONCLUSTERED] INDEX <索引名>
 ON <表或视图> ( <列>[ASC|DESC] [,…n] )
 [ON { <分区>( <列名> )|<文件组>}]
```

其中：

① UNIQUE 说明建立唯一索引，在表中定义 UNIQUE 约束时会自动生成该类索引，在一个表上可以定义多个唯一索引。

② CLUSTERED 说明建立聚集索引，在表中定义 PRIMARY KEY 约束时会自动生成该类索引，在一个表上只能有一个聚集索引。

③ NONCLUSTERED 说明建立非聚集索引，即普通索引，该项是默认值，可以省略。

④ ON <表或视图> (<列>[ASC|DESC] [,…n])说明在表或视图的某个(些)列上建立索引，其中 ASC 说明是升序索引(默认)，DESC 是降序索引。一个索引可以建立在多个列上。

⑤ ON { <分区>(<列名>)|<文件组> } 说明将索引创建到指定分区或文件组，如果不指定该项索引的存储，将由数据库管理系统自动安排。

例 11-14 在订购单上经常需要按供应商号(供货方)进行查询，因此可以为之建立一个普通索引。

```
CREATE INDEX sup_idx ON 订货.订购单(供货方)
```

例 11-15　如果经常需要根据多个字段的条件进行查询，也可以在多个字段上建立索引。

```
CREATE INDEX sup_emp_idx ON 订货.订购单(供货方,经手人 DESC)
```

这条命令建立的索引是先按供应商号(供货方)升序索引，再按职工号(经手人)降序索引。

例 11-16　在仓库关系上规定一个城市只设立一个仓库，为此可以在仓库关系的城市属性上建立一个唯一索引。

```
CREATE UNIQUE INDEX city_idx ON 仓储.仓库(城市)
```

其中，UNIQUE 指出了唯一性。这类索引除了能改善查询性能外，更主要的是能保证数据的完整性，拒绝重复属性值的录入。它等同于在表中为列定义 UNIQUE约束。在建立 UNIQUE 索引时，如果表中已有记录在索引字段上存在重复值，则命令失败。

通过指定 CLUSTERED 建立聚集索引。聚集索引的索引值与关系中元组的物理顺序相同。因此，一个表只允许建立一个聚集索引。

在 CREATE TABLE 命令中的 PRIMARY KEY 约束将隐式创建聚集索引。所以，如果在创建表时已经指定了主关键字，则不能再创建聚集索引。

注意：最好在创建任何非聚集索引之前创建聚集索引，因为创建聚集索引时将重建表上现有的非聚集索引。另外，聚集索引要维护物理顺序，所以付出的代价就更大，在频繁更新的列上尽量不建立聚集索引，而 PRIMARY KEY 约束的主关键字一般是不做更新操作的。

在视图上建立索引时有一些特殊要求，要求建立视图时使用 WITH SCHEMABINDING 绑定到架构，然后才可以在视图上建立索引。

例 11-17　使用 WITH SCHEMABINDING 建立一个绑定到架构的视图。

```
CREATE VIEW 订货.order_list_v1
WITH SCHEMABINDING
AS
SELECT 订购单.订购单号,订购日期,器件号,数量
FROM 订货.订购单 JOIN 订货.订购明细
ON 订购单.订购单号 = 订购明细.订购单号
```

例 11-18　在视图 order_list_v1 的订购单号和器件号字段上建立一个唯一聚集索引。

```
CREATE UNIQUE CLUSTERED INDEX v_idx_order
ON 订货.order_list_v1(订购单号,器件号)
```

例 11-19 在视图 order_list_v1 的订购日期字段上建立一个普通非聚集索引。

```
CREATE INDEX v_idx_order1 ON 订货.order_list_v1(订购日期)
```

3. 优化索引

在对数据库进行任何插入、更新和删除操作时，数据库管理系统都会自动维护索引，这样随着时间的推移，可能会导致索引中的信息分散在数据库物理文件的各个地方，即产生大量碎片。碎片太多的索引肯定会降低查询性能，导致应用程序响应缓慢。因此在数据库运行过程中还需要及时优化索引，通过重新组织索引或生成索引来修复索引碎片。

在 SQL Server 中可以通过 sys. dm_db_index_physical_stats 函数诊断碎片，然后通过 ALTER INDEX 命令重组或重新生成索引。

函数 sys. dm_db_index_physical_stats 的返回结果见表 11-1。

表 11-1 sys. dm_db_index_physical_stats 函数的返回结果

列	说明
avg_fragmentation_in_percent	逻辑碎片（索引中的无序页）的百分比
fragment_count	索引中的碎片（物理上连续的页）数量
avg_fragment_size_in_pages	索引中一个碎片的平均页数

然后可以按照 avg_fragmentation_in_percent 的值决定如何进行优化：

① 当>5%且<=30%时，使用 ALTER INDEX REORGANIZE 重新组织索引。

② 当>30%时，使用 ALTER INDEX REBUILD 重新生成索引。

以上只是提供了一个大致的指导原则来确定应如何在 ALTER INDEX RE-ORGANIZE 与 ALTER INDEX REBUILD 之间进行选择，实际情况可能会有所变化，需要在实践中摸索来确定最适合的阈值。

如果碎片的数量很少（如小于5%）则不需要对索引进行优化，因为删除如此少量的碎片所获得的收益远低于重新组织或重新生成索引的开销。

例 11-20 通过 sys. dm_db_index_physical_stats 动态管理函数查询并返回订购单表的所有索引名称及平均碎片信息。

```
SELECT a.index_id,name,avg_fragmentation_in_percent
FROM sys.dm_db_index_physical_stats(DB_ID(),
    OBJECT_ID(N'订货.订购单'),NULL,NULL,NULL) AS a
JOIN sys.indexes AS b ON a.object_id = b.object_id AND a.index_id=
    b.index_id
```

根据返回的平均碎片信息，决定是否用 ALTER INDEX 命令对索引进行重组（REORGANIZE）或重新生成索引（REBUILD）。

ALTER INDEX 命令的基本格式如下：

```
ALTER INDEX <索引名> ON <表或视图>
{ REBUILD|DISABLE|REORGANIZE }
```

其中：

① REBUILD 将使用相同的列、索引类型、唯一性属性和排序顺序重新生成索引（包括被 DISABLE 禁用的索引）。

② REORGANIZE 将重新组织索引的叶节点。

③ DISABLE 把索引标记为禁用，数据库管理系统将不对被禁用的索引进行维护，如果要重新启用则使用 ALTER INDEX …REBUILD 重新生成索引。

例 11-21　使用 ALTER INDEX… REBUILD 重新生成订购单表上的 sup_idx 索引。

```
ALTER INDEX sup_idx ON 订货.订购单 REBUILD
```

4. 删除索引

不用的索引可以使用 DROP INDEX 命令进行删除，基本格式如下：

```
DROP INDEX <索引名> ON <表或视图>
```

例 11-22　删除订购单表上的 sup_idx 索引。

```
DROP INDEX sup_idx ON 订货.订购单
```

本节介绍了与数据库存储和系统性能相关的几个专题，特别是对于大型数据库，文件组、分区和索引都是有效组织数据库存储和提高系统性能的有效手段。

11.2　备份与恢复

数据库在运行过程中遭到意外破坏是不可避免的，虽然概率很低甚至几乎不会发生，但是人们必须做到有备无患，一旦数据库遭到意外破坏，必须有办法在最短的时间内尽快完整地恢复数据库。

11.2.1　数据库恢复概述

数据库安全性控制防范的是人，目的是拒绝非授权的用户访问数据库，以保证数据库数据的安全。另一类安全性问题是要预防各种非人为因素或人为因素造成的计算机故障，诸如磁盘损坏、死机、计算机其他部件故障、电源故障、使用错误、恶意破坏和天灾人祸等。为了应对这些故障，多数情况下需要为数据库制作备份，待故障排除后，再利用备份的数据进行恢复。数据库的备份不是简单地进行复制，而是有一套备份和恢复的机制。

另外，事务的原子性、一致性和持久性均需要恢复技术的支持。

11.2.2 故障类型

数据库系统在运行的过程中可能会发生各种故障，但总的来说故障可以分为两大类，一类是造成事务中断的故障，另一类是存储介质故障。

1. 造成事务中断的故障

所有导致事务中断，但又没有损坏磁盘介质的故障，都可以看作是这类故障。由于这类故障没有损坏磁盘介质，没有造成磁盘上大量数据的丢失，没有使磁盘无法读写，所以也可以把这类故障称为软故障。引起事务中断故障的原因可能是多方面的，归纳起来有如下几种：

① 突然掉电引起的事务中断。

② 硬件故障引起的事务中断。

③ 客户应用程序出错引起的事务中断。

④ 系统程序故障引起的事务中断。

事务是一个完整的工作单元，它所包含的一组针对数据库的更新操作要么应当全部完成，要么就什么都不做；否则就会使数据库处于一种未知或不一致的状态。例如，有如下一段程序：

```
BEGIN TRANSACTION
    UPDATE account SET balance=balance - 15000 WHERE name='A 公司'
    UPDATE account SET balance=balance + 15000 WHERE name='B 公司'
COMMIT TRANSACTION
```

实现将 15 000 元从 A 公司的账户上转到 B 公司的账户上。如果在执行完第一条 UPDATE 语句之后事务中断了，从而使 A 公司的余额减少，而 B 公司的余额未增加，结果造成整个账目出现了借贷不平衡。

解决这类问题的方法显然就是将数据库恢复到修改之前的状态，即撤销只执行了一半的事务。如果在发现事务中断时未停机，则只需执行如下语句即可将事务撤销：

```
ROLLBACK TRANSACTION
```

接下来找出发生事务中断的原因，并在排除故障之后再重新执行事务。

如果是突然掉电或硬件故障造成停机而使事务中断，数据库管理系统在重新启动时会自动检查是否有未执行完的事务，如果发现这样的事务，则会对这些事务自动执行事务撤销的语句。

2. 存储介质故障

对数据库而言，最具危害的就是存储介质故障，存储介质的损坏会造成大量数据的丢失。存储介质故障也称作硬故障，这类故障的发生概率虽然很小，但极具破坏力。

无论是磁盘存储介质还是半导体存储介质，长时间使用造成的损坏、瞬间的电压变化(如掉电)、强磁场干扰都有可能使存储介质上的数据丢失。因此，解决这类故障切实有效的办法就是备份，在修复或更换存储介质后再恢复。

11.2.3　备份类型

可以采用多种技术保证计算机应用系统或数据库系统能够连续正常运转，或者在因为故障造成中断后能尽快恢复。这些技术主要包括以下几种：

① 双机热备份：即作为服务器的两台计算机同时、同步工作，一台作为主服务器，一台作为从服务器，所有的磁盘读写操作在主服务器完成的同时，也将在从服务器上完成。从服务器的数据和主服务器的数据每时每刻都是同步的。在主服务器发生故障时，系统可以立刻将工作切换到从服务器，从而保证应用不会中断。系统管理人员要随时监测两台服务器的工作状态，在发现某台服务器出现故障时应立刻修复，以保证双机热备份有效。双机热备份的两台服务器可能相处异地，即便遇到战争、地震、海啸等灾难，还能保证几百、上千千米之外的另一台服务器正常工作。

② 双工备份：即在一台计算机上有双路存储通道——两个控制器和两组存储介质，这两组存储介质分别受控于各自的控制器，计算机在工作时对这两组存储介质进行同步更新。这样当一个存储通道（控制器或存储介质）损坏时，另一个通道可以保证计算机继续正常工作。

③ 镜像：即在一个存储控制器之下有两组存储介质，这两组存储介质以镜像方式工作。所谓镜像就像照镜子，两组存储介质具有相同的数据。这样当一组存储介质出现故障时，另一组存储介质可以保证系统正常工作。镜像和双工备份类似，所以双工备份也称作双工镜像。

④ 独立磁盘冗余阵列：独立磁盘冗余阵列也称作 RAID（redundant array of independent disks）技术。RAID 技术利用磁盘分段、磁盘镜像、数据冗余技术等提供磁盘数据备份，提高了系统可靠性。根据提供的安全等级，RAID 可分为RAID0、RAID1、RAID5 等若干等级。

以上几种技术一般不属于数据库管理系统的功能，它们是操作系统的功能，在操作系统的管理和协调下，使备份的硬件可以保证在出现故障时能及时切换到前台，从而保证系统能正常、连续地运行。

⑤ 数据库备份技术：将数据库存储介质上的数据转储或备份到脱机的存储介质上，当数据库存储介质发生故障并在修复或更换之后，将备份的数据再恢复到新的存储介质上，以保证数据库可以继续正常使用。

11.2.4　日志的概念

备份是定期的，而不是实时的，所以利用备份并不能完全恢复数据库，而只能将数据库恢复到制作备份的那一时刻。如果没有其他的技术支持，当遇到灾难时，在备份之后对数据库所做的更新将会丢失。也就是说，数据库不能恢复到最新、一致的状态。

日志则是对备份的补充，数据库日志是实时的，它可以看作是一个"值班日记"，实时记录下所有对数据库的更新操作，这样就可以在备份完成时立刻刷新并启用一个数据库日志。因此，当数据库存储介质出现故障造成数据库损坏时，就可以首先利用备份恢复数据库（恢复大部分数据），然后再运行数据库日志，即将备份后所做的更新操作再重新做一遍，从而完全恢复数据库。

为了保证日志的安全，应将日志和主数据库安排在不同的存储设备上，甚至不同的物理地点，否则日志和数据库可能会同时遭到破坏，日志也就失去了其本来的作用。

11.2.5 恢复模型

数据库管理系统从恢复管理的角度可能允许多种不同的备份和恢复方案，称为恢复模型。在 SQL Server 中创建新数据库时，新的数据库继承了 model 数据库的恢复模型，常用的恢复模型有简单恢复模型和完全恢复模型。

简单恢复模型允许将数据库恢复到最新的备份，即可以将数据库恢复到上次备份的即时点，而无法将数据库恢复到故障点或特定的即时点。使用简单恢复模型，日志实际上就失去了作用。使用简单恢复模型的数据库只能做数据库备份，不能做日志备份。

完全恢复模型允许将数据库恢复到故障点状态，即使用数据库备份和事务日志备份，提供对介质故障的完全防范。

可以使用 ALTER DATABASE 语句的 RECOVERY 子句设置恢复模型。

例 11-23 将仓储订货数据库的恢复模型设置为完全恢复模型。

```
ALTER DATABASE 仓储订货 SET RECOVERY FULL
```

11.2.6 备份和恢复策略

虽然可以采用多种技术来保证数据库不被破坏，或在被破坏后能够及时恢复，但是定期备份数据库是防止存储介质故障最稳妥的方法，它能有效地恢复数据。这是一种既廉价又保险的形式，同时又是最简单地恢复大部分或全部数据的方法。即便采用了其他备份技术（如 RAID 技术），数据库备份也是必不可少的。

如果没有备份则几乎不可能恢复由于存储介质损坏而丢失的数据。为此，必须为数据库至少准备一个转储设备。可供选择的备份设备包括高速磁带备份设备、高速可移动硬盘和高速可读写光盘等。

1. 备份的类型

不同的数据库管理系统提供的备份类型和备份方式都是类似的，SQL Server 支持的备份类型包括以下几种：

① 全备份：即完整地备份整个数据库。

② 增量备份：也称作差异备份，指仅备份自上次数据库备份后发生更改的数据。增量备份比全备份小而且备份速度快，因此可以更经常地实施备份，从而减少丢失数据的危险。

③ 事务日志备份：日志备份序列提供了连续的事务信息链，可支持从全备份、增量备份或文件备份进行快速恢复。

④ 文件和文件组备份：当因时间限制使得备份整个数据库不切实际时，可以备份数据库文件和文件组，而不是备份完整的数据库。若要备份一个物理文件时，需要合理安排步骤以确保数据库中所有的文件按规则备份。

2. 动态备份和静态备份

动态备份也称作在线备份，即在备份时不中断数据库的运行，不中断数据库上的应用程序和事务处理。这种方法虽然能够备份数据库中的全部数据，但在备份过程中数据库系统的性能将受到很大影响（降低）。在备份数据库时，系统将所有已提交事务的数据库中的数据做成一个镜像，然后开始进行备份。需要注意的是，在备份的过程中提交的事务将不能反映在备份数据库中。

静态备份也称作离线或脱机备份。这意味着备份时没有任何数据库事务在运行，是首选的备份方式。进行静态备份时，应首先关闭数据库服务器，然后在单用户模式下重新启动数据库服务器；当备份完成后，再以正常模式启动数据库服务器。这样做可以确保完整地备份某一时刻的所有数据。

3. 制定备份的策略

备份不是实时的，什么时候应该备份？用什么方式备份？根据数据库的不同规模、不同用途，这可能有很多因素需要考虑和衡量。也就是说，数据库管理员应该为数据库的备份制定一个策略。为此需要考虑如下一些因素：

① 备份周期，按月、周、天、还是小时备份。

② 使用静态备份还是动态备份。

③ 使用什么类型的备份（如全备份还是增量备份）。

④ 是否需要按文件或文件组进行备份。

⑤ 使用什么介质进行备份。

⑥ 是人工备份，还是设计一个程序定期自动备份。

⑦ 备份介质的存放地是否防窃、防磁、防火。

⑧ 是否需要授予其他用户备份的权限等。

以上是数据库管理员和系统管理员在制定备份策略时必须考虑的一些问题，至于如何衡量这些因素，如何回答这些问题，对不同的应用、不同的规模，考虑问题的角度是不同的。例如，在确定备份周期时可以考虑以下几个问题：

① 如果没有数据库，企业的业务能支持多久？如果数据库对每天的事务处理都至关重要，那么就必须经常备份。

② 对不变的历史数据可以只备份一次，但要多复制几个备份，以免备份介质损坏而造成数据丢失。

③ 执行恢复需要多长时间? 是全备份的恢复省时? 还是增量备份的恢复省时?

④ 如果数据库的使用频率和更新频率非常高,可以考虑每天做一次全备份,做几次增量备份;相反,如果数据库的更新频率不太高,那么只需要每周甚至每月做一次全备份。

在实际应用中可以测试用户的备份策略。例如,备份能否正确运行,备份和恢复所用的时间用户能否接受,备份周期、全备份、增量备份安排得是否合理等。在实践中可以调整备份策略,使之更合理和实用。

另外,用来备份的设备和介质也是非常重要的,备份的设备速度要快,备份用的介质质量要好、要容易保存。

11.2.7 备份操作

在 SQL Server 中系统管理员和数据库管理员可以进行备份,也可以指定某个用户担当 db_backupoperator 角色(数据库预定义角色)来负责数据库的备份工作。SQL Server 可以进行数据库全备份、增量备份、按文件或文件组备份和日志备份等。

1. 备份整个数据库

备份数据库的命令是 BACKUP DATABASE,一般格式如下:

```
BACKUP DATABASE database_name
TO DISK ='physical_disk_name'
```

其中:

① database_name 指定要备份的数据库。

② TO DISK = 'physical_disk_name' 指定备份使用的物理文件名或物理设备名。

例 11-24 将"仓储订货"数据库备份到 C:\ dump \ dumpfull. bak。

```
BACKUP DATABASE 仓储订货
TO DISK ='C:\dump\dumpfull.bak'
```

备份整个数据库也称作全备份。由于全备份需要备份整个数据库的内容,数据量大,备份所需要的时间可能会很长,因此在一次全备份之后可以使用增量备份来备份那些自上次备份后修改过的数据。

2. 增量备份

增量备份也称作差异备份,备份命令也是 BACKUP DATABASE,一般格式如下:

```
BACKUP DATABASE database_name
TO DISK ='physical_disk_name'
WITH DIFFERENTIAL
```

与备份整个数据库的命令相比，增量备份是用短语 WITH DIFFERENTIAL 说明的。

例 11-25　对仓储订货数据库做增量备份（备份到 C:\dump\diff1.bak）。

```
BACKUP DATABASE 仓储订货
TO DISK='C:\dump\diff1.bak'WITH DIFFERENTIAL
```

增量备份一定是在全备份的基础上进行的，在一次全备份后可以连续进行增量备份。但是需要注意增量备份的基准，一般每次增量备份的基准是最近一次全备份，而不是上一次增量备份，因此一般只需要管理一个增量备份。

在全备份之后的增量备份一般速度比较快，但是经过一段时间后，随着数据库的更新，包含在增量备份中的数据量会增加，将会使创建和恢复备份的速度变慢。这时就应该重新做一次全备份，然后再开始另一个差异基准的增量备份。

尽管在完整恢复模式下可以进行多基准的增量备份，但是多基准增量备份的管理和维护较为困难，因此一般建议尽可能使用单基准增量备份。

3. 事务日志备份

数据库管理系统除了提供数据的备份功能之外，还可以备份事务日志。备份事务日志的命令是 BACKUP LOG，一般格式如下：

```
BACKUP LOG database_name
TO DISK ='physical_disk_name'
```

例 11-26　备份"仓储订货"数据库的日志（备份到 C:\dump\dumplog.bak）。

```
BACKUP LOG 仓储订货
TO DISK='C:\dump\dumplog.bak'
```

从效果来看，事务日志备份和增量备份具有类似的功能。从概念上来看，增量备份备份的是修改过的数据，而事务日志备份备份的是修改数据的语句。另外需要注意的是，增量备份的基准是上一次全备份；而事务日志备份的基准是上一次日志备份（在数据库全备份后的第一次日志备份除外）。每次数据库全备份之后都会启动一个新的日志，每次日志备份之后都会截断、刷新日志，因此如果有连续的多次事务日志备份，管理事务日志链也是一件比较麻烦的事情。建议命名日志备份文件时一定遵循某种规律，使用户能够很容易地管理事务日志备份链。

数据库全备份、增量备份和日志备份构成了一个完整的数据库备份方案。当数据库遇到灾难时，利用该方案可以将数据库恢复到最新的一致状态。但是考虑到备份的效率和灵活性，SQL Server 还支持文件和文件组备份。

4. 文件或文件组备份

对一个大型数据库做全数据库备份是很费时间的，特别是如果一个大型数据库只有 20% 的数据会发生变化，80% 的数据是不变的。这种情况下就可以使用文件组，把 20% 经常发生变化的数据存放到指定的文件组，而 80% 的数据不需要频繁备份，日常只需要管理好那 20% 的数据备份即可。文件组备份为数据库备份提供了一种灵活的手段。另外，利用文件组进行备份，如果遇到介质故障也可以只恢复已损坏的文件，而不用恢复数据库的其余部分，从而加快了恢复速度。例如，如果数据库由几个在物理上位于不同存储介质上的文件组成，当其中一个存储介质发生故障时，只需恢复发生了故障的存储介质上的文件。

文件组备份与文件备份的作用相同。文件组备份是文件组中所有文件的单个备份，相当于在创建备份时显式列出文件组中的所有文件。当遇到介质故障时，可以恢复文件组备份中的个别文件，也可以将所有文件作为一个整体恢复。

完整的文件备份集与覆盖文件备份创建时间的事务日志备份合并在一起，相当于数据库备份。

与数据库备份相比，文件备份的主要缺点是增加了管理的复杂性。必须注意维护完整的文件备份集和所覆盖的日志备份。如果已损坏的文件没有备份，则介质故障可能会导致整个数据库无法恢复。

备份文件或文件组的一般命令格式如下：

```
BACKUP DATABASE database_name
{FILE = logic_file_list|FILEGROUP = filegroup_list }
TO DISK ='physical_disk_name'
[WITH DIFFERENTIAL]
```

其中：

① FILE = logic_file_list 给出了要备份的文件清单(用逻辑文件名指出)。

② FILEGROUP = filegroup_list 给出了要备份的文件组清单。

③ WITH DIFFERENTIAL 说明是增量备份，即文件备份也支持增量备份。

例 11-27 完成对"仓储订货"数据库主数据文件 order_dat 的备份。

```
BACKUP DATABASE 仓储订货
FILE = 'order_dat'
TO DISK ='C:\dump\file_1.bak'
```

这里 order_dat 是逻辑文件名。

例 11-28 完成对"仓储订货"数据库主文件组 PRIMARY 的备份。

```
BACKUP DATABASE 仓储订货
FILEGROUP = 'PRIMARY'
TO DISK ='C:\dump\file_g.bak'
```

文件以及文件组备份为备份和恢复数据库提供了另外一种便捷的方式。但是它们不是以数据库为单位进行备份的，所以在管理上可能会有一定难度。

文件和文件组备份同样要配合日志,这样才能在数据库发生灾难时把数据库完全恢复到一致状态。

5. 系统数据库的备份

数据库备份不仅仅是要备份用户数据库,系统数据库也需要备份。例如,SQL Server 中的 master、model 等系统数据库,特别是 master 数据库,它负责整个数据库的管理,所有用户创建的数据库以及用户登录信息都存储在该数据库中,该数据库一旦损坏,整个系统的使用都将受到影响。因此,备份 master 等系统数据库至关重要。

备份 master 等系统数据库是系统管理员的职责,也只有系统管理员才能备份这些数据库。备份 master 数据库和备份用户数据库的方式相同,一般在执行了更新系统表的命令之后(如 CREATE DATABASE、ALTER DATABASE 等命令都将更新系统表)都要备份 master 数据库,所以必须经常性、定期地备份 master 数据库。

master 数据库只能进行全备份。

11.2.8 恢复或还原

备份的目的是当磁盘损坏或数据库崩溃时,通过转储或卸载的备份恢复数据库。根据不同的备份和恢复方案、策略,可以有不同的恢复方式,可以将数据库恢复到不同的状态。恢复也称为重载或重入,还可以称作还原。

与备份类型相对应,恢复可以是恢复整个数据库、恢复数据库的部分内容、恢复特定的文件或文件组或恢复事务。

根据以上的恢复方法,可以将数据库恢复到做备份的即时点、发生故障的即时点或特定的事务即时点。图 11-1 示意了可以恢复的各个即时点。

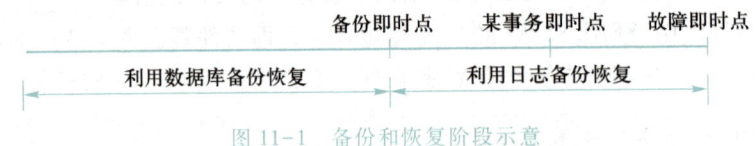

图 11-1 备份和恢复阶段示意

在恢复数据库的过程中,任何用户都不能操作数据库。恢复一个数据库的时间比备份一个数据库的时间要长。因为备份仅仅是复制,而恢复则包括了读和写的过程,并且还要初始化未使用的空间等。一般恢复一个数据库的时间是备份一个数据库的时间的数倍甚至更长,这与信息量的大小有关,也与备份策略有关。

1. 备份尾日志及恢复操作流程

当数据库发生灾难时,要做的第一件事是备份事务日志,这是上次备份之后(可能是全备份、增量备份或日志备份)发生在数据库中的更改操作。这时的日志也称作尾日志,利用尾日志和前期的各种备份才能把数据库完全恢复。备份尾日志的方法和正常备份日志的方法类似。因此利用数据库备份进行恢复的基本步骤如下：

  ① 备份尾日志。

  ② 利用全备份进行恢复。

  ③ 利用最后一次增量备份进行恢复。

  ④ 利用备份的事务日志链完成恢复。

2. 根据数据库全备份进行恢复

任何存储介质故障或错误引起的数据库混乱或崩溃，都需要利用备份进行恢复，并且首先都需要利用数据库全备份进行恢复（按文件或文件组备份除外），然后再进行增量恢复和日志恢复。

恢复数据库的命令是 RESTORE DATABASE，常用格式如下：

```
RESTORE DATABASE database_name
FROM DISK ='physical_disk_name'
[WITH
    [[,] { NORECOVERY |RECOVERY }]
    [[,] REPLACE]
]
```

其中：

  ① NORECOVERY 表明恢复操作不撤销备份中任何未提交的事务，如果后续还有恢复操作则选择此项，此时数据库处于不可使用状态。

  ② RECOVERY（默认）表明恢复操作撤销备份中任何未提交的事务，系列恢复操作的最后一个恢复选择此项，之后数据库就可以使用了。

  ③ REPLACE 表明即使存在另一个具有相同名称的数据库，也创建指定的数据库及其相关文件，即删除现有的数据库。如果没有指定 REPLACE 选项，则将进行安全检查以防止意外重写现有的数据库。

当数据库遭到破坏时，任何时间都应该首先备份尾日志，接着根据全备份进行恢复（文件或文件组备份除外），然后按顺序根据增量备份和事务日志备份进行恢复。

3. 根据增量备份进行恢复

在简单恢复模型和完全恢复模型中都可以选择增量备份。如果存在增量备份，则一般需要进行相应的恢复操作。

增量恢复数据库的命令也是 RESTORE DATABASE，但是在根据增量备份进行恢复之前需注意：

  ① 已经使用 RESTORE DATABASE 命令完成了全备份的恢复，同时指定了 NORECOVERY 子句。

  ② 在进行增量恢复时根据需要指定 RECOVERY 或 NORECOVERY 子句。

4. 根据事务日志进行恢复

利用日志可以将数据库恢复到最新的一致状态或任意的事务点。

利用事务日志进行恢复必须做到以下两点：

① 首先恢复事务日志备份之前的数据库备份或增量数据库备份。

② 如果有多个日志备份，则按先后顺序进行恢复。

利用日志进行恢复的命令是 RESTORE LOG，常用格式如下：

```
RESTORE LOG database_name
FROM DISK ='physical_disk_name'
[WITH
    [[,] { NORECOVERY | RECOVERY }]
    [[,] STOPAT = date_time
    |[,] STOPATMARK = 'mark_name'[AFTER datetime]
    |[,] STOPBEFOREMARK = 'mark_name'[AFTER datetime]
    ]
]
```

其中：

① STOPAT = date_time 表明将数据库恢复到其在指定的日期和时间时的状态。

② STOPATMARK ='mark_name' [AFTER datetime]表明恢复到指定的标记（包括包含该标记的事务）。

③ STOPBEFOREMARK = 'mark_name' [AFTER datetime]表明恢复到指定的标记，但不包括包含该标记的事务。

注意：

① 如果指定的 STOPAT 时间超出 RESTORE LOG 操作的结束范围，数据库将处于不可恢复的状态，其效果与在 RESTORE LOG 中使用 NORECOVERY 一样。

② 在 STOPATMARK 和 STOPBEFOREMARK 选项中，如果省略 AFTER datetime，恢复操作将在含有指定名称的第一个标记处停止；如果指定 AFTER datetime，恢复操作将在含有 datetime 或 datetime 时间之后的指定名称的第一个标记处停止。

③ 所有中间恢复步骤都选择 NORECOVERY 选项，最后一个事务恢复选择 RECOVERY 选项。

例 11-29　假设仓储订货数据库按顺序有如下备份：

数据库全备份 dumpfull.bak、增量备份 diff1.bak、事务日志备份 dumplog.bak，现在该数据库崩溃，请完整恢复该数据库。

按照恢复步骤首先备份尾日志：

```
BACKUP LOG 仓储订货
TO DISK ='C:\dump\dumplog1.bak'
WITH NO_TRUNCATE,NAME ='仓储订货-事务日志备份',
NORECOVERY,STATS = 10,CHECKSUM
```

　　然后对损害的数据库进行清理，做好恢复的准备工作，并按如下步骤进行恢复：

　　① 根据数据库全备份进行恢复(使用 NORECOVERY)：

```
RESTORE DATABASE 仓储订货
FROM DISK ='C:\dump\dumpfull.bak'
WITH NORECOVERY
```

　　② 根据增量备份进行恢复(使用 NORECOVERY)：

```
RESTORE DATABASE 仓储订货
FROM DISK ='C:\dump\diff1.bak'
WITH NORECOVERY
```

　　③ 根据日志备份进行恢复(使用 NORECOVERY)：

```
RESTORE LOG 仓储订货
FROM DISK ='C:\dump\dumplog.bak'
WITH NORECOVERY
```

　　④ 根据尾日志进行恢复(使用 RECOVERY)：

```
RESTORE LOG 仓储订货
FROM DISK ='C:\dump\dumplog1.bak'
WITH RECOVERY
```

至此，完全恢复了仓储订货数据库。

5. 根据文件或文件组备份进行恢复

　　如果数据库的某个文件损坏了，并且已按文件或文件组做了备份，则可以考虑根据文件或文件组备份进行恢复。

　　根据文件或文件组备份进行恢复的命令也是 RESTORE DATABASE，一般格式如下：

```
RESTORE DATABASE database_name
{ FILE = logical_file_name|FILEGROUP = logical_filegroup_name }
FROM DISK ='physical_disk_name'
[WITH { NORECOVERY|RECOVERY }]
```

其中：

　　① FILE = logical_file_name 指定包括在数据库还原中的逻辑文件的名称，可以指定多个文件。

　　② FILEGROUP = logical_filegroup_name 指定包括在数据库还原中的文件组的名称，可以指定多个文件组。

　　当使用文件或文件组备份进行恢复时，最后一个文件或文件组恢复操作完成后，必须将事务日志应用于数据库文件，以便使之与数据库的其余部分保持一致。如果被恢复的文件自上次备份后没有做过任何修改操作，则不必应用事务日志。

6. 恢复系统数据库

备份系统数据库与备份用户数据库的方式相同。在 SQL Server 中，除 master 数据库之外，其他系统数据库的恢复也与恢复用户数据库类似。

master 数据库是所有数据库的主数据库，也是管理所有数据库的数据库。恢复其他数据库都是在 SQL Server 能够正常运行的基础上进行的，而 master 数据库的损坏可能导致 SQL server 根本不能运行，所以恢复 master 数据库是一项特殊的任务。

master 数据库任何时间都应该用最新的备份恢复，而在此之后所做的对数据库的所有修改就只能且必须用手工进行恢复。这包括在最后一次备份 master 数据库后建立的数据库、登录用户等。也就是说，如果 master 数据库损坏或崩溃，那么所有在 master 数据库最后一次备份之后创建的数据库以及数据库内的信息都将丢失。

如果 master 数据库只是轻微损坏或信息丢失，master 数据库的内容至少部分可用，从而能够启动 SQL Server 实例，则可以直接根据 master 数据库的完整备份恢复 master 数据库。

如果由于 master 数据库严重损坏而无法启动 SQL Server 实例，则不能立即恢复 master 数据库。因为 SQL Server 实例需要处于运行状态才能恢复任何数据库。

SQL Server 2000 可以使用重建 master 数据库实用工具 Rebuildm.exe 重建 master 数据库，然后才可以用普通方法通过备份恢复 master 数据库。

SQL Server 2000 之后的版本则需要在安装程序中指定相关参数来重建系统数据库，例如以下命令：

```
Setup /QUIET /ACTION=REBUILDDATABASE
/INSTANCENAME=InstanceName
/SQLSYSADMINACCOUNTS=accounts /[SAPWD=StrongPassword]
[/SQLCOLLATION=CollationName]
```

其中，参数 REBUILDDATABASE 指明了重建系统数据库。当然，也可以采用更简单的办法，即重新安装 SQL Server，然后恢复各系统数据库和用户数据库。

本章小结

本章介绍了数据库存储管理和优化，以及数据库备份与恢复的内容。这些工作是数据库管理员的基本职责。

数据库存储管理和优化是保证数据库正常运行的基础。可以利用文件组将指定的数据存放到指定的物理文件并使用分区技术将超大的表进行分割存储来提高系统的效率。索引是改善查询效率的常用手段，在定义主关键字和唯一性约束时会分别自动建立聚集索引和唯一性索引，而普通索引将根据查询需求来定义。索引是需要系统开销的，一方面索引可以提高查询效率，另一方面由于索引需要维护则会降低数据操纵的效率，所以索引不能滥用。

恢复管理是数据库的重要管理内容。当发生软故障（各种错误造成的事务中断）时，可以通过撤销事务将数据库恢复到事务之前的一致状态。当发生硬故障（磁盘损坏或数据丢失）时，则需要利用恢复技术将数据库尽可能完全恢复。通常利用备份并不能完全恢复数据库，需要日志技术的支持。应当注意的是，当出现硬故障时需要首先备份尾日志，然后按全备份、增量备份和日志备份的顺序进行恢复。为了保证出现故障时能在尽可能短的时间内恢复数据库，需要制定相应的备份和恢复策略。

习题与思考题

1. 填空题

（1）在 SQL Server 环境下，修改数据库的命令是（   ），备份数据库的命令是（   ），备份事务日志的命令是（   ）。

（2）在 SQL Server 的 RESTORE 命令中（数据库不可用），应该使用关键词（   ），在数据库恢复结束时应该使用关键词（   ）。

2. 选择题

（1）关于聚集索引的说法，正确的是（   ）。

A. 聚集索引适合建立在有重复值的列上

B. 聚集索引是一种非物理排序的索引

C. 必须先建立聚集索引，然后再建立非聚集索引

D. 在一个表上最多只能有一个聚集索引

（2）在 SQL Server 中，为了将重要数据存储到指定物理文件，应使用哪种存储技术？（   ）

A. 文件　　　　　　　　　　B. 文件组

C. 分区　　　　　　　　　　D. 索引

（3）在 SQL Server 中，为了提高对超大型表的并行处理能力和处理速度，应使用哪种存储技术？（   ）

A. 文件　　　　　　　　　　B. 文件组

C. 分区　　　　　　　　　　D. 索引

（4）考虑下述时间序列的操作：

8：00AM 开始对数据库进行全备份；

8：01AM 用户 1 插入了一条新记录：雇员号为'9812111'，姓名为"张力"，年龄为 19；

8：15AM 备份结束；

8：20AM 用户 2 将雇员号为'9812111'的年龄改为 21；

8：30AM 数据库介质被损坏；

8：40AM 恢复 8：00AM 做的备份。

问：恢复完成后雇员号为'9812111'的雇员的情况（   ）。

A. 雇员号为'9812111'的雇员在数据库中，且年龄为 19

B. 雇员号为'9812111'的雇员不在数据库中

C. 雇员号为'9812111'的雇员在数据库中，且年龄为 21

D. 备份时这些操作不能进行

（5）制定一个备份策略，每天先进行一次全备份，然后进行若干次增量备份和日志备份，具体备份如下：全备份在 7：00AM 进行，增量备份在10：00AM、1：00PM、4：00PM 进行，日志备份在8：00AM、9：00AM、11：00AM、12：00AM、2：00PM、3：00PM、5：00PM 进行，当数据库在 3：30PM 时由于意外而造成数据库异常时，如何用备份的数据库进行有效的恢复？（　　）。

A. 先恢复7：00AM 进行的全备份，再恢复 1：00PM 进行的增量备份、恢复 2：00PM 进行的日志备份，最后恢复 3：00PM 进行的日志备份

B. 先恢复7：00AM 进行的全备份，再分别恢复8：00AM 和 9：00AM 进行的日志备份、恢复10：00AM 进行的增量备份、恢复11：00AM 和 12：00AM 进行的日志备份、恢复1：00PM进行的增量备份，最后分别恢复2：00PM 和 3：00PM 进行的日志备份

C. 先恢复7：00AM 进行的全备份，再恢复 1：00PM 进行的增量备份，最后恢复 3：00PM 进行的日志备份

D. 先恢复7：00AM 进行的全备份，再恢复 4：00PM 进行的增量备份

（6）增量备份备份的是（　　）。

A. 从上次全备份到当前时间的数据和日志的变化部分

B. 从上次增量备份到当前时间的数据和日志的变化部分

C. 从上次增量备份到当前时间的数据的变化部分

D. 从上次全备份到当前时间的数据的变化部分

（7）已知备份操作顺序依次为：全备份1、日志备份1、增量备份1、增量备份2、日志备份2、日志备份3，现从备份中对数据库进行恢复，问：对数据库的恢复顺序为（　　）。

A. 全备份1，增量备份2，日志备份2，日志备份3

B. 全备份1，日志备份3

C. 全备份1，增量备份1，增量备份2，日志备份2，日志备份3

D. 全备份1，日志备份1，增量备份1，增量备份2，日志备份2，日志备份3

（8）日志备份备份的是（　　）。

A. 从上次备份到当前时间的日志的变化部分

B. 从上次日志备份到当前时间的日志的变化部分

C. 从上次全备份到当前时间的日志的变化部分

D. 从上次增量备份到当前时间的日志的变化部分

（9）在数据库的恢复过程中，（　　）。

A. 不允许任何用户对数据库数据进行操作

B. 允许普通用户查询数据

C. 允许系统管理员查询数据

D. 允许系统管理员修改数据

（10）当数据库的恢复模式为简单模型时，（　　）。

A. 可以进行完整和增量备份

B. 可以进行完整和日志备份

C. 只能进行全备份

D. 所有备份都可以进行

（11）在数据库的备份过程中，（　　）。

A. 允许用户操作数据库中的数据

B. 不允许任何用户操作数据库

C. 只允许用户查询数据库中的数据

D. 只能对数据库进行插入操作

（12）可以进行数据库备份、恢复的角色的是（　　）。

A. db_backupoperator
B. dbcreator

C. db_datareader
D. db_datawriter

（13）下面说法正确的是（　　）。

A. 永久备份需要在备份之前建立备份设备，而临时备份不需要事先建立备份文件

B. 在 SQL Server Management Studio 中可以看到临时备份时的备份文件，而看不到永久备份时的备份设备

C. 临时备份需要在备份之前建立备份文件，而永久备份不需要事先建立备份设备

D. 临时备份时的备份文件对应磁盘上的物理文件，而永久备份时的备份设备不对应磁盘上的物理文件

（14）关于全备份，说法正确的是（　　）。

A. 全备份是恢复的基线

B. 全备份只备份数据库中的全部数据文件和日志文件

C. 全备份不备份日志文件，日志文件交给日志备份来完成

D. 备份速度快

（15）恢复模式的设置（　　）。

A. 必须在全备份或增量备份之前进行

B. 可以在备份的任何阶段进行

C. 必须在全备份之前进行

D. 必须在日志备份之前进行

（16）完整恢复模式（　　）。

A. 适用于不能容忍数据丢失的生产系统

B. 记载了大多数大容量操作

C. 不支持任意时间点的恢复

D. 最大限度地减少事务日志的管理开销

（17）数据库的备份类型与恢复模式（　　）。

A. 有关系，恢复模式的类型决定了可以进行的备份的类型

B. 没有直接关系

C. 所有的恢复模式都支持日志备份

D. 备份数据库时不备份数据库的恢复模式

3. 讨论题

（1）试述 SQL Server 数据库的存储结构。

（2）试述 CREATE DATABASE 命令完成了哪些工作？

（3）调整数据库的 ALTER DATABASE 命令可以完成哪些工作？

（4）当出现数据库空间满的状况时应该如何解决？

（5）练习例 11-1~ 例 11-5，体验调整数据库的 ALTER DATABASE 命令。

（6）如何将一组重要的数据存放到指定物理文件？

（7）练习例 11-6 和例 11-7，建立文件组并将指定的表存储到指定的物理文件。

（8）对一超大型表使用什么技术可以提高响应效率和并发处理能力？

（9）试述 SQL Server 分区技术的用途。

（10）使用分区技术存储超大型的表包括哪些具体步骤？

（11）SQL Server 支持哪些类型索引？在应用中如何设计索引？

（12）建立索引的目的是提高查询速度，是否索引建立得越多越好？为什么？

（13）什么是聚集索引？什么情况下会自动建立聚集索引？

（14）什么是唯一索引？什么情况下会自动建立唯一索引？

（15）为什么数据库使用一段时间后需要优化索引？都有哪些优化方法？

（16）当某个表进入频繁更新阶段时，为了降低维护索引的代价，可以用什么方法停止（维护）索引？必要时又可以用什么方法启用索引？

（17）如何划分数据库的软故障和硬故障？软故障影响事务的什么性质？硬故障影响事务的什么性质？

（18）在备份和恢复技术中日志的作用是什么？

（19）SQL Server 提供了哪些备份类型？

（20）试述在 SQL Server 中利用文件和文件组备份为数据库恢复提供了什么样的便利。

（21）在恢复数据库的 RESTORE DATABASE 和 RESTORE LOG 命令中，关键词 RECOVERY 和 NORECOVERY 的作用是什么？

（22）针对不同的应用场景和故障类型（事务故障和介质故障），试讨论备份和恢复的策略及方法。

（23）当数据库遇到灾难后，试述为了完全还原数据库，恢复工作的步骤。

（24）试述备份系统数据库的重要性及系统数据库备份和恢复的基本方法。

实验 12　数据恢复

实验名称：数据库的备份与恢复。

实验内容：在 SQL Server 环境下完成事务管理的基本实验，完成数据库的备份和恢复操作。

实验目的：理解和体会数据库事务管理的内容，掌握数据库备份和恢复的基本方法，加强对数据库管理系统的事务管理功能的认识。

实验方法：在 SQL Server 环境下实验事务管理的基本内容；掌握数据库备份和恢复的基本方法。

实验要求：

（1）软故障后的恢复

① 参照例 10-8 中的程序，设计事务及事务处理的程序。

② 模拟软故障的情形，使设计的事务及事务处理程序的各个分支都可以被执行到。

③ 体会事务的原子性和一致性。

（2）硬故障后的恢复

① 针对一个具体的数据库，设计一个备份恢复策略。

② 执行数据库全备份和若干增量备份（每次备份后都有一些数据操纵）。

③ 模拟一个硬故障（假设数据库损坏）。

④ 备份当前尾日志。

⑤ 恢复数据库。

（3）在实验报告中要给出具体的操作要求和过程，并针对各种情况做出具体的分析和讨论。

相关命令：

备份数据库的命令是

```
BACKUP DATABASE database_name TO <backup_device>
[WITH DIFFERENTIAL]…
```

备份日志的命令是

```
BACKUP LOG database_name TO <backup_device>…
```

恢复数据库的命令是

```
RESTORE DATABASE database_name FROM <backup_device>
WITH {RECOVERY | NORECOVERY }…
```

利用日志进行恢复的命令是

```
RESTORE LOG database_name FROM <backup_device>
WITH {RECOVERY | NORECOVERY }…
```

第 12 章　数据库应用和研究的新领域

当前，数据库的研究领域随着科学技术的发展和应用需求的拉动变得越来越广泛，而数据库应用领域或数据管理更是无所不在。

知识目标：了解数据库的新领域和发展方向。

能力及素养目标：能够选择并使用恰当的技术、资源、现代工程工具、信息技术工具，对复杂工程问题进行分析、计算与设计。具备自主学习新技术的能力。弘扬科学精神，探索新兴技术，推动科技发展。

12.1　概述

从 20 世纪 60 年代中叶到现在，数据库经历了近 60 年的发展，针对数据库的研究可以说是从数据模型、计算机技术和应用领域三个方面进行的。

1. 关于数据模型的研究

数据模型的研究是数据库系统的基础性研究，研究涉及数据模型的构造以及数据及其联系的表示。数据模型经历了层次模型、网状模型、关系模型和面向对象模型等阶段。目前使用最广泛的是关系模型。在数据库诞生早期，人们基本聚焦在对数据模型的研究上。

2. 与计算机技术相融合的研究

计算机技术的发展也促进了数据库技术的发展，通过将计算机技术的一些研究领域与数据库技术相结合，产生了很多新的数据库系统。例如，将数据库技术与分布式处理技术相结合，产生了分布式数据库系统；将数据库技术与并行处理技术相结合，产生了并行数据库系统；将数据库技术与人工智能技术相结合，产生了知识库系统；将数据库技术与多媒体技术相结合，产生了多媒体数据库系统，等等。这类研究伴随着整个计算机技术的发展，既有计算机技术发展的推动，也有应用需求的拉动。

3. 与应用领域密切结合的研究

数据库技术最初的应用领域主要是信息管理领域，如政府部门、工商企业、图书情报、交通运输、银行金融、科研教育等各行各业的信息管理和信息处理。事实上，凡是有大量的数据要管理和需要大量数据支持的工作，都可以使用数据库。目前数据库的应用领域无处不在，如在工程设计领域有工程数据库，在影音视频领域有多媒体数据库，在地理和空间信息领域有空间数据库，在人工智能领域有知识库，在决策支持领域有数据仓库等。随着互联网技术和应用的发展，如今的云计算、大数据、NoSQL、区块链更是如日中天，数据库应用的范围早已不可同日而语，数据管理的范畴也早已超出了传统数据库的范畴。

研究和发展是无止境的，随着科学技术的发展，相信还会有更新的数据库应用领域和数据库研究领域出现。本章将概述一些有代表性的新的数据库应用和研究领域。

12. 2　面向对象数据库

20 世纪 80~90 年代面向对象技术发展得很快，一些学者对关系数据库不能处理复杂类型的数据提出质疑，因此面向对象的概念强烈引发了数据库对复杂数据类型的支持，也推动了面向对象数据库的发展。

12. 2. 1　新的数据库应用和新的数据类型

关系数据库系统可以很好地满足传统信息管理领域的应用需求，此类应用一般只使用标准的数据类型（如整数、日期、字符串等），然而在信息管理领域之外还有很多新的应用领域迫切需要使用数据库，如计算机辅助设计（CAD）、多媒体技术（音视频文件的存储和处理）等，这些应用往往需要存储大量复杂类型的数据，同时面向对象的概念和技术也强烈地引发了数据库对复杂数据类型的支持，从而推动了面向对象数据库的发展。

按照面向对象的思想，新的数据库技术不仅能够处理复杂的数据类型，而且要封装对存储数据的处理方法。

面向对象数据库除支持关系数据库提供的数据类型外，还应该支持如下复杂的数据类型：

① 用户定义的抽象数据类型（abstract data type，ADT）：可以存储声音、图像、视频等复杂数据，甚至还包括针对这些数据的处理函数（如产生这些数据的压缩版或较低分辨率图像等）。

② 构造类型：利用构造器从原子数据类型构造出集合、数组、元组等新的数据类型。

③ 继承：随着数据类型数量的增长，可以概括出不同数据类型之间的共同点，例如压缩的图像和低分辨率的图像都是图像，它们在图像的描述和操作上会有很多相同的特征，从而可以利用面向对象的继承思想来提高应用的设计质量。

对于以上描述的数据类型或问题，在目前的关系数据库中可以将复杂数据（如声音、图像、视频等）存储为长二进制数据，如 SQL Server 支持的 varbinary（max）（早期版本是 text 和 image）数据类型；也可以将半结构化的数据存储为

XML 数据。但是不能将这些数据像其他数据类型那样以集合的方式进行查询或操作，因此使用起来不是很方便，并且效率较低。

至于构造类型和继承，关系模型根本就不支持。如果必须要描述此类问题，则只能将这类复杂的结构映射到二维表的集合，而这往往是比较复杂和难以理解的。

12.2.2　面向对象数据库研究中的几个特点

面向对象数据库是指对象的集合、行为、状态和联系是以面向对象数据模型来定义的。面向对象数据库系统是支持定义和操作面向对象数据库的数据库系统。

1. 面向对象模型的优势

面向对象模型是对传统数据模型的发展。面向对象数据库产生之初，就受到整个学术界和工业界的关注，这是因为面向对象数据模型至少在以下几方面具有优势：

① 具有表示和构造复杂对象的能力。

② 由封装和信息隐藏概念提供的模块化机制。

③ 通过封装、继承和类层次概念提供的软件重用机制。

④ 通过滞后联编（late binding）等概念得到系统扩充能力等。

这里简单解释一下滞后联编的概念。在应用类继承技术时，如果超类是系统提供的一部分，而子类属于应用程序，则在超类编译时无法对操作名做解释，因而把此项工作延迟到应用程序运行时进行，这种延迟便称为滞后联编。

2. 面向对象数据库发展过程的特点

尽管面向对象数据库已经显示出了自己的优势，但至今还没有统一的标准，这是因为面向对象数据库的发展具有以下特点：

① 缺乏通用的数据模型。

② 缺乏坚实的形式化理论基础。

③ 具有较强的实践性。

3. 面向对象数据库系统的基本特征

一个面向对象数据库系统应该具备如下基本内容和特征：

① 在数据模型方面，支持对象、复合对象、封装、类、继承、重载、滞后联编、多态性等基本概念。其中，复合对象的概念包括支持生成复合对象的构造器（元组、集合、包、列表、数组等）。

② 数据库管理系统在保持传统功能（如并发控制、故障和恢复）外，还支持永久对象、长事务处理和嵌套事务，具有版本管理和模式演化的能力，能够维护数据完整性，适合在分布式环境下工作。

③ 数据库访问界面支持消息传递，提供计算能力完备的数据库程序设计语言，能够解决数据库语言与宿主语言的某些不匹配问题，提供类似 SQL 的非过程化查询功能。

关于面向对象数据库的研究，开始主要集中在构造复杂对象的模型方面，并在扩展关系代数理论、嵌套关系、复杂对象演算等方面取得了相应的研究成果，为构造复杂对象模型建立了模式化的理论框架，同时也为面向对象数据库的设计和理论研究打下了基础。

4. 面向对象数据库的研究方法

面向对象数据库的研究方法归纳起来主要有以下三种：

① 扩充关系模型。关系数据库已积累了相当成功的经验，并为工业界广泛接受。将成熟的关系数据库与面向对象数据库方法结合起来，可减少研制工作量，缩短研制周期。这种方法的弱点是仍不能支持一些面向对象的语义，而且由于保留了关系数据库的存储结构而牺牲了一些面向对象数据库的特征，其性能、效率极难有实质性提高。

② 在面向对象语言中嵌入数据库功能，从而形成面向对象数据库。该方法的关键是如何在面向对象语言中增加持久性对象的存储管理，如以 C++ 等语言扩充面向对象数据库。使用此方法的难点在于视图、程序员界面的标准化，且受面向对象语言的限制。

③ 开发全新的数据模型，从底层实现面向对象数据库系统。该方法首先建立一个包含面向对象数据库核心概念的数据模型，然后设计相应的语言及面向对象数据库管理系统核心。这种方法的优点是系统结构清晰、效率高；缺点是难度大，一方面缺乏统一的数据模式及形式化理论，另一方面在查询优化、视图及数据库工具方面仍为空白。

以上三种研究方法实际上可以归纳为两种，即目前面向对象数据库在沿着两个方向发展：

① 对象关系数据库系统。对象关系数据库系统可以看作是对关系数据库系统的扩充，它以关系数据库系统为基础，扩展了对面向对象概念的支持，从而具有必要的功能，支持更广泛的应用，并且在很多时候还可以在关系型和面向对象方法之间架起一座桥梁。这是前面提到的第一种研究方法。

② 对象数据库系统。对象数据库系统被认为是不同于关系数据库系统的另一种选择，其目标是针对那些以复杂对象扮演核心角色的应用领域。这种方法一方面是试图设计全新的数据模型，另外在很大程度上受到面向对象编程语言的影响。所以从另一个角度也可以将其理解为把数据库管理系统的功能加入编程语言环境。这是前面提到的第二种和第三种研究方法。

这里注意三个术语：关系数据库管理系统（relational database management，RDBMS）、对象关系数据库管理系统（object RDBMS，ORDBMS）和面向对象数据库管理系统（object oriented DBMS，OODBMS）。

ORDBMS 是对 RDBMS 的发展，在 SQL99 中增加了对面向对象概念的支持，它是基于 ORDBMS 的，提供了对很多复杂数据类型特征的支持。

很多数据库厂商（如 IBM、Oracle 等）正在其产品中增加 ORDBMS 的功能，而且利用现在的关系数据库设计和实现的技术可以很好地处理扩展的对象特征。同时，理解这些扩展对数据库用户和设计者也非常重要。

5. 面向对象数据库研究中存在的问题

在面向对象数据库理论和形式化研究的基础上，从 1986 年起大量的研究工作侧重于实验型面向对象数据库及复杂对象操作语言的设计。目前面向对象数据库仍以实验系统为主，真正商品化的系统还不多见，面向对象数据库的市场并不理想，远未被广大用户所接受。究其原因，一方面用户已十分熟悉关系数据库的各种使用方式，而对面向对象数据库仍知之甚少，这种习惯势力仍需持续一段时间；另一方面，面向对象数据库本身仍存在一些未能解决的问题，归纳起来有如下几点：

① 缺乏通用数据模型。

② 缺乏理论基础。

③ 缺乏友好的用户界面与工具环境。

④ 缺乏有力的查询优化。

6. ODMG 数据模型和 OQL

对象关系数据库是对关系数据库的扩充和发展，它仍然基于关系模型，使用 SQL 完成数据查询和操作（在 SQL99 中增加了对面向对象概念的支持）。而对象数据库使用全新的面向对象数据模型，该模型的标准由对象数据库管理组（ODMG）制定，所以也称为 ODMG 数据模型，同时 ODMG 也定义了相应的对象查询语言（OQL）。

ODMG 数据模型是 OODBMS 的基础，就像关系模型是 RDBMS 的基础一样。数据库中存储的是对象的集合（与 E-R 模型中的实体类似），每个对象有一个唯一的对象标识符，具有相同属性和方法的对象构成类。

类的属性实际分为属性、联系和方法。属性可以是简单数据类型，也可以是复杂数据类型。ODMG 中的联系类似于 E-R 模型中的二元联系，它描述对象与同一类或不同类的一个或多个对象的关系。方法是应用到类的对象上的函数，在 E-R 模型中没有类似的概念。

OQL 类似于 SQL，其查询的语法结构也是 SELECT…FROM…WHERE（甚至支持 GROUP BY、HAVING 和 ORDER BY）。OQL 还支持复杂数据类型。

12.2.3　RDBMS、ORDBMS 和 OODBMS 的比较

这里对 RDBMS、ORDBMS 和 OODBMS 做一下比较，让读者对它们各自的特点有一个更明确的认识。

1. RDBMS 和 ORDBMS

RDBMS 和 ORDBMS 的比较是直截了当的。RDBMS 不支持本章讨论的构造数据类型和面向对象特征。由于关系模型具有简洁的特点，所以关系系统更容易使用，也更利于查询优化的执行。

ORDBMS 是对 RDBMS 的扩展，它基于关系模型，但支持本章讨论的构造数据类型和面向对象特征。

2. ORDBMS 和 OODBMS 的相似之处

ORDBMS 和 OODBMS 都支持本章讨论的构造数据类型和面向对象特征。二者还有类似的查询语言，ORDBMS 支持 SQL 的扩展形式，而 OODBMS 支持的是 OQL。SQL 和 OQL 的类似也非偶然，ORDBMS 是 RDBMS 的扩展，所以自然会向 RDBMS 增加 OODBMS 的特征；而 OODBMS 的 OQL 正是基于关系数据标准语言 SQL 开发的。ORDBMS 和 OODBMS 都提供一般数据库管理系统的功能，如并发控制、安全管理和恢复等。

3. ORDBMS 和 OODBMS 的不同之处

ORDBMS 和 OODBMS 的不同之处在于它们的基本原理不同：ORDBMS 试图向 RDBMS 中增加新的数据类型和面向对象的特征；而 OODBMS 则试图向程序设计语言中增加 DBMS 的功能，并定义新的数据模型。

尽管这两类对象系统从功能上会越靠越近，但是由于实现方法和底层原理的差异，它们在设计时的侧重点以及对各种特征支持的有效性等方面自然会有不同之处。

OODBMS 旨在实现与程序设计语言（如 C++ 和 Java 等）的无缝集成，而这种集成不是 ORDBMS 的主要目标。

OODBMS 的目标是适用于以对象为中心的应用，数据库应用的设计、开发和使用始终是以对象为中心的；而 ORDBMS 的目标是优化以大数据集合操作为重点，虽然支持面向对象的特征，但不是以对象为中心的。

12.3 数据仓库与数据分析

随着数据库技术的普及和应用领域的日益广泛，人们对数据管理提出了更高的要求，不仅希望数据库能够完成日常信息管理和信息处理的任务，还希望能够利用日积月累的大量数据获得决策支持方面的服务，即分析和决策服务，这就有了后来的数据仓库。数据仓库和数据库只有一字之差，从中文字面上看似乎也是一个概念，但实际不然。数据仓库的英文是 data warehouse，它不是一种软件或产品，而是在数据库系统支持下的一种结构或解决方案。

12.3.1 什么是数据仓库

数据仓库没有一个统一、标准的定义，一般从其特点来定义：数据仓库是支持管理决策过程的、面向主题的、集成的、随时间而增长的持久的数据集合。

如果从不同的角度考虑，数据仓库还有其他几种定义，但有一点它们是一致的，即数据仓库是为决策支持服务的，它是一个单位或行业领域决策支持系统必不可少的一部分。因此，数据仓库的用户不是类似民航售票或银行柜员的终端操作人员，而是面向各个业务部门和有关决策人员。

数据库上的业务处理称作联机事务处理（OLTP），而数据仓库上的业务处理称作联机分析处理（OLAP）。OLTP 是操作型数据环境，是面向应用的事务处理系统，比如银行的储蓄系统、民航的售票系统等都是典型的 OLTP 系统；而OLAP 是分析型数据环境，是面向管理的决策支持系统。

1. 数据仓库的基本特征

概括起来，数据仓库应具有如下特征：

① 面向主题。可以根据最终用户的观点组织和提供数据。

② 管理大量信息。数据仓库含有大量历史数据。

③ 信息存储在多个存储介质上。因为必须管理大量的信息，所以数据仓库的数据往往存储在多个介质上。

④ 信息的概括和聚集。可以将信息概括和聚集，并以人们易于理解的方式提供出来。

⑤ 从许多数据来源中将信息集成并使之关联。由于数据仓库要管理大量且包含历史信息的数据，而这些数据可能和多个应用及多个数据库有关，所以需要数据仓库收集和组织这些应用程序多年来在各个场合获得的数据。

⑥ 跨越数据库模式的多个版本。因为数据仓库必须管理和存储历史数据，而这些历史数据在不同时代数据库模式的不同版本之中，所以数据仓库有时还需要处理来自不同数据库的信息。

在这些特征中，主题是数据归类的标准，每个主题对应一个客观分析领域，可为辅助决策集成多个不同系统的大量数据。数据仓库包含了大量的历史数据，经集成后进入数据仓库的数据一般极少再做更新操作。

数据仓库是为决策支持服务的，也有人说数据仓库就是决策支持系统。实际上，决策支持系统的提出和研究要比数据仓库早很多年。在 20 世纪 80 年代初，国内外曾在决策支持系统的研究过程中提出了数据库、模型库和方法库三库的概念和方法，描述了一个决策支持系统的理想框架，但却没有取得实质性的进展和成功，究其原因是缺少足够的数据源和分析工具。而数据仓库的出现大大促进了决策支持系统的发展。

2. 数据仓库的结构

数据仓库是在原有关系数据库的基础上发展形成的，但它不同于数据库系统的组织结构形式。数据仓库从原有业务数据库中获得基本数据和综合数据（注意：不是录入的原始数据），并把它们分成一些不同的层级。图 12-1 示意了典型数据仓库的结构，包括早期基本数据、当前或近期基本数据、轻度综合数据和高度综合数据。

当前或近期基本数据是最近时期的业务数据，数据量大，是数据库用户最感兴趣的部分。随着时间的推移，由数据仓库的时间控制机制将其转为早期基本数据。轻度综合数据是从低级的当前或近期基本数据中提取出来的，设计这级数据结构时，要选取综合处理数据的时间段，明确综合数据包含哪些数据属性和内容。最高一层是高度综合数据层，这一层的数据十分精练，是一种准决策数据。

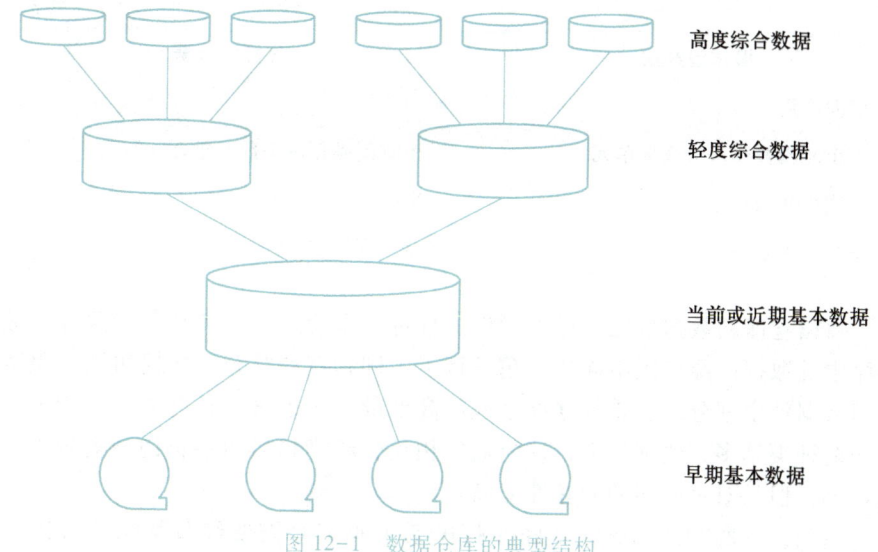

高度综合数据

轻度综合数据

当前或近期基本数据

早期基本数据

图 12-1　数据仓库的典型结构

最终，整个数据仓库的组织结构由元数据来组织。元数据（metadata）通常被定义为"关于数据的数据"。在数据库中，元数据就是数据字典，它是对数据库中各个对象的描述，如数据库、表、列、索引、存储过程等。元数据在数据仓库中扮演了重要的角色，它虽然不包含任何业务数据库中的实际数据信息，但它遍及数据仓库的所有方面。例如，在辅助决策支持系统分析过程中，起定位数据仓库的目录作用；在数据从业务环境向数据仓库环境传送时，作为数据仓库的目录内容；指导从当前或近期基本数据到轻度综合数据，再从轻度综合数据到高度综合数据的综合算法选择等。

3. 数据仓库中数据的特点

数据库是操作型数据环境，而数据仓库是分析型数据环境。当然数据库也可以支持分析服务，但是在操作型环境中支持分析应用将会非常复杂和困难，响应速度也会非常慢，因此需要提供分析型环境来支撑决策和分析服务。表 12-1对比了操作型数据和分析型数据的特点。

表 12-1　操作型数据和分析型数据的特点

操作型数据	分析型数据
细节的	综合的、提炼的
在存取瞬间是准确的	代表过去的数据
可更新	不更新
操作需求事先知道	操作需求事先不知道
符合结构化生命周期	完全不同的生命周期
要求实时响应	不要求实时响应
事务驱动	分析驱动

续表

操作型数据	分析型数据
面向应用	面向分析
一个时刻操作一个数据单元	一个时刻操作一个数据集合
一次操作数据量小	一次操作数据量大
支持日常业务	支持管理需求

数据仓库的数据事先经过了清洗、提炼、聚合，为了满足分析服务，数据仓库中的数据已经按照不同的主题进行了不同程度的综合。数据的综合程度可以用数据粒度划分，它是数据综合程度高低的一个度量。粒度越小越细节，回答查询种类越多，数据量大，性能低；相反，粒度越粗回答查询种类越少，数据量小，但是对可回答的问题性能高。

例如，问题"1395xxx1318 昨天打电话了吗？"是需要细节数据才可以回答的，所以小粒度可以回答，粗粒度则不能回答。

再如问题"1395xxx1318 上个月日均打出电话几分钟？"既可以使用细节数据回答，也可以使用综合数据（已经统计好的日均数据）回答。显然细节数据（小粒度）回答效率低（需要计算），综合数据（粗粒度）回答效率高（直接提取）。

4. 数据仓库系统的构成

数据仓库系统由数据仓库、数据仓库管理工具和数据分析工具三部分组成，图 12-2 示意了数据仓库系统的结构。

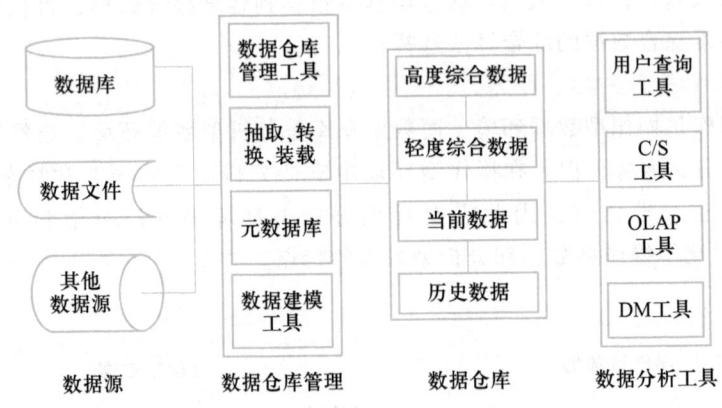

图 12-2　数据仓库系统的结构

数据仓库中的数据来源于多个数据源，可能是跨平台的各种数据库，也可能是各种应用软件产生的数据文件等。数据内容包括企业内部数据、市场调查报告及各种文档之类的外部数据等。

在确定了数据仓库的信息需求后，首先进行数据建模（data modeling），然后确定从源数据到数据仓库的数据抽取、清理和转换过程，最后确定数据仓库的存储方法。元数据库是数据仓库的核心，用于存储数据模型、定义数据结构、定义转换规则、确定控制信息等。数据仓库管理包括对数据的安全、归档、维护、备份、恢复等工作，这些工作需要数据库管理系统的支持。

数据仓库不是面向事务的，而是面向分析的，所以数据分析工具是数据仓库系统的一个重要组成部分。数据分析工具包括用于完成实际决策问题所需的各种用户查询工具、OLAP 工具和数据挖掘（data mining，DM）工具等，以实现决策支持系统的各种要求。所谓数据挖掘，是指数据分析的发现模式，即通过对大量详细数据的分析发掘出意料之外的或未知的有用信息。

数据仓库应用是一种典型的 client/server（C/S）结构。其客户端的工作包括客户交互、格式化查询及报表生成等；服务器端完成各种辅助决策的 SQL 查询、复杂的计算和各类综合功能等。数据仓库的 client/server 形式也在朝着 3 层（甚至 n 层）的结构发展，其中间层是数据分析服务器。数据分析服务器能够加强和规范决策支持的服务工作，集中和简化客户端与数据仓库服务器的部分工作，提高整个系统的工作效率。

12.3.2 数据分析与数据挖掘

传统的决策支持系统由数据库、模型库、方法库和人机交互四类部件组成，是综合利用各种数据、信息、知识，特别是模型技术，辅助各级决策者解决半结构化决策问题的人机交互系统；而以数据仓库为基础的数据分析服务和数据挖掘技术则将决策支持提高到了一个新的水平。

1. 数据分析服务

随着数据库技术的广泛应用，企业信息系统产生了大量的数据，如何从这些海量数据中提取对企业决策分析有用的信息，成为企业决策管理人员面临的重要难题。传统的 OLTP 系统主要用于事务处理，但它对分析处理的支持一直不能令人满意。数据仓库的出现为数据分析服务提供了发展的机会。

分析服务（analysis services），即 OLAP 系统等诸多分析或决策应用驱动了数据仓库技术的出现和发展；而数据仓库技术反过来又促进了 OLAP 技术的发展。OLAP 的概念最早由"关系数据库之父"E. F. Codd 于 1993 年提出，他认为 OLTP 已不能满足用户对数据库查询分析的要求，SQL 对大数据库的简单查询也不能满足用户分析的需求。因此，Codd 提出了多维数据库和多维分析的概念。

所谓多维，是指人们从不同的角度来审视业务的一种很自然的思考模式。例如，分析销售数据可能会综合时间周期、产品类别、分销渠道、地理分布、客户群类等多种因素来考虑。这些分析角度虽然可以通过报表来反映，但每一个分析的角度可以生成一张报表，各个分析角度的不同组合又可以生成不同的报表，这将使得 IT 人员的工作量相当大，而且往往难以跟上管理决策人员思考的步伐。

OLAP 的主要特点是直接仿照用户的多角度思考模式，预先为用户组建多维的数据模型。例如对销售数据的分析，时间周期是一个维度，产品类别、分销渠道、地理分布、客户群类也分别是一个维度。一旦多维数据模型建立完成，用户可以快速地从各个分析角度获取数据，也能动态地在各个角度之间切换或者进行多角度综合分析，具有极大的分析灵活性。这也是 OLAP 系统在近年来被广泛关注的根本原因，它从设计理念和真正实现上都与旧有的管理信息系统有着本质区别。

SQL Server 的 Analysis Services 是一个 OLAP 工具，可以设计、创建和管理包含来自多个数据源（如关系数据库）的详细信息和聚合数据的多维结构。

可以使用 Business Intelligence Development Studio 创建新的 OLAP 多维数据集，使用 SQL Server Management Studio 管理和使用 OLAP 多维数据集。

2. 数据挖掘

数据挖掘和 OLAP 都是为决策分析服务的，但它们是两种不同的技术。

传统的查询和报表工具都是告诉用户数据库中有什么（what happened），而 OLAP 可以预测下一步会怎么样（what next），或者如果采取某种措施会怎么样（what if）。也就是说，首先建立一个假设，然后 OLAP 可以验证这个假设是否正确。例如，一个分析师想找到啤酒销售量下降的原因，他可能先做一个初始的假定，认为天气转凉了，然后用 OLAP 来验证他这个假设。如果这个假设没有被证实，他可能再去察看最近是否有体育赛事等，如果还不行，再做其他假设……这样一直进行下去，直至找到想要的结果或放弃。也就是说，OLAP 分析师是建立一系列的假设，然后通过 OLAP 来证实或推翻这些假设，最终得到自己的结论。OLAP 分析过程在本质上是一个演绎推理的过程。但是如果分析的变量达到几十或上百个，那么再用 OLAP 手动分析验证这些假设将是一件非常困难和痛苦的事情。

数据挖掘与 OLAP 不同之处是，数据挖掘不是用于验证某个假定的模式（模型）的正确性，而是在数据仓库中自己寻找模式或模型。数据挖掘在本质上是一个归纳的过程。

那么什么是数据挖掘呢？在人工智能领域，数据挖掘习惯上又被称为数据库中的知识发现（knowledge discovery in database，KDD），即从大量的茫茫数据中挖掘出有用的信息——知识。数据挖掘是通过分析每个数据，从大量数据中寻找其规律的技术，主要有数据准备、规律寻找和规律表示三个步骤。其中，数据准备是从相关的数据源中选取所需的数据并整合成用于数据挖掘的数据集，规律寻找是用某种方法将数据集所含的规律找出来，规律表示则是尽可能以用户可理解的方式（如可视化）将找出的规律表示出来。

数据挖掘不是一种单一的技术或软件，它综合了数据可视化、机器学习、统计学和数据库技术，通过某种方法在大量数据中发现有用知识，使数据、知识和决策过程成为一个有机的整体，因此，决策支持过程的准确性和实时性都能大大提高。数据仓库和数据挖掘技术已经迅速发展起来，并逐渐成为决策支持的新手段。

数据仓库和数据挖掘是作为两种独立的信息技术出现的。数据仓库是从数据库技术发展而来，是为决策应用服务的数据组织技术和数据存储技术；数据挖掘是通过对数据库、数据仓库中的数据进行分析并获得知识的一系列方法和技术。数据仓库和数据挖掘都可以完成对决策过程的支持，它们相互间有一定的内在联系。因此，将它们集成到一个系统中可以更加有效地提高系统的决策支持能力。图 12-3 示意了数据挖掘的过程。

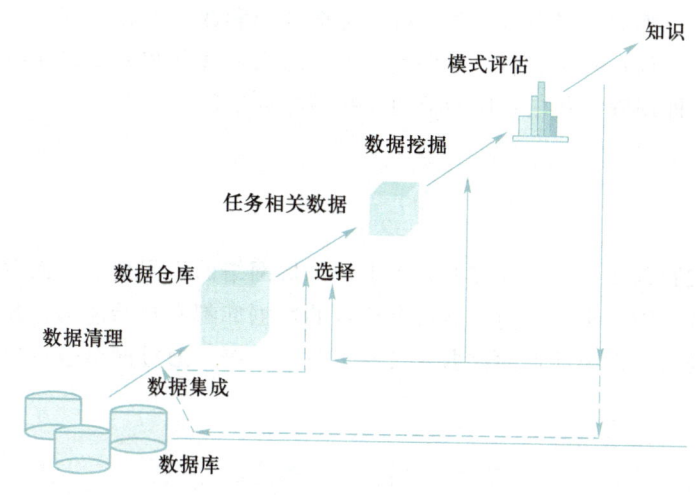

图 12-3　数据挖掘的过程

　　数据挖掘最经典的案例是"啤酒与尿布"问题。人们很难想象啤酒和尿布可以摆在一起销售，这不是一个笑话，而是发生在美国沃尔玛连锁超市的真实案例。沃尔玛拥有世界上最大的数据仓库系统，为了能够准确了解顾客在其门店的购买习惯，沃尔玛对其顾客的购物行为进行了购物分析，想知道顾客经常一起购买的商品有哪些。沃尔玛的数据仓库里集中了各门店的详细原始交易数据。在这些原始交易数据的基础上，沃尔玛利用数据挖掘方法对这些数据进行了分析和挖掘。一个意外的发现是：跟尿布一起购买最多的商品竟是啤酒！经过大量实际调查和分析，揭示了一个隐藏在"尿布与啤酒"背后的美国人的一种消费行为模式：一些年轻的父亲下班后经常要到超市去买婴儿尿布，而他们中有 30%~40% 的人同时也为自己买一些啤酒。产生这一现象的原因是：美国的太太们常叮嘱她们的丈夫下班后为小孩买尿布，而丈夫们在买尿布后又随手带回了他们喜欢的啤酒。

　　按照常规思维来看，尿布与啤酒风马牛不相及，若不是借助数据挖掘技术对大量交易数据进行挖掘分析，沃尔玛是不可能发现数据内在这一有价值的规律的。

　　关联规则是数据挖掘的主要方法之一。所谓关联，就是两个或多个变量的取值之间存在某种规律性。关联可分为简单关联、时序关联、因果关联，关联分析的目的是找出数据仓库中隐藏的关联网。

　　关联规则挖掘过程主要包含两个阶段：第一阶段必须先从数据集合中找出所有的高频项目组，第二阶段再从这些高频项目组中产生关联规则。只有高频项目组才能揭示隐藏的规律。例如，在沃尔玛的原始交易数据中也有用户购买牙膏的同时购买了马桶的记录，然而这只是一个偶然现象。

数据挖掘和 OLAP 具有一定的互补性。在利用数据挖掘得出的结论采取行动之前，应当验证一下如果采取这样的行动会带来什么样的影响。OLAP 工具也许就能回答这些问题。例如，在挖掘出"啤酒与尿布"的关联后，可以就如何在货架上摆放啤酒和尿布做一些分析：是把啤酒和尿布摆在一起，还是把啤酒和尿布分开摆放在视线之内？如果是后者，那么在啤酒和尿布之间应该摆放什么商品等，即用啤酒和尿布还能带动哪些商品的销售。

12.4　分布式数据库与云计算

分布式数据库是一个物理上分布于计算机网络的不同地点，而逻辑上又属于同一系统的数据集合。网络上每个地点的数据库都有自治能力，能够完成局部应用；同时，每个地点的数据库又属于整个系统，通过网络也可以完成全局应用。

12.4.1　分布式数据库的基本概念和特点

案例：假设某大型企业的总部设在上海，在北京、广州、重庆等地设有分公司。以采购业务为例，一般采购业务分公司都可以自主独立完成，而关键部件的重要采购则需要得到总公司的批准。例如，重庆分公司需要采购一批货物，在本地完成申请、审批后，发现这批货物属于关键部件的重要采购，需要提交上海总公司审批；而上海总公司审核时又需要了解各分公司的库存，如果分公司库存不够则同意采购，否则直接由其他分公司调配给重庆分公司。

以上描述的是一个典型的分布式业务流程的需求，各分公司分别都有自己的采购流程，在一般情况下各地独立完成本地的申请、审批功能（各地独立自治完成局部应用）；而在特殊情况下就需要各地合作，共同完成一个较复杂的采购流程（整体协调完成全局应用）。这样的业务需求在较大、较规范的企业中很常见。

图 12-4 是一个分布式数据库的示意图，假设它是上述大型企业的信息系统，每个大圆框表示总公司或一个分公司的信息系统，可以自成一个局部系统，也可以通过通信网络构成一个整体的全局系统。

分布式数据库把整个企业的所有数据管理纳入一个统一的数据库进行管理，但是很多数据物理地分布存储在各分公司的数据库中。分布式数据库就是要解决如何实现数据的分布存储和高效利用问题。

用户使用的是一个整体数据库，他们不需要知道哪些数据存放在什么地方，在分布式数据库中把这种特性称为位置透明性或分布独立性。这样，应用程序（用户）只需要提出应用要求，至于数据库管理系统在哪里能取到所需要的数据，则完全是由分布式数据库系统决定和完成。

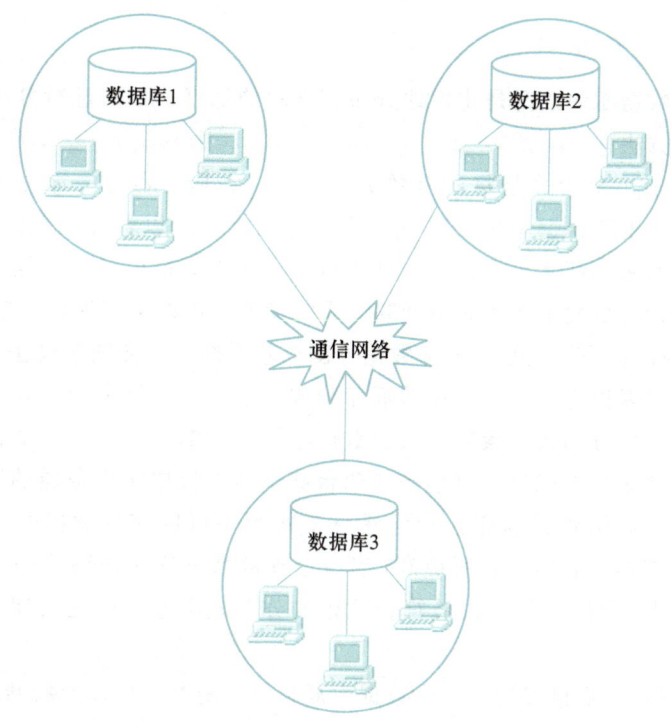

图 12-4 分布式数据库示意

把多个数据库用网络连接起来，使分散在各个场地上的数据库可以被网络上的用户通过远程登录加以访问，或者通过网络传递数据库中的数据，这种方式不是分布式数据库，可以称为分散式数据库。

因此，我们强调分布式数据库应该具有如下基本特点：

① 数据的物理分布性。数据库中的数据不是集中存放在一个场地的一台计算机上，而是分布在不同场地的计算机上。

② 数据的逻辑整体性。数据库中的数据虽然物理上是分布在不同场地的计算机上，但这些数据不是互不相关的，它们逻辑上属于同一个整体数据库。

③ 数据的分布透明性。数据的分布透明性也称作分布独立性，也就是说，在分布式数据库中，除了有数据的逻辑独立性和物理独立性之外，还有数据的分布独立性。数据的分布独立性（分布透明性、位置透明性）是指用户只需关心整体数据库中有哪些数据，而不必关心数据存放在什么地方及存放细节，分布的存储实现由系统自动完成。

④ 场地自治和协调工作。系统中每个场地的计算机都有独立的自治能力，能独立执行局部的应用请求；每个场地的数据库又是整体数据库的一部分，可以通过网络协调处理全局的应用请求。

⑤ 数据冗余。在集中式数据库中设法消除冗余，而在分布式数据库中常常利用适当的冗余来提高系统的处理效率和可靠性。复制技术就是一种利用冗余的技术，也是分布式数据库的一种重要技术。

12.4.2　分布式数据库的数据分布方式

分布式数据库的数据是物理地分布在不同的地点，如何进行分布需要有一定的策略和方法。

① 集中式。集中式是将所有数据安排在一台服务器上，这是一种特殊情况。这种方式由于数据集中安排在一台服务器上，所以管理和控制比较容易；但由于所有的操作都将发生在一台计算机上，所以效率可能会较低，并且当储存数据库的计算机发生故障时会使整个系统崩溃，因而可靠性也较差。

② 分割式。分割式是将全部数据分割成若干部分，分别存放在若干场地的计算机上，或者说是将一个整体数据库分成若干子集，每个子集放在一个数据库服务器上。以分割式的策略，每台数据库服务器都可以成为一个自治的局部系统，当需要全局查询时，可能需要两台甚至多台数据库服务器的服务，所以存取时间要比集中式数据库长；但是分割式策略可以充分发挥并发操作的潜力，并且系统的可靠性也有所提高（当一个局部数据库出故障后整个系统仍能运行）。分割式数据分布方式最符合原始的分布式思想，但是实现、管理起来很复杂。

③ 复制式。复制式是将一个数据库复制多个副本，在每个数据库服务器上都有一个完整的数据库副本。这种分布策略的可靠性最高，响应时间也较快，所有的操作都可以在本地数据库完成；但是要保证各个数据库服务器上的数据库同步则要付出比较高的代价。复制式分布策略是目前最常用的分布策略，本书中介绍的 SQL Server 就支持复制式分布数据管理，稍后将介绍这方面的内容。

④ 混合式。混合式为分割式与复制式的混合。混合式虽然可以兼顾分割式和复制式两种方法，并且获得了两者的优点，从表面上看灵活性也较大，但这种方法管理起来更加复杂。

12.4.3　分布式数据管理概述

客户端/服务器(c/s)体系结构本身就可以看作是分布式的体系结构，在该体系结构中，客户端与服务器既可以在一个物理地点，也可以在不同的物理地点，它们通过局域网或远程网连接在一起。事实上，在实际应用中经常需要将多个 c/s 网络集成在一个总的网络下，从而形成一个全局应用。这样在诸多数据库服务器上就出现了分布式数据管理的需求，每个数据库服务器都是一个自治的系统，可以存储和管理自己的数据；同时，每个数据库服务器又都有可能需要其他数据库服务器上的数据的服务。SQL Server 提供了复制式分布策略的功能来支持分布数据的管理。

1. 复制技术基本概念

SQL Server 专门用于分布式数据管理的是复制(replication)技术。它不是简单的复制或数据传送，而是要在不同的数据库服务器中存储多个相同的数据副本，这些副本要保持同步和一致。

显然，不可能在每次数据更新时都传送数据的副本，这样的开销太大了。所以，SQL Server 提供了基于事务的复制，即在复制的开始传送一次副本，使相关数据库服务器上的数据同步，然后通过传送和执行事务使分布的数据保持一致。

因此使用复制技术进行分布式数据管理，需要首先将各个服务器上的共享数据制作一个相同的副本，并把它存放在需要的其他服务器上，这个过程称作初始同步。在此之后基于事务的复制开始，复制事务是从数据库的事务日志中记录下来的，被标明用作复制。这些事务随后会被复制到目标数据库(不在一台服务器上)，并作用于目标数据库。如果目标数据库开始就与源数据库的数据相同，那么在复制的事务发挥作用之后，两个数据库中的数据就应该完全相同。这就是复制的概念。

2. 出版、订阅和发行

为便于理解数据复制技术的概念和过程，SQL Server 中使用了出版(publication)—发行(distribution)—订阅(subscription)这样的术语。SQL Server 通过数据出版产生数据的副本，通过数据发行传送数据的副本，通过数据订阅获得数据的副本。由此也就有了出版数据库、发行数据库、订阅数据库，以及出版服务器、发行服务器和订阅服务器的概念。

出版服务器可以定义为存放被复制数据的源服务器。在一个出版服务器上可以有一个或多个出版数据库作为数据源。在一个出版数据库中可以建立一个或多个出版物，每个出版物由若干项目构成，每个项目可以是根据表或视图进行选择、投影或其混合运算产生的结果。

订阅服务器与出版服务器相对应，是存放复制数据的目标服务器。在订阅服务器上有订阅数据库，它从一个或多个服务器上订阅出版物。

发行服务器扮演的是"存储和转发"的角色，在发行服务器上有发行数据库，它存储来自出版服务器的出版数据，并将这些数据转发到订阅服务器。发行数据库只在复制时使用，不包含任何用户表，其内容是由出版数据库提供的。

一个服务器可以同时担当出版服务器和发行服务器的任务，但是必须建立独立的发行数据库。也就是说，发行服务器可以是充当出版服务器的同一台计算机，也可以是不同的计算机。

对于数据库的使用者来说，其关心的可能只是数据库中的部分数据或内容，而不是全部。如果在任何情况下都复制全部源数据库，无疑会增加网络和存储资源的开销，从而造成无形的浪费。

SQL Server 的复制为订阅用户决定接收何种类型的复制数据集提供了极大的灵活性，实际上这就是前面介绍的数据分片问题。

从订阅的角度，可以有选择地订阅出版物或其中的项目，即订阅服务器可以订阅由出版服务器提供的所有或部分出版物(也可以不订阅)，或订阅一个出版物的所有或部分项目。

从出版的角度，可以选择垂直分片出版、水平分片出版或混合分片出版；从订阅的角度，可以选择垂直分片订阅、水平分片订阅或混合分片订阅。也就是说，可以根据实际情况来选择复制的数据集。

3. 紧凑一致和松散一致

为了保证分布数据的一致性，系统需要付出代价。分布数据的一致性可以分为实时一致和延时一致两种，即复制有两种模式：紧凑一致（tight consistency）和松散一致（loose consistency）。紧凑一致是保证所有的复制内容与源数据内容在任何时刻都完全一致，这就要求使用高速网络进行数据的传输。松散一致允许在源数据的改变与目标数据的更新之间有一个时间延迟，所以它不能保证在任何时间所有的复制内容都与源数据内容完全一致。

4. 两阶段提交

分布式数据库上的事务需要分两个阶段提交，即在多个数据库上连续修改同一数据库的副本，如果在一个服务器上事务提交失败了，则已经提交事务的也必须撤销事务（第一阶段）；只有所有数据库的（第一阶段）事务提交都成功了，才最后确认事务成功（第二阶段）。

12.4.4　复制实现技术

SQL Server 用于分布式应用的复制类型有快照复制、事务复制和合并复制。

1. 快照复制

快照复制可以简单地理解为将某一时刻的数据副本传送到订阅服务器上。快照复制是特定时刻的复制，不监视对数据的更新。

事务复制和合并复制都需要使用快照复制进行初始同步，因此说快照复制是事务复制和合并复制的基础。快照复制也可以单独使用。

快照复制是通过快照代理程序和发行代理程序实现的。快照代理程序准备快照文件，其中包含了已出版项目和数据库对象的模式和数据，然后将这些文件存储在快照文件夹中，并在发行服务器上的发行数据库中记录同步作业。发行代理程序将保存在发行数据库表中的快照移至订阅服务器上的目标表中。发行数据库仅用于复制，不包含任何用户表。

快照复制除了可以作为事务复制和合并复制的基础之外，也可以在如下情况单独使用：

① 主要是静态数据，数据不经常更改。

② 短期内发生大量修改，使用事务复制代价更高。

③ 一个时期内允许有已过时的数据副本。

④ 复制少量数据（在整个数据刷新为合理的情况下）。

图 12-5 示意了快照复制的过程。快照代理程序运行时将创建新的模式和数据文件，并将它们存储在快照文件夹中，然后由发行代理程序将它们传送到订阅服务器（也可以手工传送）。快照代理程序的执行步骤如下：

① 建立从发行服务器到出版服务器的连接，并在出版所包含的所有表上设

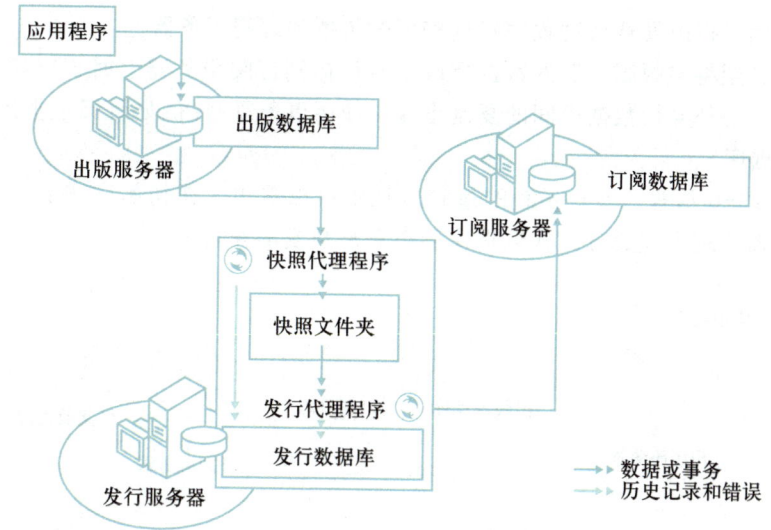

图 12-5　快照复制过程示意

置共享锁，以保证数据快照的一致性。这些共享锁将阻止所有其他用户更新这些表（因此快照代理程序应该安排在数据库活动的非峰值期间执行）。

② 建立从出版服务器到发行服务器的连接，并将每个项目复制到特定的文件。

③ 在出版服务器上复制已出版项目，并将这些数据写入快照文件夹。如果所有订阅服务器都是 SQL Server 实例，则将快照存储为本机大容量复制程序文件。如果一个或多个订阅服务器为异类数据源，则快照将按字符模式文件存储。这些文件是代表某一时刻的表的同步集合。

④ 向发行数据库的有关目录表追加行（指出同步集位置的命令，以及引用订阅服务器同步任务的命令）。

⑤ 释放所有已出版表的共享锁，完成日志表的写入。

发行代理程序会将出版的数据从快照文件夹移至订阅服务器。发行代理程序执行的步骤如下：

① 建立从代理程序所在服务器到发行服务器的连接。

② 检查发行服务器上发行数据库中的相关目录表，代理程序从中读取同步集的位置和订阅服务器的同步命令。

③ 将读到的结果应用到订阅数据库。

2. 事务复制

在订阅服务器上应用快照复制后，多台计算机上得以拥有同一数据的副本，这一过程也可以称为初始同步。以后则可以通过事务复制使得分布式数据库中的各个复制副本保持一致。

事务复制是在快照复制同步的基础上进行的。在快照复制同步之后，事务复制使用日志读取器代理程序监视出版数据库的事务日志来捕获已出版数据中发生的修改，即监视数据库上的所有更改操作，并将这些更改存储到发行数据库中，然后再由发行代理程序将这些更改传播到订阅服务器上。

当希望将出版服务器的数据更改及时传播到订阅服务器上时，应该使用事务复制。另外异构数据库间的复制也应该使用事务复制（例如订阅数据库是 Oracle 数据库）。

图 12-6 示意了事务复制的过程。从中可以看出，在初始同步后主要由日志读取器代理来完成分布式数据库的事务复制或事务同步。

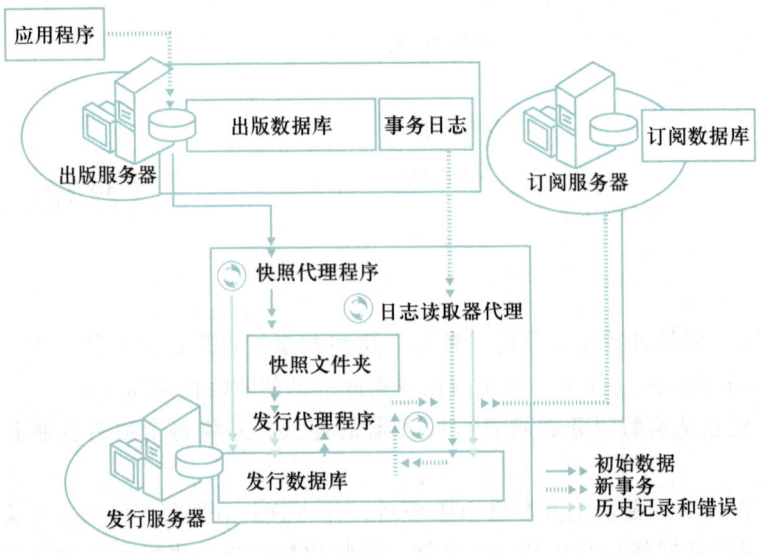

图 12-6　事务复制过程示意

在出版服务器和订阅服务器之间建立复制关系以后，复制是自动进行的，不需要人工干涉，只要有事务提交，就会使出版表和目标表都被更新，只不过出版表和目标表的更新会有一段时间延迟。这是因为要经过日志阅读过程和发行过程才能把事务传送到订阅服务器。

3. 合并复制

合并复制使许多不同的站点可以自主工作，然后在稍晚的适当时机再将更新合并成一个统一的结果。为此，需要首先在订阅服务器上应用初始快照，然后在出版服务器和订阅服务器上跟踪已出版数据的更改。数据或是连续，或是按调度时间，或是按需在服务器之间同步。由于更新是在多个服务器上进行的，所以同一数据可能由出版服务器或由多个订阅服务器进行了更新。于是，合并更新时就可能会出现冲突。当冲突发生时，合并代理程序唤醒调用一个冲突解决程序，并决定接受哪个站点的更新。

当有如下应用需求时，应该使用合并复制：

① 多个订阅服务器需要在不同时刻更新数据，并将这些更改传播到出版服务器和其他订阅服务器。

② 订阅服务器需要接收数据，脱机更改数据，然后将更改同步到出版服务器和其他订阅服务器。

随着移动终端和移动业务的普及，SQL Server 也可以在服务器和移动终端之间复制数据，因为移动终端和服务器通常不会实时连线，因此这类应用只适合使用合并复制。

合并复制的关键是解决合并事务时的事务冲突问题。

合并复制也是在快照复制的基础上进行的，即首先使用快照复制实现初始同步，然后由合并复制代理程序处理那些创建初始快照之后在出版服务器或订阅服务器上发生的增量数据更改，并根据配置的规则或者使用创建的自定义冲突解决程序协调冲突，最终完成事务的合并。

图 12-7 示意了合并复制的过程。首先在订阅服务器上应用快照复制，然后各服务器或移动终端独立运行。当需要合并事务时，建立出版服务器和订阅服务器之间的连接，并运行合并代理程序，合并代理程序将所有未提交的事务收集到一个或多个组中，并依据指定的策略协调更新冲突，最后将合并的结果传播到有关的服务器上（数据从更改发生处流向需要更新或同步处理的站点）。

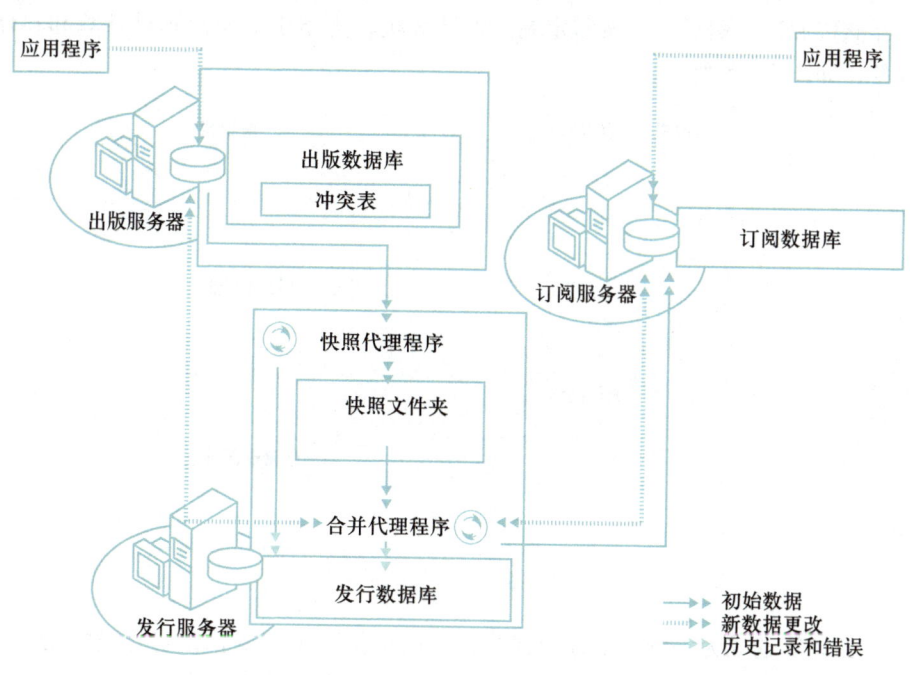

图 12-7　合并复制过程示意

SQL Server 复制是一组技术，它将数据和数据库对象从一个数据库复制和分发到另一个数据库，然后在数据库间进行同步以维持一致性。复制可以发生在服务器到服务器的环境中，也可以发生在服务器和客户端（移动终端）之间。在服务器之间复制数据通常支持改进伸缩性和提高可用性，支持数据仓库以及来自多个站点的数据的集成；在服务器和客户端之间复制数据通常支持与移动用户交换数据、POS 终端应用程序，以及来自多个站点的数据的集成。

12.4.5　云计算与云数据管理

云计算技术是分布式技术的发展。云计算的概念最早可以追溯到 20 世纪 60 年代，当时 John McCarthy 认为"计算能力在未来将成为公共设施"，但是真正提出云计算(cloud computing)概念是在 20 世纪末 21 世纪初，而大规模推广应用云计算技术始于 2007 年 Google 和 IBM 联合宣布的推广"云计算"计划。

1. 云计算的一些基本概念

云计算使得"计算能力"成为基础设施，就像电力是基础设施一样，任何一件电器接上电就可以使用。云计算的目标就是一般人员和单位不再需要计算机，只要有一个终端设备(比如手机、iPad 等)接入网络，就可以使用所需的计算资源(相应的计算处理资源和存储资源等)，实现即插即用或即接即用。这实际得益于虚拟技术。简单地说，云计算技术就是通过云操作系统(如 OpenStack)把分布在各个地点的计算机集中起来，从而形成统一的计算资源池和存储资源池，然后可以按需定制虚拟计算机，为指定的用户提供计算和存储服务，如图 12-8 所示。

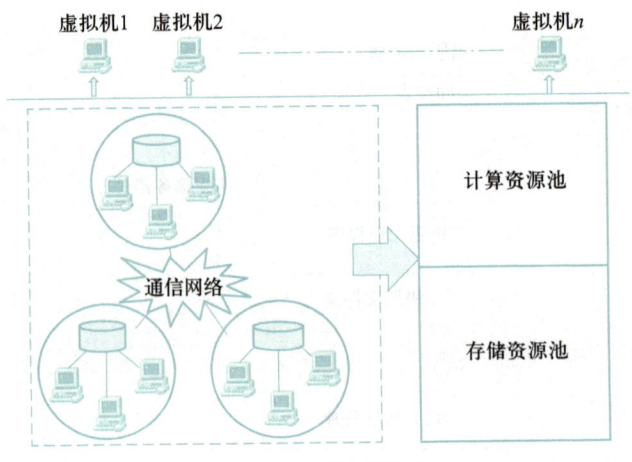

图 12-8　云计算示意

云计算也成为一种新的商业模式，一般单位不再需要投巨资建设机房，购买各种硬件设备和软件，只要按需向云计算供应商租用各种服务即可。

一般认为，云计算包含以下几个层次的服务：

① 基础设施即服务(infrastructure as a service，IaaS)：消费者可以通过 Internet 获得服务，例如，租用硬件服务器(虚拟机资源，按需定制计算资源和存储空间)。

② 平台即服务(platform as a service，PaaS)：实际上是指将软件研发的平台作为一种服务，它面向的是应用软件的开发者，而不是一般的用户。通过 PaaS，用户可以完成应用的构建、部署和运维管理等，不再需要自己去搭建计算环境，如安装服务器、操作系统、中间件和数据库等。这种服务可以提高软件的个性化定制开发效率。

③ 软件即服务（software as a service，SaaS）：是一种通过 Internet 提供软件的模式，用户无须购买软件，而是向提供商租用基于 Web 的软件，来管理企业经营活动。

图 12-9 示意了云计算的架构及提供的各层次的服务。

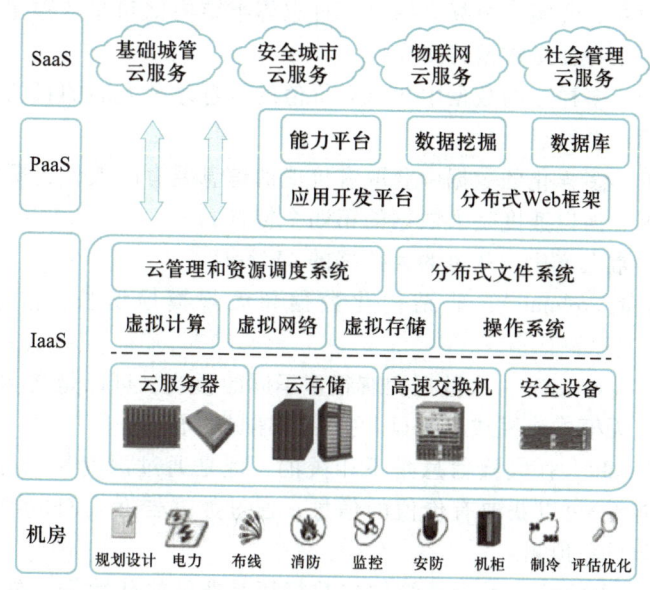

图 12-9　云计算架构及服务示意

2. 云数据管理

我们从云计算的基本概念和云计算的服务架构可以知道，以往所有的关系数据库系统以及分布式数据库系统都可以部署在云中，实施云数据管理。但是，云数据管理已经不拘泥于传统的数据管理，云数据管理和另一个炙手可热的概念——大数据密切相关，所以这个问题放在接下来的 12.5 节讨论。

12.5　大数据与 NoSQL

目前"大数据"的概念已极为盛行，成为各个行业领域广泛应用的热点，媒体也经常借助大数据进行分析报道热点事件，而科技界和工业界则在努力将数据转化为生产力，由此产生了一门新的学科——数据科学。本节将介绍什么是大数据，大数据的概念和特点，大数据管理中常用的数据类型等。

12.5.1　什么是大数据

随着互联网上各种应用的普及，每天在互联网上产生的数据可能是传统数据库的成千上万倍甚至更多，这些数据可能大部分是垃圾数据，但也不乏有价值的信息。为了从浩如烟海的数据中获取有价值的信息，就必须对所有数据进行管理。十几年前传统的数据库通常是 MB 级，较大的到 GB 级，而现在互联网上要管理的数据量级达到 TB 级、PB 级已经司空见惯，甚至达到更高的量级。

从数据量上来看数据很"大"了，所以大数据首先表现在数据量很大，这是大数据的第一个特点。

互联网上产生的大量数据已不再是关系数据库所管理的结构化数据，而是包含大量的图片、音频、视频、网页、日志等半结构化和非结构化数据，所以大数据的第二个特征是数据的多样性。

从大量的、多样化的数据中找出有价值的信息才是人们的目的，所以价值是大数据的第三个特点。

从大量的、多样化的数据中获取有价值的信息要有时效性，要能及时获得有价值的数据，所以速度是大数据的第四个特点。

这就是通常大家比较认可的大数据的 4V 特性：

① 数据量（volume）：非结构化数据超大规模地增长，占总数据量的 80%～90%。

② 多样性（variety）：大数据拥有很多不同的形式，可以是文本、图像、音频、视频等，无模式或模式不明显，拥有不连贯的语义。

③ 价值（value）：大量信息是不相关的，但是通过深度复杂分析（机器学习、人工智能等）可以获取有价值的信息，通过数据告诉人们事实，或对未来的趋势做出分析和预测。

④ 速度（velocity）：无论是结构化数据还是非结构化数据，处理的挑战都非常大，由于竞争的加剧，商业过程要求从这些数据中提取有效信息的时间大大缩短。

12.5.2　NoSQL

关系数据库曾试图成为适用于各类场景的通用解决方案。当面临复杂数据类型的存储与处理需求时，关系数据库增加了面向对象功能；当需要存储和处理半结构化文档时，关系数据库又扩展了对 XML 数据的存储与处理能力。然而，随着大数据时代的真正来临，人们逐渐意识到关系数据库在特定场景下愈发难以满足需求。高可用性的要求日益凸显，在某些情况下，性能的重要性甚至超过了数据一致性，而且并非每个查询都需要进行连接操作。科技界与工业界普遍认为，必须牺牲部分一致性以提升时效性，突破关系数据库的固有局限。在此背景下，NoSQL 技术应运而生。

关系数据库是一种强模式、强约束的数据库，在数据库层面就保证了数据的一致性和完整性。而 NoSQL 牺牲的完整性和一致性需要在应用层面进行解析。

NoSQL 的"No"可以理解为"Not only"，NoSQL 不是要取代关系数据库，而是对关系数据库的补充。NoSQL 不是一种数据库，而是泛指大数据管理的各种系统，目前 NoSQL 包含键值数据库、图数据库、列式数据库和文档数据库 4 种类型。

1. 键值数据库

键值数据库存储键值对（<键>，<值>），"键"即关键字，"值"即对应的值。

键通常是一个字符串，而值的数据类型不确定，多数情况下是一个 BLOB(二进制大对象)数据。所以不管值是什么类型的数据都统一按 BLOB 数据存储，然后在应用层进行解析。

键值数据库中的键必须唯一，可以通过键直接获取数据，所以键值数据库不需要查询语言。键值数据库的 API 只有三个简单的命令：

① put($ key as xs：string, $ value as item( ))：写入一个键值对，当键重复时则更新对应的值。

② get($ key as xs：string) as item( )：根据给定的键直接获取对应的值，当指定的键不存在时返回错误。

③ delete($ key as xs：string)：根据指定的键将对应的键值对删除，当指定的键不存在时返回错误。

虽然键值数据库可以看作是两列的表，第一列是键，第二列是值，但是只能按键进行查询，并且可以在键上建立索引。

键值数据库的应用范围很广泛。一个是键，通过它可以定位到想要查询的数据；一个是值，这个值可以是任意对象或数据，比如可以是一张表或一组表，可以是一组图像，或是一部电影、一个网页等。

键值数据库案例 1：使用键值存储学生档案。当一个学生毕业后，在学籍管理系统里很少再去查询这个学生的信息，学生信息原则上也不会再做任何修改。这样就可以把每个学生的全部在校信息(包括选课及成绩和学分、各种奖惩记录，以及参加各种社团和社会实践的信息等)生成一个特定的文档。这时用学号作为键，生成的文档作为值存储到键值数据库中。以后当学生因为出国深造或其他原因需要学校出具有关学籍证明时，就可以用学号调出自己的全部数据，然后在应用层把信息解析或还原出来。

键值数据库案例 2：使用键值存储网页。我们都熟悉 Web 搜索引擎，像 Google 和百度等搜索引擎都会使用网络爬虫工具自动访问提取和存储某个网页的内容，然后从网页中提取若干关键词建立快速索引。这时使用网址作为键，网页内容作为值。

在使用搜索引擎时会根据网页内容提取的关键词映射到网址，如图 12-10 所示，当搜索"键值数据库"时，首先根据事先建好的索引列出相关条目，然后通过人工操作映射到具体网址并打开具体网页。

2. 图数据库

图数据库不是存储图形、图像的数据库。图数据库用来存储"图论中的图"，是基于数学中图论的概念和算法实现高效处理复杂关系网络的新型数据库系统。图有节点和边，每个节点是一个对象，连接节点的边表示了对象之间的联系，节点和边均含有属性。图有很多应用和我们的生活密切相关，比如：

- 两个节点是否连通。可以判断两个城市之间是否可以乘火车或飞机到达。

- 两个节点之间的最短距离。可以判断从一个城市到另一个城市最短的时

图 12-10 使用搜索引擎示意

间、最便宜的飞机票(火车票)等。

- 某个节点的相邻节点。可以判断从某个城市到哪些城市能够乘飞机或火车直达等。
- ……

事实上,图的应用远不止这些,诸如社交网络、关联分析、规则推理等,图数据库为这些应用都提供了便利。

在关系数据库中,为了存储类似社交网络中"好友"的信息,可以使用如表 12-2 所示的关系。

表 12-2 用关系存储关联信息

用户 ID	好友 ID	关系描述
bitzhang	thusuo	同学
bitzhang	bitwang	同事
bitzhang	pkucui	朋友
bitwang	bitzhang	同事
pkucui	bitwang	师生
bitwang	fduchen	合作伙伴
fduchen	thuchen	父子
thuchen	pkuwang	朋友
…	…	…

在表 12-2 所示的关系中,查找关联的信息(好友)须用 JOIN 操作,每次 JOIN 操作只能查询一层关联。第一次 JOIN 可能会很快地返回 100 条记录,第

二次 JOIN 可能就要返回 10 000 条记录……按照这样查询下去性能会急剧下降，并且整个过程也很麻烦。

而使用图数据库对这类应用建模则要简单得多。可以直接用节点表示用户 ID，用边表示他们之间的关联，如图 12-11 所示（省去了关系描述的标注）。在图数据库中，为了建立两个节点之间的联系，可以用类似下面的语句：

```
CREATE(bitzhang,[同学],thusuo)
```

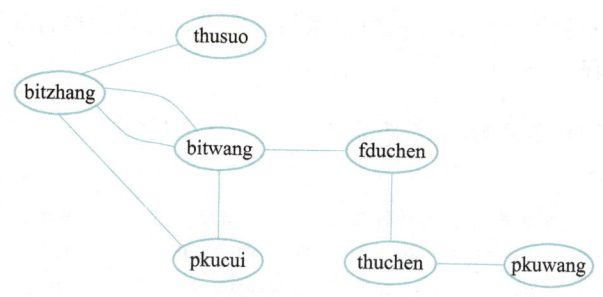

图 12-11　用图表示好友之间的关系

当要查询关联信息时也不再需要 JOIN 操作。例如，要查找 bitzhang 是否可以通过"同学"关系关联到 thuchen，可以用类似如下语句直接返回结果：

```
MATCH(bitzhang,[同学],thuchen)
```

如果不限于"同学"关系，而是通过任意好友关系查询他们之间是否有关联，可以使用类似下面的语句：

```
MATCH(bitzhang,[?],thuchen)
```

现实世界本来就是由各种关系组成的，都是节点与节点之间的关系，可以是人和人之间的关系、人和物之间的关系、人和事件之间的关系等。使用图数据库就简单多了，图数据库是最适合处理这种网状关系的数据库。在大数据时代发现关联信息，做出关联分析和推理是最常见的应用场景。

3. 列式数据库

所谓列式数据库，是指数据按列组织和存储。

自从计算机有了文件的概念，便有了文件系统，其中的数据都是按行存储的。在文件系统阶段每次读一行，然后从中选取要使用的数据项（没用的数据项也从物理文件中读出了）。

在关系数据库阶段，关系是元组（或行）的集合，数据也是按行组织的。SQL 的 SELECT…FROM…WHERE 查询也是用 WHERE 先限定行，那些不需要的行和列也都占用了 I/O 资源。

另外，关系数据库的索引是必需的，当数据量大、查询需求多时或许还要建立很多索引。索引和额外读出的列都会占用很多资源，并且随着数据量的增大响应效率也成为突出问题。

为此，人们想到按列来组织和存储数据的方法。按列存储有以下明显的好处：

- 按列存储数据即索引，这样不需要额外建立和维护索引。
- 每次访问只涉及要查询的列，这样可以大大降低系统 I/O。
- 每一列可以由一个线程来处理，这样可以大大提高并发处理能力。
- 每一列数据类型一致，数据特征近似，这样更方便压缩和处理。
- ……

图 12-12 示意了分别按行和列存储的器件表，讨论当执行如下 SQL 查询语句时的查询过程：

```
SELECT 规格,单价 FROM 器件 WHERE 器件名称='硬盘'
```

器件号	器件名称	规格	单价
P4	内存	2GB DDR2 800	125
P3	内存	1GB DDR2 667	75
P2	硬盘	希捷 1 TB	270
P7	硬盘	日立 2 TB	360
P9	鼠标	罗技 G1	149

(a) 按行存储的器件表

器件号	器件名称	规格	单价
P4	内存	2GB DDR2 800	125
P3	内存	1GB DDR2 667	75
P2	硬盘	希捷 1 TB	270
P7	硬盘	日立 2 TB	360
P9	鼠标	罗技 G1	149

(b) 按列存储的器件表

图 12-12　按行、列存储示意

当按图 12-12(a)的行式存储时，首先从所有行挑选出器件名称为"硬盘"的行，然后再提取出"规格"和"单价"列对应的字段值。所有行和列不管是否出现在查询结果中，都经历了至少一次读入。

而当按图 12-12(b)的列式存储时，首先得到"硬盘"在"器件名称"列的位置，然后可以调用两个线程分别在"规格"和"单价"列取得对应的值。这时无关的列不会被读入，不同的列还可以并行处理。用这种方式，数据量越大，列式数据库的优势越明显。

同样，列式数据库适合数据仓库、数据分析等大数据应用场景，查询速度比行式数据库要快很多，甚至完全不在一个量级。但是，列式数据库用在 OLTP 系统中的 INSERT、UPDATE 操作时效率会比较低。

4. 文档数据库

文档数据库不是存放类似 Word 文档的数据库，这里的文档是指互联网上用于数据交互的一种半结构化文档，其格式一般是标准的 JavaScript 对象标记语言(JSON)，或扩展标记语言(XML)。它们的共同特点是通过简洁和清晰的层次结构描述对象，使之成为与其他软件或工具交互的理想的数据交换语言。不仅易于人们阅读和编写，同时也易于机器解析和生成，并有效地提升网络传输效率。

先看用 XML 表示中国部分省市数据的一段代码：

```xml
<? xml version="1.0" encoding="utf-8"? >
<country>
  <name>中国</name>
  <province>
    <name>黑龙江</name>
    <cities>
      <city>哈尔滨</city>
      <city>大庆</city>
    </cities>
  </province>
  <province>
    <name>广东</name>
    <cities>
      <city>广州</city>
      <city>深圳</city>
      <city>珠海</city>
    </cities>
  </province>
  <province>
    <name>江苏</name>
    <cities>
      <city>南京</city>
      <city>苏州</city>
    </cities>
  </province>
  <province>
    <name>甘肃</name>
    <cities>
      <city>兰州</city>
    </cities>
  </province>
</country>
```

再看用 JSON 表示中国部分省市数据的一段代码：

```
{
  "name": "中国",
  "province": [{
    "name": "黑龙江",
    "cities": {
      "city": ["哈尔滨","大庆"]
    }
  },{
    "name": "广东",
    "cities": {
      "city": ["广州","深圳","珠海"]
    }
  },{
    "name": "江苏",
    "cities": {
      "city": ["南京","苏州"]
    }
  },{
    "name": "甘肃",
    "cities": {
      "city": ["兰州"]
    }
  }]
}
```

　　相比较而言，似乎 JSON 格式比 XML 格式更加简洁、清晰。不过我们的重点不是理解它们之间的区别，而是了解这是一类什么样的文档。另外仔细研究以上两段代码，这类文档是树形结构的，如图 12-13 所示，这样的文档有如下性质：

　　① 有且仅有一个根节点。

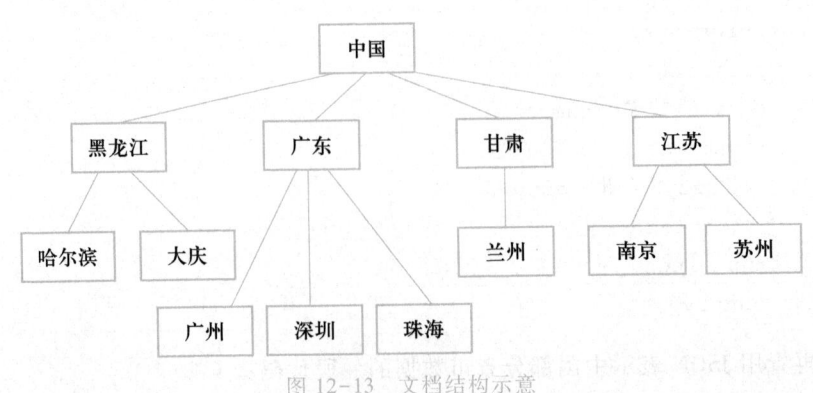

图 12-13　文档结构示意

② 除根节点外，每个节点有且仅有一个父节点。

③ 每个中间节点是一个分支，叶节点是值。

④ 每个节点的分支个数没有限制。

⑤ 从根节点到叶节点的路径长度没有限制。

在现实世界中，很多应用场景的数据组织都是类似的文档结构。

关于这类文档的存储和应用始于 20 世纪末（早期是将 XML 文档转换成关系表或作为一个大对象进行存储），也曾掀起过一波 XML 数据库的研究热潮。对 XML 数据库的研究分为两大类：

一类是纯 XML 数据库（native XML database，NXD），其特点是以自然的方式处理 XML 数据，以 XML 文档作为基本的逻辑存储单位，针对 XML 的数据存储和查询特点，专门设计适用的数据模型和处理方法。这实际上就是现在的文档数据库。

另一类是嵌入 XML 数据库（XML enabled database，XEDB），即在原有的数据库系统上扩充对 XML 数据的处理功能，使之能适应 XML 数据存储和查询的需要。像 SQL Server 等很多关系数据库系统都扩充了 XML 数据类型，并支持 XQuery（XML Query）查询语言直接从 XML 文档中查询信息。

或许读者认为这类文档完全可以按照键值对存储在键值数据库中，单从存储的角度的确是这样，但是使用文档数据库导入和存储这类文档时会自动建立相关索引，文档数据库也提供了专门的查询方法对文档进行快速查询和提取。

12.6 NewSQL

NoSQL 放弃了事务的 ACID 特性，展现出极强的灵活性和拓展性：突破了传统关系数据库管理系统的限制，转而支持非关系模型（如键值对、图、文档等）；通常牺牲了一致性来提高性能，适用于需要高吞吐量和低延迟的场景。然而，随着大数据时代的到来，数据库的应用场景越来越多变，对数据一致性的要求也越来越高（如财务系统、订单系统、人力系统等）。在这种情况下，NoSQL 在处理数据一致性方面往往需要花费大量时间来优化事务的效率。因此，NewSQL 应运而生。

NewSQL 一词是由分析师 Matthew Aslett 在其研究论文中首次提出。NewSQL 是一种现代可扩展的关系型分布式数据库，是各种新的可扩展或高性能数据库的简称，旨在为 OLTP 读写工作提供与 NoSQL 相同的可扩展性，同时仍然为事务提供 ACID 保证。换句话说，NewSQL 既保留了传统关系数据库的 ACID 原则，又吸收了 NoSQL 数据库的水平扩展优势，能够实现强一致性与强扩展性的结合。NewSQL 支持使用 SQL 语句修改数据库状态，无须像在 NoSQL 系统中那样编写复杂逻辑来满足一致性要求，是未来大数据存储的重要发展方向。传统数据库、NoSQL 数据库和 NewSQL 数据库的区别见表 12-3。

表 12-3　传统数据库、NoSQL 数据库和 NewSQL 数据库的区别

对比项	传统数据库	NoSQL	NewSQL
是否为关系数据库	√	×	√
是否支持 SQL 语句	√	×	√
是否满足 ACID 特性	√	×	√
是否满足 CAP 理论①	×	√	×
是否支持水平拓展	×	√	√
存储形式	表格	键值对、图、列、文档	多种存储形式

　　虽然 NewSQL 的内部结构变化很大，但是它与传统数据库相比有两个显著的共同特点：一是支持关系模型，二是使用 SQL 作为其主要接口。目前，NewSQL 系统大致分为新架构（new architecture）、透明化分片中间件（transparent sharding middleware）、数据库即服务（database as a service）三种类型。

　　1. 新架构

　　顾名思义，此类 NewSQL 是具有全新架构、从无到有开始构建的数据库管理系统，具有最大的自由度，无须考虑传统数据库系统的框架限制，此类数据库系统都是基于无共享（share-nothing）资源的分布式架构，包含多节点并发控制、数据复制、流量控制、分布式查询处理等模块。

　　① 多节点并发控制：允许数据库系统中的多个节点之间并发访问数据，确保多个节点之间的同步和一致性，涉及的技术一般包括：分布式事务、分布式锁等。

　　② 数据复制：允许数据从一个节点复制到另一个节点，能够确保即使某个节点发生故障后系统仍可运行，涉及的形式一般包括主从复制、链式复制等。

　　③ 流量控制：控制节点之间数据的传输速率，以确保系统的可靠性和稳定性，一般按照以下几种方式进行流量控制：基于窗口的流量控制、基于速率的流量控制、基于队列的流量控制等。

　　④ 分布式查询处理：在分布式数据库系统中，数据通常存储在多个节点中，因此查询请求需要在多个节点之间传输和处理，一般涉及以下几种技术：查询优化、查询分解、查询重写、查询执行等。

　　在此基础上，许多新架构的 NewSQL 系统自主管理数据存储，而不是依赖现有的分布式文件系统（如 HDFS）。这使得查询可以直接在数据存储上执行，无须将数据传到查询节点，从而提高查询效率，减少网络和存储资源开销，特别适用于大规模数据和分布式环境。

　　新架构 NewSQL 的优点包括：可以对不同节点、不同环境进行自定义优化、自主管理存储模块和提供比 HDFS 中基于块的复制方案更为灵活、更为复杂的

――――――――――

　　① 分布式数据库中的一种弱一致性理论，即系统最多只能同时满足一致性、可用性和容忍网络分割三个需求中的两个。

复制方案。其缺点在于目前推广性、使用情况较少，缺少专业的运维，导致很多用户对于此类数据库了解较少，信任度下降。

此类数据库主要有 Google Spanner、VoltDB、Clustrix、NuoDB 等。

2. 透明化分片中间件

随着业务的持续发展，用户数量和并发请求不断增加，传统的单一数据库面临挑战，分布式数据库的重要性日益凸显。然而，管理多个数据库、数据表及其关系可能变得复杂。在这种情况下，中间件的作用尤为关键。

透明分片中间件的 NewSQL 旨在充分利用现有数据库的原始结构，并在此基础上进行优化。此类 NewSQL 通过将数据库分割成多个不相交的数据集来实现水平扩展，将表垂直划分为多个片段，根据列值进行划分，并将这些片段组合成由单个节点管理的分区。中间件的主要功能包括：

① 负载均衡：将工作负载分配到多个计算资源上，提高系统的可用性和性能。

② 路由请求：将查询请求从应用程序发送到正确的数据库节点上。

③ 协调事务：协调多个节点上的事务，以确保数据的一致性和完整性。

④ 分布数据：将数据分散存储在多个节点中。

⑤ 复制数据：将数据从一个节点复制到另一个节点。

⑥ 划分数据：将数据分成多个片段或者分区，存储在不同节点上。

对于应用程序来说，整个过程是透明的，无须显示处理分片和数据路由。

透明化分片中间件 NewSQL 的优点包括：无须修改数据库，保其原始格式；提高扩展性和伸缩性。其缺点在于仍然使用传统数据库以磁盘为中心的设计架构，无法实现一些 NewSQL 系统使用的以内存为中心的设计架构，导致此类 NewSQL 无法高效使用 CPU 和内存空间，执行速度上略有局限。

此类数据库主要有 ScaleBase、dbShards、ScaleArc 等。

3. 数据库即服务（database as a Service）

这种 NewSQL 是一种云计算服务，通常称为"数据库即服务"（DaaS）。其核心理念是：用户无须自行维护数据库（配置、优化、复制、备份等），也不需要关心数据库的具体细节，这些操作都由云服务提供商代为处理。用户只需根据需要提出请求，按使用资源付费，并通过指定的 URL 或控制面板管理系统。这种方式使得数据库的配置、优化、备份等操作变得更加便捷，让用户能够更加专注于应用程序开发和功能实现，无须关心底层数据库和硬件管理。DaaS 在云计算环境中越来越受欢迎，因为它提供了灵活性和成本效益的优势。

数据库即服务类 NewSQL 的优点有：用户可以按需使用，使用起来较为方便，无须自主配置；数据库本身可以使用云产品。其缺点在于限制了数据库在复杂环境下的扩展能力，无法实现与企业相关的个性化服务。

此类数据库主要有 Amazon Aurora、ClearDB 等。

12.7　区块链

近年来，随着比特币、以太坊等区块链系统的成功应用，区块链技术在学术界与工业界备受瞩目。区块链系统因具有去中心化、防篡改、数据共享、隐私保护等诸多特性，被认为将为传统的互联网应用和金融领域带来深刻变革。本节将介绍什么是区块链、区块链的应用以及区块链与分布式数据库的对比等内容。

12.7.1　什么是区块链

区块链是一种用于数据存储的块链型数据结构，最早由自称"中本聪"（Satoshi Nakamoto）的学者于 2008 年 11 月 1 日在《比特币：一种点对点电子现金系统》论文中提出，并随着比特币的诞生而被完整定义。工业和信息化部指导发布的《中国区块链技术和应用发展白皮书（2016）》的解释是：狭义来讲，区块链是一种按照时间顺序将数据区块以顺序相连的方式组合成的一种链式数据结构，并以密码学方式保证的不可篡改和不可伪造的分布式账本。广义来讲，区块链技术是利用块链式数据结构来验证与存储数据、利用分布式节点共识算法来生成和更新数据、利用密码学的方式保证数据传输和访问的安全、利用由自动化脚本代码组成的智能合约来编程和操作数据的一种全新的分布式基础架构与计算范式。

简言之，区块链是一种以区块为单位生产和存储数据，并按照时间顺序首尾相连形成链式结构的去中心化分布式账本。它通过密码学确保数据的不可篡改、不可伪造以及数据传输和访问的安全性。

1. 区块链的类型

按照不同的维度，可以将区块链划分为不同的类型。其中，按照区块链的开放程度，可将其划分为公有链、联盟链和私有链；按照应用范围，可将其划分为基础链和应用链；按照原创性，又可以将其划分为原链和分叉链。除此之外，还有很多其他更为复杂的划分维度。目前主流的划分方式是按照区块链的开放程度对区块链进行划分，具体分为公有链、联盟链和私有链，这三类区块链的开放性依次递减。

（1）公有链

公有链是指全世界任何人都可读取、发送交易，且交易能获得有效确认的区块链。放到区块链世界，公有链的开放程度最高，它没有硬性的权限要求，任何人都可以选择参与公有链。公有链的去中心化程度最高，因而被认为是最值得信任的区块链。

公有链最典型的代表是比特币。比特币想要解决全球所有人的支付信任问题，因此比特币系统面向所有人开放，任何人皆可成为比特币系统的节点、公证人、参与者和使用者，也没有任何机构和个人可以篡改其中的数据。其他知名的公有链还有以太坊(ETH)、小蚁(NEO)、EOS、夸克(QKI)等。

（2）联盟链

联盟链只针对特定某个群体的成员和有限的第三方，内部指定多个预选的节点为记账人，每个块的生成由所有的预选节点共同决定，其他接入节点可以参与交易，但不过问记账过程，其他第三方可以通过该区块链开放的 API 进行限定查询。联盟链的开放程度低于公有链，因为它仅限于特定的联盟成员使用，联盟的规模既可以大到国与国之间，也可以小到特定的几家机构或者企业。

联盟链就像各种商会联盟，只有组织内的成员才可以共享利益和资源，区块链技术的应用只是为了让联盟成员间彼此更加信任。联盟链的这种不完全开放的性质，决定了它的共识机制基本采用股权证明机制(deposit-based proof of stake, DPOS)，记账权掌握在事先选举出的委员会成员中。知名的联盟链有 R3 联盟、蚂蚁链、至信链等。

（3）私有链

私有链是指这个区块链的写入权限仅掌握在某个人或组织的手中，数据的访问以及编写等有着十分严格的权限。私有链的开放程度最低，它是一个不对外开放，仅供内部人员使用且需要注册及身份认证的区块链系统，可应用于企业的票据管理、财务审计、供应链管理等。目前，许多知名的大型集团都在研发自己的私有链。

2. 区块链的技术架构

区块链技术发展到今天，面对不同的业务场景和技术需求，涌现出了非常多的链，每种链根据自身的需求发展出不同的架构。这里介绍一种比较经典的 6 层架构(见图 12-14)。

① 数据层。数据层是基础层，是整个区块链技术中最底层的数据结构，其功能在于采集、记录和存储数据。其中，区块头封装时间戳、版本号、链式结构等信息；区块体则包含利用哈希算法、Merkle 树、非对称加密等技术计算的交易记录。

② 网络层。网络层作为工作机制层，主要包含点对点通信机制、分布式组网机制和数据传播、验证机制。分布式算法、非对称加密和数据签名等都在网络层中实现，区块链上的各个节点通过这种方式来保持联系，共同更新和维护整个区块链账本。

③ 共识层。共识层旨在让主体在分布式系统中达成共识并建立信任网络，从而维护数据的有效性。目前有工作量证明算法、权益证明算法、行动证明算法、授权股份证明算法等十几种共识机制。

数据层、网络层、共识层三者构成了区块链层级的底层基础，也是区块链必不可少的三个元素，缺少任何一个都无法称之为真正的区块链技术。

④ 激励层。激励层作为共识层的延伸，将经济因素引入区块链系统，提供了经济激励的发起与分配机制，为共识层中共识算法提供了运行的基础，并确

图 12-14　区块链技术架构图

保区块链系统可以自发、持久独立地运行。

⑤ 合约层。合约层提供可编程模块，是提高区块链可扩展性与便捷性的关键，其通过封装各类智能合约脚本、智能合约算法、智能合约模板为区块链系统提供灵活可用的功能。

⑥ 应用层。脱离技术层面，聚焦于各类应用场景，通过对底层功能以及技术的封装，为不同需求（如网络访问入口、咨询查询、数据分析与信息预测、存证等）提供了不同的响应机制。

12.7.2　区块链的应用

从区块链 1.0 的以比特币为代表的数字货币应用，到区块链 2.0 的以以太坊为代表的智能合约应用，再到以跨链通信、多链融合、价值互联网为目标的区块链 3.0，区块链的应用场景愈加丰富。区块链技术不仅可以成功应用于数字加密货币领域，同时在金融、医疗健康、物联网、政府治理等领域中也有着广泛的应用场景。

1. 金融领域

区块链可以提供信任机制，并具有改变金融基础设施的潜力。股票、债券、票据、仓单、基金份额等各类金融资产都可以整合到区块链技术系统中，进行存储、转移和交易。区块链技术的去中心化可以降低交易成本，使金融交易更加方便、直观和安全。

利用区块链技术去中心化这一特点，能够解决商业银行在交易过程中信息不对称的问题。利用区块链的智能合约和共识机制等技术，打造包含金融机构、商家及消费者在内的消费金融公有链、联盟链等资本融通的利益共同体，可促进消费金融领域的拓展和跨行业发展。区块链技术与区域股权市场融合发展，有助于规范区域股权市场，提高市场运营效率，促进资源共享，进而更好地解决中小微企业融资问题。

2. 医疗健康领域

区块链技术能够提供实时可追踪的临床试验记录、研究报告和结果，且这些数据不可变，为解决结果交换、数据探测和选择性报告等问题创造了可能，从而减少临床试验记录中的造假和错误。基于区块链去中心化、数据防伪造和防更改等特性，可以完美地解决不同医院之间的电子健康病例等数据不能共享和防止伪造等问题。运用区块链去中心化、信息不可更改的特性，可以开发DNA信息存储库，对基因和医疗数据进行有效的存储；同时对存储的信息进行密钥加密，这样既保证了DNA信息的存储，也保证了私人信息的安全，由此可以方便快捷地对基因信息进行数据共享并方便生物医药公司进行数据采集。

3. 物联网领域

区块链+物联网允许物联网上的每个设备独立运行，整个网络产生的信息可以通过区块链的智能合约来保障。传统物联网设备容易受到攻击，从而导致数据丢失，后续维护成本高。区块链的节点验证共识机制、非对称加密技术和分布式数据存储可以极大程度降低黑客攻击的风险，提升安全性。传统物联网由中心化的云服务器控制。由于中心化服务器的不透明性，很难有效保证用户的隐私数据，而区块链是一个分布式账本，每个区块之间相互连接，并有自己独立工作的能力，保证链上的信息不会被篡改。因此分布式账本可以为物联网提供信任、所有权记录、透明度和通信支持。受云服务和维护成本的限制，物联网很难实现大规模商业应用，而区块链技术的应用可以直接实现点对点交易，省略了中介机构和人员劳动支出，可以有效降低第三方服务产生的成本，实现效益最大化。

4. 政府治理领域

在政府治理领域，通过建设基于智能合约的行政审批链，可以提高自动化规则执行能力，提升行政审批效率，提高行政审批的准确性。通过推动区块链在工程建设招投标领域的应用，可以实现标书内容防篡改、标书数据防泄密、操作行为可追溯的目标。通过建设基于区块链技术的个人信用链，将个人征信、消费信贷等信息上链，建立企业及个人失信惩戒机制，可以有效解决传统中心化征信模式依赖大量金融中介机构搜集信用信息、信息维护成本高、传递链条长、更新修正信息速度慢、数据冲突或者数据不一致等问题。针对审批过程中授权不足、审批程序设定混乱、网上审批制度条件不足等问题，依托区块链技术能加强证照的真实性、可靠性、授权安全性，可以实现数据可信查询和安全利用。

12.7.3　区块链与分布式数据库

尽管区块链与分布式数据库都属于数据存储技术，但由于设计的目的不同，其技术特性上的侧重点也有显著区别。表 12-4 从多个维度对区块链与分布式数据库进行了对比。

表 12-4　区块链与分布式数据库的对比

对比项	区块链	分布式数据库
设计目的	提高数据存储可信性	保证数据持久化
权威与控制	在区块链系统中，每个节点都可以保留一份区块链的副本，并以此为基础进行数据的验证，无须向其他节点进行查询，实现了数据的存储去中心化	传统的分布式数据库往往基于主-从结构进行多个存储节点之间的权限分配，在整个系统中存在着一个或多个拥有更高权限的中心节点
数据操纵	仅支持对数据进行简单的基础操作——增加数据	提供丰富便捷的数据操纵，支持增删改查等操作
数据管理效率	由于数据操纵需要在整个区块链网络内得到共识，且数据操纵需要按照时间顺序组织，区块链的各个节点之间无法高度并行，数据操纵需要在区块链上序列化提交，导致数据管理效率较低	分布式数据库通过数据库管理系统的组织，可以充分利用分布式架构和 ACID 特性带来的效率优势，通过高并发提高数据库的查询与执行效率，效率较高
安全性能	通过复杂的加密和共识算法，以及节点之间的通信来确保数据的不可篡改与不可伪造，安全性较高	传统分布式数据库的主-从结构会带来数据可能被篡改、伪造的风险，由于日志和数据记录均可被修改，安全性相对较低
并发能力	区块链在实际运行时数据只能进行序列式操作，难以实现并发性	在分布式数据库中，每个数据存储或操作请求都可以被分布式网络中的任意一个节点实现，分布式的数据和算力使得各个节点之间相对独立且可以通过分布式架构实现高效的并发运行，显著提高了数据通量
可溯源性	区块链系统中不允许对数据进行修改，而只能通过增加数据记录来实现相应的数据修改的功能，有效保留了全部数据存储记录，避免了数据经过多次修改后无法获取其历史状态的问题。同时，区块链按照时间顺序组织的链状结构使得根据区块顺序进行数据遍历就可以获得数据的溯源	尽管数据库系统中对于数据的增删改查也存在着相应的记录，即日志机制，但是这些记录很难持久化存储且数据经过多次修改后难以获得其历史状态，难以溯源

续表

对比项	区块链	分布式数据库
匿名性	区块链系统中用户信息、数据信息均采用加密算法进行加密，且去中心化的性质避免了中心节点对于数据加密的破坏，可以在相当程度上实现匿名性	在数据库系统中，明文存储的数据完全不具有匿名性，而加密存储的数据也由于存在中心化的节点而大大受损

区块链和数据库在数据处理及存储方式上有着根本区别，这些区别意味着二者在技术上是互补的关系而非竞争对手，二者共同为许多垂直领域提供了强大的组合。

随着各行业信息化程度的不断提高，我们正迎来信息高速膨胀的时代，传统的单一数据存储技术已很难满足日益增长的数据存储需求。区块链和数据库技术均属于数据存储技术，且具有各自的优势与缺陷，因此，将区块链和数据库"双剑合璧"是一种行之有效的思路。

本章小结

本章简单介绍了数据库及数据管理的新的应用和研究领域，具体内容包括：

面向对象数据库的概念和特点，以及面向对象数据库的研究路线和存在的问题等，另外还比较了 RDBMS、ORDBMS 和 OODBMS 的异同之处。

数据仓库的概念、数据仓库的结构和数据仓库系统，以及基于数据仓库为决策分析服务的数据分析和数据挖掘技术。

分布式数据库的一般概念，并结合实例介绍了在一个具体的数据库管理系统上实现分布式数据管理的一般技术和方法。分布式数据库具有物理上分布、逻辑上统一、应用上位置透明的特点，各场地数据库可以独立完成本地应用，场地之间的协调又可以完成全局应用。使用复制技术进行分布数据管理，复制方式包括快照复制、事务复制和合并复制。在分布式的基础上还简单介绍了云计算的概念。

大数据的概念以及适合大数据管理的 NoSQL 数据库系统。目前 NoSQL 数据库主要分为键值数据库、图数据库、列式数据库和文档数据库 4 种类型。

NewSQL 可以说是传统的 RDBMS 与 NoSQL 技术结合之下的产物。NewSQL 系统大致分为新架构、透明化分片中间件、数据库即服务三种类型。

区块链的概念、应用，以及区块链与分布式数据库的多维度对比分析。

尽管如此，本书也没能将数据库所有的应用和研究领域全部概括进来。随着科学技术的发展，相信还会有新的数据库应用领域和新的数据库研究领域出现。

习题与思考题

讨论题

（1）对数据库的研究一般划分为哪几个方面？

（2）在数据库领域，对数据模型的研究经历了哪些阶段？目前使用的主流数据模型是什么？

（3）简述计算机技术与数据库技术的融合如何推动了数据库技术的发展。

（4）简述数据库的各种应用领域和研究领域。

（5）面向对象数据库是在什么背景下产生的？为什么需要面向对象数据库？

（6）什么是对象的封装性、继承性和多态性？

（7）面向对象模型有哪些优势？

（8）面向对象数据库的发展有什么特点？

（9）面向对象数据库应该具备哪些基本特征？

（10）面向对象数据库的研究方法主要有哪些？

（11）SQL99 支持 ORDBMS 还是 OODBMS？

（12）比较 RDBMS、ORDBMS 和 OODBMS，然后分别描述一个适合使用 RDBMS、ORDBMS 和 OODBMS 的应用，并说明原因。

（13）什么是数据仓库？

（14）什么是 OLTP 应用？什么是 OLAP 应用？

（15）简述数据仓库的基本特征。

（16）简述数据仓库的结构及数据仓库中数据的特点。

（17）什么是数据的粒度？简述数据粒度和数据查询的关系。

（18）数据仓库系统由哪几部分构成？简述各部分的功能。

（19）简述数据分析和数据挖掘技术，它们之间有什么相同和不同之处？

（20）简述分布式数据库的基本概念和特点。

（21）分布式数据库的分布数据独立性的含义是什么？

（22）分布式数据库有哪些分布策略？

（23）试述出版数据库、发行数据库、订阅数据库的概念，并说明三者之间的关系。

（24）分别讨论在什么情况下应该使用快照复制、事务复制和合并复制。

（25）试述在事务复制中"日志读取器代理"的作用和工作流程。

（26）讨论在合并复制中解决更新冲突的策略可以有哪些？

（27）试为高校的学籍管理数据库设计分布复制数据模型和复制类型，并说明设计的根据和原则。

（28）试述云计算的基本概念。

（29）了解 IaaS、PaaS 和 SaaS 的概念。

（30）讨论在日常生活或学习中使用过哪些云服务。

（31）试述大数据的基本概念，并解释大数据的 4V 特征。

（32）试述什么是 NoSQL，它和关系数据库是什么关系？

（33）NoSQL 目前主要包括哪几类数据库？试述它们各自的主要用途。

（34）什么是键值数据库？

（35）试举几个键值数据库应用的例子。

（36）目前市场上常用的键值数据库有哪些？

（37）什么是图数据库？

（38）试举几个图数据库应用的例子。

（39）目前市场上常用的图数据库有哪些？

（40）什么是列式数据库？

（41）试举几个适合使用列式数据库的例子。

（42）目前市场上常用的列式数据库有哪些？

（43）什么是文档数据库？

（44）试举几个文档数据库应用的例子。

（45）目前市场上常用的文档数据库有哪些？

（46）什么是区块链？

（47）区块链的类型有哪些？

（48）列举几个运用区块链技术解决的实际问题。

（49）区块链与分布式数据库有哪些区别？

参考文献

［1］王珊，杜小勇，陈红.数据库系统概论［M］.6 版.北京：高教出版社，2023.

［2］崔巍，等.数据库应用与设计［M］.北京：清华大学出版社，2009.

［3］施伯乐，等.数据库系统教程［M］.3 版.北京：高等教育出版社，2008.

［4］汤庸，叶小平，陈洁敏，等.高级数据库技术［M］.2 版.北京：高等教育出版社，2015.

［5］DATE C J. An introduction to database system［M］. 7th ed. 孟小峰，王珊，等，译.北京：机械工业出版社，2000.

［6］Microsoft. SQL Server 联机手册，2024.

［7］GULUTZAN P, et al. SQL 99 complete, really［M］.齐舒创作室，译.北京：机械工业出版社，2000.

［8］李昭原.数据库技术新进展［M］.北京：清华大学出版社，1997.

［9］RAMAKRISHNAN R, et al. Database management system［M］. 2nd ed. 周立柱，等，译.北京：清华大学出版社，2002.

［10］崔巍，等.数据库系统开发教程［M］.北京：清华大学出版社，2010.

［11］SILBERSCHATZ A, KORTH H F, SUDARSHAN S.数据库系统概念［M］.原书第 7 版.杨冬青，李红燕，张金波，等，译.北京：机械工业出版社，2020.

［12］崔巍，等.数据库设计和管理基础［M］.北京：高等教育出版社，1990.

［13］BRADLEY J. An elementary introduction to data base management［M］. Computer Science, 1989.

［14］MCCREARY D, KELLY A. Making sense of NoSQL［M］.范东来，腾雨橦，译.北京：人民邮电出版社，2016.

［15］顾炯炯.云计算架构技术与实践［M］.2 版.北京：清华大学出版社，2016.

［16］SULLIVAN D. NoSQL for mere mortals［M］.爱飞翔，译.北京：机械工业出版社，2016.

［17］杜小勇，陈红，卢卫.数据库管理系统原理与实现［M］.北京：清华出版社，2024.

［18］李国良，冯建华，柴成亮，等.数据库管理系统——从基本原理到系统构建［M］.北京：高等教育出版社，2024.

［19］大数据技术标准推进委员会. 数据库发展研究报告（2024 年）［R/OL］. 2024. 2024 可信数据库发展大会.

［20］华为区块链开发团队. 区块链技术及应用［M］. 北京：清华大学出版社，2021.